THE POLITICAL ANALYSIS OF INTERNATIONAL RELATIONS
国际关系的政治分析

WENZHE XIE

谢文哲 著

AMERICAN ACADEMIC PRESS

AMERICAN ACADEMIC PRESS

Published in the United States of America

By AMERICAN ACADEMIC PRESS

201 Main Street

Salt Lake City

UT 84111 USA

Email manu@AcademicPress.us

Visit us at http://www.AcademicPress.us

ISBN: 978-1-63181-493-8

Distributed to the trade by National Book Network Suite 200, 4501 Forbes Boulevard, Lanham, MD 20706

10 9 8 7 6 5 4 3 2 1

Manufactured in the United States of America

序言

我 1993 年出生于中国广东省英德市的一个贫穷的农村家庭，我初二因严重偏科而途中辍学。但我认为是教育制度限制了学生们发挥各自特长，而不是因总分数不达标就利用高考机制把那些有特长和专业爱好的学生无理过滤掉，导致那些有特长和爱好的偏科生因总分不达标被这种教育制度剥夺了继续深造的学习机会。不过没有学历加持的人生，注定不会是一条好走的坦途。我像弗罗斯特一样站在十字路口上思考人生，我不知何去何从！不过，当我为人生的意义何在困惑不已时，我意外翻看了卡耐基所写的《人性的弱点》，书中序言里的一句话改变了我的一生，他说："你为什么不尝试写作，万一它成功了呢？"这句话可谓一语惊醒梦中人，它开始让我有了理想和为之努力奋斗的目标，它启蒙我找到了人生的意义和价值，也让我决定从"零"开始。由于我接受的教育非常有限，所以我经常利用空闲的时间来自习。这段经历始于 2011 年，在此期间我大量购买和阅读了一些哲学、伦理学、心理学、经济学、社会学、法理学、政治学及国际关系学等方面的书籍。但是这段思想的成长经历是孤苦的，一方面因为生活压力和经济压力，另一方面则是我内心世界的思想存在双重矛盾，这让我产生了严重的精神危机，我因缺乏成就而感到非常失望，高尚的理想在现实面前似乎变得非常脆弱，通过自我疗法这场精神危机才得以缓解。但让我完全从精神危机走出来的是我太太霍恩琪，在上帝的眷顾下，我遇到了她，我告诉了她我的理想。她有一颗美丽善良的心灵，正是有她的鼓励、支持及包容，我才从这个孤独世界的阴影中走出来。她就像是我心中的太阳，我的"艾莉西亚"，所以没有她就不会有现在的我，而我儿子谢文字的出世无疑让我看到了希望。我的创作思想是在 2019年逐渐成熟的，这年底我开始构思处女作《道德哲学原理》，我还相继完成了《国际政府论》和《社会进化论》等著作，但皆因生活困难和经济拮据没有出版，现在这本《国际关系的政治分析》是我动用全部积蓄出版的。当然了，如果没有美国学术出版社的赏识和贵社中文编

I

辑们的帮助，我的呕心沥血之作恐怕难以面世，所以非常感谢美国学术出版社和各位中文编辑们给予我这个宝贵的出版机会。此书主要论述国家政治与国际政治之间的关系和影响，以及国家之间各取所需的安全、财富及权力在国际分工和国际交换中是如何决定或影响彼此所建构的国际战略关系的。其中就包括某些影响国内政治的自主性因素和他主性因素及共主性因素之间的逻辑关系是如何影响国内政治的，国内政治是如何影响国际政治与彼此建构的国际战略关系的，以及影响国家之间建构的国际关系的层次和属性的因果关系或逻辑关系又有哪些的分析。还有些插曲是关于我对"新国际等级制度""新联合国模式""国际秩序交换理论"及"普氏逻辑"的一些见解和研究，对俄乌战争和欧盟危机所做的一些预判，对现在全球气候变化所做的尝试性解决，以及对中美俄的三边关系所做的一些定性分析等等。

谢绍财

2024 年 8 月

目录

Contents

第一章 独立

恶劣或病态的民族主义思想才会形成自私自利的以自我为中心的国家理论或极端的国家主义学说，而由一种自由和民主的民族主义和国家主义所建构的国家体系理论则意味着政府对内能够实现独立自主和国家自由及法治社会，对外能够维护世界正义，促进普世自由及推动世界永久和平，并把实现人类可持续生存与发展当作各国政府都值得追求的最高社会目标。传统的国家理论、狭隘的民族主义及极端的国家主义往往会无条件或有条件坚持"国家利益至上原则""民族自决原则""国家自治原则"及"政治独立原则"，从而形成一种自私自利的以自我为中心的"国家中心论"或"国家体系理论"，而超国家理论的政治目标则与由传统的国家理论，狭隘的民族主义及极端的国家主义所建构的国家体系理论是相反或对立的。而坚持"互惠互利原则""国家互助原则""互不侵犯原则"及人道主义上的"自我牺牲原则"的超国家理论则是一种积极推动国家利益与全球利益或人类福祉协调发展而非冲突或矛盾的把实现人类可持续生存和发展作为各国政府的最高政治目标的国家政治原则。这意味着不管任何国家或政府主张和强调的带有狭隘、自私、偏激的那种以自我为中心的国家中心论和世界观都不可能很好地与要求的世界发展需要与国家发展需要，国际政治经济的平衡发展及国际法律地位平等化的超国家理论进行兼容性处理，尽管它可以形成一种保守或非常有利于国家发展的国家体系理论。当然，所谓的自我牺牲原则主要是一种国际社会上合乎普世正义而不是那种以任何方式援助被侵略国的人道主义精神。若每个主权国家都把国家利益凌和国家权力驾于全球利益之上，或者把国家发展需要凌驾于人类可持续生存和发展之上，而无视他国的合法权益和地球生态环境平衡，那么认为国家主权不可讨论或不可分割的主权国家无条件坚持国家利益至上原则、民族自决原则、国家自治原则、政治独立原则不仅无法把世界各国团结成一个求同存异和互惠互利的世界联邦，还会分裂现有的组织结构松散和组织功能不全及缺乏政治凝聚力和经济凝聚力的世界政治结构体系，结果是世界政治结构体系将因这些自私的政治离心力和经济离心力分裂成多个单一或多元化的充满政治歧义、权力冲突及利益冲突的国际体系，这种认为主权不可讨论或交易的国家政治原则在权力、财富、安全及科学技术等需要各取所需的国际交换和国际分工来实现和满足的现实世界显然是弊多利少或不现实的观点，因为国家主权不止包括领土主权、海洋主权及领空主权，在国家决策层面上还包括各种影响国家主权和权力资源的交易、割让及持有，还涉及各种与政治主权的完整性相关的外交政策、军事合作及国际协约的签订和协商等。

　　再说了，也没有哪个国家能够自负地保证，哪怕在未来某天濒临毁灭的边缘也完全不需要任何正义国家的援助或救济，接受了这些援助或救济不还这个"人情"，在世界社会上显然又不合乎互助互惠的国际道义。所以国家独立并不是"自我孤立"，也不是闭关锁国和主动放弃与任何国家互动，建立正常沟通的外交关系，更不是为了自私的国家利益忽略或轻视世界正义。即使对每个主权国家而言，维护国家的主权和领土完整及国家利益与安全是头等大事，但这一正当目的在国家软弱无能的情况下更应该通过更加理性和道德及可以花费代价最小的方式的世界政府或国际政府来实现。若自私的国家利益和国家权力完全凌驾于世界正义之上，或者都选择为了国家利益或发展需要而舍弃世界正义，那么国际关系或世界秩序中的脆弱性和不确定性又如何能够得到改善呢？在此之前，若我们无法弄清一个主权国家运行的本质，又谈何建立一个平等、民主及法治的世界性政府？如果超国家理论不是世界兼容性的，信奉民主和法治的，那么谈何把各国团结成一个求同存异和平等互惠的世界合众国？如果超国家理论无法改善国际关系和建立更稳健的世界秩序，那么它的价值何在？当然了，超国家理论不能成为干涉他国内政的理由或借口，而是指每个主权国家能够积极参与国际事务，一起解决和处理各种全球性威胁或国际冲突。

　　国家独立应该指一个通过内部一致协商或认可的合法程序在多数公民同意的政治基础建立的主权国家而成功取得了被其他大多数国家认可的自主权、自决权、自治权，以及能够正常行使国家主权而不受他国干预的自由状态，其中还包括拥有一定人口、取得土地、建立政权，取得主权，建立民主的人民政府。即独立意味着一个国家、一个地方、一个民族取得不隶属任何国家或不屈从任何国家的政权控制的人口、领土、主权及政权。其实独立成不受他国政权控制的自由王国

2

与并入他国的版图或屈从于他国政权的控制之下是有天壤之别的，后者属于"奴役式依附"而不是真正意义上的国家独立。尽管遵循民意安排是民主政治的根本原则，但对"地区独立"而言，地区性投票与全国性投票仍然是有区别的，这涉及该地区能否"合法独立"成为自治的自由王国。如果作为纯粹正义的民主政治程序是决定"地区独立"是否合法的关键，而在政治民主的世界，实现独立所必须遵守的公共意志和自愿原则又神圣不可违逆，那么某些地区要求脱离拥有主权的母国，成立一个自治的独立王国，在禁止或限制"用足投票"，或者是避免"暴力革命"的情况下，就应该先诉诸"程序合法"的和平变革和独立制度，以取得公认（代表公意）的独立的合法性。而作为纯粹正义的民主政治程序往往要求对该地区（可能是一个省或是一个郡，也可能是一个州）对是否有正当权利独立成一个自治的自由王国进行公投，如果取得最广泛的同意（即民意）是决定独立是否合法的道德标准，那么它就绝不能仅限于地方公投。也就是说，地区独立的合法性是既取决于该地区大多数公民投票同意的"地区同意"，也取决于由全国公投决定的"国家同意"的，毕竟该地区的主权隶属于这个国家。即对该地区是否应该独立的决议与合法性，主要是该地区公民同意的公投票数要达三分之二以上，然后再由全国公投最终决定，如果全国公民同意该地区独立的公投票数达三分之二以上，则表示该地区的独立和自治最终取得了经过"国家同意"所认可的合法性，尽管地区同意极大可能会因为无法获得全国公投的三分之二以上的同意票数而被国家否决，但这种地区取得合法性独立的自然权利和民主政治程序不应该建国初就被每个主权国家的宪法和政府所剥夺，因此为了摆脱该国的暴政和极权，取得地区独立可能是最理想的方式，这属于一种维护民权的救济法。或许人们会质疑，对地方独立的合法性而言，难道民主政治要求的自愿原则与公共意志这两者不会发生矛盾或冲突吗？我认为除非自愿原则严格到要求尊重每个人的决定和自由选择，而不是在一种程序公平和民主的框架下进行的，否则不管是要求少数服从多数，还是一致同意的政治决议规则都不可能满足所有公民的政治偏好，事实上只要公共意志能够促进个人意志的自由表达和行动上的自由选择，那么它就没有破坏个人主义要求遵守的自愿同意原则。但不可否认的是基于个人主义的自愿原则与公共意志往往是矛盾或冲突的，比如在普选国家元首必须得到该国家成年公民的一致同意，那么只要有一票反对就没有任何人能够当选。所以要想在政治民主条件下取得符合公共意志的集体行动，那么基于自愿原则就要尊重公共意志的自由表达，如果公共意志的自由和作为平等的政治自由无法实现，那么自愿同意原则就不排除会被政府的强制性权力扭曲，威胁或强迫人们做出事与愿违的决议或投票。再者公共意志的自由表达的彼岸是获得最大多数人的支持，而自愿原则只不过是尊重和贯彻每个公民意愿的一个基本原则。在政治程序公平和民主的情况下，即使该地区有三分之一的公民不同意该地区独立，从而投了反对票，也不能说该地区三分之二的公民们完全有正当权利决定该地区的独立问题，该地区三分之一的居民更不能指责投赞同票的三分之二民众破坏了他们拒绝承认该地区独立的合法权利。

事实上主权不可分割原则在现实世界是不切实际的，也没有哪个国家的主权在交互作用的国际互动和国际交换中绝对处于不可让渡或分割的完整状态，并确保任何国际事务都是完全可以由自己做主而无须考虑他国的立场和态度及利益的情况下完成的，也没有哪个国家的主权在开放的国际社会不受各取所需的国际分工和国际交换的影响而威胁到政治主权或经济主权的完整性和稳定性，或者在被迫或自愿签订一系列不平等的条约或协议的情况下不损害国家主权的完整性。这些情况和现象都说明在国际社会上国家之间存在以不同方式割让主权来达到某些政治目的或利益目标在交互作用的开放性世界社会中是种普遍现象，并且国家主权在国际社会或世界社会上经常作为一种促进各取所需的国际交换与互惠互利的国际合作的交易手段被广泛应用于国际事务而非单纯视为一种最重要的没有任何商量余地或压倒一切的最高政治目的来追求的。也因为事实上捍卫国家独立所必需的国家主权不可割让原则已经发展成了让渡形式更文明和更讲究合法性的自愿同意原则，而被迫接受由强国的权力范围和势力范围制定和创立的强权法则与服从大国根据权力范围和势力范围制订的国际规则正在国际社会变得不受欢迎或所遭遇的反对和抗议的可能性更大。也就是说，在国际社会上某些主权国家之间的主权让予正经历"从共识向同意转变的趋势"，也存在"从同意向共识转变的趋势"，但根据历史发展进程，国家之间的主权让予或主权交易明显经历着"从强制向同意转变的趋势"与"从共识、互惠、互利向多边同意转变的趋势"，以方便彼此在权力、财富、安全及科学技术等方面实现各取所需的国际交换和国际分工。而且事实上许多落后的弱小国家或发展中国家都愿意在国际交换规则比较平等和有利可图的国际交换体系中"让渡"或"出售"

部分比较次要或根据民意调查民众可以接受的政治主权来换取更有价值的经济利益或国家安全保障，这并不是没有可能的。因为在政治不民主的国家，许多直接或间接涉及国家主权的国家大事、外交事务、经贸合作、军事合作及对外政策等都不需要通过人民投票表决或最高国民议会来决定是否实施，大部分民众根本分不清政府的哪些外交政策和政府行为在侵犯国家主权，哪些外交事务和政治行为在维护和巩固国家主权？也就是说，平民对"国家主权"的理解和定义并不透彻和清晰，况且一旦政府做足掩饰真相的"表面文章"和"宣传功夫"，那么在政治信息不透明与公共舆论被政府垄断和操纵的情况下，民众是难以或无法察觉出政府或国家元首在决策层面上是否在让渡或分割，甚至出卖某些次要的国家主权及某些国家资源来图谋自私的政党利益，除非国家元首或政府官员与其他国家的谈判或协商的内容全部如实地向国际社会公开，允许人们对此进行自由评判。

如果每个国家或民族都无条件恪守严格意义或绝对意义上的主权不可分割和不可转让原则，尽管该原则可以帮助该国取得前所未有的独立和自由，（这在世界安全困境未完全解除之时和国家发展需要依赖各取所需的国际分工与国际交换体系的情况下仍旧是不现实的）那么在这种情况下是不可能再有任何可供让渡的国家主权或国家权力来去实现各取所需的国际分工和国际交换及互惠互利的国际合作的，其中也包括每个主权国家拒绝统一让渡出部分同等或平等的国家权力或国家主权来组建代议制的世界性政府，否则该国必然在国际互动中受制于各种与实现自我利益相关的国际行为规则、国际协约、国际盟约、国际制度及他国的对外政策。超国家理论之所以支持"主权不可分割原则"并不是指主权不可转让或交易，而是指国家主权不能通过非自愿的方式或非正义的强权手段迫使一个主权国家割让其国家主权或国家领土及对经济利益的控制权给另一个国家，主权的让渡或转移应该遵守形式和内容更文明的自愿原则和公平交易原则。而一个国家取得独立的标志主要有四：一是该国实现了主权和领土完整。二是该国人民摆脱了内部强加和外部施加的奴役状态，取得解放和自由，并实现了人民主权和民主立宪。三是该国摆脱了内战或国家分裂的无政府状态，该国政府取得最能代表民意的合法政权。四是实现自力更生，能够最大程度减少对他国产生的政治依附、经济依附及军事依附来谋取国家的独立和安全，但并不排除希望其他国家在某些方面依赖本国，甚至建立外贸关系。另外，当一个综合国力有限的主权国家的主权和领土完整及国家安全无法实现稳定保障之时，该国的独立和自主是不稳定性的、主观的或短期的，而不是长久不变的。再说了，无视国际情势的变化，为了所谓的国家独立，关起门来搞发展本来就是错误的，代价是高昂的，苏联和新中国的中央计划经济体制就是个例子。

超国家理论所支持的国家独立并不意味着要建立一种完全自助性和自治性的国家体制或社会制度来维护国家的主权和领土完整及国家安全，因为当一个综合国力有限的弱小国家无力实现这些最基本但又最重要的国家政治目标之时，主权国家之间也可以通过和平的外交手段和自愿签订协约的方式来实现互惠互利的国家互助。当然国家独立还意味着一个主权国家是享有他国不得干涉该国内政和政权所不可或缺的世界认可的自由裁量权。而任何严重或长期存在的迫于威胁和权威产生的政治依附、经济依附、军事依附及文化依附必然会多多少少损害一个主权国家的政治独立和国家自主性。如经济依附造成了欠发达的发展中国家所形成的"世界发展外围"在高新技术、资金、医药研发、尖端设备及高等教育等某些方面依附由经济发达的工业强国所组成的"世界发展中心"。由于依附或依赖与独立是对立的，所以不管是由世界各国各取所需的国际分工和国际交换产生的经济依附，还是由国际安全困境或追求国际均势产生的军事依附，或是由国际政治权力冲突或追求权力平衡产生的政治依附，都将意味着会或多或少地损害一个主权国家的独立自主性，起码促使主权交易在国际社会上具有协商性质，于是摆脱长期或严重依附他国便成了一个主权国家实现独立自主和自力更生的关键目标。其实，只要国家独立意味着摆脱一切他国制造和实施的依附和奴役及被控制的状态，那么最严格意义的独立自主必然不包括那些被迫依附他国和恐惧威胁的国家采取互助原则来实现公共安全，以及一个独立自由的主权国家不能被处于任何国家的权力范围和势力范围的控制之下，而在大多数人民或人民代表不同意的条件下，任何情况下都不能以任何方式和理由被迫割让国家主权给他国，因为这样会不同程度上损害该国的独立自主性。

毕竟，如果一个主权国家无法通过国富民强来摆脱依附他国和自主性的国家互助来实现主权和领土完整及国家安全，割让主权都意味着该国的政治、经济、军事及安全将不同程度受到其他强国或大国的控制和影响，弱小国家会因为某些方面需要大国或强国的援助而依附他们，最终受制于强大的国家；弱小国家也会因为在安全或经济上需要强国的援助而依附强国，最终受制于强国。在这种情况下，一个弱小的主权国家或弱小的中立国家是不可能完全实现严格意义上的独立自主的。因为自治和自助才是一个国家实现独立自主的出路，任何凌驾于国家之上的任何国际权威或世界权威都可能会不同程度上破坏国家的独立自主性，这些都是传统的国家主义或狭隘的民族主义所支持和认可的。按照传统的国家主义或狭隘的民族主义的政治逻辑，只要世界上的每个主权国家都实现了严格意义的独立自主和互不干涉内政，就将不会产生任何受制他国的"奴役式依附"，以及互惠互利的国家互助或国际合作，就能够花费最小代价实现世界永久和平。这难道不是意味着当全球性多样性威胁严重危害某个国家的生存和发展，或弱小国家被强国或大国侵略时，其他国家也只能选择坐视不管和冷眼旁观，而无权干涉吗？要知道在这个没有世界权威凌驾于国家之上的完全自治性的世界自助系统不仅意味着集体无法通过和平方式或外交手段解决所面临的世界安全困境，每个国家还会被弱肉强食的丛林法则所支配，此时各国不仅无法在这种孤立无援的自助世界实现独立自主，弱小国家还会被强国或大国侵略、奴役、殖民、压迫、剥削及掠夺。所以在这种情况下，严格意义的独立自主和希望互不侵犯得到普遍贯彻在这个世界社会的无政府秩序状态中是不可能实现的。可见传统的国家理论，狭隘的民族主义及极端的国家主义皆不能成为在任何时候和任何情况对任何主权国家皆适用无误的金科玉律，它只能作为权宜之计来实现国家独立。因为道理很简单，严格意义上传统的国家理论，狭隘的民族主义及极端的国家主义必然推导出强调建立一个国家彼此孤立而非互惠互利的自治性的世界自助体系，而不是一个通过平等互惠和各取所需的国际分工和国际交换来促进每个国家的经济福利，通过代议制的世界性政府来平衡国际政治经济权力的发展以解决政治歧义和全球利益冲突问题，各国通过和平手段统一且永远废除常备军来解除世界上客观威胁各国安全的公共安全困境的世界互助体系。其实弱小国家依附强国或大国，某国甘愿服从他国的权威，强国或大国接受弱小国家的服从，在不违反自愿同意原则和公平交易的情况下都不能说明这样做必然会破坏一个主权国家的独立，除非上述是一种他国通过强权手段迫使某国服从该国权威或意志的奴役式依附，否则只要这些国家之间的依附和服从所建立的国际关系层次遵守一种形式和内容更文明的平等互惠的国家互助原则，就不仅不会破坏一个主权国家的独立和自由，还可以在国际分工和国际交换中促进该国的利益。

如果超国家理论不是世界兼容性的，又无法实现各国利益的协调发展，而是一种各国政府以自我利益为中心的国家体系理论那样坚持极端的国家利益至上原则、民族自决原则及国家自主原则的国家政治理论，那么在一个政治、经济、军事、文化相互依存和彼此影响，以及依赖专业化的国际分工及需要通过国际分工来满足各取所需的国际交换的现实世界，超国家理论也必然失败或因为不符合世界发展需要和无法协调各国的发展需要而变得短命，最终被放弃。即使一个知识和技术先进、资源丰富及政治高效的现代化国家可以做到自力更生和自给自足，把包括政治独立，经济独立及军事独立的"国家独立"理解为与世隔绝和互不干涉即使是有意义的，在源自该国的负外部性可能也是一种很不负责任的国际行为。由于依附与独立是对立的，所以把减少政治、经济、军事及文化上的依附作为一个国家实现政治独立和经济自决的国家政策，即使减轻这些方面的依赖确实可以减少外部世界或其他国家施加的不利影响所带来的损失。但国家独立绝不意味着自我设限和闭关锁国，也不是对其他国家的命运漠不关心，更不是对国家命运有关的国际事务或全球性问题熟视无睹，没有任何责任和担当，尽管在面对国际冲突时它要求国家之间保持高度理性和自我克制的方式来看待该国的政治发展和对外政策。毕竟当灾难降临某国时，国际社会上的道德不作为通常表现为自私自利的主权国家对他国命运的漠不关心和冷眼旁观，结果是当灾难不幸降临该国时，同样会招致其他国家的冷眼旁观，让他感到失望和孤立无援，在国际社会上这种外交策略可以叫做对等回应。国家之间的对等回应是一种实现国际战略平衡的外交手段，比如当俄罗斯与朝鲜正式建立全面合作伙伴关系，朝鲜在经济和军事上援助俄罗斯侵略乌克兰的战争，那么韩国也应该做出一种促进战略平衡的对等回应，如与乌克兰建立正式的战略合作伙伴关系，即使俄罗斯不是韩国的敌人，也需要在经济和经济上援助乌克兰反抗俄罗斯的侵略，以应对朝鲜与俄罗斯建立的准盟友关系。如果韩国对朝俄建立全面合作伙伴关系与朝鲜援助俄罗斯的被动战略采取坐视不管的态度，那么当俄罗斯成功吞并了乌克兰之后，朝鲜对韩国的主权、领土及安全所构成的威胁将来会更大，而不是更小。

自私自利或以自我为中心的国家理论或国家政治原则对建立一种高度文明的全球秩序而言往往是长于破坏而短于建设，尽管这一结论对国家内部而言结果可能是相反的。但自私自利和追权逐利确实是每个主权国家的政治本性，尽管追求自我利益的某种国际行为可能同时也会促进他国的福利。总而言之，如果彼此独立自主的各国无法联合或团结成求同存异与平等互惠的"联邦国家",那么各国将继续受到战争与和平,友好与仇视,冲突与合作,毁约和订约交替发生的情况支配,这些都是各国政府在政治和经济上未缔造成一个具有强制力和约束力及凝聚力的代议制世界性政府的情况下所面临的国家命运需要关注和无法逃避的。只要国际上客观存在的公共安全困境有一天没有通过和平发展方式或外交手段集体解决,经常或间歇发生战争,对战争的恐惧,以及国家之间构成安全威胁,必然促使各国进入一种同样不断地准备状态,而受侵略威胁刺激的结果不仅会竞相引起各国花费国库的大量财物和社会资源积极组建一支大规模训练有素和军事技术先进的常备军,还会迫使各国为了追求和维系国际均势与权力平衡相继卷入军备竞赛,更会促使世界各国坚持保留一支能够实现战略防御和训练有素及装备精良的常备军。所以对世界各国而言建立一个牢不可破的能够保障各国的主权和领土完整及公共安全的代议制世界政府不仅是必要的,也是付出代价最小和收益最大的方案。因为不管是取得独立,还是实现自由,或是保持中立,"只有取得足够强大的国家力量进行保卫时才会受到他国尊重,而一个衰弱而卑下的国家,连中立的权利都可能丧失殆尽",汉密尔顿这句话可谓一针见血。

许多国家取得独立通常不是要解除来自敌对国家的外部威胁,就是要经过残酷的"内战的洗礼",才能够取得独立和统一,很少被帝国主义殖民的弱小国家可以通过兵不血刃的和平手段来取得国家独立,毛泽东所谓的"枪杆子里出政权"就是这个道理。大多数被帝国主义或霸权主义殖民的国家为了摆脱奴役,就证明了无法通过代价最小的和平革命取得独立和自由。华盛顿领导的独立战争,圣马丁领导的解放阿根廷的独立战争,拜伦勋爵与希腊其他起义领袖领导的摆脱土耳其人殖民和奴役的民族解放运动,玻利瓦尔先后领导军队从西班牙殖民统治中解放了委内瑞拉、哥伦比亚、厄瓜多尔、巴拿马、秘鲁和玻利维亚的战争就证明了这点。还有在国家内战中,政权的合法性往往由一方最终取得的胜利和民意决定,尽管不排除最受大多数人民欢迎的党派可能在决战中被打败,或者不受最大多数人民欢迎的党派可能在决战中取得最终胜利和夺得国家政权。也就是说,对于国家内战而言,如果敌对双方无法在谈判桌上通过和平谈判的方式取得国家统一的那种最高政权不可能,那么就只有枪杆子才能出政权,通过军队夺取政权才是"硬道理",取得民意支持则是"软道理"。但这并不是说"软道理"没有"硬道理"重要,或者说有没有民意支持都是次要的或不重要的，能否取得最大多数人民的支持其实在内战中很大程度上决定了某一党派和该党派的军队能否完成由弱变强，从处于劣势到占据优势的逆袭。那么政权的合法性到底是由军队取得的最终胜利来决定，还是应该由代表最大多数人的公共意志（民意）来决定呢？我认为在谈判桌上得不到的东西，就只能通过战争来夺取，即当软道理无法解决政权的合法性问题时，用硬道理来解决政权的合法性问题就会变得非常迫切。反之，如果政权的合法性只能由民意决定才有效，任何一方使用任何军事手段来使夺取的政权变得合法都是无效的或禁止的，被全国民众所唾弃和怨恨的，那么敌对双方就只能通过公正平等的民主政治程序来决定各自政权的合法性（但不受大多数人民欢迎的党派必然会反对该方法）。这就变成了当硬道理无法解决政权的合法性问题时，用软道理来解决政权的合法性问题就会变得非常必要，因为这对敌对双方来说代价都是最小的，而通过战争取得政权即使是合法的也是代价最大的。有些人认为：战场上无法夺取的东西，在谈判桌上也得不到。其实这对大多数敌对国家而言是正确的，但它对民主国家的发动的内战而言却未必是适用无误的金科玉律的，特别对未来高度文明的民主国家而言，通过战争的胜负来决定敌对双方各自取得政权的合法性的作用和重要性会大打折扣，反之，对发动内战的比较野蛮的非民主国家而言，敌对双方通过战争的胜负来决定各自取得政权的合法性的作用会凸显。大多数古代的国家在发动内战之际敌对双方往往都是通过军队和暴力来决定各自所夺取的政权的合法性就是这个道理。也就是说，在现代和未来，高度文明的民主国家（特别是那些人民长期受民主和自由的政治文化陶冶的国家军队受最高国民议会而非元首控制的民主国家）会倾向于通过民主的政治程序而非战争手段来决定政权的合法性，此时软道理的突出作用就会比较大，而硬道理的实际价值则会下降，甚至慢慢被道德进步所淘汰，尽管通过军事手段夺取政权的可能性永远都存在。而政治不民主的非民主国家会一直倾向于通过军队和暴力而非民意来决定政权的合法性，此时硬道理对取得国家政权的突出作用就会比较大，而软道理的实际作用则会比较小，甚至不存在或可以忽略。即对缺少民主文化陶冶的非民主国家而言，是否应该通过民意来取得政权或决定政权的合法性往往是次要的，它不会成为专制国家的决定性因素。

　　"软道理"和"硬道理"其实是两个相对的概念，在这里它们是决定国家政权合法性的关键要素。"软道理"是指在国家内战中政权的合法性是通过道德、知识及民意决定的。而"硬道理"则指在国家内战中政权的合法性是由其组建的军队所取得的最终胜利决定的。但在国际关系学领域，硬道理主要指的是经济实力和军事实力及科技水平。评估政权的合法性之所以具有相对主义色彩主要在于人们对"政权的合法性是通过军队和警察力量取得的最终胜利决定的合法性政权"缺乏一个权威和统一的道德共识，而且通过战争手段取得的最终胜利来决定政权是否合法即使符合胜者为王，败者为寇的约定，自身在道德和法理上也是存在内在矛盾的，因为不管敌对哪方，最先挑起或发动内战的那方都是不道德的或非正义的，所以即使凭借战争手段取得最终胜利也不能决定或证明政权的合法性，因为政权的合法性无法通过非正义或不道德的战争手段来证明，即使双方私自订下了败者为臣的规约。如果政权的合法性可以由军队和暴力决定，那么所谓的"合法性"在道德和法理上也只不过是掩人耳目的粉饰文章。也就是说，通过不道德的军事手段或警察力量是不能够证明其所夺取的东西或达到的目的是否合法的。其实即使目的或动机是善的，不道德的行为或手段也会破坏这一目的或动机的合法性。这意味着对任何国家的内部战争而言政权的合法到底是由军队决定，还是由民意决定，在某种程度上决定了这个国家的文明程度和政治体制是什么？越是专制和独裁的党派越会反对通过民主政治程序来决定其政权的合法性，反之，越民主和文明的国家越同意通过民主政治程序来决定其政权的合法性。尽管在现实世界，对爆发内战的国家而言，政权的合法性往往由一方的军队或警察力量取得最终的胜利来决定。事实上不受最大多数人民欢迎的党派和军队通过战争手段来决定政权的合法性的成功概率是较小的，道理很简单，缺少最大多数人民支持的党派和军队必然由盛转衰，而获得最大多数人民支持的党派和军队必然由衰转盛，完成从处于劣势到占据优势的逆袭，这就是所谓的"得民心者得天下"的道理。所以并不是民意不重要或不足以决定政权的合法性，而是需要懂得如何利用或运用"民意"来击败敌对的一方。既然某一党派和军队能否获得最大多数人民的支持是民心所向的表现，那么民意就直接决定了这一党派和军队的盛衰，而这一党派和军队的盛衰显然又直接决定了他们能否取得最终的胜利，成功夺取政权。这就论证了对现实的国家内战而言，政权的合法性往往是既由军队取得的最终胜利决定，同时也由最大多数人民决定的那种公共意志的转变决定。退一万步讲，即使某一政党和军队可以在暂时性忽略民意的情况下凭借压倒性的军事力量取得最终的胜利而成功夺取政权，但最高统治者要想政权稳定通常既需要纪律良好的军队和警备力量维系，长时间内也是离不开获得最大多数人民的支持的。证明民意在决定政权的合法性中不可或缺的依据是：某一党派和军队需要不断扩张才可能在战争中占据优势并取得最后的胜利，而党派和军队的不断扩张必然长期需要获得最大多数人民的支持，否则军队就会因后勤缺乏保障而衰弱。证明军队取得最后的胜利在决定政权的合法性中不可或缺的依据是：即使某一党派和军队可以获取最大多数人民的支持，若他们最后无法战胜敌对的党派和军队，后者就依旧可以通过军事力量发动政变来颠覆合法政权，而战败则意味着无法取得合法统治这个国家的政权。证明在国家内战中政权的合法性既由军队取得的最后胜利决定，又由该国最大多数人民决定的公共意志的依据是：任何党派和军队要想在内战中取得最后的胜利就必须不断壮大这支军队的规模，而军队的扩张和后勤保障显然需要获得最大多数人民的支持和帮助。另外对主要通过军队和警察力量夺取政权或决定政权合法性的最高统治者而言，受大多数人民欢迎与不受大多数人民欢迎之间的该形态和政治观念是可以发生"历史转变"的，不管是在古代，还是现代，那些通过军事暴力或见不得人的卑鄙手段发动政变的不受大多数人民欢迎的君主、将军、大臣、政治家、军事家等都可以通过励精图治和雄才大略及一系列大刀阔斧的改良运动来改变人民这种不受欢迎的态度和立场，最起码它可以消除国家内部的一些敌对势力或者可以避免给敌对势力以口舌和理由伺机发动颠覆性的军事政变。许多上台执政的希特勒、墨索里尼、佛朗哥、东条英机、斯大林、马科斯、萨达姆、卡扎菲、波尔布特、侯赛因之流都是凭借军队和警察力量发动政变夺取政权的，可能其中还包括那些不太受大多数人民欢迎的军政人物取得国家政权。他们很多都不是国家爆发内战时凭借所领导的党派和军队取得的最终胜利而夺取政权的，所以不排除不太受大多数人民欢迎的军政人物可能通过发动颠覆性的军事政变来夺取国家政权。

萨米尔·阿明认为"脱钩"就是进行社会主义革命，但脱钩并不意味着闭关锁国或极端的文化保守主义，而是"旨在使外围国家与中心国家的关系服从于（外围国家）内部发展的逻辑和要求。"我认为萨米尔·阿明通过"脱钩"来摆脱依附的目的终究不能达到，因为即使该目的可以达到，外围国家和中心国家都要付出很大的代价，（特别是外围国家的经济代价会更大）对世界所有希望通过"脱钩"来摆脱依附的外围国家而言，一般需要该国在政治体制和经济制度上进行大刀阔斧地以最大程度提高政治经济的效率目标为原则的一系列的重大改革，包括改变政治体制、政治制度、经济制度、法律制度及采取竞争性政治制度作为发展中国家的根本政治制度等，而大部分政治专制或政党独裁的发展中国家根本不可能为了国家利益而放弃或牺牲控制该国命运的最高权力和统治地位及自私的政治利益。对处于世界发展中心的中心国家而言则会丧失外围国家所提供的比较廉价的劳动力、原材料及初级产品等促进工业发展所必需的物质资源。而且与中心国家相比，通过"脱钩"来摆脱依附对处于世界发展的外围国家反而更加不利，因为外围国家与中心国家"脱钩"必然会导致外围国家失去中心国家所提供的资金、技术、管理经验、工业机器及金融服务等促进外围国家的经济增长所必需的知识技术和工业产品，其中还可能面临中心国家发起的进出口限制，所以"脱钩"带来的发展限制对外围国家会更加不利。

我认为，除非外围国家的经济落后纯粹或主要是由国内因素或国家因素造成的，完全与外部的国际因素无关，那么萨米尔·阿明对外围国家提出的摆脱依附来实现独立自主的药方就有效。他认为社会主义是发展中国家经济独立的必然发展趋势，而发展中国家进行社会主义革命必须遵循五个基本原则：（1）必须迅速地进行更为彻底的第二次土改，在自愿的基础上建立合作社；（2）工业化进程建立在主要是为了发展农业的轨道上；（3）收入相对均等化；（4）把现代化的技术和传统技术有机地结合起来；（5）最大可能地在政治上和经济上对外部世界保持独立自主的地位。并根据各国的具体实际制定自己的社会主义革命政策策略。如果这个假设成立的话，那么就意味着处于世界发展中的外围国家的经济之所以落后，并不是缺乏中心国家所能提供的资金、技术、管理经验、工业机器及金融服务等促进外围国家的经济增长所必需的知识技术和工业产品的缘故，而是国内因素或国家因素所致。反之，如果处于世界发展中的外围国家的经济之所以落后并不是闭关锁国和关起门来搞发展，或者采取经济效率低下的中央计划经济导致的，而是缺乏中心国家所提供的资金、技术、管理经验、工业机器及金融服务等促进外围国家的经济增长所必需的知识技术和工业产品的缘故，那么阿明对外围国家提出的摆脱依附来实现独立自主的药方必然无效。既然处于世界发展中的外围国家与中心国家通过"脱钩"来摆脱依附来实现独立自主的经济代价很大，并不是一种最理想的解决方法，那么外围国家通过摆脱或减少对中心国家的依附来实现独立自主而又能最大程度减少国家的经济损失的最理想方法就不是脱钩，而是一种处于世界发展中的中心国家和外围国家在能满足平等互惠条件下的国际秩序交换。

当然，外围国家通过平等互惠条件下的国际秩序交换理论来摆脱或减少对中心国家的依附来实现最大程度的独立自主必须要在以下情况下：一是处于世界发展中的外围国家的经济之所以落后一部分原因是闭关锁国和关起门来搞发展，或者采取经济效率低下的中央计划经济所致，一部分原因是外围国家缺乏中心国家所提供的资金、技术、管理经验、工业机器及金融服务等促进外围国家的经济增长所必需的知识技术和工业产品的缘故是外围国家缺乏中心国家所提供的资金、技术、管理经验、工业机器及金融服务等促进外围国家的经济增长所必需的知识技术和工业产品的缘故。二是处于世界发展中的外围国家的经济之所以落后，有不利的内在因素和外部因素，不利的外部因素是外围国家的经济之所以落后大部分原因是缺乏中心国家所提供的资金、技术、管理经验、工业机器及金融服务等促进外围国家的经济增长所必需的知识技术和工业产品的缘故，不利的内在因素外围国家的经济之所以落后是他们闭关锁国和关起门来搞发展，或者采取经济效率低下的中央计划经济所致，其中还包括吏治腐败和极权政治主义。由于脱钩对处于世界发展中的中心国家和外围国家同样不利，这意味着合则两利，只有满足平等互惠条件下的国际秩序交换理论才可以最大程度上避免脱钩行为给彼此带来的负面影响。

合作与交换的战略目的：在世界发展中，外围国家希望通过摆脱或减少对中心国家的依附来实现独立自主而又能最大程度减少经济损失和发展限制
外围国家：建立能够满足平等互惠条件下的国际秩序交换来实现各取所需
分析：在缺乏对中心国家和外围国家具有平等的强制力、约束力及权威性的非法治世界状态，国际秩序交换理论所必需的平等互惠条件不是无法满足就是外围国家缺乏稳定的权益保障，没有执行违规和惩罚的世界权威机构
权衡：在外围国家缺乏稳定的权益保障，或者没有监督和执行惩罚的世界最权威机构的情况下，国际秩序交换理论所必需的平等互惠条件

可能只是一纸空文，必须有相应的救济法案和国际制度来惩罚彼此的违法行为才行

结果：摆脱不利于外围国家的贸易逆差

合作与交换的战略目的：中心国家从外围国家获取其所在国际市场提供的比较廉价的劳动力、原材料及初级产品等促进工业发展必需的物质资源

中心国家：通过满足平等互惠条件下的国际秩序交换来实现持续性发展

分析：要想从外围国家获取比较廉价的劳动力、原材料及初级产品，中心国家就需要拿向外围国家提供的资金、技术、管理经验、工业机器及金融服务进行交换，所以中心国家的贸易顺差将来只能取决于根据比较优势理论建立的国际分工，而且已经禁止对外围国家的剩余价值进行剥削或掠夺

权衡：如果与外围国家进行的国际秩序交换是平等互惠的，那么中心国家将无法再对外围国家的剩余价值进行剥削，否则他们将冒险的选择脱钩

结果：获得外围国家提供最廉价的劳动力、原材料及初级产品等物质资源

　　阿明和弗兰克的"脱钩论"显然属于一种比较激进或极端的依附理论，其中弗兰克最重要的理论是其提出的"不发达的发展理论"，他认为两种结构的存在使得处于外围的国家日益走向贫困：宗主——卫星的全球体系和卫星国的中心——农村的结构，而"外围"的发展与"外围"与"中心"的联系是成反比的。不过，卡尔多索根据这些新的现实将发展和依附联系起来，"指出了发展和依附是同时发生、并存的一个过程，而不是相互对立、相互排斥的两个范畴。"更进一步的是，他提出了要利用与资本主义世界经济体系的联系来为本国的发展服务，而不是原先的脱离资本主义的世界体系的思想。我认为卡尔多索和埃文斯的"依附性发展"是最符合世界发展中的外围国家和中心国家通过外交手段来满足平等互惠条件下的国际秩序交换理论的，毕竟外围国家与中心国家进行脱钩所付出的经济代价要比中心国家的要大，而且脱钩后，外围国家所面临的发展限制会比不脱时的多。另外，全然把外围国家的经济不发达和依附归因于世界资本主义制度发展的历史产物是错误的，我们从阿比吉特·班纳吉与埃斯特·迪弗洛所著的

《贫穷的本质：我们为什么摆脱不了贫穷》这本集合很多案例和调查的书中就会发现外围国家的经济之所以落后或贫穷很大一部分原因是由其国内因素和政治因素所致，所以外围国家的经济不发达是产生依附行为的主要原因而非依附行为导致了外围国家的经济不发达。或许有人会问，你如何证明外围国家的经济落后或贫穷不是依附中心国家导致的不良后果？我认为如果是这样的话，那么中心国家向外围国家提供的作为交换条件或资本的资金、技术、管理经验、工业机器及金融服务就不可能促进外围国家的经济发展和经济增长，但事实证明，很多外围国家都能从中心国家的各种政治互动、经贸合作及军事合作中获得落后的好处。当然了，在合作或竞争过程中确实也存在中心国家掠夺或剥削外围国家的剩余价值的情况，但这主要是在各取所需的国际分工中由大国决定和控制的各种国际制度的不平等发展所致的，所以须满足平等互惠条件下的国际秩序交换理论才能避免"脱钩"给中心国家和外围国家所带来的负面影响，促进世界政治经济的平衡发展。也就是说，通过政治协商和外交手段来改变各种不平等的国际制度安排或交换规则比直接通过"脱钩"来解决不利的依附关系问题更理想，因为对即使对外围国家而言，他们也有能与中心国家进行讨价还价和重议经贸合作的筹码。最后我认为：外围国家通过摆脱依附或附庸来实现政治独立的国家目标是存在某些质疑的，即外围国家的政治不独立和国家不自由可能是不利的国内因素或制度因素造成的，是自身不够强大的结果，而不是因为中心国家太过强大的结果，比如不利的吏治腐败、文化传统及落后的经济制度、法律制度及政治制度都很大可能直接削弱该国的发展潜力，从而造成该国陷入思维性的贫穷陷阱中。在这种情况下，外围国家之所以贫穷落后，就不是依附中心国家产生的不良后果或负面影响，而是缺乏优秀的政治领导力和制度优势的结果，毕竟是国内因素和制度因素让其丧失所需的国家自由的。只有中心国家干涉外围国家的内政或选举，或者是中心国家把自己的意志强加给外围国家，损害其主权，我们才能说外围国家的政治不独立和国家不自由是所依附的中心国家造成的。总而言之，外围国家要想最大程度上避免在国际交往中被动受制于中心国家，就只能自身通过一系列重大的政治改革来减轻或削弱依附中心国家所产生的某些负面影响，而非妄图去改变那些该国无力控制的他主性因素，毕竟在世界社会的无政府秩序状态，大争之世，争于实力，要想与中心国家在讨价还价的谈判过程中占据优势和主动权，自身就必须足够强大。

第二章 自由

————❖————

　　自由并不是指每个人可以随心所欲，做任何他想做的事情，哪怕是损害他人的权利也无须受到足以补偿受害者的正义惩罚，尽管这种恶行在野蛮的自然状态是比较普遍存在的暴行和劣行，但这并不能说在伦理方面这种恶劣或病态的行为方式会因"存在"而变得"合理"，从而可以在道德上赢得辩护，以说明这种损人利己的侵权行为是正当的、合理的，或道德的。损人利己的侵权行为在任何文明的法治社会都是不能容忍或可以跨越的道德底线。因为自由的局限在于人们都普遍懂得做什么可以促进自由，做什么会减损或丧失自由，从而制定出一套知道什么事情不能做，什么事情可以做，以及做什么可以促进自由，做什么会减损或丧失自由的社会行为规则体系。因为"人人放任自由的最终结果必定是无人自由，而不是取得最大化的个人自由"，野蛮的自然状态其实早已证明这点。所以，我们既可以从一个愚昧无知的人很大可能会做出连他自身也无法补救的过错而丧失自由和幸福中推导出"理性者自由"这条出自康德认为普遍有效的理性实践规律，也可以在任何文明的法治社会中推导出做出不道德的违法犯罪行为就要受到与罪过相应的正义惩罚而可能失去人身自由推导出"守法者自由"这条出自孟德斯鸠认为普遍有效的社会规律，更可以在身处无罪过状态和履行无偿义务中推导出"道德者自由"这条普遍有效的道德规律。另外，民主与自由的关系是密切的，而且民主与自由从来不是对立的，而是相互成就的，没有自由，就没有民主，没有民主就没有自由，我们别指望在没有自由的国家或世界能产生民主政治，更别指望在没有民主的国家或世界享有法律意义上平等的个人自由。而且我们不难发现如果每个人赖以生存和发展的自由权利无法得到保障，不是平等的和彼此相容的话，就可能容易发生：一些人的自由因为少于另一些人的自由而惨遭奴役或压迫，或者一些人把自由建立在令他人不自由和奴役他人的基础上，或者一部分人享有自由，而另一部分却无法通过机会平等来取得同等质量的自由。所以人与人之间的那种彼此兼容的自由和彼此平等的自由作为实现政治正义与社会正义所不可

17

或缺的权利保障，必然适用于国家间所必需的兼容性自由。

国家自由绝不是指每个主权国家取得或实现独立后可以为所欲为，或者在世界上做出侵犯他国主权和领土完整，危害他国安全，损害他国的合法权益也无须遭受与罪过相应的正义惩罚的自由。因为各国政府放任自由的最终结果必然是没有一个主权国家能够保持长久的自由而不乱了国际章法和世界秩序，最终在衰弱时惨遭强国和大国的奴役或殖民也是有效的。也就是说，国家之间所必需的普世自由，应该是那种同样普遍适用于人与人之间的彼此相容和彼此平等的自由权利，而不是只允许一些国家做某些事情，却不允许另一些国家做同种事情的自由，这种建立在不公平的区别对待和通过损害他国自由和安全来维护本国的自由和安全的强权法则不应该在国际互动中成为普遍有效的能够成为控制他国行为的任何国际规则或国际制度。认为一个国家无法取得独立，就无法实因为他国无权侵犯的彼此兼容和彼此平等的普世自由必然包含着尊重其他主权国家的独立自主现自主，从而获得自由是有意义的。如果一个国家无法实现主权和领土完整及安全，并取得内部能代表公意的政权，那么它就不仅无法取得独立，也无法实现自由，更无法建立一个能够保障该国公民的人身和财产安全及自由的民有、民享、民治的法治政府。所以超国家理论所支持的国家自由绝不是一种狭隘浅薄的政治理论，而是一种在法理学上应该具有强制力和约束力的彼此兼容和彼此平等的可以平等约束每个主权国家的普世自由。超国家理论认可的国家自由必定是世界兼容性的：不是每个主权国家为了实现自我利益不用遵守任何有利于维护文明的世界秩序所制定或创设的国际规则或国际制度，而是每个主权国家既懂得遵守那些对各国有利或符合各国权益协调发展的国际规则和国际制度以促进整个世界的普世自由，通过尊重普世自由来保障国家之间的和平发展与睦邻政策，也懂得哪些不道德或错误的国际规则与国际协约不仅会破坏文明的世界秩序，也会妨碍每个主权国家实现所必需的国家自由，而不是完全凭借是否对本国有利或能否促进自我利益来决定是否遵守这些共同制定的国际规则和国际制度的自由。所以最广泛意义的普世自由主要指国家之间所建立的那个彼此兼容的世界自由体系处于受法治世界体系保障或国际制度平等约束的相对安全状态。

不证自明：不管是对个人，还是对国家而言，行为上的为所欲为通常不是高度自由的表现，而是一种信奉和践行强权法则或世界霸权的结果。因为道理很简单，这种可以为所欲为的"自由"通常是通过

18

强权手段或军事手段取得的，从而是不利于促进彼此兼容和主权平等的普世自由的，所以每个主权国家应该像每个人一样在无罪过状态中享有神圣不可侵犯的自由行动的自然权利。如果某个取得世界霸权或地区性霸权的大国的综合国力一直无法维系这种可以为所欲为的霸权地位，那么随着霸权的衰落或易位，这种可以"为所欲为的放任自由"也自然会被终结或丧失。毕竟还没有哪个强国或大国能够在激烈的国际竞争中取得压倒世界所有国家的绝对优势从而使其主导世界的霸权地位永固。反之，衰弱的国家必然既难以实现独立自主，也难以取得自由，更难以摆脱依附他国，使其受制于强国或大国的命运。由于弱小国家的综合国力十分有限，所以完全依靠自身的单薄力量来保障该国的主权和领土完整及国家安全与国家权益在一个动荡不安和未实现永久和平的现实世界是行不通的。于是大部分的弱小国家不得依赖强国或大国的某些援助，或者让渡部分主权来使其提供庇护和援助，或者具有共同利益或需要的弱小国家之间结成可靠的同盟，或者通过互惠互利的国家互助来维护这些基本的国家权利。只要极端的国家主义和狭隘的国家理论会建立一个排斥国际合作、国家互助、互不侵犯及各国发展需要协调的完全自治性的世界自助系统，那么在国际政治经济发展不平衡的情况下，弱小的发展中国家是难以有力保障该国的主权和领土完整及国家安全与合法权益的。在这个完全由国家利益至上原则，民族自决原则及国家自治原则支配或控制的世界自助体系也不可能实现或获得每个主权国家所必需的作为彼此兼容和彼此平等的普世自由。超国家理论的最高政治目标主要是建立一个能够维护世界正义，促进世界永久和平，实现最广泛的普世自由，可以付出最小代价来保障各国的主权和领土完整及国家安全与合法权利的平等互惠的世界互助体系，而国际社会上的无政府状态显然不利于实现这些超越被自私的国家利益所制约的世界政治目标，并能成功建立一种能够实现这些世界政治目标的互惠互利和求同存异的世界秩序。如果超国家理论无法实现这些世界政治目标，那么它就无法成为指导创建代议制世界政府的政治思想和立宪原则。但这不是说，超国家理论支持每个主权国家可以在未经他国的合法政府同意的情况下去干涉他国的内政和政权，因为这样做也会破坏每个国家所必需的作为彼此兼容和平等的普世自由，而每个主权国家放任自如的最终结果必然是没有一个国家能够花费最小代价来实现所必需的国家自由和在道德上维持一种最低限度的世界安全秩序。

如果说独立和安全及法治是实现自由的基础，我们也可以说自由和安全及法治是实现独立的前提。因为它们之间的社会关系总是相互作用和彼此影响的。国家独立在主权国家的安全和法治及自由无法保障的情况下便难以实现自治和自主，反之，国家自由在主权国家无法取得独立和安全得到保障及社会实现法治的情况下也难以实现自治和自主。所以从一个国家取得领土和独立及建立政权那刻起，它就成了一个主权国家，而从国家取得独立到实现法治，再到国家安全，无不依赖该主权国家的综合国力，以及这种综合国力所能创建和组织的现代化军队来保障这些根本的国家权利。而综合国力衰弱的弱小国家是无法依靠自身来实现国际均势或不通过依附强大的国家来维持一种有利于促进该国安全的国际均势或权力平衡的。这意味着综合国力衰弱或贫穷落后的主权国家不得不通过依附他国或国家互助来保障该国的安全和权益，但是这样做的结果必然会以牺牲一部分该国的独立自主和国家自由作为代价来实现互惠互利的国际合作，以交换各国所需的东西，如安全、权力、财富、资源及科学技术等等。在这种情况下，主权国家都需要遵守彼此签订的协约或规则来促成这些各自所追求的政治目标、经济目标、军事目标及安全目标。但历史给我们的教训是：当一国政府所追求的国家安全和经济利益发生变化，国家之间的合作前景逐渐变小时，与之伴随的不是政府间彼此继续忠守协约或盟约，而是毁约或违约，或与其他国家另外建立有利可图的合作关系。即丘吉尔所说的：只有永远的利益，而没有永远的朋友。从历史变迁的角度就足以说明自私自利或野心勃勃的极权主义国家们为了追求国家安全和更多的权力与利益所表现出来的反复无常和背信弃义是如何破坏世界的普世自由和永久和平的，以及国家之间受各种不确定性的政治因素和经济因素及安全因素的影响的利害关系建构的国际关系是如何脆弱和不稳定的。这说明国家之间根据不确定性的经济利益关系建立的同盟或共同体是不稳定或不完全可靠的，也意味着共需领域或共识领域不断减少的国家之间只能建立"不信任的风险关系"或需要提防的"风险性的安全关系"，而共识领域不断扩充的国家之间则暂时可以建立强意义上的"可置信的安全关系"和在一定程度上避免"不信任的风险关系"损害彼此的利益。如果国家之间互相为利益才能产生信任关系，那么当彼此不存在互惠互利的可能或关系时，信任就很难维持或变得脆弱。反之，强意义的信任关系应该即使这种互惠互利的可能消失或不存在，国家间也存在能够维持正常的信任关系的其他正当理由或者不受利害关系的影响，尽管现实世界并非如此。总而言之，如果人与人或国家之间产生信任的互利关系或共需领域是受各种不确定性因素影响的，从而变得不稳定，那么这种依赖相互得利的信任关系就是脆弱或敏感的。建立没有道德风险的信任关系显然可以大幅度降低合作成本，提高合作收益，这意味着任何社会，人与人之间的信任关系越发达、可靠、稳定，实现各取所需的分工合作和社会交换的成本就会普遍降低，因为良性竞争取代了社会成本高昂的恶性竞争。也可以说，在一个被信任关系贯穿的道德风险很低的文明社会，会出现即使不存在法治约束或没有政府的强制性权力，人们也可以自发利用这些可靠和稳定的信任关系在私人成本和社会成本保持一致的情况下实现各取所需的分工合作和社会交换，而一个只有通过强制性权力和法律约束才能够实现各取所需的分工合作和社会交换的私人成本和所要付出的社会代价总是最高昂的。也就是说，一种完全由自觉道德驱动建构的那种发达、可靠、稳定的"信任关系网络"是实现最大化程度降低社会行动成本和节省社会资源的理想状态，而通过人治手段实施的"强制道德"的社会代价是最高的，最浪费社会资源的，尽管不完满的人性和智识可以通过法治和教育手段来纠正。

既然从传统的国家理论和狭隘的民族主义无法建立一个能够促进整个世界的普世自由和永久和平及花费最小成本便可保障各国主权和领土完整及安全与利益的世界互助体系，而超国家理论即使可以实现这些符合各国根本权利的政治目标和经济目标及军事目标，但它又要求每个主权国家适当放弃一部分的独立自主和国家自由作为促进这种互惠互利的国际合作的代价，使彼此能够遵守符合双方或多方利益的协约，那么是否存在一种最优的使每个主权国家能够在适当放弃一定的独立自主和国家自由而又无须服从任何大国的控制和支配的情况下付出最小的代价便可保障各国的主权和领土完整及国家安全与国家利益这种各国政府所追求的基本政治目标，而又能促进整个世界的普世自由和永久和平的政治方法和国际制度安排呢？当然有，各国成立世界合众国，建立一个代议制的世界政府就是使世界上的大部分主权国家（特别是弱小的主权国家）付出最小的代价来摆脱依附他国来实现互惠互利的国家互助，而又能最大程度实现独立、自治、自由及安全的最好方法。显然，我并不认为国家之间单凭坚持互惠互利原则、国家互助原则及道义上的自我牺牲原则的超国家理论既可以实现各国政府所追求的上述政治目标，或可以促进整个世界的普世自由和永久和

21

平，毕竟自私自利和追权逐利是每个主权国家的政治本性，而国际社会上又处于没有世界最高权力中心约束各国行为的无政府状态。传统的国家理论和极端的民族主义确实可以实现最大限度地避免弱小国家在依附他国或国家互助中受制于他国而丧失所需的独立自主和国家自由。它甚至极力排斥依附和具有恶意的政治渗透性质的对外援助，与其他国家保持一定距离，毕竟依附和互助在很多情况下往往是与一个主权国家所欲求的绝对独立和国家自由是对立的，比如朝鲜的现状。但这对于想要实现上述政治目标的综合国力弱小的主权国家而言显然是不现实的和自相矛盾的。尽管现在大部分比较开明的现代化国家都逐步从自私自利的国家主义向互惠互利的超国家理论过渡或转变，但依旧有很多传统国家或落后的发展中国家跟不上处于世界发展中心的发达国家的经济节奏，而拾得成本较低的那种所谓的"落后的好处"在激烈的国际竞争中往往是被动的，这根本不利于摆脱依附关系。

当然这与弱小国家恐惧或担忧在国际互动中强国或大国做出损害和侵犯他们的国家权利而无法受到应有的惩罚和得到合理的补偿，他们却无力制裁和惩罚强国或大国的侵权行为是分不开的。因为国际贸易可能不是在严格遵循互惠互利和公平交换的国际制度的情况下进行的。其实，即使传统的国家理论、狭隘的民族主义及极端的国家主义可以最大程度满足每个主权国家所追求的独立自主和国家自由，然而在国力严重衰弱或综合国力严重下降的情况下，却无法有力保障该国的安全和利益。因为被传统的国家理论，狭隘的民族主义及极端的国家主义支配的政治意识形态只能形成一个自治性的世界自助系统，而无法像超国家理论那样形成一个平等互惠和求同存异的世界互助系统。在这种情况下，弱小国家就不得不依附他国，或者通过国家互助原则及政治意识形态比较契合的国家彼此结成互助性同盟的外交手段来保障该国的主权完整、国家安全及国家利益，但这样做的结果必然使该国受制于依附之国。当然传统的国家理论和极端的民族主义与超国家理论各自同样存在缺陷和不足：前者可以最大程度实现独立自主和国家自由，但可能无法完全依靠有限的国力来保障自身的安全和权益，对国力衰弱的弱小国家而言更是如此。后者可以付出最小代价通过彼此进入法治世界状态的政治手段来保障每个主权国家的安全和权益，但却要求各国适当放弃一定的独立自主和国家自由等部分平等的国家主权来授权创建代议制世界政府来实现这些符合各国的根本利益和安全保障的世界政治目标。

其实在政治不民主的社会或国家，不管是政治，还是经济，都不可能享有真正意义上的由平等权利决定的基本自由，特别是作为平等的政治自由、新闻自由、言论自由及出版自由，所以国家之间那种彼此兼容和各国主权平等的政治自由与经济自由不可能发生在专制的极权主义国家、独裁的威权主义国家、帝国主义国家及霸权主义国家领导或控制的那种国际秩序或环境之中。因为主导这个国际体系或国际联盟的领导国（如以前被苏联统治和压迫的成员国不可能比政治民主的欧盟的成员国更自由平等）不可能像国际政治民主的欧盟组织那样把其他成员国置于与其平起平坐的国际地位，如果是这样的话，那么崛起国追求这个地区或世界的领导地位又有何意义和价值呢？毕竟在政治真正民主的世界，不可能还允许世界最强的霸权大国成为这个世界的唯一领导国，在这个体系或联盟里所有成员国的职权、义务及地位都是平等的，绝对禁止任何成员国的权力和地位能够凌驾于其他成员国之上。其实要证明为什么各国主权平等，国际地位平等化，国际政治权力平衡发展，国际经济权力平衡发展的国际政治自由主义与国际经济自由主义没有发生在苏联是很简单的。因为政治比较专制和独裁的苏联具有"赤化世界"及控制成员国的政权和命运的霸权主义倾向和野心，而政治民主的欧盟组织则始终巩固和捍卫有利于促进国际政治自由主义与国际经济自由主义发展的那些国际基本原则。道理很简单，不管是国家政治，还是国际政治，政治不民主都意味着政治上的专制和独裁及经济与资本流动的不自由，由此建立的那种法治社会体系也只不过是一种执政党实现专制统治或独裁政治的奴役被统治者的法律工具，此时统治人民的宪法和法律及各种社会制度显然直接变成了执政党奴役人民的法律工具。且在世界范围内，权力范围和势力范围由主导国支配的具有霸权主义倾向或帝国主义倾向（类似暴力的家长主义）的强国或大国则成了欺凌和胁迫这些弱小的主权国家服从的对象。这也是为什么一战时期的威廉德国，二战时期的纳粹德国，二战时期的意大利法西斯，日本帝国主义及二战后的苏联因为具有帝国主义野心或霸权主义倾向而不可能信奉和遵循那种国家之间彼此兼容和主权平等的国际政治自由主义原则与国际经济自由主义原则行事的原因。反之，如果这些国家真正信奉和遵循国际政治自由主义原则和国际经济自由主义原则，那么他们就不可能成为置他国的安全和利益不顾的具有侵略性威胁的国家。试想一下，在国家范围之内，如果一个政治不民主的国家的行政权、司法权及立法权完全被某个政党或

23

党派垄断，并由这个政党来决定法律制度的纲领和发展，以及又由其完全决定这些法律是否合法或正义，那么这个非民主国家的政府统治下的人民的公民权利和基本人权是不可能平等的。因为在这种情况下是否合法完全取决于独裁政党的专断意志和政治偏好及是否符合其政治利益，他说什么是合法的就是合法的，说什么是不合法的就是不合法的，根本无须取得最大多数人民的赞同，这就是人治高于法治的结果。尽管为了避免"多数人的暴政"是否能够取得最大多数人民的同意和认可并不是决定立法部门制订的宪法和法律是否合法的最高标准或唯一标准，但能否取得大多数人民的支持和认可对于评估立法部门制订的宪法和法律是否合法而言在政治真正民主的文明国家却是不可或缺的。所以"合法性"绝对不能成为任何专制政治或独裁政治专享的特权，除非政府功能是完全完善的，每个政府官员的政治行为也是纯粹合乎普世统一的正义法的，否则政府行为就不能成为人们判断其是否合法的标准或参照物，正如哈耶克所言："如果法律规定某部门或当局可以为所欲为，那么，那个部门或当局所做的任何事情都是合法的——但它的行动肯定不是受法治原则支配的。"也就是说，从人民主权和民主政治推导出来的立法权力才能确定法治原则及其政府执法使法律的合法性，而放任自流的人治原则只会导致更普遍的腐败和强权。如果政府的任何言行举止可以随便定为具备合法资格的"法律法规"，或者它可以享受真正的法律所具备的那些权威与地位及待遇，那么从这种专制政治和独裁政治及极权政治推导出的不掌握在大多数人民或也不由各地成年公民选举出的代表或议员平等掌握的立法权力不仅不可能产生真正意义上的法治与自由，还会成为执政党破坏法治与自由的统治权力和强权政治。这显然证明了哪种政治体制更能令社会产生法治的效果，而又不至于会削减每个公民平等的公民权利与基本自由。也就是说，只有从民主政治才能推导出更理想的法治社会和经济自由，并确保国家的行政权、司法权及立法权不会被任何独裁或专制的执政党长期垄断，从而彻底掌握国家政治和国家政治权力的再分配，即使这个专制或独裁的执政党做出某些侵犯一部分人民的权利或自由的事情也不用恐惧或担心任何来自"手无寸铁"（即放弃重要的政治权利，以寻求经济保障）的人民有能力实施颠覆性报复，尽管最后的结果是不得民心的政党的暴政被暴力革命所推翻。这意味着从程序纯粹正义的民主政治推导出的立法权力才能够建立一个没有特权存在使所有公民普遍受到法律的同等约束的法治社会，并取得最大程度化的人身自由、公民自由、财产自由、政治自由及经济自由，而从专制的独裁政治或极权政治推导出的立法权力所建立的统治者或执政党享有某些不受法律制约的社会特权，或者不会普遍受到法律的同等约束的法治社会则必然是通往奴役之路的。因为人民根本无法避免独裁的专制政府或政党的意愿和好恶，在未经公开公正的法院审判情况下，任意对"莫须有"的公民采取拘留、逮捕、上刑及惩罚等法律以外的方式，（如以前的斯大林大清洗和"文化大革命"）好像警察部门集司法权于一身，享有定罪判决之权一样。其实只要一个国家的统治权力和政治权力再分配长期被某个政党或党派垄断，而不是通过民主立宪和人民主权的宪政体制所建立的那种可以最大程度上普遍提高政府的政治效率的"竞争性的政治制度"来决定国家政治权力和政府官职的再分配，那么吏治腐败就只会越发严重和普遍，也根本无法避免独裁的专制政治给"统治圈"以外的没有选举权和投票权的人民大众套上政治枷锁。如果说建立在民主政治基础上的竞争性的精英政治是一种政治效率最高的政治制度，那么政治越不民主的国家政治和国家政治权力再分配完全由某个专制或独裁的政党控制的政治制度就是政治效率最低的，吏治最腐败的国家。前者是一种强调优胜劣汰，通过政治规则公平的职前政治会考和职后政治考核共同决定政府官员的录取、试用、转正、升迁、任免、酬劳及各种福利待遇的政治竞争制度，而后者是具有高度敏感的政治排他性（即不是同一政党或党派就千方百计进行排挤、打压、栽赃、陷害及污蔑或对无党派人士设置比该党派还高门槛的入仕标准和取仕条件）和政治垄断逐渐形成和高度发展的结果，所以一个国家的吏治越腐败，政治效率就会越低，他的社会系统就不可能趋向稳定有序。

然而需要对竞争性的精英政治制度作出补充的是：建立竞争性的精英政治制度的主要目标是通过普遍降低国家政府的政治成本来减轻纳税人的经济负担，以普遍提高政府的政治效率、市场的经济效率及人民的生活品质。竞争性的政治制度不仅可以激励官员不断提升政治能力和自觉积累政治经验来适应优胜劣汰的政治竞争环境，普遍调动国家政府官员的政治积极性，也可以有效消除官员们的懒散和吏治腐败，裁汰所有庸碌无为以及政治成本较高但政治绩效低下的官员们，还可以从此摆脱政治人所认为的：政府就是一个"安乐窝"或"养老院"，以及当官就是捧着雷打不动的"铁饭碗"的侥幸心理和仕途幻想，促使每个官员在解决和处理国家内部事务与社会公共事务的过程中能够化被动为主动。但为什么政治不民主的非民主国家越是最不可能建立和实施竞争性的精英政治制度呢？如果政治不民主意味着一个国家的政治朝专制、独裁、强权、极权及威权的方向和目的发展，而政治民主则意味着赋予每个成年公民平等的公民权利与政治权利，这些政治权利其中就包括一系列平等的投票权、选举权、被选举权、政治参与权及监督政府行为与工作的权利，那么政治不民主的非民主国家建立和实现竞争性精英政治制度就意味着：一是要彻底放弃任何具有政治排他性的国家宪法、社会制度、法律法规及对内政策。二是国家政治和国家政治权力再分配将不再被任何政党或党派垄断。三是反对任何政党或党派垄断政治竞争与政治托拉斯的发展。至于为什么政治不民主的非民主国家最不可能建立和采取这种竞争性的精英政治制度，甚至极力反对制订和实施这种竞争性的精英政治制度，我认为主要原因有：一是民主政治强调由彼此兼容的政治自由与政治机会平等的政治正义原则，而非民主国家则反对贯彻该政治原，制度。二是民主政治主张一种透明和公开的政治生活与政府工作，包括每个官员的具体个人信息、工作内容、工作计划、人事调动、财政收支、政治成本、政治绩效及民意调查等等，而非民主国家的独裁政府则报喜不报忧，永远倾向于选择性隐藏对自身不利的各种真实的政治信息和经济信息及历史事实，选择性显示对自身有利却对百姓不利的各种虚假或编造的政治信息和经济信息及历史事件。三是在政治真正民主的主权国家，每个成年公民都享有一系列平等的投票权、选举权、被选举权、政治参与权及监督政府工作的公民权利和政治权利，而非民主国家的公民不可能真正享有这些权利，这就不利于塑造一种公平竞争的政治环境。四是一旦非民主国家制订和实施竞争性的精英政治制度就会失去原先独享的统治权力和统治地位，因为民主政治反对任何破坏那两个政治正义原则的政治排他性。五是一旦非民主国家制订和实施竞争性的精英政治制度就会彻底失去国家政治的控制权，因为这种竞争性精英政治制度从国家宪法上反对政府权力和国家政治权力再分配被任何政党或党派垄断，政府权力和国家政治权力的再分配将完全由一种公平竞争和优胜劣汰的职前政治会考和职后政治考核构成的政治竞争制度主导和支配。六是竞争性精英政治制度之所以适合政治真正民主的国家，那是因为这种公平的政治竞争制度要求政府彻底废除任何具有政治排他性的国家宪法、社会制度、法律法规及对内政策，而不是同一党派或政党就相互排挤和压迫的非民主国家就反对这种竞争性的精英政治制度。七是在非民主国家，政府权力和国家政治权力的再分配完全服从竞争性的精英政治制度的安排，以及由一种规则公平和优胜劣汰的由职前政治会考和职后政治考核构成的政治考核制度来主导和支配政府权力和国家政治权力的再分配是不可能的，这意味着没有任何政党或党派可以完全掌握国家权力。八是竞争性的精英政治制度从根本上反对国家政治和国家政治权力再分配由任何政党或党派垄断，而非民主国家不可能满足这个不可或缺的必要条件。九是竞争性的精英政治制度从根本上反对任何政党或党派垄断国家的政治竞争与政治托拉斯的形成与发展，而独裁和专制的非民主国家则倾向于彻底或完全掌握国家的政治权力和权力分配，这显然属于垄断。十是竞争性精英政治制度之所以受民主国家青睐，而让非民主国家如此恐惧和排斥的主要原因是：这样做意味着政府权力和国家政治权力的再分配将完全服从竞争性的精英政治制度，被一种公平竞争和优胜劣汰的政治竞争制度主导，无论有能力和资格掌握政治权力的是哪个政党或党派的公民（甚至是无党派人士），而这对业已把政府权力和国家政治权力再分配牢牢掌握在手中的非民主国家的某个执政党而言必然是无法容忍和接受的一种致命的政治威胁和权力威胁。至于为什么政治不民主的非民主国家的吏治最腐败？我认为主要有七大根源：一是国家政治不够民主或朝背离民主的独裁或专制的极权政治主义发展，导致人治原则高于法治原则。二是政治垄断的形成和高度发展导致国家政治和国家政治权力再分配被某个政党或党派长期垄断。三是被某个政党或党派垄断的国家政治、政治制度及政治权力具有政治排他性，导致无党派人士和党外公民不是没有平等的政治参与权，就是取仕标准和入仕门槛比该党派成员的要高很多。四是国家政治和政府工作都缺乏必需的透明性与公开性及人民没有监督政府工作的基本政治权利。五是没有建立一种竞争性精英政治制度来主导政府各类职权与国家政治权力的再分配。六是专制或独裁的极权政府通过控制各种新闻媒体来操纵公共舆论以达到巩固统治权力和统治地位的政治目的，导致人民群众不是没有言论自由和出版自由，就是对国内政策和对外政策没有发表意见和提出建议的评论自由，甚至在政治方面故意限制各种新闻媒体的网络评论和敏感的用词用语用句等等。七是某个政党或党派为了巩固统治地位长期垄断政治资本，导致过度集中的政治资本无法通过机会平等的政治竞争规则来分配，这是政治不自由和政治机会不平等的主要原因之一。八是惩罚以权谋私和滥用职权的贪官污吏的法律法规过宽或过轻，根本无法让他们付出得不偿失的犯罪代价，这根本不足以约束深知违法合算的贪官污吏，所以才会出现禁也冒险，惩而不止，罚而无效，宽纵为患的结果。其实当我们提出这些导致吏治普遍腐败的主要原因，相应的解决措施和化解之道就已经呼之欲出，即：反向而行，自然吏治清明。但为什么一个吏治普遍腐败的国家的元首或领袖即使知道官员普遍腐败，也不愿下决心根治呢？我认为主要存在以下后顾之忧：一是他可能也贪，恐惧被知情下级或同僚举报，爆出来就玷污了政党、政府及国家的声誉，而国家元首贪污对国内社会和国际社会产生的消极影响可能比国家元首贪污了多少钱财更大。二是支持他的部分官员可能也存在以权谋私、滥用职权及贪污受贿的情况，但他并不知道具体是哪些官员，以及无差别查处可能会发生对自己不利的政治后果。三是如果政府的大多数官员都贪污腐败，那么在没有及时把这些贪官全部及时逮捕起来的情况下，这些贪腐官方就可能联合起来发动政变，推翻他掌握的国家最高政权。四是即使一下子能够把政府的全部贪官抓干净，接下来面临的问题也同样重要：谁来维系政府的日常工作，谁来解决和处理国家的公共事务，是否还有一批具有一定的政治才能或政治经验的预备干部或优秀的政治骨干来弥补这些空缺？如果这个问题解决不了或处理不好，"政府机器"就有可能陷入瘫痪无法正常运转，最终民怨四起。

由于国际政治和世界社会处于缺乏强制力和约束力的无政府状态，所以在没有任何强有力的国际权威或世界权威完全凌驾于各国政府之上的情况下，世界各国政府作为一个相对独立的国际行为单元都会比其统治下的每个受该国宪法和法律约束的公民自由。如果某些主权国家自愿受制于某个国际组织或国际联盟的管辖，那么后者的自由裁量权一般都会大于其下辖的每个独立自主的成员国或会员国。但是"国家自由"与"国际政治自由"这两个概念仍旧是有区别的，尽管"国家自由"既由内部建立的合法性政权缔结的政府决定，又受制于政府间参与的各种国际组织或国际联盟。两者最大的区别是国家自由涉及由多个主权国家共同决定，或某些主权国家之间共同隶属某些国际组织或某个国际联盟，而前者作为一种纯粹性的国家自由则不隶属任何国家、任何国际组织及任何国际体系或国际联盟，主要由该国政府决定这个国家的行为原则和对外政策。也就是说，主要由各国政府决定的国家自由所施加的影响主要是由内到外的，而由多个主权国家共同决定或由多个主权国家所隶属的某些国际组织或某个国际联盟决定的国家自由所施加的影响主要是从外到内的，只要由多个主权国家共同决定或由多个主权国家所隶属的某些国际组织或某个国际联盟存在这种国际规约：任何成员国未经该集体许可的情况下无权擅自行动或凌驾于该体系或组织之上。其实不管是由各国政府决定的国家自由施加的影响主要是由内而外的，还是由多个主权国家共同决定或由多个主权国家所隶属的某些国际组织或某个国际联盟决定的国家自由所施加的影响主要是从外到内的，对国家自由很大程度由多个主权国家共同决定或由多个主权国家所隶属的某些国际组织或某个国际联盟决定的成员国或会员国而言，这两者往往是相互作用和彼此影响的。而国家自由主义的原则是任何国家皆没有权力干涉他国的内政或参与颠覆他国合法政权的行动，应当由每个国家的合法政府决定这个国家的命运和内部事务。但是国际自由主义的原则是国家的自由行动空间由多个主权国家共同决定或受到多个主权国家所隶属的某些国际组织或某个国际联盟限制，即对任何一个主权国家而言，彼此兼容和平等的国际自由主要取决于其他主权国家是否有能力和平等的机会取得同等自由。如果强大的国家因为贪图弱小国家（通常是左邻右舍）的领土、资源、财富、人口等等就企图通过非正义的战争手段来强取豪夺，以达到征服、殖民及统治该国或在该国建立傀儡政权的最终目的，那么彼此兼容和平等的国际政治自由是不会发生在具有霸权主义倾向或帝国主义倾向的大国身上的。这也是为什么帝国主义和霸权主义是威胁国际政治自由主义与国际经济自由主义的主要敌人的重要原因。约翰·米尔斯海默认为："在一个没有国际权威统治他国的世界里，大国一律损人利己，追逐权力，并成为支配性国家，在此过程中大国间必然产生冲突。"这句话很大程度上揭示了大国与小国，或强国与弱国，或穷国与富国很难处于和平发展，互不侵犯及互惠互利的主权平等状态。所以上述显然违背了普遍适用于国家间的那些有利于促进普世自由的国际政治自由主义信奉的基本原则：各国主权在国际法面前一律平等；和平共处，互不干涉内政；尊重各国的主权和领土完整，国际政治经济权力平等及国际法律地位平等化等。

"国家经济自由主义"与"国际经济自由主义"是两个适用于不同规模和性质的国际行为体的学术概念，国家经济自由主义的基本原则是国民经济体系不完全转向由市场自由主义或竞争性的资本自由主义主导，但并不意味着政府需要放弃对金融市场的监管，或者放弃财政政策和货币政策及汇率政策的控制权。适用于国家间或政府间的国际经济自由主义的基本原则包括互惠互利的贸易原则，各取所需的国际交换，相互宽容的贸易政策，自由开放的国际市场，根据比较成本优势决定的关税政策，共赢互信的商品政策，反对国际经济托拉斯，能够吸引外资和技术进口的税收政策，国家间制订有利于促进国际资本自由流动的金融政策等等。但不包括当一个主权国家因为贸易条件长期处于不利状况而无法取得所需的贸易顺差的情况下其他长期与之贸易并总能够取得贸易顺差的强国或大国有强制或威胁该国不得进行任何有利于改善该国贸易条件的国际权力。毕竟一个主权国家的自由和独立程度在不平等的现实世界确实会随国际上相互依存的经济关系和国际贸易的依赖程度而发生增减，特别是那些在各取所需的国际分工和国际交换长期处于被动的劣势地位或贸易逆差的政治经济水平普遍落后的发展中国家。也就是说，尽管国际经济自由主义要求国家之间的资本、商品、货币、资源、知识及技术应该自由流动，并通过互惠互利的国际分工合作来实现各取所需的国际交换，但这不能成为工业能力或经济实力在国际贸易中长期占据优势的强国或大国压榨或掠夺发展中国家的理由或借口。如果在国际贸易中处于劣势的弱小的发展中国家长期处于贸易逆差，那么他们就有权力通过改善不利的贸易条件或贸易环境来实现贸易顺差或者制订某些保护主义政策来控制本国稀缺的资源和阻止金融资本外流。这意味着国际经济自由主义的道德底线是：经济不发达的发展中国家与经济发达的发达国家之间所进行的国际贸易或参与的国际经济竞争都必须遵循一种互惠互利和公平互信的国际交易规则，使那些经济发达的发达国家或处于世界经济核心的国家即使没有改善经济不发达的发展中国家的经济条件和社会福利，也不能在国际贸易或经济竞争中通过损害经济不发达的发展中国家的经济利益或政治权力来达到卑鄙的利己目的，即两者之间进行的国际经济竞争最起码是一种正和博弈，不能是一种一国所得则意味着一国所失的零和博弈，也不能是一种两败俱伤或所失大于所得的负和博弈。两者之间进行的国际经济贸易应该是一种"参与国的经济利益或政治权力不可能在减损其他国家的经济利益或政治权力的情况下得到提高或增进"。也就是说，对发展中需要与发达国家所开展的国际贸易而言，国际经济自由主义的道德底线至少有三条：一是在国际贸易中满足国家成本与国际成本相一致原则，二是在国际经济竞争中满足"卡尔多－希克斯改进"，三是在国际贸易中满足"阿罗－德布鲁定理"。当然了，在缺少一个凌驾于各国政府之上的具有强制力和约束力及权威性的国际政府或世界政府来执行监督和惩罚的情况下，强国或大国是不可能老老实实遵守这些总体上对所有国家皆互惠互利的国际交易规则或国际制度的，他们甚至会使用强力来改变这些规则。为什么强国或大国在国际贸易或国际经济竞争中总是想跨越这些道德底线来寻求卑鄙的自我利益呢？我认为原因主要有以下：一是强国或大国有实力不遵守这些互惠互利和公平互信的国际交易规则与国际制度却不用受到任何惩罚或制裁。二是遵守这些国际规则和国际制度所付出的代价显然高于不遵守的，这意味着所得的利益会因行动成本变高而有所减少，所以违法显然比守法更合算。三是政府间制订国际规则不是没有缺乏权威和统一的支配性价值和规范性共识，就是对贸易条件处于不利状况的弱势国家不利。四是缺少一个凌驾于各国政府之上的具有强制力和约束力及权威性的国际政府或世界政府来执行监督和惩罚。五是严格惩罚逾越这些道德底线的强国或大国可能会累及或损及发展中国家的经济利益或社会福利。六是弱小或处于劣势的发展中国家在国际贸易或国际经济竞争中根本没有能力或实力威胁与之贸易或竞争的那些强大的发达国家。正是强国或大国这样才刺激那些弱小的发展中国家制订各种能够维护该国利益和安全的保护主义政策。另外国际政治权力与国际经济权力的不平衡发展可能使本已处于劣势的那些弱小的发展中国家没有能力长期承担与发达国家同样高的国际成本。虽然各国政府间信奉和遵循的国际经济自由主义，反对彼此之间建立关税壁垒、贸易壁垒、区别对待的商品保护政策及制订某些不利于国际资本自由流动的保护主义政策，但是在国家的权力、利益及安全受到潜在或明显的外部威胁之际，它就会刺激敌对或敌视的国家之间制定相应的国家保护主义政策。所以国际经济自由主义的核心问题主要取决于国家间或政府间能否一如既往地遵循和贯彻"和平发展方针"，并能够联合起来对抗不利于世界政治经济平衡发展的世界政治霸权主义或国际经济霸权主义。但美国在国际自由主义秩序显然存在自相矛盾的行动逻辑：希望建立一种自由民主的世界秩序，又企图由自己来主导这种秩序，成为不受民主平等的国际制度或政治规则制约的例外，或在特定情况无法在干预政策中克制其霸权主义倾向。

第三章 民主

———◆━▶▷◀◆▷◀◆◀◆━◀———

　　约瑟夫·熊彼特精辟地诠释了民主政治，他认为民主就是政治精英竞争获取权力和人民选择政治领袖的过程。民主的实质在于一种竞争的选举过程。政治精英掌握政治权力，实施统治，但其合法性来自人民的选择。我认为民主政体只有建立在人民主权和民主立宪的基础上才是稳定的，立宪权和立法权应该无条件掌握在各地公民选举的代表或议员手中，决定是否进行对外战争的军事权力也应该掌握在能够代表或体现民意的最高国民议会手中，与军事权力分离的国家最高行政权则应该掌握在由人民代表选举或国家议员选举的国家元首手中，每个政治人皆可通过彼此兼容的政治自由和公平的政治竞争规则及公正的政治考核制度来获取与政治才能相应的职权，并凭政治才能和政治绩效来决定大部分官员的升迁和政治报酬、任免及惩罚等。因为民主国家的宪政是注重国家政治权力的平衡发展和相互制约而非是一种不受任何社会力量或国家宪法制约的中央集权政治，还有民主政治不仅意味着国家政治和国家政治权力不被任何政党或党派垄断，也意味着国家元首不是由人民直接选举产生，就是通过全国各地区成年公民选举的议员或代表间接选举产生，除国家元首或政府领袖外，国家政治权力的再分配既由公平的政治竞争规则决定，也由规则公正的政治考核制度决定。非民主国家的宪政则讲究不受任何国家内部力量制约或被人民监督的中央集权政治或独裁政治，一旦国家政治和国家政治权力被任何政党或某个党派垄断，那么它根本无法避免政治权力在分配过程中出现不被公平的政治竞争规则和公正的政治考核制度决定的中央集权政府向人民施以暴政。有些政论家认为民主政治会产生多数人的暴政或导致掌权的多数人侵犯少数人的权利，事实上据我所知，大多数现代讲究国家政治权力相互制约和国家政治权力再分配公正的民主国家都未曾产生过严重影响社会安定的政府暴政，相反，那些无法实现立法权、司法权及行政权处于相互制约的平衡状态和国家政治权力再分配与国家政治权力均被某一政党或党派长期垄断的政治不民主的极权主义国家的政府才会产生更加普遍的腐败吏治和政府暴政。因为在这种人治高于法治的极权国家，只会诱导人民走向通往奴役之路的地狱，或者把良民们引向侵略他国的军事暴政。

熊彼特把民主定义为："民主方法就是那种为作出政治决定而实行的制度安排，在这种安排中，某些人通过争取人民的选票取得作决定的权力。"经我修改后，即："民主就是那种通过人民主权的方式实现民主立宪和公民们通过普选国家领袖来做出政治决定而实行的制度安排，在这种安排中，某些人通过争取人民的选票而取得做决定的统治权力，除此外大部分的国家政治权力和政府官职的再分配将由自由和公平的政治竞争规则与公正的政治考核制度共同来决定"。代议制民主在现实中应该是最能有效防止政府的暴政、专制、强权、腐败及发动非正义的对外战争的民主政治制度。从道德角度来说，一个真正良善的政府对该国而言，在国家内部应该是最能够防范和消除政府的暴政、专制、强权、腐败及危害国民安全的对外侵略而且还不会威胁到公民们所必需的投票选择、言论自由、出版自由、示威游行及罢工罢课等公民权利。只要政府的暴政与专制、极权、强权、剥削、掠夺、奴役密切联系在一起，而政府暴政又与政治体制有关，那么政治体制在某种程度上也会影响一个好政府的产生。康德认为：唯有在共和制的政权方式才有可能，没有它（无论体系可能是什么样的）就是专制和暴力的。他应当指的是共和制应该结合代议制体系，或把共和制建立在代议制民主的基础上。如果康德所指的共和国不是实行普选和政治民主的民主立宪制国家，那么康德的美好愿望就注定会落空，因为大多数共和制并不是公民真正享有平等的公民权利和政治权利及政府的统治建立在被统治普遍同意的基础上的国家，这根本不现实，没有平等的政治参与权的民众如何反对国家元首或军政头目发动以国家利益为借口的侵略战争？显然只有实现选举和政治民主的民主立宪国家才是人民主权之国，在这种政治条件或社会环境才能实现国家和政府必须经过公民的普遍同意才能宣战。因为历史上军政专制和独裁的共和国经常绕开公民的普遍同意直接策划或参与侵略战争，而没有平等的政治参与权的民众根本无法阻止野心勃勃的国家元首或军政头目发动非正义的侵略战争。我的意思并不是政治民主的国家不会发动侵略战争，而是政治民主的民主立宪制国家和政治民主化发展的现代化国家内部能够形成一种最能防范或最有效防止国家元首或军政头目把国家和人民引上侵略战争之路的国家制度。其实康德指的应该是建立一种进行

33

对外战争需要取得人民普遍同意或最高国民议会授权的代议制民主政体，如现在的英式体制和美式体制，如果不是，世界永久和平就不可能实现，因为不受民意或议会强有力制约的国家元首或军政头目完全可以凭至高无上的军政权力为所欲为。因为康德认为："内战和外战会摧毁迄今所建立的一切法定的体制，而是要引导人去追求一种绝不可能是好战的体制，也就是共和制。"所以最好的政体应该是既能防范或消除分裂国家的内战、政府暴政及吏治腐败，对外又能防范和消除非正义的侵略战争发生的政体，而这种政体非代议制民主制度莫属。但我并不认为人民所选择的政治体制是产生一个好政府的充分条件，尽管它可能是一个预防政府暴政和极权政治的必要条件。每个国家的公民们的智识和美德的发展程度与公务员的政治才能和道德品质才是共同决定能否产生一个好政府的综合因素。能够长期促进好政府或长期形成好政府的那种政治体制才是最优的。因为不管是民主制，还是君主制，或是共和制都曾产生过坏政府和暴政，也产生过发动非正义的侵略战争的国家元首，特别是君主制和共和制，民主国家产生的暴政和坏政府发动非正义的侵略战争的频率或次数在历史上都比采用后者那种非民主制度的国家要少。

在十九世纪以前的欧洲和亚洲，几乎所有采用君主制的国家之间都频繁爆发战争，无论是侵略战或基于防御的自卫战都毫无例外地受各国君主的本能、欲望、习性、情感、偏好、喜恶、思想及智识等个人因素所支配。至于在古代和现代采用共和制的国家也不例外，汉密尔顿的话最有说服力，他说："斯巴达、雅典、罗马、迦太基都是共和国；其中雅典和迦太基两国是商业性质的国家。然而它们进行战争的次数，无论是进攻战或防御战，都不亚于它们同时代的邻近君主国。斯巴达不比一个管理良好的军营好多少，而罗马对于残杀和征服是从不满足的。"我认为这并不是说采用君主制和共和制作为国家政治体制的君主国和共和国就未曾产生过贤明卓越的君王和大臣，就未曾产生过贤明卓越的国家元首或政治人物，就未曾在某段时期产生过一个好的政府。众所周知，几乎所有的君主国和共和国曾经都产生过才能卓著和贤明烛照的君主、文臣武将、国家元首、政治人物，起码相对于该国来说历史就是这样的。但是这却不是一种常态，而是例外。也就是说，产生好政府并不是采用君主制和共和制的国家的常态，而是一种掺和许多偶然因素的例外。而且评判好政府的标准可能是相对的，而不是世界广义统一的，某国人民认为该国政府是好的，他国人民却认为是坏的，因为某国人民认为政府促进了他们的福利和安全，他国人民则仇恨某国政府侵犯了该国的主权和安全；他国人民认为本国政府是好的，某国人民却认为是坏的，因为他国人民认为本国政府促进了他们的福利和安全，某国人民却仇恨他国政府侵犯了该国的权利和安全。但是在超国家理论里，一个好政府的评价标准却是世界广义统一的，而不是仅把能够实现上述基本的政治目标的政府认定为是个不折不扣的好政府。一个为了国家利益和该国安全却无视人类的可持续生存和发展或通过损害他国权利来促进本国福利的政府在世界上必然不是一个好政府，尽管该国人民把该政府奉若神明。不过，传统的国家理论或狭隘的国家主义都不会否认：能够保障本国的主权和领土完整、促进国家利益和安全，便保障每个公民的人权和公民权不受他人、他国及本国官员侵犯的政府都是一个好政府，哪怕促进本国的利益和安全是该国政府通过损国利己的卑鄙无耻的强权手段或侵略战争实现的。除了最后一条外，我并不否认这些政治目标的实现是评价政府好坏的基本标准，但是这仅适用于自私自利的国家理论或狭隘极端的国家主义，而不适用于超国家理论，再说了仅能够实现这些基本的国家政治目的的政府只是在尽分内义务罢了，对任何主权国家的人民来说，这种有偿的分内义务无论如何也不能算作一种广义公共善，所以仅凭此某些或次要标准来断定该国政府的好坏或善恶即使是必要的，也是缺乏说服力的。不过它发生在由一般的国家理论或极端的国家主义支配的自私自利的主权国家里却是顺理成章的，也不怪乎很多国家的民众把它当作评价政府好坏的最高标准。

但是在超国家理论里，一个好政府的评价标准必然是包括我之前叙述的除此标准的最后那两个的：一个是每个主权国家能够从国家内部防范和消除一切可能发生的侵略战争，把一切可能发生的侵略战争扼杀在好政府里，不管未来上任或接替的国家元首是谁，政府不仅能够有效防止国家元首假借国家利益和国家安全为名发动非正义的侵略战争，自身也能够防止暴政和腐败及剥削发生，并能够依法惩罚违反国家宪法的国家元首或政府领袖，以及最广泛促进每个公民的公民权利和政治权利的平等化，哪怕发动损国利己的非正义的侵略战争能够促进国家安全和国家利益也能够在未发生之前被该国最高国民议会所消除。也就是说，一个好的政府对外不仅是拒绝或反对进行非正义的侵略战争的，它也是致力于从国家内部消除和防范一切非正义的侵略战争发生的"超国家政府"，这个评价标准可以简称为"内部反侵约束"。另一个则是在世界范围内，实现最低限度的广义公共善，如当某国受到他国侵略时，其他所有国家都能够抛弃政治歧义和国家利益联合成反侵略作战的世界正义联盟来抗击和制裁侵略他国的国家，而不论这些国家与侵略国是否已经建立或存在密切的合作或贸易关系，也不会选择包庇和暗地里援助非正义的侵略国，还能够大公无私参与正义联盟来发起和实施的各种国际制裁。这个世界各国对非正义的侵略战争采取零容忍的评价标准和态度可以简称为"世界反侵制约"。由于不管是君主国家，还是共和国，或是民主国家，在国家的制度安排无法防范和有效消除暴政、极权、剥削、掠夺、奴役及官员侵犯公民的个人权利而不用受到罪有应得的惩罚，以及把人民和国家引向非正义的侵略战争的政府或国家元首都必然是坏的，尽管后者可能会在战争中最大化地促进该国的经济福利，但这样做不仅不道义，还犯战争罪，还与政府所必须实现的那些基本的政治目的或国家目标是相冲突的，除非该国在侵略战争中能够取得压倒所有国家的胜利，成为世界各国联合起来也无力遏制和战胜的世界霸主。

也就是说，不管是君主立宪国家，还是共和主义国家，或是民主主义国家，如果它们国家的政府不能够满足上述所提的那两个评价标准，那么他们国家的政府在世界上就不能算是一个严格意义上的好政府。因为好政府不仅是反对和拒绝进行一切非正义的侵略战争的，它还能够从国家内部通过政府来防范和消除一切可能引发非正义的侵略战争和暴政发生的政治因素、经济因素、军事因素及文化传统，从政治体制、国家制度及宪法法律上防止希特勒、墨索里尼、佛朗哥、东条英机、斯大林、萨达姆、卡扎菲、马科斯、波尔布特、侯赛因之流上台和执政的政府，也不管发动侵略战争是否会最大化地促进该国利益，那个把人民和国家引向非正义的侵略战争的国家元首或政府始终是坏的。所以，即使共和制非常适宜一般的国家理论和极端的国家主义的主权国家，但是在超国家理论里却是不适用的。因为各自的政治目标不同，超国家理论的政治目标不仅不受自私的国家利益和国家权力所限制的，也致力于建立一个能够维护和伸张世界正义，实现普世自由，以及能够促进世界永久和平的超国家政府。而受一般的国家理论或极端的国家主义支配的自私自利的共和主义国家是不可能建立一个能够维护世界正义，实现普世自由及促进永久和平的"超国家政府"的。超国家政府之所以存在主要在于它能够实现超国家利益的政治目标而又能够促进自我牺牲精神的世界广义公共善。但是某国政府即使有能力实现某些超国家利益的政治目标也可能在该国面临由人民或议会施加反对或抗议履行不属于该国义务的巨大政治压力和公共舆论压力的情况下发生事与愿违的不利后果。

我认为超国家利益主要是指：每个主权国家的国家利益在国际社会或国际竞争中应该通过更加合法或道德的方式取得和实现，不把国家利益建立在损害国际社会认可的合法权利，不把侵犯他国的主权和领土完整及安全作为促进本国各种利益的卑鄙手段，不自私地把国家利益凌驾于阻碍人类可持续生存和发展之上，注重国际政治权力的平等分配和全球利益的协调，然而超国家政府却不必是一个国际政府或世界政府。如果某个政府能够实现上述超国家利益的政治目标而不招致人民和议会的反对，那么就证明这些共和主义国家业已摆脱了受制于传统的国家理论和狭隘的民族主义的政治意识形态支配的国家束缚。对于"超国家政府"，这一概念，它是源自超国家理论的，在现实世界中，通常指某些主权国家的政府通常致力于实现那些超国家利益的具有世界意义的国际政治目标和积极参与全球治理的结果。我是这样理解和定义它的：在不完全受自私自利的国家政治本性支配的情况下，一个主权国家的政府可以在超越分内义务的基础上而又能满足上述那两个符合各国长远利益的评价标准。如果一个主权国家的政府所创建的一切政治制度、经济制度、官僚制度、国家政策、外交政策、宪法法律、关税政策及政策方针必须无条件遵从或恪守"国家利益至上原则""民族自决原则"及"国家自治原则"，那么该国政府是不可能形成一个具有世界意义的能够更有效地维护世界正义，实现普世自由及促进永久和平的超国家政府，并通过这种超国家理念建立一种符合各国长远利益和安全需要的互惠互利的世界秩序。因为从受传统的国家理论和极端的民族主义支配的共和主义国家只能在无条件服从"国家利益至上原则""民族自决原则"和"国家自治原则"的基础上建立一个由自私自利的国家政治本性主宰的世界自助系统。由于超国家政府是建立在超国家理论的政治基础上的，所以与它对立的传统的国家理论，狭隘的民族主义及极端的国家主义是不可能进步成一个能够实现超国家理论所欲达到的那些世界目标的超国家政府的，毕竟自私自利是每个主权国家的政治本性，尽管基于国家利己动机的国际分工和国际交换可能在互惠互利的情况下促进他国的经济利益。

民主政治主要有两种类型：一种是掌握实权的国家元首或政府领袖直接由一国之不分男女、肤色、种族、党派及宗教信仰的各地成年公民定期普选的直议制民主，如梭伦改革后，古希腊的公民大会。在公民大会上，每个法律地位平等的公民可以自由发言或展开激烈的辩论，共同商议城邦大事，最后在无法达成一致同意的情况下按"少数服从多数的原则"作出立法决议或政治决议。也就是说，尽管在政治决议和全国普选中，一致同意比少数服从多数更能代表民意和更民主，但当一致同意无法达成时，少数服从多数的原则便可作为权宜之计或备选方案。如果某国幅员辽阔、人口众多、通讯技术落后、交通不便利、不同种族之间的政治和文化充满歧义及公民的智慧和美德普遍落后，那么该国就宜采用更有效率优势的代议制民主而不宜采用直议制民主作为国家的政治体制。另一种是掌握实权的国家元首或政府领袖由一国之不分性别、身份、地位、肤色、种族、党派及宗教信仰的成年公民选举的代表或议员定期选举产生的代议制民主，几乎现代化的民主国家都采取这种政治体制，不怪乎密尔说代议制民主是最理想的政治体制和政府形式。其实不管是直议制民主，还是代议制民主，一个主权国家的政府都必须充分体现"人民主权"或"主权在民"的民主宪政和政治思想，这才是民主政治的本质，否则就不能算业已建立一个政治真正民主的民主宪政国家。因为"人民主权"或"主权在民"不仅意味着国家大事直接或间接由人民或最高国民议会决定，还强调国家元首或政府领袖必须由人民直接或间接选择产生，更主张立宪权、修宪权、废宪权和立法权、修法权、废法权必然直接或间接地牢牢掌握在人民或人民选举的代表或议员手中。而一个国家的政治不民主在很多情况下显然意味着政府无法避免实施独裁、专制、极权、强权的政治统治，起码人民将没有任何政治措施可以防范政府的独裁、专制、极权等对人民不利或损害个人权利的中央集权政府的暴政和腐败及各种政治强权行为，一个国家政治和政治权力完全被某个排他性政治的政党或党派垄断的国家不可能是一个真正意义上的民主国家，因为它既背离了彼此兼容的政治自由，也背离了彼此兼容的政治机会平等，更背离了政治权力再分配公正。要想在制度和根源上解决吏治腐败的问题，就要建立一种程序正义和政治民主的"竞争性的政治制度"，（即除了国家元首和高级官员由人民选举的代表或议员选举外，其他官职应该通过程序公平的政治竞争和政治考核制度来决定录取、任免、升迁及报酬）而不是任由国家政治和国家政治权力长期被某个政党或党派垄断，否则不受相互制约的立法权、行政权及司法权和世袭罔替的统治地位必然应验阿克顿勋爵的名句："权力使人腐败，绝对的权力绝对使人腐败。"其实这句话还反向性地给予我们提供一个检测吏治的腐败程度和权力的绝对程度的双向二元验证方法：即在普查条件下，既通过不受制约之权的绝对性程度来评估吏治的腐败程度，也根据腐败程度来评估权力的绝对性程度。当然，除了权力不受制约之外，不合理的制度安排和非民主的政治体制及官员的个人素质对腐败程度的影响也是密切的，毕竟人的贪婪是腐败的根源，对各国人民而言，人治问题永远都是最大挑战。

　　一个主权国家只有奉行民主政治原则和满足必要的政治民主条件的政府才有资格或才算是一个真正意义上的民有、民享、民治的人民政府。民主政治并不意味着全民参政，而是通过民主程序选举最能符合民意或最能代表公意的国家元首，以及通过公平的政治竞争规则和公正的政治考核制度来任免惩罚和录用官员及分配职权。一战后纳粹主义、法西斯主义、帝国主义、军国主义及社会主义都相继走上了独裁、专制、极权的政治去民主化的道路，而它在政治、经济、军事、文化上给该国内部和他国带来的危害显然是灾难性的，即使现代化的社会主义国家在某种程度上都实现了以市场资本主义为导向政策的经济转型，但政治依旧处于不自由和不民主的状态。尽管去民主和民主化可能在一个国家交替发生，大多数实现政治民主化的国家变革的现代化国家也往往是一波三折的，而不是一蹴而就的。每次引发的暴政、分裂、内战、政变、军事独裁、帝国主义、军事政变几乎不是在民主政治衰弱不堪和准备不足，就是在去民主化道路上发生的。所以并不是民主政治不可取，而是某些政党、政治家、军政头目及上台的国家元首反对或实际上不希望政治民主，毕竟一旦"政治民主化"，则意味着他们的政治权力和统治地位将随时受到不可控的民意威胁，另外政治不民主往往可以帮助那些为满足个人野心的政治家、军政头目及掌握国家最高权力的国家元首实现具有侵略性威胁的对外扩张，而"政治民主化"则意味着他们的政治权力和统治地位间接被人民与直接被最高国民议会严格制约，在此情况下他们是不能够为所欲为和以权谋私的。这也是为什么一个坚决反对或不希望政治民主化的国家的执政党和党魁及国家元首不可能完全没有对人民不利的以党谋私和以权谋私的私心，要知道当国家政治和国家政治权力被某个政党或党派垄断而不受人民制约则意味着这个国家的政治权力和统治地位像被世袭君主制垄断的封建社会一样被某个政党或党派世袭罔替，在这种情况下一个国家既不会产生民主政治所必需的政治自由和政治平等，也不会形成彼此独立的和相互制约的三权分立制度，而一个国家的国家政治和政治权力被政党或党派垄断的独裁和极权状态必然形成一种牢不可破的世袭罔替的政治特权阶级和"一党专制"，而应验了阿克顿勋爵的名言："权力使人腐败，绝对的权力绝对使人腐败。"再加上如果惩治政府官员贪污受贿行为无法做到像日本那样严格，使腐败官员付出得不偿失的代价，而是倾向于宽纵，或者避重就轻的话，那么吏治腐败必然在国内社会因违法合算而变得越发普遍。这样根本无法避免罗伯特·达尔的忧虑："无论统治者在其统治之初的目的是什么，他们为'公共利益'服务的任何承诺都可能转变成维护他们自己的权力与特权。"而这里的"公共利益"可能也并不是实指国家利益，而是垄断国家政治和国家政治权力分配的政党或党派在国家的政治利益和政治特权。试想一下，一个政治不民主的国家某些或大部分不分男女、身份、地位、肤色、信仰、种族、党派的成年公民受到排挤而没有选举权、投票权、被选举权及监督权的后果吧？在这种情况下被享有统治特权的掌权者剥夺了政治参与权、选举权、投票权、被选举权及监督权的工农阶级、妇女和少数民族的权益怎么可能被充分考虑和受到平等保护。民主政治体制之所以如此受现代化国家的青睐，与彼此兼容的政治自由和政治机会平等之所以值得每个非民主国家的每个公民欲求，除了罗伯特·达尔枚举的那些好处和优势外，它还是最有效防范吏治腐败和政府暴政的一种政治体制，更是保障个人的合法权益不被政府侵犯的最有效方法。而政治不民主之所以令人讨厌，除了它会把国家带上极权主义化道路，政府或政党实行专制和独裁的政治统治外，人民不仅无法预防中央集权政府的吏治腐败和政治强权，那些无法取得政治权力的公民的合法权利不可能被掌权者充分或平等考虑。所以长久下去，一个国家的政治不民主对工农阶级而言始终是有害的，尽管有时候不受制约的命令——控制式的中央集权政治可能在社会的资源配置和军事调动及社会动员方面发挥更有效的协调作用，但长久以往必然对无法享有政治机会平等的民众和种族不利，即使工农阶级自愿把部分或全部政治权力让予现有的资产阶级或官僚阶级来换取政府所承诺的经济保障，我也难以想象人们这种牺牲或放弃平等的政治权利来换取经济保障的愚蠢做法最终不是使他们失去那些重要的政治权利，也得不到政府所承诺的经济保障或福利。

任何现在仍生活在政治不民主的国家里的第三阶级确实值得慎重考虑罗伯特·达尔所说的："人们很难相信，如果工农阶级、妇女和少数民族被剥夺了政治参与权，他们的权益还会被那些授权管理他们的掌权者予以充分考虑和保护。"道理很简单，公民们平等的政治参与以及为什么不能放弃政治权利来换取经济保障，主要原因是没有任何人比你更关心你的权利，所以掌权者不可能比你更关心你的权利是否增进或得以维护。正如密尔所言："每个人或任何一个人的权利和利益，只有当有关的本人能够并习惯捍卫它们时，才可免于被忽视……人们愈是具有自保的力量进行自保，他们就愈能免遭他人的祸害。"举个例子，如果一个国家，每个公民的政治权利或政治参与权在宪法和法律是平等有效的，那么公民之间平等有效的政治权利或政治参与权就像一把合法保卫个人权利的"宝剑"，一旦掌权者与业已放弃或牺牲重要的政治权利来换取经济保障的徒有空手的公民之间发生权力或利益冲突，或者发生前者侵犯或损害后者合法权益的情况，那么后者如何自救？在残酷的现实世界，放下武器不是等于任人宰割？这场发生在握有宝剑的掌权者与早已丢下宝剑的公民之间的竞争或搏斗的胜负显然已经注定。其实还有一种情况，那就是由政治不民主导致的独裁、专制、极权的非民主国家的宪政和法律体系从一开始就已针对性地剥夺了其他公民和种族的那种在政治真正民主的民主国家的每个公民所享有的平等有效的政治权利和政治参与权，致使那些在政治和经济上受到排挤或压制的其他公民和种族从一开始就实质没有这种每个公民本该享有的平等有效的政治权利，其中包括投票权、选举权、被选举权、监督权、弹劾权及参与政治活动之权。这就是为什么在一个政治不民主的国家那些受到排挤和压制的公民、种族及团体既无法享受政治自由，也无法享有政治平等的重要原因。"政治现实不民主"是指官民之间既没有彼此兼容的政治自由，公民之间也没有政治平等，每个不分男女、肤色、信仰、地位、种族及党派的成年公民更没有平等的普选权、投票权、选举权、被选举权及检举和弹劾官员的政治权利，或仅有一部分公民享有上述政治权利，而其他不是同一党派和没有共同的政治信仰的公民则会遭到某掌权的政党组织的排挤，且受到压制的民众的合法权益不可能或也不会被掌权者平等考虑，甚至被随便牺牲。

罗伯特·达尔的内在平等假设其实既包含实质的道德判断，后句"每个人的好处和利益必须给予平等的考虑"还包含一定的经济上的价值判断，这个内在平等假设是这样说的："所有人都具有平等的内在价值，没有一个人在本质上优越于其他人；每个人的好处或利益都必须给予平等的考虑。"前者显然指每个公民的公民权利和政治权利必须是平等的，后者则指如果收入和财富与政治参与有关，那么政治和经济上的反垄断法、分配正义、经济机会平等及制定各种补偿性政策就可缩小贫富差距，并促进政治自由和政治平等。如果人们收入和财富的分配不平等，就会缩小政治参与的范围或者排挤部分公民参与政治，从而破坏最广泛意义的政治自由和政治平等，这就是为什么市场资本主义有利于促进经济自由，并通过经济自由来促进政治自由，但由此产生的贫富差距悬殊却不利于促进政治资源和权力资本的平等分配等也是不争之事实。但是，为什么以市场资本主义为导向的现代社会主义国家可以实现中央计划经济向市场资本主义过渡或转型，却没有通过经济自由来促进政治自由，从而促使现代社会主义国家的政治都走上真正民主化的道路呢？我认为原因有五：一是社会主义国家的中央计划经济向竞争性资本主义和市场自由主义的转型进行得并不彻底，许多大型或重要的企业仍旧是国有化的和被政府任命的"特殊官员"或发展的"外围官员"所控制着。二是政治民主化所必需的兼容性的政治自由和政治机会平等意味着任何政党组织或党派均无法或无权垄断国家政治和国家政治权力的再分配及统治地位，但共产主义却无法保证能够在少数服从多数的公正平等的立法决议和政治决议的民主规则中一直处于被多数代表支持和认可的统治优势。三是由于公民之间彼此兼容的政治自由会促进政治平等，而政治平等不仅意味着每个不分男女、肤色、身份、地位、信仰、种族、党派的成年公民享有神圣不可剥夺的质量平等的普选权、投票权、选举权、被选举权、政治参与权，以及国家元首或政府领袖不是直接由人民选举产生，就是间接由人民选举的代表或议员直接选举产生，但其中应该包括人民不能授予任何代表他们自身没有的权利，还意味着官职和政治权力的再分配由公平的政治竞争规则和公正的政治考核制度决定，而非凭中央集权政府的政治命令来控制职权的分配。四是奉行市场资本主义的国家未必全部是民主国家，但所有民主国家基本都奉行市场资本主义，广泛意义的政治自由不仅威胁共产党的统治地位和政治权力，还反对政治权力不受制约的中央集权，更反对国家政治和政治权力被任何政党或党派垄断，因为这根本无法避免暴政，也是政治不自由和政治乏民主化的表现，而一旦社会主义国家的政治民主化，则意味着共产党可能无法再成为该国唯一合法的执政党。不管是舆论宣传，还是言论自由，或是政治信仰自由，每个公民和政治人都充分享有表达和讨论各种政治问题的自由而不受政府控制和惩罚。这也是为什么政治不民主的社会主义国家注定会发生或存在类似于"斯大林大清洗"那种不利于促进政治自由和政治平等的政治压迫，像拉丁美洲原先那些政治未民主化而靠军事独裁和军事政变上台的某些"佛朗哥式人物"建立的军事独裁政权的极权国家一样，每次国家元首的政权交替国家内部都容易发生流血的军事政变，所以许多上台的国家元首或换届元首不得不秘密通过政治压迫来清除不利政权稳定的异己和敌对官员。五是尽管社会主义国家以市场资本主义为导向政策已经形成了一种提高经济效率所需的经济自由，但中央集权政府为了防止经济自由促进政治自由，会层层设防，以免经济自由主义的思想渗透到政府的每个角落中去，从而影响政治人的意识形态和政治观念，毕竟作为平等的政治自由和政治机会平等是与建立不受制约的中央集权政府相冲突或矛盾的，所以中央集权政府可以接受一定程度的经济自由，但却不能够忍受世袭罔替的政治特权和统治地位有一天受到民主政治要求的政治自由与政治平等的威胁。

这就注定不管是纳粹主义，还是法西斯主义，或是帝国主义和政治不民主的社会主义，在国家政治上实施独裁和专制的极权主义国家那种血腥和暴力及黑暗的追权逐利的"政治斗争"往往会取代在政治民主化的那种自由和公平的"政治竞争"，而代议制民主显然是最能化解阶级矛盾和协调阶级利益冲突的政府形式与政治体制。那么政治民主化是一种对国家而言具有世界意义上的文明进步和社会进步吗？我认为答案是肯定的，因为迄今为止，代议制民主是所有政府形式中一种最理想或最文明的政治安排。主要原因有五：一是政治民主化能够最大程度实现广泛意义上的政治正义、社会正义、立法正义、司法正义及执法正义。二是由公平的政治竞争规则和公正的政治考核制度并举促使的竞争性政治制度对人民而言不仅是政治效率最高的，也是社会成本最低的。三是三权分立和相互制约的国家政治和官职分配不允许被任何政党或党派垄断的民主政治最能够防范政府暴政和吏治腐败及以权谋私的政治机会主义行为的国家制度安排。四是政治民主化可以在权利上最广泛地平等化促进由竞争性的市场资本主义制度产生的经济不平等。（不过，以蒲鲁东和巴枯宁为首的无政府主义者却不仅反对中央集权的共产主义政治制度，还反对和抨击民主政治，但事实上民主政治能够证明自身所需的强制力和约束力的正当性，而无政府主义者的社会大厦则是建立在目的和行为自相矛盾的基础上的）。五是民主政治可以促进立法、行政权及司法权处于相互制约和彼此独立的平衡状态，这样既可以防范政府暴政，也可以吏治腐败，又可以避免政治权力的绝对性形成和过度集中。理由有五：一是，如果一个社会不存在政治、法律及政府，那么谁来保障每个公民的权利、自由及安全，所以人人放任自如的最终结果必然是造成无人自由的境况，而不是取得最大化的个人自由或道德自主。二是，如果损害或侵犯他人的权利而不用受到罪罚相应的强制性法律惩罚来补偿受害者，那么就变成好人遭殃，鼓励残暴的坏人逍遥法外，最终是好人和弱者的权利被坏人侵犯却得不到任何有效的保障和合理赔偿。三是，虽然民主国家也是强制性的，但在文明的法治社会，源自政治和法律的强制力尽管对每个公民具有同等的约束力，但强制力却是针对任何损人利己的侵权行为，以及用于保障每个公民的人身和财产安全的。只有不加区别地把强制力用在无罪过的公民身上才是一种道德意义上的恶行、暴力及强权。最后是在自然状态确实没有人有义务服从和支持任何国家，但根据公民之间的自愿原则和社会契约建构的法治社会却不然，否则没有人的权利和安全能够得到稳定保障，所以任何人绝没有不讲道德而能够使自身免于强制和惩罚的特权。四是，如果坏人的恶行不被一种具有强制力的正义法约束和惩罚，那么在没有正义的法治社会，好人就不会安全，整个社会将深深陷入人人自危，人们将活在没有任何安全感的恐惧之中。再者，谁会认为使用正义的强制手段来迫使坏人和恶人停止向他人施暴或避免坏人和恶人侵犯他人的权利是一种恶意？另外民主国家认可的强制手段或实施暴力的合法性并不等于政府有权力要求公民们无条件服从一个坏的政府或国家元首。五是，如果无政府主义者的政治哲学正确合理，符合每个国家的发展需要，那么历史必然证明现在占据世界主流政治的是无政府主义社会，而不是现代化的民主政治。所以我的结论是：在一个弱肉强食的被丛林法则所支配的无政府秩序的自助性的自治社会，没有人的权利和人身安全及财产会得到充分保障，特别是对弱势群体而言，强者必然会奴役、压迫及掠夺弱者，这就与无政府主义者千方百计通过废除国家和政府而免于各种政治和法律上的强制，最终却在无政府秩序中遭受更残酷和血腥的暴力而告终的后果。

但最有效的政治方法不是采取无政府主义者的政治哲学来使每个公民免遭强制和权威及特权的迫害，也不是采取中央集权的共产主义政治制度，以实现马克思主义所谓的经济平等和均等分配，而是通过民主政治的方式才能避免每个公民被强制和权威及特权侵害，使合法的个人权利尽可能地受到国家政府的平等对待和保护。马克思和恩格斯希望通过中央集权政治建立的社会主义国家来实现分配正义和经济平等，最终却不仅没有实现，反而导致国民普遍贫穷和吏治腐败及政府暴政。为什么马克思的集体主义和均等分配主义非但没有实现反而失败？我认为满足马克思主义关于经济平等和均等分配需要具备以下四个条件：一是道德条件。由于人的人性是不完全完满的，而自私自利和贪婪又是人之本性，要想每个人都同样道德（即实现最广泛的集体道德）根本是不可能的，这意味着自私自利或贪婪的富裕的个人或资产阶级不可能愿意把手中多余的资源或财富平等分配给贫穷的民众，要做到这一点，政府就必须使用强制性权力来达到这一目的。二是认知条件。由于人的智识是不完全完备的和所接受的教育及个人禀赋均有所差异，所以人们不可能在认知能力和思维能力不同的条件上建立一种普遍统一和权威的道德观、价值观、权利观及义务观，并使所有人都能产生普遍认识到经济平等和均等分配的经济价值和重要性的某种道德共识。第三是效率条件。如果中央计划经济和集体主义要求的经济平等和均等分配不是通过按劳分配和按能分配促使的，那么在生产过程中让庸碌无为或懒惰之虫的与勤奋高效或富有创意的人一样获得相等的劳动报酬，无疑等同鼓励人们的懒惰行为，这样在生产过程中必然会破坏人们的创新力和创造力及积极性，因为无论人们怎么勤奋努力和富有创新，他们在根据集体主义的劳动分配法则中所获得的报酬或收入与那些庸碌无为或懒惰之人是没有多大的区别的。第四点现实条件。由于优化各种决策和计划所必需的那些专业化的知识和信息在社会或世界是广义分散的，所以在不确定性情况下，经济计划往往赶不上社会变化。在这种情况，哈耶克认为人们根据自身的实际情况和结合当下周遭的信息及利用个人所掌握的动态信息做出的决策往往远比政府替人们做出决定或选择更有效。第五是民主条件。由于立法权、行政权、司法权及执法权的过度集中和不受制约与监督产生的绝对性权力不可能使集体主义的劳动分配法变得更公平公正，又容易产生更普遍的吏治腐败，所以政治不民主和政治权力不被人民制约的中央集权体制既无法实现政治自由，也无法实现政治平等，只会形成一个政党垄断国家政治和国家政治权力再分配的世袭罔替的政治特权阶级，而在政治不民主的情况下，缺乏彼此兼容的自由体系和作为平等的政治参与机会的那种专制或独裁的国家政治体制又怎么可能实现最普遍的分配正义和经济平等，尽可能地充分或平等考虑每个公民的发展需要与合法权益，结果必然是中央计划经济体制导致整个国家的生产效率低下，在政治上产生无法根治的各种政府暴政、吏治腐败及政治强权。这意味着从政治不平等和政治不自由的非民主政体中不可能推导出马克思期望的那种理想的经济平等和分配正义，马克思为了实现集体主义所要求的经济平等和分配正义而采取高度集权的中央计划经济的思路显然与实现这个经济目的所需的政治条件相反。但是哈耶克认为市场经济不自由是政府采取中央计划的经济体制的结果的观点是不完备的，因为导致政府采取中央计划的经济体制的根本原因是这个国家的政府走上了专制或独裁的极权主义政治的道路，是执政党垄断了国家政治和国家政治权力再分配，是立法权、行政权、司法权没有真正处于彼此独立和相互制约的平衡状态，以及执法权不受人民群众的直接监督。其实大部分的社会主义国家并不是政治真正民主的民主国家，但为什么非民主国家要高举"民主"的旗帜来实现其政治统治呢？为了巩固其统治地位和政治权力及笼络人心，进行这种政治宣传显然是不可或缺的。就像亚历山大·汉密尔顿在《联邦党人文集》第一章所说的："危险的野心多半为热心于人民权利的漂亮外衣所掩盖，很少用热心拥护政府坚定而有效率的严峻面孔作掩护。历史会教导我们，前者比后者更加必然地导致专制政治，在推翻共和国特许权的那些人当中，大多数是以讨好人民开始发迹的，他们以蛊惑家开始，以专制者告终。"这点从生活在政治不民主的非民主国家中的人民没有真正的言论自由、出版自由、禁示威游行、罢工罢课及投票选举等公民权利就可以看出。也如贡斯当所言："在所有时代、所有国家、不论是人民的捍卫者还是压迫者，都是不直接与人民协商却以人民的名义行事的。"比较各国政治的民主化进程和政治参与规模，我们就能够识别和判断哪些是国家政治真正民主的民主国家，哪些是徒有虚名的"伪民主国家"，哪些是政治高度民主的民主国家，以及各国政府进行的政治民主化程度和规模又如何？罗伯特·达尔所提出的五个关于民主化进程的政治标准或社会维度显然并不够系统和全面，因为有效地参与，选票的平等，充分知情，对议程的最终控制及成年人的公民权利，还没有最充分地体现人民主权和民主立宪作为现代民主政治的基本原则，以下各种维度就可以比较系统地检验出一个国家的政治是否真正民主，以及一个国家的民主政治程度发展如何。

必要条件或主要标准	民主国家	非民主国家
A 言论自由的贯彻	1.控诉政府暴政的言	1.政府或政党压制反

	论自由	抗暴政的声音和评
	2.控诉吏治腐败的言	论，并限制各种评论
	论自由	2.压制针砭时政的言
	3.控诉国家元首的言	论自由
	论自由	3.压制抨击贪污腐败
	4.表达各种政治意见	的自由
	的自由	4.压制关于政治改革
	5.和平集会与示威游	的言论
	行自由	5.压制对政党政治不
	6.提出政治改革意见	利之言
	的自由	6.压制人民自由表达
	7.不受政府审查的新	各种政治意见和个人
	闻自由和出版自由及	观点的自由
	集会自由等	7.压制人民评论国家
	8.公开评论国家政策	和国家元首是非功过
	的自由	与政策对错的自由
	9.公开评判国家时政	8.政府垄断并控制新
	的自由	闻媒体、报社、出
	10.任何人与他人的	版、广播及电视，并
	思想、意见、观念及	建立专制的审核制度
	政治信仰不同都会受	9.政府会压制各界人
	到他人和政府的尊重	士评论外交政策和国
	11.不让人说话和讨	家政策的意见和自由
	论，以及政府限制人	10.政府或政党压制
	们只能说什么，不能	一切不利于其统治却
	说什么都是言论不自	客观公正的反对意见
	由的表现，民主政治	11.政府制订限制或
	反对任何政府垄断公	妨碍出版自由和言论
	共舆论和限制言论自	自由的审查制度或法
	由的任何立法或规定	规
	12.制订限制出版的	12.政府限制人们在
	审查制度来限制言论	各种新闻媒体和社交
		软件的评论用词用语
B 扩大政治参与和定	1.每个不分性别、肤	1.每个不分性别、肤

期选举	色、种族、地位、职业、信仰、党派的成年公民具有平等的普选权、投票权、选举权、被选举权、知情权及监督政府工作权 2.国家元首不是直接由全民定期公选，就是由各地公民选举的代表或议员定期公选 3.公民享有平等的政治机会来表达他们关于最终结果的各种偏好（罗伯特·达尔） 4.每个公民都有平等的政治机会参与所有对他们构成平等约束的集体决策的制定 5.反对缩小或限制每个成年公民的政治参与机会和政治生活 6.国家宪法反对任何排挤不同政见的知识分子或其他政党成员 7.国家政治不存在任何不民主或不平等的政治排他性或法律 8.每个成年公民都享有平等的机会参与资格或条件允许的政治活动和选举活动 9.全民参政虽然是高度民主的表现，但并不是所有公民都有参	色、种族、职业、地位、信仰、党派的成年公民没有法律地位平等的普选权，投票权，选举权，被选举权，知情权，或者只有一部分公民享有这些政治权利，而其他公民或种族则不享有上述平等的政治权利 2.国家元首或政府领袖不是直接由全民定期公选，或者由各地公民选举的代表或议员定期公选，而是由政府内部的高层早已拟定或政党内部推举 3.执政党企图缩小或限制其他公民的政治参与活动和政治生活 4.掌权的政党组织排挤政见不同的知识分子或其他政党成员等 5.执政党存在制订高度政治排他性的各种法律制度和政治制度 6.独裁或专制的中央集权政府会暗地里迫害政见不同或威胁其统治地位的知识分子或其他官员，如斯大林实施的"大清洗" 7.为了妨碍或阻碍政治参与，政府故意延

48

	政所需的知识、能力及美德，但他们在地方上却有政治权利选举出代表或议员，代其行使相关政治权利 10.任何政党或政府均无权剥夺政见或政治信仰不同的公民和官员的政治参与权 11.反对任何政党或党派垄断国家政治和国家政治权力再分配及限制选举的政治特权	长或拖延定期选举，或者选举改为内定 8.为了巩固其统治地位和政治权力，国家元首拒绝或反对一切平等民主的定期选举 9.国家严重存在政党或党派垄断国家政治和国家政治权力分配的事实，国家政治是独裁的而非竞争性的 10.底层民众的去政治化已成普遍或事实
C兼容的政治自由	1.公民之间和政党之间存在政治包容性 2.不仅对每个政治人，各地成年公民选举的议员或代表在各种议会均有自由平等的发言权和投票权 3.不存在任何可能妨碍政治自由和政治机会平等的政治排他性 4.政治人不比其他公民享有更多自由和平等的政治或司法特权 5.每个成年公民享有平等的机会参与各种资格允许的政治活动 6.政治组织和国民议会上存在高度有效的自由选择与自我决定	1.公民之间和政党之间不存在政治包容性 2.不仅对每个政治人，各地成年公民选举的议员或代表在各种国民议会均没有平等的投票权和选举权 3.存在任何妨碍政治自由和经济机会平等的政治排他性和制度 4.政治人（政府官员）比任何公民享有更多自由的政治特权 5.只有一些成年公民或政党成员才有机会参与各种不公平私定资格允许的政治活动 6.政治组织和国民议会不存在高度有效的

		自由选择与自我决定
	7.一部分公民的政治自由不以牺牲或减损另一部分公民的政治自由或平等作为代价	7.一部分公民的政治自由以牺牲或减损另一部分公民的政治自由或政治平等为代价
	8.任何公民和官员在政治上均没有损人利己而不受应有惩罚的司法特权和政治自由	8.有些公民或官员在政治上享有损人利己而不受应有惩罚的司法特权或政治自由权
	9.每个公民的政治信仰自由不受法律约束	9.国内的政治信仰不自由,政府或政党存在迫害、排挤、压制、惩罚政治信仰不同的知识分子或其他公民们的政治排他性
	10.每个公民都有退出和加入任何政党组织的自由和政治权利	10.每个公民没有退出和加入任何政党或党派的自由和权利
	11.每个公民享受平等的政治自由和经济机会平等来谋求幸福	11.政府向人民实施奶头乐政治战略,以此来控制公民们的个性发展和意识形态发展
	12.反对政府实施控制公民们的个性发展和精神自由及学术自由的奶头乐政治战略来控制人民群众的思想世界和意识形态	
D 兼容的政治机会平等	1.每个公民的权利或利益都应该尽可能地被充分或平等考虑(罗伯特·达尔)	1.政府对每个公民的权利或利益无法做到尽可能被充分或平等考虑而缺乏权利保障
	2.除非道德上的要求,否则掌权者不应该对公民们区别对待	2.存在有些享有特权的公民的政治权利或经济福利比其他公民的更重要,或者在道德上已经被掌权者做出不公平的区别对待
	3.每个不分性别、肤色、身份、地位、职业、种族、信仰、党派的成年公民都享有	3.并非每个不分性

	平等的政治权利，其中包括普选权，投票权，选举权，被选举权，知情权、监督和起诉政府侵权的权利	别、肤色、身份、地位、职业、种族、信仰、党派的成年公民都享有平等的政治权利，其中包括普选权，投票权，选举权，被选举权，知情权、监督和起诉政府侵权公民的公民权利
	4.无论性别、身份、地位、职业、种族、肤色，每个成年公民都享有平等的法律地位，以及无宪法规定任何政府不得剥夺的公民权利和政治权利	4.无论性别、身份、地位、职业、种族、肤色，一些公民或大部分公民无法享有平等的法律地位，政府有随便剥夺的公民权利和政治权利的职权
	5.反政治托拉斯的形成和发展，反对国家政治和国家政治权力再分配被任何政党或党派垄断和长期控制	5.在立法和行政及司法上不存在严格的坚决反政治托拉斯，反对国家政治和国家政治权力再分配被任何政党或党派垄断和长期控制的国家宪法
	6.反对一切政治特权和经济特权及军事特权的设立和存在，以及政府官职可以继承	6.政府不反对甚至支持一切不利于促进政治高度民主的政治特权和经济特权及军事特权的设立及官职可以由子女继承的关系
	7.反对政府授予和设立任何不利于促进政治自由和政治机会平等的一切政治特权、经济特权及军事特权	7.政府存在授予不利于促进政治自由和政治机会平等的各种政治特权、经济特权、军事特权及种姓制度
	8.每个公民都享有平等的机会参与各种条件允许的政治活动	
	9.反对政治地位的等级制度，以及社会地位不平等的种姓制度	
	10.反对政府或政党组织垄断各种不利于	

	促进政治自由和政治机会平等的政治资源或经济资源及权力资源等，如教育和医疗 11.政治机会平等要求所有公民享有一种平等自由的政治参与权 12.惩罚以权谋私和滥用职权的贪官污吏的法律宽严有度，能够让他们付出得不偿失的犯罪代价，并足以严惩认为违法合算的贪官污吏，所以才不会出现禁也冒险，惩而不止，罚而无效，宽纵为贪官的吏治普遍腐败的局面。 13.全民参政确实比少数统治更民主，就像一致同意比少数服从多数更能代表民意一样，若前者在现实中无法实现（如部分才能和美德均无法胜任参政的公民），那么代议制民主也不失为一种理想的国家政治体制和政府形式。 14.政府能坚信：民主与自由从来不是对立的，而是相互成就的，没有自由，就没	8.只有一些特定的公民享有平等的政治机会参与各种内定或私定资格的政治活动 9.政治地位存在等级化制度，以及社会地位不平等的种姓制度 10.政府或政党组织存在垄断各种不利于促进政治自由和政治平等的政治资源、经济资源及教育资源 11.政府从法律上剥夺了公民们所要求的规则公平的政治参与权 12.政府所设计的不可简约的时间维度降低了政治平等的目标 13.朋比胶固的特权阶级的发展强化了政治不平等或政治强权 14.一切破坏政治平等的独裁政治、政治专制及强权政治已经生根发芽或深入底层 15.有些高级官员享有不被法律平等约束或惩罚的政治特权，而不是每个公民和官员都受到法律的平等约束，而无论他是谁 16.被某个政党或党派垄断的国家政治和

	有民主，没有民主就没有自由和真正法治 15.政治平等建立在三权分立制所要求的在立法权、行政权及司法权处于彼此独立和相互制约的平衡发展的基础上，这是实现法治原则的根本	政治权力再分配具有政治排他性，导致无党派人士和党外公民不是没有平等的政治参与权，就是取仕标准和入仕门槛比该党派成员的要苛刻，而不是一视同仁，做到公正取仕等区别对待
E 立法正义：权利与义务相应的立法原则	1.没有权利，就没有义务；没有义务，就没有权利 2.权利与义务的平衡或协调发展 3.权利与义务的相互依存和制约 4.在立法或政治决议中，少数派在宪政和立法上有正当的政治方法能够避免被多数派损害，如补偿制度 5.立宪权、修宪权、废宪权直接掌握在人民手中或者间接掌握在由各地公民选举的区代表或议员手中 6.立法权、修法权、废法权直接掌握在人民手中或间接掌握在由各地公民选举的地区代表或议员手中 7.反对或不承认由政治不民主的国家政府	1.没有权利，也有义务；没有义务，也有权利 2.权利与义务的不平衡或不协调 3.权利与义务不存在相互制约 4.在政治决议或立法程序中，少数派在宪政和立法上没有正当的政治方法或补偿制度避免被多数派损害 5.立宪权、修宪权、废宪权既没有直接掌握在人民手中，也没有间接掌握在由各地公民选举的地区代表或国家议员的手中 6.立法权、修法权、废法权既没有掌握在人民手中，也没有掌握在由各地公民选举的代表或议员手中 7.政治不民主的国家

	宣布或认可的任何政治权威，即合法树立政治权威的方式必须符合民主政治过程。 8.行政部门无权立法，立法正义要求一种程序公平的民主立法过程来制定宪法和法律，而国家最高行政长官要守法而行，而不是去超越法律	政府宣布或认可的任何政治权威都出自某个垄断国家政治和政治权力再分配的政党组织被内定是合法的 8.任何权力或权威的来源无须考虑任何民主过程和合法性，掌权的政党组织信奉"强权即公理"的法则来实行专制统治
F 司法正义：罪罚相应原则	1.任何公民在无罪过状态和行为无损害性的情况下享有绝对的不被政府剥夺的言论、思想及集会自由 2.任何公民没有犯罪就无须承担或受任何未经司法审判的惩罚 3.即使有罪过，惩罚也要与罪过相应，惩罚不能远大于罪过，尽管在某种特定情况下让损人利己的侵权行为付出得不偿失的正义惩罚是必要的，但也不应该超过施害者业已充分补偿受害者所应承担的法律责任和义务的范围之内 4.在特定情况下，为了实现充分补偿受害者或惩罚明知故犯的惯犯，让某种侵权行	1.有些公民在无罪过状态或行为无损害性的情况下依旧被政府剥夺言论和行动自由 2.有些人没有犯罪和过错，也无缘无故遭受惩罚或在无力申诉和不经审判的情况下被警察送进监狱，或警察在未经当事人申诉和法院审判的情况下随意逮捕和刑讯逼供证据不足的嫌疑人 3.即使有罪过，惩罚也与罪过不相应，惩罚可能远大于罪过，在很多情况下让损人利己的侵权行为遭受远大于罪过的惩罚已是一种常态，而且有些享有某些政治特权或经济特权的施受害可以借助钱势和权力

| | 为遭受非法所失稍大于非法所得的惩罚在道德上一般是正义的
5.施害者没有义务承诺任何不属于其所犯罪过相应的法律惩罚
6.超过罪过的惩罚是非正义的，罪罚相应是道德的最低底线
7.司法部门的职责不仅在于依法根据犯罪者所犯的罪过（合理或正当）剥夺其相关权利，也在于保障犯罪者某些与罪过无关的其他权利不受到他人和政府的任意侵犯
8.犯罪者是没有义务或责任承担额外赔偿未给第三者或社会所造成的任何经济损失
9.法律和刑罚也不能仅为了满足政府的威服目标而缺乏恩服和教化所需的道德内容
10.不管是在行政部门，还是立法部门，或是司法部门，政府都不承认任何不利于促进政治自由和政治平等的政治排他性的法律制度在国内社会对所有公民平等有效 | 来推卸或减轻其罪责
4.在法律面前，不仅官民不平等，公民之间也不平等，某些享有政治特权、经济特权、军事特权的官员或公民即使犯罪，也容易逃脱相应的惩罚，或惩罚倾向宽纵
5.有些施害者需要承担某些法院牵强附会却不属于其所犯罪过相应的其他惩罚赔偿
6.司法部门存在无理剥夺犯罪者其他与罪过无关的剩余权利的情况，导致犯罪者某些与其所犯罪过无关的合法权益受到他人和政府的随意侵犯
7.犯罪者可能会被司法部门或执法部门无故勒令或强制其承担额外赔偿但却未给第三者或社会所造成的实际损失或经济赔偿
8.法律和刑罚不仅满足政府的政治威望和强权法则，也用于政党组织暗地里迫害和清除政见不同或政治信仰不同的官员和知识分子及平民百姓 |
| G 法律地位平等的公 | 1.每个不分性别、肤 | 1.部分且分性别、肤 |

民权	色、种族、职业、地位、信仰、党派的成年公民依法享有法律地位平等的公民权利 2.每个不分性别、肤色、种族、职业、地位、信仰、党派的成年公民在法律面前享有平等的政治权利	色、种族、职业、地位、信仰、党派的成年公民享有的公民权利在法律面前不平等 2.每个不分肤色、种族、职业、地位、信仰、党派的成年公民无法普遍享有法律地位平等的政治权利
H 相互制约的三权分立	1.为了防止政府滥用权力和政治权力遭遇政府垄断，立法权、行政权及司法权之间已处于彼此独立和相互制约的平衡状态。其中行政部门提名司法官员，还可否决国会法令；立法部门可弹劾总统或国家元首，但行政部门任司法官员需要立法部门认可；司法部门可宣布立法部门制定的国家法律违宪，可宣布总统或国家元首违宪	1.人民无法防止政府滥用权力，所以国家政治和国家政治权力被某个政党或党派长期垄断和控制下的立法权、行政权及司法权无法处于相互制约和彼此独立的平衡状态。其中中央集权的最高行政中心可以直接干涉立法和司法，或者集立法权和司法权于行政部门一身，国家元首发动对外战争或进行军事行动无须最高国民议会授权
I 政治正义的政府普及	1.政治正义的政府普及在于政治的民主化 2.政治正义的政府普及在于人民当家作主 3.政治正义的政府普及在于政治机会平等 4.每个公民平等享有	1.不存在促进政治正义和政府普及的政治民主 2.不存在促进政治正义及普及的人民主权 3.不存在促进政治正义的政府普及的政治

	彼此兼容的政治自由	平等
J 竞争性精英政治	1.存在一套优胜劣汰的政治竞争规则和公平的考核制度来主导国家政治权力再分配 2.存在一套公正的职前政治会考制度来筛选合格的官员，以实现官职按能力来分配 3.存在一套公正的职后政治考核制度来裁汰庸碌无为和官品低劣及政绩低效之官员 4.存在一套公正的季度性或年度性的政治考核制度来评估每个政府官员的政绩优劣 5.竞争性政治制度要求官职、权力、报酬、福利、升迁由各种考核制度来决定，反对官员由行政任命 6.为了避免滥用职权和以权谋私，竞争性政治制度要求从政官员和经商者遵守官商分离和从政弃商原则	1.不存在一套优胜劣汰的政治竞争规则公平的官僚制度来主导国家政治权力再分配 2.不存在一套公正的职前政治会考制度来筛选合格的官员，以实现官职按政绩分配 3.不存在一套公正的职后政治考核制度来裁汰庸碌无为和官品低劣及政绩低效之官 4.不存在一套公正的季度性或年度性的政治考核制度来评估政府官员的政绩优劣 5.政府各部门之重要官职完全由国家元首任命，而非由考核制度和公平竞争来决定 6.国家元首或政党组织垄断着国家政治权力和重要官职的再分配，普遍采取行政任命，而官商一体化的经营制度已成为普遍

当然了，民主政治应该考虑更多的现实问题和客观事实，就拿2022 年发生的"俄乌战争"而言，为什么乌克兰东部四地举行公投是否加入俄罗斯的国籍，成为俄罗斯公民并不是政治民主化的表现？如果世界各国辖内的省、州、郡、市、县、镇、乡、村都有这种完全自行决定是否独立的"政治主权"和"公民权利"，那么这种不经过全国公投来体现政治民主的地方公投和地方主义就只会分裂各国的主权和

领土完整，不断加剧国内政治与经济的矛盾和冲突及分化，所以取得独立的"正当权利"在政治民主的国家是取决于公平公正的全民公投制度，而不是由局部地区自行决定的。一旦地方性公投或区域性公投直接涉及破坏国家公有的主权和领土完整的问题，那么乌克兰东部四州的民众即使享有不可剥夺的自愿放弃乌克兰的国籍和公民身份的自然权利，也会因为他们涉及把国家领土和地辖权拱手并入俄罗斯而变得不再享有。也就是说，局部地区在未经公平公正的全民公投和多数同意的情况下，是没有决定是否独立或脱离该国控制的最终决定权或政治主权的。尽管任何国家的任何公民都享有不可剥夺地放弃母国的公民身份和国籍，自由选择加入某国国籍，成为某国公民的自然权利和政治权利。但这也意味着乌克兰东部四地的公民即使享有选择放弃乌克兰的国籍和公民身份，转而选择加入俄罗斯的国籍，成为俄罗斯的公民的自然权利或政治权利，业已放弃乌克兰的国籍和公民身份的那些选择加入俄罗斯的国籍，成为俄罗斯的公民的四地民众自然就也没有任何权利把属于乌克兰的这四个地区的领土和地辖权连同并入俄罗斯的版图。因为当他们自愿放弃乌克兰的国籍和公民身份选择加入俄罗斯的国籍，成为俄罗斯的公民的那刻起，实质上就等于他们自愿放弃了在乌克兰才享有的那些政治权利和公民权利，其中也包括土地所有权、地辖权及地租权。这时他们除了自身拥有的私人财产外，只能净身出户，"用足投票"。在这种情况下，选择加入俄罗斯的国籍，成为俄罗斯公民的乌克兰东部四地民众在法理上是不再享有连同把土地所有权、地辖权及地租权一起并入俄罗斯，成为俄罗斯的领土和资产的自然权利或政治权利的。所以俄罗斯为了实现这些领土扩张，而名义上声称需要保护该地公民的权利和独立自主而发动的"特别军事行动"纯粹是以一种非正义地干涉他国内政，用强权手段分裂乌克兰主权和领土完整的"掠夺性侵略"。而最可怕的莫过于一些自私的主权国家为了满足自我利益而不惜颠倒是非黑白，把侵略国发动的侵略战争声援性说成是为应对某种安全威胁而发动的一种"卫国战争"。

那么"独立又平等的个体意志或政治权利的自由表达是政治民主的表现"？答案是肯定的，但此命题是存在前提条件或局限性的。它适合公平公正和私有权利和公有权利界限分明的民主国家，但在某些情况下，却不适合局部地区尽管是公平公正却不完全属于个体权利所有的地方公投。乌克兰东部四州自愿放弃乌克兰的国籍和公民身份，选择加入俄罗斯的国籍，成为俄罗斯的公民属于"区域性的地方公投"，因为这四个地区的领土主权和地辖权完全属于乌克兰这个国家公有和共享，而不完全属于这四个地区的任何民众私有，所以他们才不享有连同把土地所有权、地辖权及地租权一起并入俄罗斯版图，成为俄罗斯的领土和资产的任何权利。退一万步讲，事实上即使有，但在他们自愿放弃乌克兰的国籍和公民身份的那刻起，他们便不再享有这些政治权利。道理很简单，国家领土是国家和全民共有的，它不是个人私有的财物或产权，即使政府分配土地给私人所有，一旦他自愿放弃该国的国籍和公民身份，也等同他放弃了国家分配给他的私人管辖的土地所有权和地租权。这也是为什么没有经过公平公正的全民公投决定和多数乌克兰人民同意（一般票数要达三分之二以上），而完全由乌克兰东部四州的公民自行决定的地方公投不是一种政治民主表现的原因。也就是说，在权利完全私有的情况或领域，独立又平等的个体意志或政治权利的自由表达才是政治民主的表现，在权利或主权不完全私有的情况或领域，独立又平等的个体意志或政治权利的自由表达可能不是政治民主的表现，在权利或主权完全公有共享的情况或领域，独立又平等的个体意志或政治权利的自由表达才是民主的表现。

乌东四州独立成政治主权不受任何国家胁迫和控制的自由王国，与并入俄罗斯版图或成为政治主权受俄罗斯控制的附庸国的性质是不同的。前者脱离乌克兰统治的原因与后者脱离乌克兰统治的目的大相径庭，前者的理由不仅比后者的正当，还比后者更能让乌克兰民众接受和认可。总而言之，如果乌东四州的人民真想取得"世界认可"的不受俄罗斯控制的合法主权，取得既完全脱离乌克兰，又绝不附庸或受制于俄罗斯的政治主权，那么在地方公投和全国公投赢得三分之二以上的多数票之后，就有必要在联合国大会举行公平的"世界公投"，一旦大多数主权国家认可和支持乌东四州独立成主权不受母国和任何国家胁迫和控制的自由王国，那么就说明联合国同意它取得脱离乌克兰统治的政治主权和与每个国家平等的国家主权，这种通过"三重认证"才能取得合法的独立资格的民主程序可能是必不可少的，特别是在一个未来讲究合法性的法治世界状态可能有必要把"三重认证"当作合法解决世界范围内的各国的地区独立或国家间的领土争端的世界宪法或基本原则。不过，乌东四州独立的原因如果是并入俄罗斯版图或成为国家政治主权受俄罗斯控制的傀儡政权或亲俄政权，而非独立成政治主权不受任何国家胁迫和控制的自由王国，那么即使地方公投可以赢得多数票，在全国公投中也会遭遇失败。哪怕乌克兰战败，俄罗斯完全控制全国公投和操纵投票后的结果是胁迫乌克兰人民投赞同并入俄罗斯版图或成为政治主权受俄罗斯控制的附庸国的票。其实即使俄罗斯企图在联合国大会通过世界公投来取得控制乌东四州的政治主权也同样会遭遇每个正义的主权国家的反对和抗议。理由很简单，俄罗斯是通过非正义的侵略手段来取得控制乌东四州的主权的，所以他不可能在法理学和道德上取得统治这四州的合法政权。

但是英国与阿根廷的"马岛争端"却和各洲大陆内部的独立不同，所以通过民主程序确定主权和治权归属的"三重认证"并不适合类似于台湾问题和马岛归属的主权争端，它只适合解决某地区人民或某地区种族希望从各洲国家领土分离出来的独立问题和自治问题及主权问题。由于中国有充分的历史证据证明台湾自古以来就是中国的领土，而在历史上法国、英国、西班牙和阿根廷都先后曾在岛上设立定居点，又加上马岛在地理位置上与南美大陆分离，所以对于①孤悬海外，彻底与大陆地分离；②没有充分的历史证据证明领土的主权归属；③在历史上出现轮流占领或殖民的领土争端；才适合通过民主程序中的三重认证程序来决定领土的主权归属，而马岛问题正与①和③的情况相符合。也就是说，在2013年，马岛居民举行的"全民公投"就完全可以决定马岛的主权归属问题，而无须经过英国或阿根廷及联合国这三方的同意。所以据统计，有99.8%的选民支持留在英国，但是阿根廷方面拒绝承认这一投票结果。既然马岛的主权争端因符合第一种和第三种情况，那么马岛居民就平等享有决定马岛主权归属的最高权利，不管是他们选择留在英国，还是加入阿根廷，或是成为独立的自治王国，世界上的任何国家都应该尊重这种通过民主程序自由表达的公共意志。所以无论是阿根廷，或是英国拒绝承认投票结果都是没有实质意义的，只有马岛居民才平等享有最高权利决定马岛的主权归属。而马岛问题之所以不需要通过民主程序中的三重认证程序来决定主权归属，那是因为从地理位置上来看马岛与阿根廷和英国的领土分离，所以马岛居民没必要在阿根廷和英国通过投票来决定马岛的主权归属，基于此种情况，马岛的主权归属问题是无须经过联合国大会再行确定。这意味着无论是他们选择留在英国，还是选择加入阿根廷，或是成为独立的自治王国，只要该提案获得三分之二以上的马岛居民投票同意，那么该决定或提案在道德和法理上就必然是有效的。在民主世界，我认为民主政治程序主张和强调的"三重认证"未来可能普遍适用于解决和处理世界各国内部的地区独立问题和政治主权的归属问题及领土纠纷，这样做的好处是可以促使这个国家避免发生内战或战争。我所指的三重认证是指：就任何国家内部的地区独立而言，任何独立的合法性在地区层面上既需要获得该地区的三分之二以上的属于本地籍的长住居民们的赞同，在国家层面上也需要获得该国三分之二以上的公民们的赞同，在国际层面上则需要在联合国大会上获得三分之二以上的会员国的赞同，否则联合国大会有权将视独立为违法。和平解决领土争端的只有一个方法，那就是走国际司法程序，这个方法对双方而言都是成本或代价最小的，即首先由双方所指定的国际法庭对两国所争夺之领土做出司法裁决，但司法原则必须实事求是，做到公正无私，如需审核两国所争夺的领土是否：①孤悬海外，彻底与大陆地分离，②有充分的历史证据证明领土的主权归属，③在历史上出现轮流占领或殖民的情况。如果两国均对国际法庭做出的司法裁决表示无异议，那么就表示领土争端已经通过司法程序解决。反之，若有一方反对或拒绝服从国际法庭做出的司法裁决，那么只能将国际法庭做出的司法裁决书交由联合国大会进行书面表决，但前提是双方必须服从联合国大会所做出的最终决议。当然了，在一方或双方对司法裁决有异议的情况下，将国际法庭做出的司法裁决交由联合国大会进一步确定也是有弊端的，如联合国大会的会员国对此国际法庭做出的司法裁决可能存在政治偏好，如某些会员国之所以投票赞同 A 国与 B 国所争取的领土享有正当的国家主权可能是因为这些会员国与 A 国存在密切的利益关系或合作关系，或这些会员国是 A 国的盟友或准盟友。同样的道理，某些会员国投票赞同 B 国对与 A 国所争取的领土享有正当的国家主权可能是因为这些会员国与 B 国有着密切的利益关系或合作关系，又或说这些会员国与 A 国的盟友或准盟友的关系。另外，两国为了最终夺取所争夺的领土，A 国或 B 国都可能通过各种贿赂或威逼利诱的手段让联合国的大多数会员国在大会上支持他们。

第四章 法治

但凡"没有法治的地方就没有安全，缺乏安全保障的地方就缺少自由和幸福"成为世界政治通则，那么不管是国内的社会安定，还是世界秩序，一般只有通过具有强制力和约束力而又不缺乏正义的法治手段才能得到保障。如果每个主权国家坚持把国家利益至上原则，民族自决原则及国家自治原则当作任何时候和任何情况皆不能撼动的铁律，那么从这种传统的国家理论和极端的民族主义是无法成功建立一个互惠互利和文明法治的世界互助系统或法治世界体系的。法治的政治目的于任何时候对任何主权国家和任何政府而言都主要在于解决内部和外部的安全问题与威胁安全的相关问题及保障每个人的人权和公民权不受他人、他国及本国政府的侵犯，即满足正义条件的法治原则必须高于人治原则。如果政府不能为公民们提供这些权利保障或个人权利受到他人侵犯而无法得到合理补偿，那么人们便没有义务服从政府的统治，政府也没有权力要求人们服从它的统治。这种法治底线可以归纳为约翰·洛克所说："当政府无法保障个人的合法权利时，人们便享有神圣不可侵犯的以牙还牙或通过自己的方式来维护个人权利的自然权利。"法治原则是实现每个主权国家的公民自由和保障公民权利，促进政治正义和社会正义的政治基础；具有强制力和约束力及凝聚力的法治世界体系则是一种世界各国致力于维护普世正义，实现普世自由，促进世界永久和平的政治基础。由于每个人的人性是不完全完满的和智识是不完全完备的，所以人性和智识不够完备的人类是无法在缺乏法治基础上完全通过自生自发的行为秩序建立一个文明和谐的国际社会。也就是说，不管是由人性不够完满和智识不够完备的人组成的社会，还是国家都不可能在人治高于法治的政治原则上建立一种文明有序的社会秩序。

因为不管是由人性不完满，还是由智识不完备产生的个人弊端，或是由政府不完善和政府功能不完善产生的国家弊政皆会破坏社会安定和世界和平。于是主张通过教育手段来改造不够完满的人性和通过法治来改造不够完备的政府和国家制度来促进社会安定和世界和平的呼声高涨，这并不是没有道理的。对内，如果法治社会无法实现正义和安全，从而促进人与人之间彼此兼容和平等的自由和安全，那么实施法治的政府即使不是一个坏政府，也是一个政治效率非常低的庸碌无为的政府。要知道，在没有法治的地方就没有安全，没有安全保障的地方就没有自由和幸福可言。只有每个主权国家的内部安全问题解决了，并能够防止各国的国家元首或政府首脑进行不符合人民的愿望和利益的非正义战争。我们才能够指望通过各国的内部安全促进世界和平，否则连国家安全也无法保障的主权国家是不能够指望他们来促进世界永久和平与普世自由的。所谓的"国家安全"除了满足上述政治目标外，还有一个与普世自由和永久和平密切相关的政治因素和制度因素。那就是每个主权国家的政府是否能够防止上台的国家元首和任何军政头目为了追求损害他国主权和领土完整及国家权利的国家利益为借口而发动非正义的侵略战争。也就是说，无论每个主权国家的国家元首是谁，一个好的政府必然是能够有效约束任何国家元首或任何军政头目的个人野心和战争癖好的，哪怕侵略战争是他们以国家利益和国家安全为名发动的。所以我认为一个好政府的标志除了满足密尔所提出的那些政治目标外，还应该加上三个：一个是能够解决国家内部的安全问题与正义问题，威胁安全和妨碍正义的相关问题，以及保障每个公民的基本人权和公民权利及政治权利不受他人、他国及本国政府的侵犯。所谓的不受本国政府的侵犯是指能够防止政府或官员对手无寸铁的人民群众实施政府暴政和人民有宪法规定的政治权利或救济法案进行和平变革。另一个是，不管上任或接替的国家元首是谁，政府都不仅能够有效防止国家元首以国家利益和国家安全为名发动不正义的侵略战争，哪怕发动损国利己的不正义的侵略战争能够促进国家安全和国家利益也能够在发生之前及时扼杀在政府摇篮里。另一个是，不管现在上任或将来接替的国家元首是谁，政府都不仅能够有效防止国家元首以国家利益和国家安全为名发动非正义的侵略战争，把国家和人民引向侵略战争，哪怕发动损国利己的侵略战争能够促进国家安全和国家利益也能够被政府防止或消除。所以一切非正义的侵略战争基本都有一个共同点，那就是通过侵犯他国的主权和领土完整及国家利益来达到卑鄙无耻的利己目的。最后一个是，当某国受到他国侵略时，其他所有国家都能够抛弃政治歧义和国家利益联合成反侵略作战的正义联盟来对抗和制裁侵略他国的国家，不因与侵略国是同盟关系或存在利益关系而选择包庇或援助这个侵略国，而与之为伍，沆瀣一气显然更有利于世界稳定，反之，无论是道德不作为，还是在政治、经济及军事上以任何方式支持侵略国都会促使国际关系或世界秩序变得更加脆弱。

由于法治社会是由政府实现的，所以实现法治社会所必需的政治正义和社会正义自然不能缺乏一个建立在竞争性政治制度的基础上的人治原则。可以这么说，公务员的政治才能和道德品质将决定政府的优劣，由能力和品德及政绩共同决定官员的职权远比由背景和地位及关系来决定官员的职权分配要好得多。因为由什么样的公务员充斥或控制政府，便会有什么的政府，政府的质量决定国家命运，有什么样的政府便会有什么样的国家。尽管每个主权国家的内部安全是促进整个世界的普世自由和永久和平的关键，但是整个世界的普世自由和永久和平也同样可以促进每个主权国家的安全和利益。这意味着只有世界社会上脱离无政府秩序才能实现法治世界，否则世界正义，普世自由及永久和平将成为一个无法实现的梦想。更不能通过外部约束来防止任何一个主权国家侵略他国，因为强有力的外部约束对每个主权国家并不存在，起码现在不存在。即使一个好政府能够通过法治社会形成防止每届任上的国家元首或军政首脑以保护国家的安全和利益为名发动非正义的侵略战争的内部约束，那也还是不够的。应该还要有一股正义的外部力量防止各国政府变坏和发动不正义的侵略战争，以避免人民政府沦为某个国家元首或寡头政治的政治工具，纳粹主义、法西斯主义及斯大林主义正是这种代表独裁政治和极权政治的强权思想。引发二战的德意日之所以如此肆无忌惮地发动非正义的侵略战争，它是与这些国家缺少一个好政府和缺乏内部约束与国际社会上缺乏强有力的外部约束密切相关的。因为此时，德意日政府既无法产生强有力的内部约束来防止某个国家元首或军政首脑对外发动非正义的侵略战争，国家之间各怀私利，国际社会所采取的绥靖政策难以形成一种强有力的外部压力把非正义的侵略战争扼杀在这些国家的政府里。所以只要国际上能够形成一种强大的正义力量来构成强有力的外部约束，那么即使某些有战争癖好或个人野心的国家元首突破该国形成的那种脆弱无力的内部屏障，强大的外部约束也能够抵抗或制止战争，起码某国策动侵略战争的国家元首或首脑人物不得不考虑该国是否有足够的硬实力突破外部屏障，战胜每个正义国家建立的世界反侵联盟。

当然，如果外部屏障和该国政府形成的内部屏障一样脆弱不堪的话，他们自然会无视其存在，如缺乏强制力和约束力及凝聚力的政治组织结构松散的正义联盟。这意味着只要各国政府能够从国家内部形成一种可以有效防止任何非正义的侵略战争发生的内部屏障，那么通过改革国家内部结构和国家制度以消除任何可能产生发动非正义的侵略战争的政治制度、国家弊政、政治思想、政治权力、政治人物及军事人物就能促使各国政府产生一种能够有效防止非正义的侵略战争发生的内部屏障。而一个好的政府对内必须能够保障该国的主权和领土完整及安全，保障该国公民的人权和公民权不受他人、他国及本国政府的侵犯，保障不把人民和国家引向非正义的侵略战争，且能够从国家内部有效防止非正义的侵略战争发生，把一切非正义的侵略战争扼杀在国家内部的政府，国家对外必然能够促进普世自由和世界永久和平。当然了，如果该国人民也支持或默认政府所策动的侵略战争，并认为这种侵略战争是正义的或有利可图的，那么这种防止侵略战争发生的内部屏障自然不复存在，也无法形成有效约束力，如俄罗斯军民同意或默认对乌克兰采取的"特别军事行动"。而把人民和国家引向非正义的侵略战争的政府绝对不是一个好的政府，因为它与所要实现的那些政治目标和社会目标是相冲突的。坏政府这样做的后果是既无法保障该国的主权和领土完整及安全，也无法保障该国公民的人权和公民权不受他人、他国及本国政府的侵犯，更无法保障不把人民和国家引向非正义的侵略战争，除非它能在这场战争中取得压倒性的胜利，但这种卑鄙无耻的行为也是极不道德的。

总而言之，要想使源自每个主权国家的内部约束和源自国际上的强有力的外部约束产生相互作用的可以消除或防范一切非正义的侵略战争发生的政治力量，对国家内部就必须消除或防范一切可能引发非正义的侵略战争的国家制度、政治制度、国家弊政、政治思想、政治权力、政治人物及军事人物，对外各国就必须摆脱世界社会的无政府秩序状态，进入具有强制力和约束力及凝聚力的法治世界状态。这意味着要想形成一种强有力的外部约束来抵抗或压制某个国家策划的侵略战争，就必须创建一个能够维护世界正义，实现永久和平，促进普世自由及保障各国主权和领土完整与国家安全与合法权利的世界性政府。超国家理论的法治篇的主要目的就是为了能够形成一种相互作用的内部约束和外部约束来防止或消除一切非正义的侵略战争，并通过法治世界的政治理念和国家实践来保障国家之间的和平发展。因为在法治世界状态，任何先发动侵略战争的国家行为不管出于什么理由和原因都是非法的和不正义的，以及不可原谅的。康德的："法就是和平，而战争本身则根本不是合法的状态；如能维护这一条款，也就不会有战争"显然诠释了这点。所以我始终认为：康德的"法"应该指法治世界，因为只有法治世界才能实现永久和平，促进普世自由，以及维护和伸张世界正义，只有进入具有强制力和约束力及凝聚力的法治世界状态才能终结国家之间的敌对状态或战争行为，只有每个主权国家进入具有强制力和约束力及权威性的法治世界状态才可能通过和平手段和法律手段来解决国际纠纷与国际冲突及国际侵权行为。因为在这种促进普世正义的法治世界状态，任何先发动非正义的侵略战争的主权国家都意味着将成为世界各国可诛之的世界公敌或全球公敌。世界上每个正义的主权国家都有道义联合起来抵抗、孤立、制裁及惩罚任何侵略他国的国家，而不是选择去庇护或暗地里援助他，与该国狼狈为奸或一起分赃，或者为了自私的国家利益坐视不管和冷眼旁观。这就使任何想发动非正义的侵略战争的主权国家都不得不慎重考虑是否具备足够大的综合国力战胜由每个正义国家组成的"世界反侵联盟"或"世界维和同盟"。只要发动侵略战争的经济代价足够高昂，实施的国际制裁足够严厉和全面及有力，才可能抑止野心勃勃的强权国家发动侵略战争或殖民战争。也就是说，这时如果侵略国不具备实力把所有敌对的国家和民族消灭殆尽，就要做好成为世界公敌与各国为敌的一切准备。他们不能忘了希腊人的那条格言："战争之危害，就在于它制造的坏人比它所消灭的坏人更多。"由于作为世界政治组织规模最大的联合国至今仍处于无政府秩序状态，所以现今世界各国所身处的世界社会并未真正进入具有强制力和约束力及权威性的形式和制度更文明的法治世界状态。

第五章 安全

世界最广泛意义的安全意味国家之间能够和平共处与互不侵犯，其中也包括任何国家均不得以任何政治或经济手段干涉他国的内政和政权及选举活动。于是战争的历史终结在于各国政府在任何时候和任何情况是否永远都能够严格遵守和平共处，互不侵犯的原则，而无论国家元首是谁，以及政府首脑是否已经换届，背逆世界永久和平的政权、制度、政策及法律在各国内部都不允许制定与存在，在国际社会上皆不会被各国认可，还必然遭受国际力量的共同抵制或联合制裁，而且这种共识能够制度化。如果每个主权国家在任何时候和任何情况都能够严格遵守此原则行事，而不是对该国有利时才遵守，对该国不利时就不遵守，就永远不会发生战争或冲突。但在这个残酷的现实世界，却是事与愿违的。毕竟在这个世界上生活的人，以及由智识和美德发展程度各异的人们建立的政府和国家都是不完全完善的，我们又怎么能够在力所不及的范围之外要求凡事尽善尽美呢？这说明再好的国际法，也需要一个强有力的世界最权威的权力机关来执使和监督，如果它对世界各国缺乏强制力和约束力及权威性，就会形同虚设，如现今能力令人担忧的联合国。但事在人为却总是能够激励踌躇满志之士去推动人类文明的进步，并通过智慧和美德来消除那些阻碍人类文明进步的人为因素和人为威胁。相对意义的国家安全往往具有把本国的安全和利益建立在侵犯他国的主权和领土完整及安全与利益的基础上的可能性。如那种通过非正义的侵略战争来维护国家安全（在军国主义的世界，它又叫"积极防御"，而促进国家安全，它则叫做"战略防御"）的国家安全逻辑才会在野心不良的政治家或好战分子的脑海中发展。

二战时期的法西斯政府的军政头目皆是根据这种荒谬绝伦的不是取得绝对安全的霸权地位就会陷入绝对危险处境的安全逻辑来实现或促进国家安全与对外扩张的。他们都有一个共同点：不择手段地通过强权手段（含军事侵略）来实现殖民世界，把一个国家的绝对安全和生存空间建立在地区霸权的基础上。也就是说，在世界自助系统，他们希望通过军事侵略来取得世界各国无可撼动的"绝对安全"和"霸权地位"，只有把全部敌人消灭，他们才会感到高枕无忧。当然了，掠夺他国的资源和领土也是他们发动侵略战争和实现领土扩张的主要目标。这显然是一种通过军事强权积极消灭所有敌人来确定自身安全或追求绝对安全的霸权逻辑，他们始终认为只有全部敌对国家被他们消灭时，才能一劳永逸地解决该国的安全问题。庆幸的是法西斯主义那种惨绝人寰的种族灭绝在现代世界最终都以失败和自食恶果告终。事实上，上述的"积极防御"和"战略防御"都可能变相地发展为一种通过军事强权和军事霸权及对外战争来促进某国安全的卑鄙手段，但这样做的结果是刺激各国卷入激烈的军备竞赛来维系不可能的国际均势或世界安全困境，然后是加重各国的财政压力和经济负担，最后是既不能保障国家安全，也不能成功解决这种安全困境，更无助于世界实现永久和平，反而会刺激敌对国家做出积极防御或战略防御的军事反应来应对各种挑衅，甚至引发不必要的冲突或战争，如 2022 年俄罗斯入侵乌克兰就已经让欧洲各国（特别是东欧国家）感到不安全和危险逼近。要知道敌对国家之间的军事摩擦和经济利益的冲突是最容易爆发战争的。通过非正义的军事侵略来消灭某国所谓的"所有敌人"或"全部敌对国家"来实现绝对安全或永久安全的种族灭绝或统治世界的战争手段显然是最不人道和最不正义的。另外某国所指的"敌人"或"敌对国家"，可能只是相对意义的，一个国家可以把妨碍或损害他国利益和安全的国家称为敌对国家，也可以把侵犯该主权和领土完整的国家称为敌对国家，也可以把选择庇护和暗地里援助敌对国家的帮凶或盟国称为敌对国家，而这些敌对国家都可以被某个国家称为"敌人"。于是选择当敌人的朋友便是我的敌人，当敌人的敌人便是我的朋友，在为权力而斗争的国际社会就形成了一种敌我分明的站队。

即使如此，一个国家所实施的惩罚或制裁远超过了某国给该国造成的全部损失，原本正义的行为举止也会因为严重违背罪罚相应的普世原则而变成不正义的了。只因在正义的国际法上这种通过惩罚或制裁他国来为该国挽回或抵偿罪过的不正当行为严重违反了司法上罪罚相应的普世原则。不过，让损害或侵犯他国权利的国家遭受得不偿失的正义惩罚却是情有可原，所以以牙还牙是正当合理的，只要罪罚的背离程度在正义法许可的范围之内就不会受到非法质疑。因此对于严格区分清楚正义的战争和非正义的战争是非常重要的，正义的战争与目的是一种伸张正义，为维护和平与世界秩序而战的反侵略作战；非正义的战争是一种破坏世界和平，为了追求最大化的国家利益而侵犯他国主权和领土完整及国家权利的侵略战争。进行系统分析正义与非正义的战争的界限并不在此节的计划之内，所以它只能留到章末解决。现在我们要面对的是关于相对意义的国家安全与普世意义的国家安全之间的划分：前者指国家之间的安全是相对的和不稳定的，它会随权力关系和利害关系的变动而发生变化，它是一种一个国家的安全依赖其他国家的安全的相对安全。如果一个国家的安全在世界上无法被保障，只能依赖自身和他国的庇护才能实现国家安全的情况下，那么一个国家的不安全或发生战争，也可能会因为利害关系和安全关系及同盟关系而相继把其他国家卷入战争中。后者则指国家之间的安全是绝对的和稳定的，它是成员国的国家安全受到世界最高权力机关的强有力保障而处于绝对安全状态的一种每个国家的安全依赖所有国家实现集体安全之后的那种世界性集体防御。

如果一个国家的安全依赖于所有国家的安全，那么只有各国进入具有强制力和约束力及权威性的法治世界状态，才有望通过代价最小的和平手段和外交手段来解决一切国际纠纷或国际冲突，以实现普世安全。普世安全是指：所有国家之间绝对处于和平共处，互不侵犯的安全状态或永久和平的法治世界状态。其实世界最广泛意义的绝对安全就是一种普世安全，普世意义的国家安全主要指国家之间的安全绝对处于受具有强制力和约束力的国际法律保障的稳定状态，它是一种严格意义的普世安全，也是一种建立在法治基础上最安全的世界秩序。现今世界之所以只能实现相对安全而无法实现普世安全或绝对安全主要原因在于：一是世界社会上仍处于无政府秩序状态，使各国无法通过具有强制力和约束力及权威性的法律手段来解决一切国际纠纷、国际冲突及国际侵权案件。二是每个主权国家和政府并未实现永远废除常备军，促使世界各国真正处于无军事力量威胁状态和维护国家治安的警备力量与装备被世界政府的最高军事委员会统一规制的法治世界状态。三是一个国家的安全依赖其他国家的安全和保护，安全关系或利益关系会促使一个国家既要维护本国的安全，也要兼顾他国的安全。有些学者认为永久和平不可能实现，我认为永久和平无法实现的原因在于不是没有理想的一套国际政治方案，而是这套好的国际政治方案因为受各国自私自利的国家政治本性的阻碍而无法实施和执行，导致各国政府在面对反对侵略战争的集体行动困境时无法更有效地促进和平和安全，比如各国政府制订对自身有利却对他国不利的关税政策、贸易壁垒、外交政策、经济政策及军事合作。

　　另外，不管是用战争反对战争的观念，还是用正义的反侵略作战反对非正义的侵略战争的安全逻辑都只能作为一种权宜之计，它们绝不是促进世界永久和平的政治方法或军事策略。用正义的反侵略作战对待非正义的侵略战争是必须捍卫的生存之权。但如何去界定国家的好坏呢？若溯往侵略史，清算起"历史旧账"，几乎所有的强国或大国都曾有侵略弱小国家的历史事实，特别是侵略成性的俄罗斯。而弱小国家，如果它是好的国家，它又谈何有国力去清除坏的国家，如果这些入侵国是强国或大国。再者坏的国家，如果它是强国或大国，在国际无政府状态它又怎么可能实现自我清除呢？尽管肯尼斯·华尔兹认为："和平与战争分别是好的国家和坏的国家的产物。"用战争反对战争也只有威胁生存和安全才是必要的，否则它极易导致战争升级，因为国家间那种相互作用和影响的安全关系和利益关系也会促使更多的国家相继卷入大规模的战争中。因此毛刘的国际政治思想绝不是根决和削除战争，实现永久和平的最好方法。另外，如果发生核战争会毁灭世界，那么无优劣势之分的核威慑或核均势就可能丧失发动核战争的可置信威胁，于是以核战略为主导的国际均势便不可能形成。核威慑之所以依赖于微妙的"恐怖平衡"，主要是核大国之间并不具体知道彼此实际拥有的核武器数量和防核能力，才会认为核大国之间客观存在一种"确保相互摧毁"的核均势。其实纵使大国之间无法建立一种确保相互摧毁的核均势，也不代表核战争永远不可能发生。只要发动和操控侵略战争的国家元首或政府首脑的理性水平和道德素质备受质疑，那么也不排除希特勒式的军政头目在战争升级或国家面临灭亡的危急下发动核战争。基辛格的有限战争理论作为一种相对意义的安全战略，但失去核战"恐怖平衡"的它，依旧没有资格成为康德永久和平论的安全替代品。因为用选择有限战争来重建世界秩序的政治方式依旧属于一种违反普世正义和破坏世界和平的军事手段，它不可能有助于人类实现永久和平。有限战争论虽然能够消除类似差点把人类带入毁灭边缘的古巴导弹危机和核战争，却可能鼓励了类似俄乌战争和巴以冲突的那种军事规模和战争目标看似比较有限的局部战争。但无论如何，国家之间相互为敌的敌对状态或军备竞赛始终不可能有利于花费最小的代价来实现自我保存与和平发展。而在国际社会或世界社会的无政府秩序中，把和平与安全建立在大国或强国合作基础上的国际均势的方法也不是绝对稳妥的，不仅是因为严格意义上的国际均势不可能实现，也因为大国或强国可能不会牺牲本国利益而兼顾弱小国家的利益，或者这样做大国或强国要求弱小国家服从关于建立一种多元安全共同体所必需的各种国际政治经济制度安排，代价是弱小国家让渡出部分国家主权依附大国或强国。由大国或强国之间的国际合作促成的"基辛格模式"，不可能在任何促进世界和平或各国安全的时候都能照顾到弱小国家的权利和需求，除非大国和小国或强国和弱国之间能够在权力、财富、安全等方面建立一套平等互惠的国际交换规则和国际制度来实现各取所需的国际分工和国际交换。

如果每个主权国家都能采取一种立宪、立法、行政、司法、执法相互制约的民主政治体制，该政治体制决定人民或由人民选举的代表所组成的最高国民议会才有权力决定是否进行对外战争，政府首脑或国家元首皆没有政治权力决定是否进行对外战争，政府首脑和国家元首只能无条件服从最高国民议会的公共意志的情况下，才能避免国家元首或政府首脑策动任何非正义的侵略战争。也就是说，只有一个主权国家决定是否进行战争的最终决定权牢牢地掌握在最高国民议会手中，而不是被国家元首或任何军政首脑掌握在手中之时，世界各国才能够更有效地避免战争而实现永久和平。只要进行战争需要人民同意和最高议会投票决定或授权之时，那么任何有战争癖好或野心勃勃的国家元首想发动侵略战争的困难就会同等增加，而那些凌驾于人民或最高国民议会之上的国家元首或政府首脑必然会因为前者无法约束他们或无法防范和制止其为了个人野心或国家私利而发动非正义的侵略战争。因为把是否进行战争的最高决定权掌握在强有力的最高国民议会手中更能有效防止国家元首或政府首脑受个人野心或国家私利的驱使而对他国发动非正义的侵略战争。如果没有这个防止和消除对外战争或战争发生的最高门槛，那么国家元首的政治权力在没有最高国民议会制约的情况下总是最容易进行战争的。那些是否进行战争的决定权不是牢牢掌握在最高国民议会手中，而是掌握在国家元首手中的政府和国家总是最容易发动战争的，如君主国或某些独裁和专制的共和国。我的意思是说：最高国民议会或可以把宣战权授予国家元首或政府首脑，国家元首或政府首脑也可以是三军最高统帅，但必须把决定是否进行对外战争的最高决定权牢牢掌握在最高国民议会手中，以此来制约国家元首的个人野心、战争癖好及种族歧视，以防止他把人民和国家引向非正义的侵略战争，让国民共尝恶果。因为世界上 99%的对外侵略战争基本都是某个野心勃勃的君主们、国家元首、政府首脑、军事头目发动或策划及执行的，这些非正义的侵略战争只有极少数是在完全由人民同意进行或在国家政府策划的情况下发生的。所以代议制民主应该是最能防止和有效消除进行非正义的侵略战争的效果最好同时又是最能维护普世正义，促进普世自由及实现永久和平的政治体制。在这种政治体制中，进行对外战争的最高决定权被最高国民议会掌握，而不是掌握在国家元首或政府首脑手中，如美利坚等议会制民主国家，总统并不掌握是否进行对外战争的最高决定权，是否进行对外战争的决定权完全被国会掌握。另外，如果宣战权掌握在国家元首或政府首脑手中，他又可以凭借所掌握的政治权力来制造公共舆论，鼓吹、欺骗及误导国民发动非正义的侵略战争，那么在代议制民主制中宣战权也应该掌握在最高国民议会手中，不过把起草和宣读宣战言论的权力授予国家元首或政府首脑却是无伤大雅的，只要进行战争的军事行动必须经过最高国民议会授权。

有一个悬而未决的安全难题是：为什么一个国家的多数军民会支持而不是反对该国所发动那些损国利己的非正义侵略战争呢？答案是：一是他们认为发动非正义的侵略战争可以获取最大化的国家利益和物质资源及提高该国的国际地位和世界威望，二是他们被那些恶劣或病态的道德观和世界观所误导，以至他们从道德相对论产生或推导的爱国主义精神发展成一种损人利己的精致利己主义，三是该国的内部结构没有建立防患非正义的侵略战争发生的国家制度安排。所以这种支持对外扩张和侵略战争既与这些侵略国支持非正义的侵略战争的军民的道德素质有关，也与他们曲解了爱国主义精神是密切相关的，更与该国军民损国利己的卑鄙动机有关。他们可能不知道：爱国主义精神在道德上是绝对的，而不是相对的。一国之公民们以任何方式支持该国的军事侵略活动的言行举止不是爱国的表现，而是在祸国殃民，战败后的德意日法西斯的下场就是一个军民支持侵略战争而被认为是爱国表现的经典实例。因为背离世界广义统一的正义而从道德相对论中产生或形成的爱国主义精神是有害的和具有误导性的，它不仅是一种分裂世界命运共同体的政治意识形态，也是不利于维护世界和平和促进普世自由的。如果一国军民把以任何方式支持本国对他国的军事侵略或殖民战争的言行举止称之为"爱国精神"或"爱国表现"，把人们以任何方式反对或抗拒该国的军事侵略活动和帝国殖民主义的言行举止称之为"叛国精神"或"叛国行为"，那他们的道德观和世界观及政治观就完全颠倒了是非黑白，背叛了世界正义，误解了爱国主义精神的本质。因为真正的爱国主义精神在道德和法理学上是绝对的而非相对的，它不可能赞同或允许该国军民以任何不道德的行为方式支持侵略战争，或者服从那些把国家和人民引向非正义的侵略战争的国家元首或军政头目。这意味着从一国公民支持对外侵略行为、掠夺行为、剥削行为、奴役行为及殖民行为是不可能推导出作为正义的爱国主义精神的，从自私自利的国家利益推导的爱国主义精神是狭义的。

第六章 财富

———————————————————

　　每个国家的内部安定总是与国家是否富足和内部经济发展是否平等密切关联的，国民收入的稳定增长和经济平等化发展将有利于国家朝繁荣安定的方向发展，而不发达的发展中国家的经济发展滞后和经济两极化发展总是在某些方面或领域影响社会安定，如人们为了追求自我利益而不惜冒违法犯罪之险或做出损人利己的机会主义行为，或贫富差距悬殊引发的社会动荡。所以一个资源匮乏，教育和科学技术普遍落后，受不利的地理环境和气候条件影响深远及政治经济制度又很不完善的弱小国家必然要依附强国或大国来实现安全和发展，尽管这样做会或多或少减损一个国家的独立自主性，如此说来，国家经济的发展情况总是与国际政治权力和国际地位是紧密联系在一起的，越是贫穷落后的发展中国家的国际地位就会越低，国际影响力也会越小，在国际政治权力的不平衡发展中就更无法取得主导性和支配性的国际政治权力。当然，如果社会安定需要持续的经济增长来维系或经济发展平等化来支撑，那么对一个市场经济的良好运行离不开政府通过正义的法治手段来保障每个公民的人身和财产安全的国家而言，社会安定可能不完全是政府实现正义的法治社会的功劳，也不完全是自生自发的市场机制促使的功劳，而是两者各司其职，但又协调互补的结果。也就是说，可持续的经济发展给国家带来的富裕或生活水平的提高，并不完全是政府促使的，也不完全是自生自发的市场机制实现的。因为可持续的经济增长既离不开政府的保驾护航，也离不开需要建立在自由秩序中的市场机制，必须把由国民富足带来的社会安定归因于两者的有效结合和高度协调，所以不管是完全脱离政府管制的自生自发的市场机制，还是完全受政府管制而缺乏基本自由的市场主义都不可能实现国家经济的持续增长。道理很简单，经济发展既不能缺乏正义的法治基础，也不能够缺乏有效竞争，人类可以无自由而有秩序，但不能无法治而有安全，而缺乏安全的地方又怎么可能会有自由和幸福可言呢？这意味着那些能够直接促进社会安定或通过促进国家富裕来

74

实现社会安定的政治因素、经济因素及文化因素将决定着国家的内部安全，反之那些不利于直接促进社会安定或通过促进国家富裕来实现社会安定的政治因素、经济因素及文化因素将导致国家内部的动荡不安或混乱无序。有利的政治因素包括国民选择一个最能防范和消除内战与外战的政治体制，建立更完善高效的政治制度和官僚制度，促进一个政治效率高的好政府的产生成为常态而不是例外等等。有利的经济因素包括丰富多样的自然资源，知识和技术进步，完善的经济制度和市场体制，兴办教育和普及教育，实现更高质量或更有经济效率的知识和信息交换等等。有利的文化因素包括能够促进言论自由、个性发展、信仰自由、宽容精神、公共交流及培养民众独立自主的批判性精神和成长型思维及不断进步的终生学习思维。不利的政治因素包括一个国家无法采取能够防范和消除内战与外战的政治体制，无法产生一个政治效率高的能够在履行分内义务的情况下促进普世自由和永久和平的好政府，政府无法或为了统治需要不愿创建更能促进政治正义和社会正义的政治制度与官僚制度等等。不利的经济因素包括自然资源匮乏或缺乏多样性，知识和技术落后，文化和教育水平普遍落后，信息不完全，经济制度和市场体制的不完善等等。不利的文化因素包括人民群众的思想观念和意识形态被恶劣或病态的传统文化误导、歪曲及束缚，传统文化演变成束缚人的思想和自由的奴隶文化，公共舆论被政府的专制政治、独裁政治及强权政治控制。既然社会安定与国家富裕相关，那么能够促进国家富强的政治稳定性应该也可以直接促进社会安定。

但这里的"政治稳定"绝对不是指国家政治和国家政治权力分配永远或长期被同一个政党或党派垄断和控制而没有任何变革或改良的余地和空间，而是指一个好政府不仅有政治能力履行分内义务，还指好政府是通过公平的竞争性政治制度实现的，而无论官员的肤色、性别、身份、地位、政治信仰、种族、党派及宗教信仰是什么，他们之所以有资格在国家政府取得与政治才能相应的职权，完全在于他们才能卓著、品德高尚、经验丰富及政绩优良，绝非取决于他们属于什么哪个政党或党派，或与哪些官员有怎样特殊的亲缘关系或利益关系，或者有什么样的政治信仰、政治思想、政治背景及社会地位。也就是说，政治权力和政治权威作为政治稳定的代名词，它应该属于政治领域和社会领域的精英们。那么社会进步和经济发展与政治稳定是否存在密切联系呢？亨廷顿认为20世纪60年代除少数国家以外，大多数国家不仅没有摆脱贫苦和落后，反而陷入了政治动荡和暴力冲突。我认为在整个 20 世纪对大多数国家而言，不是经济落后和人民贫苦使他们陷入政治动荡和暴力冲突及国家内乱，而是国家之间的政治动荡、暴力冲突、军事政变及错误的国家政策使该国人民难以摆脱贫困和落后，导致社会动乱和产生依附。而且把除埃及和南非外的大多数非洲国家列为"低度现代化"的国家、把除埃及和南非外的大多数非洲国家外的其他发展中国家视为"中度现代化"的国家，把经济发达的欧美诸国和日本视为"高度现代化"的国家仍旧是有特殊意义的。不过直接纯粹把"西方化"视为代表高度现代化的标志或象征而把其它经济发达的亚洲国家排除在外却是错误的，这意味着我们也不能纯粹把"城镇化"或"城市化"或 GDP 作为度量"现代化"程度的唯一标准。比如由"创造性破坏"或"非理性繁荣"或"负外部性"促使的经济发展很难被视为一种在多数情况下可以经得起历史考验的现代化进程。如果度量现代化程度的标准是城市化或 GDP，那么现代化进程必然是非线性的，因为受各种不确定性因素和偶然因素影响的经济发展或经济增长是不稳定的。而"现代化"自然就会视为政府最大程度化消除不利经济高度发展的个人因素和国内因素的过程中最大化满足国内发展需要和与世界经济发展接轨的结果或产物。如果社会进步或经济发展并不必然促进政治稳定，因为促使社会进步或经济发展的道德目标或正义标准与政府要求的政治稳定冲突，也因为社会进步或经济发展并不是国家政府或政党组织唯一追求的政治目标，或总是把它们当作最高政治目标。政党组织或由党派组织控制的国家政府内部的政治斗争、权力冲突、利益冲突及政治压迫都会成为破坏政治稳定和经济发展的有害因素。而这些国家一般都不是经济高度发达或者经济非常落后的国家，所以亨廷顿认为政治不稳定的根源就在于现代化，现代性孕育着稳定，而现代化过程却滋生着动乱的观点显然是正确的。但对"现代化"应该重新理解和定义为：被统治者对现状表达不满或挑战现状而要求进行一种符合国家情势和国内发展需要的革命过程，其中包括制度改良和经济转型等。因为若一个主权国家的政府无法通过和平变革来实现符合公共意志和发展需要的政治发展，那么取而代之的只能是血腥和残酷的暴力革命（一个好政府必然能够实现和平变革）。也因为现代化过程包含着可能对立的秩序和进步，所以政党组织为巩固自身的政治权力和统治地位所追求的政治稳定与被现代化进程的政治知识和政治思想感染的意识觉醒的人民所追求的更能促进他们福利的政治发展是冲突或矛盾的，其中也包括该国人民开始反对任何政党或党派长期垄断国家政治和国家政治权力再分配而实施损害政治自由和民主政体的独裁政治和极权政治，且牺牲部分公民的政治权利最终无法获取人们所期望但政府承诺给予的经济保障。这就变成政党组织实现政治稳定所需的政治权力和政治权威在国家政府中必须是独一无二或至高无上的才能符合它的统治地位和政治利益，而由社会进步或经济发展促使的政治民主化发展可能会破坏保持原状的政治稳定和政权稳定，如政治发展可能要求改变独裁或专制的政治体制来实现作为机会平等的政治自由与作为彼此兼容的政治自由的政治平等，此时专制或独裁的极权政府必然严格控制政治发展的目的和轨道，以防止损害其政治利益。

也就是说，人民热切追求的政治发展可能要以牺牲政党组织或集权政府所追求的政治稳定，如改变统治地位和制约中央集权化，政治稳定又无法和平让步于政治发展或政治变革时，则说明暴力革命将取代和平变革。反之，政党组织或国家政府追求的政治稳定可能要以阻碍人民热切追求的政治发展作为代价，当政治发展和政治稳定无法协调一致或两方无法通过和平手段实现政治变革时，取而代之的必将是暴力革命。另外，我并不认为政治上的"进步"必然会破坏"秩序"，除非"进步"在政治或经济上属于一种恶劣或病态的"创造性破坏"和"非理性繁荣"，所以不管是由美德推动的社会进步，还是由智识推动的社会进步，只要社会上各行各业的知识和技术能够通过更加道德的方式加以利用，那么在正义的法治社会，不断改良的政治制度和政府体导只会最大程度促进人民的自由和幸福。如果，政治进步本身不是一种促进社会文明的手段或工具，那么它的全部优越性就会因为制造动乱或强权行为而丧失。只有发展和进步是为了稳定和建立一种更文明有序的社会秩序或国际秩序时，它才是可取的。所以只有政府到了无可再完善的最理想状态，它才有正当或合理的理由来反对任何会破坏好政府的政治变革，否则只要人民热切追求政治发展可以促进好政府的形成及不断提高政府的政治效率，那么政府就没有权力反对或阻止人民提倡的这种政治发展成为现实。总之政府为巩固统治地位和政治权力所图谋的"政治不发展"必须让步于人民热切追求的能够改良政府的或者符合国家内部发展需要的政治改革，不过政治制度的历史变迁显然既取决于该国的社会发展和政治意识形态倾向及国民经济转型，也取决于相互作用与依存的世界发展规律和国际制度安排，更取决于社会人的道德观念与知识分子的政治观念的转变对国家政治所施加的一系列影响，其中就包括公共舆论的走向和政治主流的发展。

如果一个国家的富裕是完全通过自身的能力而非依赖他国实现的，那么该国自然可以不用因为在政治和经济及军事上依附他国来实现富强和安全，而又不丧失独立自主和国家自由。但这种封闭的经济系统必然意味着反对与他国开展互惠互利的国际贸易和通过各取所需的国际交换及根据比较成本优势决定的国际分工来促进各国的经济利益。纵观历史，闭关锁国总是与国家富裕冲突的。邓小平就总结了闭关锁国的教训，他说："世界上任何一个国家，无论它的政治制度如何，都不可能关起门来搞现代化。"如果一个主权国家既无法完全通过自身能力实现自力更生而使其免于受制他国，又无法在自然资源匮乏，知识和科学技术落后，文化和教育水平落后的情况下引进所需的资金和知识技术来实现国富民强，那么闭关锁国只会使这种贫穷和落后的困境恶性循环下去，这就是没有政治优势和经济优势的外围国家通过摆脱依附中心国家来实现国家独立的后果。财富和安全的关系在于：由于培养一支庞大的国家军队需要一定的经济基础，所以经济落后或比较贫穷的国家是无法建立一支强大的常备军来保障该国的主权和领土完整及国家安全的。毕竟国家之间从动员到战争比拼的并不仅是军事实力、科学技术及军事战略的较量，还有支撑战争所需的物质资源和财富，特别是该国工业和军事的生产能力。当然，经济实力是不能凭某段时期或短期的国家经济增长率来作出客观判断或进行预测的，它必须根据长期的经济增减和国民生活水平指标进行综合评价。一个落后贫穷的发展中国家或弱小国家，如果在动荡不安的世界无法依靠自身有限的国力来保障该国的主权和领土完整及国家安全与国家利益，那么他就必须通过依附强国或大国，或通过国家互助原则，或与其他国家结成可靠同盟来实现这些政治目标，但这又意味着国际上各国所承认的主权不可分割原则是不现实的，在大多数国家面前是行不通的，尽管动用军事手段的强制割让方式已经让步于形式更文明的自愿交易或割让原则。也就是说，如果该国无法通过有限的国力来实现上述政治目标，那么只要在国际上财富或资源可以换取强大国家承诺提供的安全保障或军事援助，那么贫穷或落后的弱小国家就可能会通过依附强国的政治方式来帮助自身实现上述政治目标，从而建立一个主导国依赖于统治的合法性而获得让附属国甘愿服从的国际权力，及主导国支配附属国的国际等级制度，尽管这样做可能要牺牲一定的独立自主或国家主权作为代价。

但是在国家安全无法得到有力保障的情况下，弱小国家的主权和领土完整及国家利益同样无法得到保障。所以国家安全是首要的政治目标，在安全缺乏保障的国家，既不可能实现独立自主，也不可能享有政治自由，更不可能有力保障该国的主权和领土不受其他强国或邻国的军事入侵。于是安全和权力依赖国民财富增长的重要性显而易见，而财富和安全相互作用和彼此影响的依存关系，不管是在战争中，还是在国际竞争中都占据着举足轻重的战略地位，彼此之间也影响着对外政策的制定和调整。那么，只要国家之间所追求的安全、财富及权力在国际上可以实现各取所需的自由交换，安全、财富及权力在世界上又普遍存在一种交互作用的依存关系，那么国家之间所追求的安全、财富及权力在等价交换的情况下就可以促进普世自由和永久和平，反之，如果国家之间所追求的安全、财富及权力在国际上的交换是非等价的或不平等的，那么在国际上财富、权力及安全的非等价交换就是存在"差价"或"顺差"和"逆差"的。也就是说，只要国家之间所追求的财富、权力及安全能够形成一种互惠互利且享受具有强制力和约束力及权威性的国际法保护的国际交换制度，那么每个主权国家在这个等价和平等的国际交换制度就不仅能够实现各取所需的国际交换和根据比较优势建立的国际分工，还能满足上述基本的政治目标，更能促进普世自由和普世正义及实现永久和平。这种互惠互利且享受具有强制力和约束力的国际法保护的等价的国际交换体系正是超国家理论为建立一种能够促进普世自由和普世正义及实现世界永久和平的国际秩序的政治目标之一，也是建立一个法治和互惠互利的世界互助系统所必需的。反之，如果国家之间追求的财富、权力及安全只能够形成一种不平等或非等价的国际交换体系，那么弱小的主权国家就不仅无法通过这个非等价的国际交换体系满足国家的基本政治目标，也无法通过这个不平等的国际交换实现各取所需的国际交换来使更多的国家受惠受利，更无法凭此建立一种能够促进普世自由和普世正义及实现永久和平的世界社会秩序。即使国家之间所追求的政治权力、国家安全及经济利益在国际上可以进行自由交换，从这个不平等和非等价的国际交换体系中也不可能真正实现严格意义的各取所需，因为不排除一国之所得可能是建立在一国之所失的基础上的，或者说在国际竞争中具有零和博弈的性质，大量出现以牺牲他国利益来为本国造福的卑鄙行为，但国际社会上却缺乏具有强制力和约束力及权威性的国际法规来惩罚和制裁这种损国利己的国际侵权行为，迫使他国能够合理补偿某国的全部损失，否则将受到每个正义国家联合发起的集体制裁。这就变成国家之间所追求的权力、财富及安全在这个由不平等的国际交换规则的基础上所建立的非等价的国际交换体系中可能会产生得不偿失的结果，不管是弱小国家，还是强国或大国，这个建立在国际无政府状态中的不平等和非等价的国际交换体系都并不保证付出必有收获，除非所有主权国家的政治观都能够接受超国家理论的支配，或把超国家理论作为制订国家对外政策的政治原则，否则自私自利的国家政治本性只会促使某些国家只遵守对自身有利的国际规则或国际协约，而倾向于违反对自身不利的国际规则或国际协约。另外，即使国家之间所追求的那些交互作用的权力、财富及安全在国际社会上可以自由交换，如果这种国际交换制度是不平等和非等价的及缺乏具有强制力和约束力的国际法来惩罚和制裁损国利己的国际违法或侵权行为的，那么这种不平等和非等价的国际交换制度就不仅会加剧国际上的政治权力冲突、经济利益冲突及公共安全困境的形成和发展，还会加剧国际政治权力和国际经济权力的不平衡发展，导致弱小国家要花费巨大的经济代价才能够实现上述基本的政治目标或国家利益。

其实，国家之间所追求的安全、财富及权力在国际社会上可以自由交换是指：由于国家之间所追求的安全、财富及权力普遍存在一种交互作用和彼此影响的依存关系，而一些国家在某些时候和某些情况又会出现大敌压境而无力保障该国安全，或国家经济面临严重萧条，或国家面临主权和政权被他国干预，那么国家之间皆可以通过互惠互利的国际合作和各取所需的国家互助来解决和应对这些国际问题。不管是用财富或权力换取安全，还是用权力或安全换取财富，或是用安全或财富换取权力。戴维·莱克提出的关系型权威在某种情况下解释了这些国家之间在安全、财富及权力所达成的平等或不平等的国际交易："关系型权威以统治者与被统治者之间的交易为前提，其中 A 向 B 提供一套有价值的政治秩序，足以抵消 B 附属 A 所失去的自由；而 B 授予 A 权力对其行为进行必要的限制，以提供该秩序。在平衡状态下，一个统治者提供恰好足够的政治秩序来获取被统治者在维持秩序所需要的纳税及约束上的服从；而 B 的服从也恰到好处，以驱动 A 确实提供该秩序。A 获取了足够的回报来提供那套有价值的政治秩序，而 B 得到了足够好的秩序来补偿由于准许 A 对其施予权威所带来的自由的丧失。如果 A 汲取的资源过多或提供的秩序不好，B 可以收回其服从，这样 A 就会失去权威。"其实在国际社会的无政府秩序状态,各国追求的国际均势或国际权力平衡赖以建立在一个主要由政治权力、经济利益及国家安全构成的国际交换规则趋于平等和易于实现等价交换的国际交换制度的基础上,并通过这个国际交换制度支配和影响的国际分工和国际交换体系在安全、权力及财富等重要领域来达到各取所需的目的。

另外,国家富裕对社会安定也可能是不利的,正如密尔所言:"我们可能在财富上有所增长,另一方面在美德上则有所退化。因为美德退化是破坏社会安定最主要的原因之一。"这说明国家财富的增长可能是通过降低经济行为和政治行为及法律制度的道德标准或道德水平实现的,而且经济利益和政党利益可以扭曲和腐蚀人性也将是不争的客观事实;另一个则是政治正义和社会正义无法保障的国家不可能实现文明的法治社会。贫穷和落后不一定会破坏社会安定,导致社会混乱无序,但在一个美德退化和民众愚昧且又贫穷落后的国家则必然内乱丛生或是冲突四起,其中也包括非民主国家的政权无法合法完成交替和政府首脑无法合法完成换届,经常需要通过军事政变来达到这个国家目标。由于美德退化是阻碍政府实现文明的法治社会的主要障碍,所以一个公民和官员的道德素质普遍低下的国家是不可能在美德普遍退化的情况下通过法治社会来建立一种文明的社会秩序。这就变成国家的内部安全和社会安定普遍需要一种道德进步来建立一种文明的社会秩序。那么由美德退化促使的财富增长,就会与道德进步和社会安定构成一个对立的在此情况下政府无法同时满足这三个社会目标而最多只能满足其中两个社会目标的三元悖论。也就是说,由于自私自利是每个主权国家的政治本性,这就容易产生一种某些国家为了追求最大化的国家利益或国家权力而牺牲他国利益来促进本国福利的卑鄙手段,于是一国的财富增长就可能是建立在损害或侵犯他国合法权利的基础上的,那么这种通过不道德的强权手段来促进国家财富有所增长的卑鄙手段就是一种一个国家的美德退化的真实表现,(如果该国的公民和官员的道德素质水平很高,那么人民就不会允许政府做出这种损国利己的卑鄙行为,政府官员也会不屑于这样做),反之,这种损国利己的卑鄙手段必然在国际社会上招致他国敌视或抗议,在国家内部则会遭到那些道德高尚的国家公民的反对,或者是国内知识分子的批评。

但是我并不认为财富增长、道德进步及社会安定会构成一个严格意义上必然对立的三元悖论,尽管美德退化可能会促进财富增长,但道德进步也同样会因为成功建立一个文明有序的法治社会而得以促进国家财富的增长。但在这种情况下，道德进步并不阻碍或影响财富增长，美德退化反而会阻碍国家财富的增长，因为动荡和腐败都会不断或长期使政府的政治成本和社会成本居高不下。也就是说由美德退化产生的损国利己的卑鄙行为可能会促进一个国家的财富增长，但美德退化同时也会阻碍国家的财富增长及破坏社会安定，在社会产生一种人人自危的心理恐惧和经济损失。这就变为美德普遍退化的国家通过损国利己来促进本国福利的卑鄙行为会产生一种引火烧身，而又会阻碍国家的财富增长的负面影响，而这种负面影响可能是通过损国利己的卑鄙手段来促进本国福利所无法消除或抵偿的国家危害。可见在某种情况下，美德普遍退化的国家无法同时满足这三个社会目标而不发生冲突或矛盾。但有一点是不证自明的：美德普遍退化的国家既无法维护社会安定，保障每个公民的人身和财产不受他人和本国政府的侵犯，也无法避免该国政府做出损国利己的卑鄙行为，更无法促进普世正义和永久和平。所以通过遏制道德进步来满足通过损国利己的卑鄙手段来促进本国福利所实现的那种财富增长必然不属于超国家理论所欲实现的最高政治目标之一，相反，超国家理论绝对是反对这种卑鄙无耻的损国利己的财富增长手段的。言而总之，如果财富增长是由道德进步而非由美德退化促使的，那么就变成实现财富增长需要道德进步和社会安定，财富增长、道德进步及社会安定就不会形成一个无法同时满足这三个社会目标的三元悖论；反之，如果财富增长是由美德退化而非由道德进步促使的，那么就变成实现财富增长需要牺牲道德进步，财富增长、道德进步及社会安定就会形成一个无法同时满足这三个社会目标而最多只能实现其中两个社会目标的三元悖论。由于牺牲道德进步或美德退化不可能建立一个文明有序的法治社会来促进国家财富的增长，所以美德退化既无法实现财富增长，也无法促进社会安定，于是认为美德退化可以实现财富增长的情况只限于发生在极权主义国家或军国主义国家。只要道德进步和政治发展可以促进社会安定，社会安定又可以实现财富增长，财富增长又可以保障国家安全，那么通过普遍性的道德进步和政治发展来建立更文明的法治社会就是一条不证自明的社会铁律。

超国家理论并不局限于国家利益的自我实现，它的终极目的在于跨越传统的国家理论，狭隘的民族主义及极端的国家主义，促进各国建立一种安全、繁荣、民主的世界政治经济秩序。这意味着各国需要建立一套具有强制力和约束力的公平的交换规则或国际制度来在权力、财富、安全等方面实现各取所需的国际分工和国际交换。于是关于权力、财富及安全的国际政治理论，就是通过公平与否的国际交换规则来建立一个国家之间实现各取所需的国际分工和国际交换，它告诉我们：一般情况下，经济强国往往同时也是军事强国，军事强国往往同时也是经济强国，很少军事强国同时不是经济强国或经济强国同时不是军事强国的，当然了，这也取决于一国政府是否愿意这些经济实力转换成需要的军事实力或是否需要运用这些经济实力来促进军事实力的增长，以应对国际上的不利挑战和安全威胁。于是既是军事强国，又是经济强国的大国在国际政治经济权力不平衡发展的国际竞争中便占据着主导性的支配地位。军事强国可以为弱小国家提供安全保障或足够好的政治秩序，代价是弱小国家向其让渡部分主权、财富或资源作为交换条件，工业发达的经济强国可以为经济落后或贫穷的发展中国家提供资金、技术、设备、贷款、专家、经验等，代价是发展中国家向其让渡部分政治主权作为交换条件。比如美国和俄罗斯向其他国家出售某些军事武器或军事装备来换取他们的国家财富，又如美国和俄罗斯赋予某些国家某种在其权力范围和势力范围有效行使的国际权力来换取他们的国家财富或物质资源，或者美国和俄罗斯向其他国家承诺和提供某种程度的安全保障来换取某些主权国家在政治上的服从义务，但现在面临的窘境是在权力、财富及安全等方面的联合国并未建立一套健全和公平的国际交换规则来最有效率去实现各取所需的国际分工和国际交换，也缺乏一个具有强制力和约束力及权威性的世界最高权力中心来监督和惩罚违反平等的国际交换规则的国际侵权行为。这也是为什么在国际竞争中处于政治、经济、军事、文化处于劣势的多数发展中国家倾向于建立一种各自为政和政治独立的"国家保护主义"来维护国家利益和自身安全，刺激各国政府建立能够保障自身权益不受他国侵犯，而又能平衡国内外各方权力和利益及需求的保护性制度。总而言之，在经济严重衰退或萧条时期，主张和强调实施经济保护主义的呼声和欲望必然高涨。在国际贸易长期处于逆差时，源自国内的各种经济压力也会督促政府采取保护本国企业利益和国内资本不外流的经济保护主义。各种针锋相对的贸易壁垒和关税壁垒更会促使国家之间制定大量的保护性制度来维护自身的发展和国际利益。最后一个问题是，为什么美国向其他国家出售大量的军事武器和装备却并不担心这些国家将来有一天会威胁到其在世界的主导地位？我认为美国出售给其他国家的军事武器或装备并不是一些核心的军事武器或装备，而且美国还牢牢掌握着出售给其他国家的军事武器或装备的生产科技。其次是美国向其他国家出售军事武器和装备并不是无差别的，这意味着美国不可能向敌对的国家出售各种重要的军事武器和装备。第三是在许多重要领域中，如在制度、教育、医疗及文化等方面，美国的软实力在国际竞争中一直占据优势，优厚的人才待遇根本不用担心其人才流失。第四是美国向其他国家出售大量的军事武器和装备所获得或换取的财富只要大部分用于尖端武器的研发和军事技术的升级，那么美国的军事实力和科技水平在与其他国家开展的军备竞赛中就能够一直占据优势。

马克思主义理论与经济平等的关系是众所周知的，道德高尚的马克思的终极目的是建立一个可以普遍消除经济剥削、阶级矛盾及限制资本积累的经济分配正义和经济完全平等的世界秩序。但是，他明显忽略了三个最重要的现实问题，而这个崇高的道德理想主义就是因为现实世界无法满足这三个条件而最终宣告破产或被世人所摒弃的。第一个是现实条件，该条件告诉我们人类的认知能力和思维能力都普遍存在一定的科学局限性，世界上没有全知全能的人，人类的人性和智识都是不完全完备的，所以人的理性是有限的，这意味着人类既无法避免做出错误或愚蠢的决策和选择，也无法通过不够完备的智识来彻底或普遍改善人不够完满的人性，更无法通过任何不健全的知识体系来客观认识或准确预测社会和世界的发展态势。第二个条件是道德条件，由于人的人性是不完全完满的，所以世界上不可能有没有做过任何不道德行为和在精神层面一直没有任何不良动机的至善之人。而且受第一个条件的影响，人不够完满的人性始终很难通过不够完备的智识来改善，尽管智识的增长情况与人性的完满程度的关系呈正比，但不管是恶劣的个人情感和偏见，还是个人不良的本能和习惯，或是人类自私自利和贪婪的本性都会不同程度上削弱通过教育和知识来改善不够完满的人性的积极作用。第三个条件是民主条件，由于不管是经济分配正义，还是经济平等发展都需要一种人民主权和民主立宪的民主政治体制来实现，所以不管是任何权力不受人民制约和监督的中央集权制度，还是把专制或独裁的威权政治、强权政治、极权政治作为国家的根本政治制度，或是国家政治和国家政治权力再分配完全被某个政党或党派长期垄断的集权政治体制都是一种政治不民主和政治不平等的国家表现，它们不仅不可能有利于普遍促进经济分配正义和经济平等，反而会破坏经济平等与经济的分配正义，而社会主义国家完全走了一条"反路"。如果说由人与人之间生产要素禀赋的那种不可逆性的自然差异造成的经济不平等是可以忍受的道德底线，那么由人为性的政治不平等引发的经济不平等和贫富差两极化发展就是不可接受的社会弊端或国家弊政。也就是说，政治不民主或政治托拉斯的形成和发展都会不同程度上破坏市场经济公平的有效竞争，从而普遍降低市场经济的效率目标。因为忽略个人差异和知识信息的中央计划经济正是出自政治不民主的集权政治、威权政治及极权政治的手笔。只有民主政治才能够最大程度满足人民所需的政治正义、社会正义及三权分立，而缺乏民主政治的国度所产生的政治不平等无论如何都不可能造就或促进最广泛的经济平等，现代的社会主义国家显然都选择了有违初衷的道路而行。全然忘了：实际上只有通过代议制民主建立的国家制度才能够真正平衡贫富两极化的经济发展，因为它要求国家政府都必须尽可能平等考虑每个公民的公民权利、政治权利、经济利益及发展需要。再者则是放弃政治权利来换取经济保障的最终结果必然是既丧失政治权利，又得不到执政党所承诺给予的经济保障或福利待遇。道理很简单，放弃手中"武器"（指政治权利）与敌人谈判或敌人通过书面承诺来诱惑给予的东西需要放弃手中"武器"来换取都远不及靠双手挣来的实在，因为在战争状态，放下武器意味着任人宰割。世界上不可能有谁比你自己更关心你的权利、命运及需求，所以掌权者是不可能比你更关心你的权利、命运及需求的，一旦你失去唯一自保的政治权利，你又如何保障你的权利不被官员或政府侵犯？不管是对各国社会的第三阶级，还是经济发展普遍落后的发展中国家而言都需要警惕："人们放弃政治权利的无知做法，只会加剧自身的经济劣势造成的贫富差距周期不断延长"。

最后一项研究是关于影响世界发展的"国际秩序交换理论"，该理论可以概括性地定义或理解为：国家之间在权力、安全、财富等重要领域通过专业化的国际分工和国际交换来实现各取所需，或者是政府之间通过平等互利条件来交换一套各取所需或符合彼此期望的国际秩序。那么在实践中，如何使用国际秩序交换理论来解决和处理中美俄的三边关系和国际冲突，特别是中美密切关注的中美关系和台湾问题呢？首先一种价值平等或趋向平等的国际秩序交换显然是有利于解决和处理国家之间产生的国际矛盾和国际冲突的，反之，若决定国际秩序或国际交换的某些交换规则或国际制度是不平等的或非等价的，那么它就不可能有利于解决和处理国家之间产生的国际矛盾和国际冲突等问题。另外国际秩序交换理论在实践过程中是存在一定的科学局限性的，而且在实践过程中未必所有的国际秩序交换都有利于世界各国从正面上解决国际关系或世界秩序所涉及的核心问题：安全。相反，那些具有侵略性威胁或霸权主义倾向的强国和大国所进行的国际秩序交换通常是为了实现某种不利于促使世界稳定有序的战略目标，如俄罗斯与朝鲜签署的全面战略合作伙伴关系所要求的在经济和军事上的相互援助，就是一种为了满足战略安全而进行的秩序交换。又如北约组织和欧盟在经济和军事上对乌克兰的援助，也是为了满足自身安全和利益着想的。我们都知道世界秩序的核心问题是国家之间的权力冲突、利益冲突、领土纠纷及安全问题等，所以国际秩序交换理论在全球治理和世界秩序中所扮演的角色应该是良善的，而不能是恶意的，或者是为了有利于某些有野心的大国或强国实现霸权主义行为或发动侵略战争服务的。这意味着国际秩序交换理论的战略目的只有是善的，才有利于促进世界政治经济的稳定有序。反之，若国际秩序交换是为了促使某些有野心的大国或强国实现霸权主义行为或发动侵略战争的，就必然会破坏世界政治经济的稳定有序。所以世界秩序问题只能通过代价最小或成本最低的和平的外交手段、民主的政治手段及正义的法治手段来解决才是理性的或最理想的。由于国际秩序交换理论在实践过程中是存在一定的科学局限性，所以各国政府在政治权力、经济利益及安全保障等重要领域通过国际秩序交换来满足各取所需的战略目的或国际目标必然是有限的。这些影响国际秩序交换理论的成功性、道德性、价值性及战略性的科学局限性就主要包括（但不限）：一是非等价的国际交换规则和不平等的国际制度，其中包括国际法。二是在国际秩序交换中无论是提供政治权力、经济利益及安全保障的国家，还是各国的需求，都受替代性和稀缺性及国际发展情势的影响。三是在世界没有广义统一和权威的权利共识、价值共识及道德共识的情况下，国际秩序交换理论在实践和谈判过程中国家之间实现价值判断和道德判断的兼容性处理的困难有增无减。四是国际秩序交换理论的战略目的存在不利于实现某个更高价值的目的或优良秩序的矛盾或冲突，如世界永久和平、世界彼此兼容的国家自由、维护和伸张世界正义、国际政治经济权力的分配正义或平衡发展、各国主权在国际法面前一律平等及国际法律地位平等化等良善目的。五是在国际秩序交换理论中各国各取所需的政治权力、经济利益及安全保障的使用价值和交换价值在这个充满不确定性因素和偶然因素的世界发展情势中是波动的，具有边际效应的。六是受各种不确定性因素和偶然因素的影响，国际秩序交换理论受现实世界和发展情势的影响是比较大的，所以国际秩序交换理论的战略性要求各国政府能够系统权衡利弊或考虑不良后果。其中就包括这种国际秩序交换是否有利于解决国家之间造成的权力冲突、利益冲突、领土纠纷及安全困境，是否有利于实现国家权力的最大化、国家利益的最大化及某些重要的战略目标。

　　假设中国与美国愿意进行交换一套各取所需的国际秩序，那么此交换对谁更有利？我认为只要国际秩序交换的规则和条件都是平等的，这种国际秩序交换对双方而言就是平等互惠。那么在中美冲突和台湾问题上，美国与中国合作交换国际秩序的战略目的是什么？我认为是解决中美冲突和台湾问题及遏制俄罗斯的对外扩张和霸权主义倾向，确保在欧利益。这就需要美国认真贯彻和落实一个中国原则，宣布与台湾断交，书面保证不再出售任何军事武器与装备给台湾，并承诺不在台湾建立任何军事基地和驻守美军，但结果极大可能是中国统一台湾。在此之前，美国很有必要弄清中国是否有夺取主导世界的霸权地位的野心和企图，所以做出未来中国在军事上是否会对美国的国土安全或霸权构成威胁的预测和权衡是有必要的。中美两国进行国际秩序交换成功之后的国际平衡点是：签订互不侵犯、公平竞争及和平发展的国际规约。而中国与美国进行合作或交换的战略目的是：出于中国解决台湾问题和国家统一考虑，出于俄国威胁中国的历史教训考虑，中国强大也好过俄罗斯强大，即中强俄弱也好过俄强中弱。但需要中国承诺在美俄斗争或战争中，保持中立和互不干涉，书面承诺不会与俄罗斯结盟，不向俄罗斯提供任何政治、经济及军事上的援助。结果是促使美国通过集中力量削弱俄罗斯的扩张实力，以此来达到稳定其"世界霸权"的目的。但中国必须确保美国不会通过间接的外交手段或军事手段干涉中国统一台湾，如通过第三方（如北约成员或其盟友）向台湾出售任何军事武器装备，因此需要做出更全面的承诺与核实。在此之前，中国需要系统分析美国在军事上是否会对中国的主权和领土完整及国家安全构成威胁，以及还需要做出美国是否信守承诺的权衡。中美两国进行国际秩序交换成功之后的国际平衡点是：确保互不侵犯、公平竞争及和平发展。从中国与美国进行的国际秩序交换情况来看，这个国际政治交换还是趋向于平等互利的，双方都能够在不违反自愿原则下实现各取所需。若中国向俄罗斯提供的国际政治秩序

（如结盟）用于与俄罗斯交换向中国提供世界最优惠的能源合作和军事交易是不等价或不平等的，那么国际秩序交换在不平等条件下就难以达成。由此可见，国际秩序交换理论能否在实践中实现国际战略平衡取决于能否满足平等互惠条件。另外，就是国际秩序交换理论在实践中通常不是使用和平的外交手段，就是使用野蛮霸道的军事手段或是使用软硬兼施的巧实力来达到一方或双方所期望的战略目标的。而且在国际秩序交换理论的实践中（主要是在谈判过程中），国家之间所需要解决和处理的国际矛盾、国际冲突或战争问题，以及双方或多方需要交换和改变的某种国际秩序，通常须从先易后难，或先轻后重，或先小后大着手，如果双方或多方先从比较困难、比较严重及比较重大的国际秩序问题着手，那么成功解决比较容易、比较次要或比较轻微的国际秩序问题的可能性就会比较小，甚至会阻碍国家之间去解决比较容易、比较次要或比较轻微的国际秩序问题，所以国家之间先着手解决比较容易、比较次要或比较轻微的国际秩序问题，解决这些国际秩序交换后产生的效果可给国家之间解决更困难，更重要，或更大的国际秩序问题创造更有利的条件。

国际秩序交换实践可以参考以下范式：

合作与交换的战略目的：为了解决中美冲突和台湾问题，以及为了遏制俄罗斯的对外扩张，确保在美国在欧洲的利益。

美国：贯彻一个中国原则，宣布与台湾断交，书面保证不再出售任何军事武器与装备给台湾，并承诺不会在台湾建立任何美军基地和干涉中国政府统一台湾。

分析：确保中国没有争取主导世界事务的霸权地位的野心和企图，俄罗斯与中国相比，前者才是美国霸权的最大威胁。

权衡：中国是否有意取代美国的霸权地位，或与美合作时暗中与俄罗斯相勾联。

结果：中国政府统一台湾，并解除历史上中国衰弱时俄罗斯所构成的领土威胁。

合作与交换的战略目的：为了解决台湾问题和中美冲突考虑，以及出于历史的教训考虑：中强俄弱要好过俄强中弱。

中国：承诺在美俄斗争或战争中，中国保持中立和互不干涉，书面承诺不会与俄罗斯结成盟友，以及保证不向俄罗斯提供任何在政治、经济及军事上的援助。

分析：确保美国不会通过间接的外交手段或军事手段干涉中国统一台湾，如通过第三方（北约成员或其盟友）向台湾出售任何军事武器装备及干涉中国收台。

权衡：美国对中国是否具有侵略性威胁，以及出于俄国扩张史的教训：中强俄弱好过俄强中弱在这个世界是否依旧有效。

结果：可以联合美国削弱俄罗斯的国家实力，在稳定美国霸权的同时统一台湾。

交换内容：美国书面承诺以贯彻一个中国原则，宣布与台湾断交，书面保证不再出售任何军事武器与装备给台湾，并承诺不在台湾建立任何美军基地和干涉中国收台的条件与中国书面承诺在美俄斗争或战争中，中国保持中立和互不干涉的态度和立场，并且必然书面承诺不会与俄罗斯结盟，以及在政治、经济及军事上向俄罗斯提供任何援助作为交换。

中美两国交换成功的平衡点是：签订互不侵犯、公平竞争及和平发展的规约

中国与俄罗斯进行合作与交换的战略目的是：通过与俄罗斯密切和优惠的经贸合作与军事合作来满足能源需求和促进经济发展，达到共同遏制或瓦解美国的霸权主义倾向的战略目的或政治目标。

中国：通过与获得俄罗斯最优惠的经贸合作与军事合作来满足国内的能源需求，以促进经济的稳定发展拿联盟进行交换。

分析：确保与俄罗斯联盟不会加剧欧美国家对中国的敌视和牺牲中国在欧利益。

权衡：如何保证俄罗斯不会在中国严重衰落时期入侵东北，毕竟历史教训在前。

结果：中国联合俄罗斯一起遏制或瓦解美国的霸权主义倾向，但牺牲在欧利益。

俄罗斯与中国进行合作与交换的战略目的是：愿向中国提供世界最优惠的经贸合作与军事合作套牢中国，使中国成为站在俄罗斯这边的盟友，让中国一起对抗以美国为首的北约组织，遏制其扩张。

俄罗斯：可以通过与中国结盟来实现遏制美国的对外扩张，以及霸权

主义倾向。

分析：中国与美国进行的国际秩序交换可能会在成功之后，阻止或破坏俄罗斯达成与中国结盟的这一战略目的或愿景。

权衡：中国的崛起对俄罗斯是否会构成威胁，或暗中与美国联手来削弱俄罗斯。

结果：与中国结盟一起瓦解美国的遏制。

交换内容：俄罗斯以向中国提供世界最优惠的经贸合作与军事合作来满足其国内的能源需求和巩固其安全保障，条件是中国须站在俄罗斯这边，成为俄罗斯的盟友，一起对抗美国的霸权主义倾向。

中俄交换成功后的平衡点是：签订互不侵犯、公平竞争及和平发展的国际规约

美国与俄罗斯进行合作与交换的战略目的是：和平解决俄乌战争和美俄间长期的冲突，确保美俄在欧洲的利益与安全。

美国：向俄罗斯书面承诺欧盟和北约成员撤销对俄罗斯的国际制裁和外贸限制，及彼此退还实施制裁期间所冻结的全部海外资产作为交换条件，并停止东扩。

分析：确保俄罗斯不再向东欧进行军事扩张，且俄罗斯保证永远不入侵乌克兰。

权衡：美国必须分析俄罗斯真的是否愿意放弃追求国家权力最大化和国家利益最大化及重建苏联的进攻性现实主义？

结果：罢战言和、公平竞争、和平发展

俄罗斯与美国进行合作与交换的战略目的是：和平解决俄乌战争和美俄冲突，确保俄罗斯在全球的合法权益，以及解决北约组织东扩对俄构成威胁的安全问题。

俄罗斯：向以美国为首的北约和欧盟书面承诺彻底从乌克兰全面撤兵，并书面承诺永远不再入侵乌克兰，以及合理赔偿入侵乌克兰期间造成的平民住房损失。

分析：确保北约组织不再向俄罗斯进行扩张和乌克兰承诺不再加入欧盟和北约。

权衡：美国须放弃追求国家权力最大化和国家利益最大化及世界霸权地位等会明确威胁俄罗斯的进攻性现实主义政策。

结果：罢战言和、公平竞争及和平发展

交换内容：俄罗斯拿从乌克兰全面撤军，并向乌克兰和美国书面承诺不再入侵乌克兰，合理赔偿入侵乌克兰期间所造成的平民损失的条件与美国书面承诺以其为首的欧盟和北约成员永远撤销对俄罗斯的国际制裁与外贸限制，并且能承诺乌克兰不再加入北约，以及彼此退还制裁期间所冻结的全部海外资产作为交换。
美俄交换成功后的平衡点是：签订互不侵犯、公平竞争及和平发展的国际规约

　　我认为只要某种国际秩序是可以由国家之间进行改变和控制的，那么它就可成为国家之间的交换对象，而中美俄三边关系能否改善的核心取决于美俄这两个大国能否在世界社会的无政府秩序状态和国际竞争中彻底放弃追求国家权力最大化和国家利益最大化及霸权地位作为国家最高目标的进攻性现实主义政策，向追求国际权力分配平等、全球经济利益的协调及各国主权平等和国际地位平等化的战略平衡的战略进行转变。否则即使中美俄三国签订互不侵犯、公平竞争及和平发展的国际规约也只不过是一纸空文，因为世界社会仍处于无政府状态，也没有任何国际权威或世界权力能够制约这些大国，所以他们的行动效果远比非书面承诺更重要。国际秩序交换理论在实践过程中的可靠性是牵涉很多方面的，如合作前景、外交策略、谈判策略、议价筹码、使用价值、交换价值、价值判断及政治倾向等都会影响国际秩序交换的成功性与可靠性，特别是双方所交换的国际秩序的性价比。由于国际秩序在世界发展的进程中充满各种无法预知的不确定性变化，所以国际秩序的使用价值与交换价值通常也因国家因时因势而定。而国际秩序的使用价值与交换价值通常包括一个国家取得某种国际秩序所付出的国家代价及一个国家没有掌控某种国际秩序的国家损失。这意味着越稀缺的国际秩序（比如国家安全保障、世界永久和平及国际权力平衡等），它的使用价值和交换价值就会越高，替代性就会越小或越弱，国家之间对这种稀缺的国际秩序就会越渴望，就像饱受战乱的国家渴求和平一样。也就是说，影响国际秩序交换理论的核心是由决定某种国际秩序的交换价值和使用价值的那些稀缺性、替代性及需求度在世界所起的作用。比如 A 国向 B 国提供的某种政治秩序在国际社会上是很稀缺的，而且替代性也很小，所以在供不应求的情况下，此

套政治秩序的价值就会高涨。反之，若 A 国向 B 国提供的某种政治秩序在国际社会上很繁多的，而且替代性也很强，那么在供应膨胀的情况下，此套政治秩序的价值就会大降。如 A 国向 B 国提供其在国际社会上所需的政治秩序，B 国则拿 A 国在其所能获得的经济利益与之交换，在此情况下，A 国提供的政治秩序的价值与 B 国所提供的经济利益的价值的等价性就直接影响着这套国际秩序能否实现各取所需的交换。如 A 国向 B 国提供其在国际社会上所需的安全保障，B 国则拿 A 国在其所能获得的经济利益与之交换，在此情况下，A 国提供的安全保障的价值与 B 国所提供的经济利益的价值的等价性就直接影响着这套国际秩序能否实现各取所需的交换。或者说 A 国向 B 国提供其在国际社会上所需的政治秩序，B 国则拿 A 国在其所能获得的安全保障与之交换，在此情况下，A 国提供的政治秩序的价值与 B 国所提供的安全保障的价值的等价性就直接影响着这套国际秩序能否实现各取所需的交换。但需要说明的是无论 A 国与 B 国在国际社会上所交换的政治秩序、经济利益及安全保障的价值，它都是边际性的或波动性的，因为世界发展情势本来就充满着各种不确定性，比如提供的安全保障在和平稳定或没有军事威胁的世界相对安定时期，这种安全保障的价值就会下降。由此可见，国际秩序交换的成功性和可靠性在实践过程中是既取决于国家间的战略平衡，也取决于交换的内容和条件的等值性，更取决于影响所交换的国际秩序的使用价值和交换价值的稀缺性、替代性及需求性所起的作用。但不管是解决国际关系的脆弱性或不稳定性，还是解决世界秩序中的冲突或战争问题，或是解决世界发展中外围国家对中心国家的依附问题，我认为通过满足平等互惠条件下的国际秩序交换理论往往可以起到促进世界政治经济的平衡发展或实现国际战略平衡的均势构想。不过从长远来看实现国际均势或均势秩序的根本不是对崛起国采取制衡行动或遏制政策，或是弱小国家对构成其安全威胁的强大国家采取制衡行动或遏制政策，而是对现行不平等的国际制度朝解决公共安全困境和促进各国主权平等及全球利益协调的目的进行民主改革，以此来摆脱世界社会的无政府状态。是在全球范围内建立一个对各国政府和各国元首及跨国组织或企业具有平等的强制力和约束力及权威性的世界政府，让世界各国处于无军事力量威胁和各国警备力量与装备统一规制的法治世界状态，这才是一劳永逸解决世界秩序和安全问题的关键，也是国际秩序交换理论的最文明的终极形式。

第七章 权力

权利与不受制约的强权是有区别的，两者在本质上是对立的，前者讲究或重视权利的合法性，后者则是无视道德性或合法性的强制性权力的代名词，而且所有专制的强制性权力都容易发展成与权利冲突的强权或极权，所以在政治上强权是一种不择手段或不计后果来达到利己目的的政府暴政或强制性权力，在经济上则是一种损人利己的经济暴力或经济剥削或资本掠夺，在军事上则是一种进行非正义的侵略战争或殖民战争的军事暴力。权利与强权的最大区别是：权利受义务、职责及道德制约，讲究合法性的权利从来不是任何行为者或国家政治可以为所欲为的理由、权威或产物，它是受到与取得这些权利所必须履行的义务、职责及具有普遍性和必然性的道德规律制约的。任何行为者或国家政府都不可能只享有权利而不用履行任何取得与这些权利相应的义务或职责，只有强权才会千方百计摆脱义务、职责及道德规律的约束为所欲为。任何政治、经济、军事上的强制性权力若缺乏构成其"权威"的由警察和军队控制的暴力，那么强权应有的威胁性和惩罚性及破坏性就不会存在，所以强权与暴力不仅相互伴随，暴力往往具有强权的性质，强权也同样具有暴力、野蛮、威胁及强迫的性质。因为专制的强权与暴力有个共同点：即行为体享有不受法律或道德上的必履性义务支配和具有普遍性和必然性的道德规律制约。总而言之，任何不受相应的义务和其他权利及正义法制约的政治权力、经济权力、军事权力都极易导致腐败、专制、强权及暴政，对被这种不受制约的权力支配的民众或对象而言必然是恐怖和危险的。这就是为什么权利与义务相应原则或权利与义务的平衡发展会成为文明国家的最高立法原则的重要原因。那么权利可以视为行为者可以这样获取自我利益而不受任何阻碍的公共约定吗？如果我们把"权利"定义为：获取自我利益所必需的行为权力，那么行为权力就是权利的主体，也是行为者在道德或法律上作为与不作为的许可、认定及保障。于是就会产生一个被道德、法律及义务约束的行动空间，在这个空间里行动是自由的，越过这个自由行动空间的界限则是种不允许或被禁止的非法行为。而这个立法正义原则则建立在"没有权利就没有义务，没有义务就没有权利"的法治原则的基础上。

随着知识和道德的不断进步，不管是人类的权利观念和权利意识，还是由人类文明建立的权利与义务体系也必然会变得越加完善和牢固，并从破坏权利与义务的平衡发展或道德完备性就会遭受某些报应的历史教训所强化，但离形成一个普世统一的权利观念仍相距甚远。比如政府普遍降低政治正义和社会正义的道德标准，政府普遍或局部降低国家法律的正义标准，新生的权利不授予取得这种权利相应的义务或道德约束，政府为了似是而非的国家利益或所谓的集体利益随便侵犯公民们的个人权利，使普世认可的人权在无罪过状态处于不完整状态，一部分人的权利的满足建立在损害另一部分人的权利的基础上，政府通过政治强权胁迫或强制私人让予他本人不愿意或不同意让予的个人权利等等。至于权利和义务的社会价值既取决于失去它所造成的一切损失，也取决于权利与义务失衡所付出的一切代价，更取决于人们获取它和维系两者平衡发展所付出的一切物质成本和精神成本，以及它对文明的法治社会所起到的指导作用。在一个高度文明的法治社会或主权国家，每个公民的人权和公民权不仅是受到法律保护的，他们的人权和公民权的道德质量还应该是最好的那类。因为权利的完整性不仅体现在完备性的量上，也体现在定性的质上。如果人的主权及其他社会权利的完整性既取决于行为体自身的个人因素，又取决于社会因素，特别是专门为维护和保障这些权利及义务履行而设置的国家政府，那么完全仅靠微弱的个人力量，而不是通过公共组织的社会力量，特别是具有强制力和权威性的国家政府的援助和保护，显然难护周全。而为了使人们所拥有的合法权利的社会功能不被外部不利的政治因素、经济因素及文化因素削弱而得到强化，那么就需要一个好的政府来消除和防范那些恶劣或病态的政治因素和经济因素来破坏重要权利的社会功能和社会作用。

如果不同的享有权利或履行义务的社会单位（如个人、家庭、团体、组织、公司、行业、政府及国家）的权利和义务体系会随社会秩序的变化而发生以下几种变迁，一是"权利的结构性量变"，二是"权利的结构性质变"，三是"权利的功能性量变"，四是"权利的功能性质变"，那么就应该注意了：当社会上的强权畅通无阻之时，拥有权利的行为者是不可能真正自由的。也就是说，不管是政治强权，还是经济强权，或是军事强权的发展都会产生一种引发合法的个人权利发生质或量的减损及削弱某些行为体的权利的社会功能的恐怖力量。掌握在政府手中的国家政治权力，对每个主权国家而言，如果人民无法创建一种能够强有力防范和消除政府暴政和吏治腐败及制约政治权力的非平衡发展（如政治垄断或立法、行政及司法无法相互制约而产生的极权主义政治）的国家制度，那么它是不可能形成一个既能防范国家分裂和内部战争，又能防范政府首脑或国家元首发动非正义的侵略战争的好政府的。查尔斯·蒂利指出："无论愿意与否，权力拥有者所进行的战争都使其无可避免地要从控制居民手中攫取资源用于战争，依靠那些可帮助他们从事贸易活动的人促进资本积累。"也就是说，如果一国居民不想手中的资源和财富无辜被迫投入消耗巨大的战争，该国军民不想冒战争的风险和害怕承担战败的代价，就必须通过民主政治的方式建立一种人民主权和民主立宪的国家制度和宪法精神来防止和惩罚野心勃勃的国家元首或军政头目在未经大多数人民同意或由各地人民代表所组成的最高国民议会授权的情况下擅自对他国发动侵略战争。而且自古以来，发动侵略战争的国家、政府、君王、元首、军政头目，不管是取得胜利的损失，还是战败的代价，多数都是直接由全国军民直接承担的，在战场上牺牲的军民只不过是这些野心勃勃的国家元首或军政头目通往权力之巅的陪葬品，只有君王或元首少数是因战败而被杀被俘及遭到国家的法律严惩的。有句古语对这种战争对工农阶级的残酷状况的描述可谓一针见血："农民—盛世之牛马，乱世之前卒！安平榨其身，战时用其命！"现在可以这么说，这些军民看似在为荣誉、权力、地位、利益、国家、民族而战，实则他们只不过是那些野心勃勃的好战元首的牺牲品和陪葬品。不受任何力量制约的政府权力和狼狈为奸的官商勾结行为对下层弱势的民众而言绝对没有比这还更大的社会威胁，在国家政治与国家政治权力被政党组织或某个党派垄断的情况下是不可能排除走向极权主义政治的对其他阶级不利的阶级立法的，而且在这种情况下也不可能实现最普遍的政治自由和政治平等。因为该国可能缺乏有利于国家政治权力平衡发展的民主条件：如建立一个立法权、行政权及司法权处于彼此独立和相互制约的平衡状态的民主宪政体系。如建立一套公平的竞争性政治制度来促进政府职权的分配。如建立一套公正的业已融合职前政治会考和职后政治考核的政治考核制度。如促进彼此兼容的政治自由和政治机会平等。

但是，由政治知识水平低的公民参与处理国家政务和阶级立法同样是危险时，所以知识和教育水平落后的工农阶级的无知和官僚阶级排挤或压制其他阶级的专制同样是致命和危险的，在某种程度上无知和专制都是导致国家内乱丛生的根源，所以密尔认为好政府是能够普遍促进公民们的智慧和美德高度发展的政府是正确的，毕竟建立或产生一个好政府需要智慧和美德高度发展的公民们来完成，特别是那些政治才能卓越和政治经验丰富而又道德素质优良的人民公仆。当然，我们也不能因为政治发展可能破坏政治稳定和产生政治信仰危机就反对和拒绝进行任何可以促进好政府产生的政治变革，就像人不能因为忧心病从口入就采取极端的绝食绝饮措施来防止自己生病一样，因为并不是所有政治发展和政治进步都是会破坏政治稳定，会破坏政治稳定的主要是来自政府那些恶劣或错误的政治制度和国家弊政，国家元首制定的错误政策，特别是政府官员花纳税人的钱为自己办事的腐败行为及道德素质差的政府官员简直是为了以权谋私的政治契机而生的。如果政治发展或政治进步是一种政治上未经深思熟虑的"创造性破坏"，那么不管谁提出来在这个交互依存的社会都是既对他们不利，也是对国家不利的。但我认为，首先是政府不能压制任何关于政治变革的言论自由和在社会上限制人们的评论，以及阻止公民们对某种政治改革自由发表意见或看法，否则这个国家就休想产生和实现任何来自政府外部的某些渊博的有识之士提出的对国家有利但可能对政党组织不利的政治变革或社会改良。

如果一个国家政治和国家政治权力被政党或党派垄断的政府为了巩固统治地位和政治权力而不惜代价压制和清洗任何来自民间或社会关于提出政治变革的需要言论自由的无党派人士、知识分子及工农阶级成员，阻止公民们发表任何关于政治变革的政治意见和言论及批评，那么这个通往奴役之路试图毁灭公民社会，对国民生活的方方面面进行"集中控制"的极权主义国家，必然不可能产生一个守法治的好政府。因为正如弗朗西斯·福山所言："极权主义政府希望通过控制新闻媒体、公共教育、政治宣传来改变人们的信仰和价值，由此来重塑苏联人自身。这种控制由上向下扩展到每个最私人、最亲密的关系，比如家庭关系。"由于政治发展可能意味着通过循序渐进的方式改变政府原有的统治方式、统治地位及政治权力再分配，所以它与政党组织或某个党派控制的政府所追求的巩固统治地位和政治权力及政权的政治稳定的目标可能是冲突的。因为这种政治稳定是政党或党派垄断国家政治与国家政治权力实施专制的独裁政治、权权政治或威权政治的结果。人民要想改变这种不利的被动局面，就必须通过最普遍的选举、投票、议会来最大程度促进国家政治权力的再分配正义和平衡各种政治势力的发展，只有实现国家政治权力的平衡发展才能够避免极权主义政治的形成和发展。而国家政治权力的平衡发展主要包括下列政治目标能否实现：一是实现立法权、行政权及司法权的独立自主和相互制约，二是防范和消除国家政治与国家政治权力的再分配被任何政党或党派所垄断或控制，三是把决定是否进行对外战争的最高决定权牢牢掌握在最高国民议会手中来制约国家元首或政府首脑的战争癖好或个人野心及军事独裁政权，四是确定权利与义务相应的立法正义原则和罪罚相应的司法正义原则，五是政府能够通过正义的法治手段来消除引发阶级斗争和阶级矛盾的不利因素，六是建立一种公正的竞争性政治制度和政治考核制度来达到普遍优化政府职权分配的效率目标。

由于政治权力需要被统治者的服从和认可，于是改变人们的政治信仰和价值观的政治宣传和控制公共舆论便作为一种政党组织或党派控制国家机器，以稳定其政治权力和统治地位及政权的最有效手段，但实施"奶头乐政治战略"来奴役人民及控制民众的精神世界和意识形态的政府并不是一个好政府。在这种情况下，传统文化是极易演变成束缚和奴役人们的思想和意识的奴隶文化的。于是这种政治权力的合法性便受到严重挑战。因为一旦国家政治和国家政治权力再分配被政党组织或某个党派垄断，被政党组织或某个党派控制的政府又利用政治宣传和控制公共舆论的政治手段来谋取政党利益，那么在此情况下是不可能通过建立一个自由平等的政治竞争秩序和公平的政治考核制度来平衡国家政治权力的分配正义的。施密特认为："政治就是最激烈和最极端的对抗。战争是政治所采取的最暴力的形式，而且即使没有战争，政治仍然要求你把你的反对者作为敌视你所信仰的事物的人。"于是，斯大林式或希特勒式的极权主义政府在争权夺利的政治斗争中通过暴力和大清洗的残暴手段来排除异己及通过消灭政敌来巩固个人独裁，而无视政治权力的合法性便成了国家动乱和政治极权化发展的根源。也就是说，斯大林式或希特勒式的极权主义政府通过政治宣传、公共舆论及公共教育的政治手段来培养一种要求臣民绝对服从统治的"奴隶式政治信仰"，它的政治目的不仅在于奴役和扩充政治信仰相同的政党组织成员，也在于控制人民群众的意识形态和个性发展，更在于通过建立一种政治上的奴役式依存来稳定国家元首的独裁。政治权力的对内扩张并不仅是在国家发动非正义的侵略战争时才发生的，它也指斯大林式或希特勒式的极权主义政府为了巩固和发展独裁政治和专制政治通过自上而下的控制方式和人治手段把国家的政治权力扩展到最私人的社会底层。而政治权力的对外扩张往往是建立在政治权力的对内扩张的基础上的，如一国策动非正义的侵略战争就需要积极备战，把国家的政治权力扩展在全国各地，通过强制性权力动员和集中全国的所有人力物力和各种所需的战略资源来为战争服务，强征人民入伍，而无论人们是否愿意，或者是否反对发动这些侵略战争。

当然，并不是所有国家的政治权力的对外扩张都是非法的或者意味着该国要发动一场非正义的侵略战争，如联合国的五大常任理事国的国际政治权力和国际政治地位就是一种国家的国际政治权力和国际地位得到"多数承认"所以才不失合法性的表现。然而超国家理论并不仅限于每个主权国家实现国内政治经济权力的平衡发展，它还把国际政治经济权力的平衡发展作为最高政治目标之一来追求。而从狭隘的国家理论和极端的国家主义是不可能建立一个受"联邦中心论"支配的国际政治权力体系的，它只能建立一个以自我为中心的"国家中心论"，两者的区别在于，在世界上支持"联邦中心论"的国家把人类可持续生存和发展作为安身立命的最高政治目标来认真对待，甚至不惜国家利益让步于更长远的全球利益；在世界上支持自私自利的"国家中心论"的国家则无论何时都无条件或有条件地秉承国家利益至上原则、民族自决原则及国家自治原则。其实"联邦中心论"就是一种康德所谓的各国严格遵守和平共处，互不侵犯的"和平联盟"，所以和平联盟和联邦中心论并不满足于缺乏强制力和约束力的"和平条约"，它们致力于建立一个能够维护世界正义、促进普世自由及实现永久和平的世界命运共同体。康德认为两者的区别在于和平联盟要永远结束一切战争，而和平条约则企图结束一场战争。显而易见，以脱离战争为目标的各个国家的联盟状态，只有把它建立成求同存异和民主平等的世界合众国，使各国政府进入国际政治经济权力平衡发展和国际政治地位平等化的法治世界状态，各国政府彻底放弃常备军，世界才能实现永久和平。最后，尽管没有哪个弱小国家会否认国富民强是解除依附他国，获得自由的最有效方法，但国力有限的他们却不得暂时把依附强国作为权宜之计来去促进那些最基本的国家政治目标。其实从二十世纪后期开始，世界政治结构显然逐渐从奴役式依存的世界依附向互惠互利的国家互助过渡或转型，因此许多弱小国家的国际地位也因为这种国际政治权力的平衡发展而略有上升，尽管他们仍要继续争取与强国们平起平坐的国际政治权力或国家实力。

我相信这种从奴役式依存的世界依附向更加文明的互惠互利的国家互助原则过渡或转型是一种符合各国长远利益要求国际政治权力重新分配或平等分配的革命过程，它并不是这种革命过程的附带现象，这种革命过程如果无法以道德的和平方式或外交手段进行和完成的话，那么国际上的政治冲突、经济冲突、军事冲突及文化冲突就不会有歇止的一天。如果各国无法通过道德的和平方式和外交手段来建立一个促进国际政治权力平衡发展和国际地位平等化的法治的世界宪政体系，强国或大国不愿与弱小国家平起平坐或不肯向弱小国家"妥协"，那么在未来国家之间就要做好使用暴力革命或战争手段来实现这些超国家理论所欲达到的世界政治目标的准备。但我相信通过暴力革命或战争手段来实现这些超国家利益的世界政治目标的代价是巨大的，若要花费血流成河和满目疮痍的代价才能成功，或每次世界政治变革都要经历惨不忍睹的流血牺牲，那么何不理性地使用代价最小的和平手段和外交方式来去实现世界政治系统的国际政治权力的平衡发展和国际地位平等化呢？然而短视和自私自利的国家主义却足以阻止这种国际政治权力平衡发展和国际政治地位平等化的由超国家理论推动的革命进程，因为被传统的国家理论，狭隘的民族主义及极端的国家主义中形成的政治意识形态和文化传统支配的某些智慧和美德普遍落后的落后国家的国家内部可能都有个狭隘的通识：即他们宁愿放弃付出最小代价就可以实现国际政治经济权力平等和国际地位平等及世界永久和平的契机也要无条件捍卫自私的国家利益至上原则、民族自决原则及国家自治原则。

最后，我认为国际交换理论与国际秩序交换理论在国际关系领域都同属一个分析范畴，两者都旨在用不同的角度或方式解析国家间建构的国际关系的历史变迁，所以使用动态分析方法来解析国际交换理论与国际秩序交换理论会比静态分析方法的更科学，因为在实证研究中静态分析方法必须给定一种不变情况，或者要求某些变量和变量关系保持不变，以此推导出某些符合某个结论的论据。而动态分析方法之所以比静态分析方法不仅是前者具有考虑更多、牵涉更广及分析系统的特征，而是因为动态分析方法紧随不断变化的世界发展情势，在实证研究中尽可能地摆脱不确定性范围或条件的限制，或者尽可能充分地考虑各种不确定性因素或偶然因素对那些影响结论的科学性的主要变量的逻辑关系，而静态分析方法在实证研究中所要求的给定一种不变情况，或者要求某些变量和变量关系保持不变不是不符合客观的现实世界，就是客观的现实世界无法满足这种趋向理想主义的静态分析方法需要满足的必要条件。所以我们会发现，在国际关系的实证研究或解释国际关系和国际制度的历史变迁中，只要结论或观点受各种不确定性因素和偶然因素的影响较大，那么在不确定性范围或条件下就只能使用动态分析方法来求证这一结论的科学性。或许即使采取动态分析方法可能也无法论证某一个结论的科学性，但是从这种分析方法所得出的结论应该是最接近真理的，尽管这一结论可能具有相对主义的性质或处于怀疑的阶级，但在当时或情势危急中也可能具有借鉴意义。而在确实性范围或条件下采取静态分析方法来解析某些受各种不确定性因素和偶然因素的影响较小，或者可以忽略，或者说总体上不会改变结果的结论或观点显然比较适用于应对国际关系的实证研究或解释国际关系和国际制度的历史变迁，而且还必须满足世界发展情势相对缓慢或相对稳定，或某些不确定性因素在不断减少这一条件。

当然了，无论是动态分析，还是静态分析，国际交换理论的实践价值主要体现于国家间在相互作用的权力、财富及安全等方面进行国际交换的最终目的是实现各取所需。由于在充满各种不确定性因素或偶然因素的现实世界，国家之间在国际社会各取所需的权力、财富及安全在无政府状态中遵守竞争与合作的逻辑，而且这些权力，财富及安全在国际社会上的使用价值和交换价值是波动性的，具有边际效应的，所以任何一种国家之间可以进行交换的政治权力、国家财富及国家安全在国际社会上的使用价值和交换价值主要是取决于国际市场的供应情况和各国对它们的需求性，以及这些权力、财富、安全及正义的稀缺性与替代性。另外，国家间在相互作用的权力、财富及安全等方面或重要领域进行国际交换来满足各取所需是根据比较优势理论决定的国际分工来实现的，所以根据比较优势理论决定的国际分工变化是影响某种国际交换机制或体系能否在成本最低化的情况下实现各取所需的根本或关键。事实上，进行国际交换的成本或代价对国家之间而言可能不是与收益按比例挂钩或均衡的，因为在世界社会的无政府秩序状态中，无论国家之间是拿政治权力与安全保障进行交换，还是拿政治权力与经济利益进行交换，或是拿经济利益与安全保障进行交换，国际交换都会趋向不平等或非等价，所以强大国家在这种竞争与合作的逻辑中会倾向于剥削和掠夺弱小国家，或许这就是为什么弱小国家千方百计摆脱对强大国家的依附谋求独立的原因，反之，若国家之间在各取所需的权力、财富及安全等重要领域或方面进行的国际分工和国际交换是满足平等互惠条件的，那么这种平等或民主的国际交换机制就有利于促进世界政治经济的平衡发展和全球利益的分配正义。这意味着越能够满足平等互惠条件的国际交换规则或国际制度越能够促进公平交易，反之则会抑制交易，因为国际经济霸权或世界经济霸权的存在必然使弱小国家的利益减损，或者长期处于贸易逆差的状态，所以国际冲突的本质就是国家之间在世界社会的无政府状态，奉行弱肉强食的"丛林法则"和各行其是不受法律约束的结果。

上述说过一切国家之间可以进行交换的政治权力，经济利益及安全保障在国际社会上的使用价值和交换价值是波动性的，具有边际效应的，任何一种国家之间可以进行交换的政治权力、国家财富及国家安全在国际社会上的使用价值和交换价值主要是取决于国际市场的供应情况，以及各国对它们的需求性和这些权力、财富、安全及正义的稀缺性与替代性，这意味着政治权力、经济利益及安全保障的使用价值和交换价值在国际社会上对各国而言具有相对性，也因时因势而异，比如在长期的和平时期或世界相对安定时期，无论是美国，还是俄罗斯向其他国家提供某种程度上的安全保障，它的使用价值和交换价值都会大打折扣，在战乱时期，它的价值就会直线上升，甚至成为"稀缺品"。在弱小国家越依附强大国家的情况下，弱小国家的政治主权和国家权力的使用价值与交换价值必然大打折扣，无论哪个国家拿国家财富或安全保障与其进行交换都可能是得不偿失，存在很大风险的，因为严重依附强大国家的弱小国家对自身的控制并不彻底，所以主权必然被所依附的强大国家所削弱，甚至只能听其摆布。还有一种情况，可以进行交换的政治权力在国际社会上的使用价值和交换价值也是非常小的，那就是世界上大多数经济落后的弱小国家、发展中国家及处于世界发展中的外围国家都倾向于使用政治主权或国家权力来谋取依附时，这些可以进行交换的政治权力（主要是一些次要的政治主权或国家权力）在国际社会上的使用价值和交换价值就会大打折扣。当然了，并不是所有经济落后的弱小国家、发展中国家及处于世界发展中的外围国家的可以进行交换的政治权力都同样会遭遇贬值，那些在世界地理位置上具有地缘政治价值或地缘战略价值的弱小国家的政治权力在国际社会的影响力就比较大，所以可交换的政治权力在国际社会上的使用价值和交换价值主要取决于这个国家的国家实力，及由国家实力的增减态势决定的权力范围和势力范围所影响的国际地位和国际

101

影响力。另外，就是国家财富或经济利益在国际交换的使用价值和交换价值同样是具有边际效应的，而且，世界上大多数经济落后的弱小国家、发展中国家及处于世界发展中的外围国家所能提供和用于交易的国家财富或经济利益通常不足以换取所需的由强大国家或超级大国所提供的安全保障或政治权力，因为经济落后的弱小国家、发展中国家及处于世界发展中的外围国家向强大国家、发达国家或超级大国所提供的用于交易的劳动资源、初级农产品及原材料在国际市场上的使用价值和交换价值相对要低很多，这不单纯是经济落后的弱小国家、发展中国家及处于世界发展中的外围国家向强大国家、发达国家或超级大国所提供的用于交易的劳力资源、初级农产品及原材料过于廉价的原因，而是前者无论是国家实力，还是国际地位，或是国际影响力都不足以打动由强大国家或超级大国向弱小国家所提供的用于与之交易的安全保障或政治权力，除非这个弱小国家的地缘政治战略的价值很突出，否则大国向弱小国家所提供的用于与之交易的某种程度的安全保障或政治权力的总体价值绝对不会高于或多于经济落后的弱小国家、发展中国家及处于世界发展中的外围国家向强大的发达国家或超级大国所能提供的用于交易的劳动资源、初级农产品及原材料的市场总价。

在一个政治、经济、军事及安全相互依存和彼此影响的现实世界，国家之间各取所需政治权力，经济利益及安全保障在国际市场和国际交换中的使用价值和交换价值之所以是波动性的，具有边际效应的，那是因为它的供给量、需求量、替代性及稀缺性经常在这个充满各种不确定性因素或偶然因素的世界社会发生不确定性变化。首先可以进行交易的政治权力、经济利益及安全保障在各取所需的国际交换和国际社会上的使用价值和交换价值是取决于它们的供给量和需求量及发展情势的函数关系的。然后是它们的替代性，在国际交换中，无论是政治权力和政治秩序，还是国家财富和经济利益，或是安全保障和军事合作，只要国家之间所交换的政治权力、经济利益或安全保障的替代性越小（其他国家无法或难以提供）那么，所交换之物就会越稀缺匮乏，它的使用价值和交换价值自然就会更高，反之，若国家之间所交换的政治权力、经济利益或安全保障的替代性越大（大多数国家都可以提供），那么，所交换之物就会越丰富多样，那么它的使用价值和交换价值自然就会更低。同样的道理，只要国家之间所交换的政治权力、经济利益或安全保障越稀缺匮乏，那么在需求远大于供给的情况下，所交换之物的替代性就会越小，它的使用价值和交换价值自然就会更高。反之，只要国家之间所交换的政治权力、经济利益或安全保障越丰富多样，那么在供给远大于需求的情况下，所交换之物的替代性就会越强，它的使用价值和交换价值自然就会更低。最后可以进行交易的政治权力、经济利益及安全保障在各取所需的国际交换和国际社会上的使用价值和交换价值是受信息不完全的道德风险和逆向选择影响的，高估或低估政治权力、经济利益及安全保障在国际社会所能产生的实际价值都会影响各国的战略目标，而在没有保险措施的情况下，道德风险和逆向选择都会影响国家之间所进行的国际交换。

这时国家之间所交换的政治权力、经济利益或安全保障的交换价值可能会因非等价的国际交换规则和不平等的国际制度而大幅度降低，在此情况进行交易很大可能是成本大于收益。另外就是国际交换理论在现实世界中是存在一定的科学局限性的，无论是采取动态分析方法还是静态分析方法，我们都能够发现国家间或政府间在权力、财富及安全等重要领域通过国际分工和国际交换来实现各取所需并没有达到所有国际交换都必然平等或等价的程度。而影响国家间通过国际交换和国际分工来实现各取所需的现实世界中的那些科学局限性就包括国际交换规则和国际制度的不平等、供给量和需求量的函数关系、成本与收益比例、交换物的使用价值和交换价值及交换物的替代性和稀缺性等等，特别是这些重要变量之间的逻辑关系。这意味着，在国家之间通过国际分工和国际交换来实现各取所需的现实世界中，无论国家之间是拿政治权力与安全保障进行交换，还是拿政治权力与国家财富或经济利益进行交换，或是拿国家财富或经济利益与安全保障进行交换在世界社会的无政府秩序状态中，都可能不是一种在任何时候和任何情况下具有普遍性和必然性的世界发展规律，所以国家之间使用更专业化的国际分工的国际交换机制来实现各取所需的战略目标未必能在任何时候和情况下实现。比如国际交换规则和国际制度的不平等化发展会妨碍或抑制国际交易，这些交换物（主要指政治权力或政治秩序、国家财富或经济利益及军事合作或安全保障）需求量会影响供给量，供给情况会影响需求情况，以及供给量和需求量的函数关系会影响这些交换物的使用价值和交换价值，这些交换物的使用价值和交换价值会影响国际社会的供给量和需求量，这些交换物的成本与收益分析会影响国际社会的供给量和需求量，这些交换物的替代性和稀缺性也会影响这些交换物在国际社会上的使用价值和交换价值，以及这些交换物的替代性会更会影响稀缺性，或者这些交换物的稀缺性会影响替代性等科学局限性就会不同程度上影响国际交换的成功概率，最终影响各国通过国际分工和国际交换机制来实现各取所需。

　　另外在国际社会或国际市场，无论是政治权力、还是经济利益，或是安全保障对任何国家而言，这些交换物的使用价值和交换价值都会受到国际社会或国际市场中的供给量和需求量的函数关系影响，反之由于这些交换物的使用价值和交换价值是波动性的，具有边际效用的，所以它们的稀缺性和替代性也会影响自身的性价比。最后是对国家之间各取所需的安全、财富及权力在国际分工和国际交换中是如何决定或影响彼此所建构的国际战略关系的概括性分析。首先，这些专业化的国际分工和国际交换是建立在比较优势理论的基础上的，所以现代经济学上的成本收益分析是主导和支配各种模式的国际交换体系或国际交换机制的核心动力，其中就包括古典现实主义"以权力界定利益的角度进行思考和行动"和"权力是界定国家利益是普遍适用的观念，是客观存在的"的转换学说。而"国际战略关系"在现实世界则是种集合"国家动机"和"实践条件"及"战略价值"的政治学说。也就是说，国家之间的那些因时因势因国制宜的战略需要通常是通过某种国际交换体制来实现的，交换内容和条件则主要取决于战略目标。而国家之间所追求的战略目标就包括（但不限）最大化的国家权力、最大化的国家利益、平衡实力的国际均势、至高无上的霸权地位、国际体系的支配地位、国际组织的主导地位、稳定可靠的安全保障及国际影响力最大化等等，所以主权国家作为理性行为体必须懂得在什么时候和情况以哪种战略需要作为国家的导向政策。比如在世界动荡或战乱频繁的年代，大多数主权国家的对外政策就围绕着实现稳定可靠的安全保障或军事合作这种战略目标来转，这时具有边际效应的那些稳定可靠的安全保障或军事合作在国际社会上的使用价值和交换价值就会大幅度升高。

　　当然了，国家之间各取所需的安全、财富及权力在国际分工和国际交换中可能仅是进行一种纯粹的经贸合作这种国际经济交换，这是很常见的，比如专门盛产石油的 A 国与专门盛产天然气的 B 国进行交换，而所交换的物品又是对方所缺乏的。而国家之间各取所需的政治权力、经济利益及安全保障在国际分工和国际交换中之所以会影响彼此所建构的国际战略关系，那是因为双方进行的国际交换并不是一种纯粹的国际经济交易，而是为了实现某种战略目的或战略目标的。比如北约组织提供的安全保障需要申请国或加入国转让某些政治权力或经济利益作为交换条件，而欧盟成员国往往享有优先加入北约组织的待遇。比如欧盟组织提供的经济利益需要申请国或某些交换国转让某些政治权力或提供某种程度的安全保障作为交换，欧盟与北约和美国在安全方面的紧密合作就体现在这方面上。又如美国提供的政治权力或政治秩序，以及安全保障就需要合作者转让某些经济利益作为交换条件。至于，双方最终取决于拿什么合作内容作为交换条件，一般是取决于双方当时或未来的战略目标，以及提供的能力和交换的价值的，所以国家之间各取所需的国际分工和国际交换的逻辑是既有合作，又有竞争，就像现在的中美关系。不过，美英和苏联在击败共同的敌人德意日法西斯主义阵营之后，双方就陷入了持久的冷战。最后是国家之间各取所需的安全保障、经济利益及政治权力等重要领域在国际分工和国际交换中，这些交换物的稀缺性和替代性是直接影响世界政治经济系统的稳定有序性的，比如美国向某些主权国家提供的某种程度的安全保障或军事合作是俄罗斯无法提供或更廉价提供的。也就是说，在这种政治权力、经济利益及安全保障之间的交换关系中，如果这些交换物的替代性很小或很稀缺，那么无论哪国提供这种替代性很小或很稀缺的某种程度的安全保障，在世界社会的无政府状态中垄断价格在交换条件中都会占据很大比例。

第八章 正义

正义既是一种普世统一的善，也是任何政治活动的基本目的，更是一种在政治和经济及军事上普遍适用于人和由人组成的任何社会和国家及组织的道德律令。不过正义在道德和法理学上从来都是绝对的，而非相对的，这对任何人、任何民族及任何国家而言都是普遍适用的。国家政治所能实现的最高正义目标将决定自身的内在道德价值，凭此既能检验出该国政府的道德素质，也能看清每个国家的政治和经济及军事的道德发展状况，以及各国人民的道德水平。广泛的政治正义和法律正义既要求每个文明的国家在立法上坚守权利与义务相应的最高立法原则，也要求在政治上实现作为政治机会平等的政治自由和作为自由的政治机会平等，更要求在司法上实现罪罚相应的司法正义原则。由于正义是一种具有绝对意义而非具有相对意义的道德概念，所以不同国家和民族之间的"正义观"不可能在道德哲学上存在不可调和的矛盾或冲突。每个国家和民族的"正义观"之所以不同和存在难以调和的矛盾或冲突，主要在于他们的"正义观"和"道德观"是一种会随国家利益和民族利益的变化而转变的"道德相对论"的产物，以及他们狭隘和相对的"道德观"和"世界观"受到该国的风俗习惯、宗教信仰、气候环境、生活方式、生活习惯、文化传统及风土人情的影响。任何源自这种恶劣或病态的道德相对论的正义观必然是错误的和不具备善的资格的，它显然极易做出或产生违背政治和法律上的三大正义原则的事情和行为。我所谓的从道德绝对论推导出在政治和法律上的三种不同层次的正义原则分别是："个人层面上的人权平等和保障基本自由，国家层面上的平等考虑每个公民的公民权利和政治权利及经济利益，国际层面上的各国主权平等和国际法律地位平等"。然而，正当与善并不是没有区别的，尽管人们很难做出明确区分，但要想真正理解正义就必须先正确认识什么是善。我认为善是行为体践行一种无偿义务的结果，而正当则可能要求当事人或参与者在履行义务的过程中把自身的权利、利益、需要、安全等考虑进去。如一个人在情势不允许的条件下只能拯救两个落水儿童中的其中一个，一个是自己的儿女，另一个是他人的儿女，当事人拯救自己的儿女是正当的、合理的、合法的，但这种基于本分和出自分内义务的行为无论如何也不能算作是一种善行，相反选择去救治另一个与他没有利益关系或亲缘关系的陌生人的儿女，无论如何都属于一种超越本分或分内义务的善行。因为前种行为是由引起该行动的动机所具有的价值或利益关系所决定的，而后种不求或不索取任何回报的道德行动则完全源于一种真正能够决定善的无偿义务。也就是说，康德和牛津大学校长戴维·罗斯爵士的优于道德幸福论的道德义务论是有缺陷的，如果义务或职责不是无偿的，那么从本分、职责、分内义务就只能推导出一般意义上的正当、合理、合法，而不能推导出真正意义上的善，因为善是超越本分、职责及分内义务的，而剑桥大学的西季威克教授和摩尔勋爵及戴维·罗斯爵士所主张的"显见的义务"显然是一种道德直观主义或道德感性主义的产物，由此形成的道德判断是很容易被行为体自身所掌握的不够完备的感性材料和不够理想的情感因素误导的，在这种情况下外界环境的刺激随时可能会歪曲或误导人们依赖伦理直觉主义所形成的道德认识和道德判断。当然，道德效果论与道德义务论也有共同之处，那就是彼此都承认和支持在实践中行为体的自觉道德所产生的道德效用在法治社会中是最大的，强制道德产生的道德效用则停留在法哲学的解释层面上。

于是就产生了两种程度和类型不同却性质相同的道德相对论：一种是对私人而言的，认为对我有利或能够促进自我利益的行为就是善的，对我不利或不能够促进我的私人利益的行为就是恶的"道德狭义相对论"；另一种是对每个国家或民族而言的，认为对本国有利或能够促进本国利益的行为就是善的或爱国的，对本国不利或不能够促进本国利益的行为就是恶的或叛国的"道德广义相对论"。但是根据我对善的定义：由于善是一种超越分内义务的无偿义务，那么它往往要求人们具有自我牺牲的无私奉献精神，而不是把纯粹的利己行为当作一种善行来看待。也就是说，每个国家或民族的"正义观"或"善恶观"之所以是相对的，而非绝对的或普世统一的，主要在于各国自私地把能够促进自我利益的行为当作善的来对待，把对本国不利或不能够促进自我利益的任何行为当作恶的来处理，即人们的正义观是随相对的利害关系而定的。只要"正义"和"善恶"对每个国家或民族而言只是相对的，而非绝对的或普世统一的，那么就不可能存在对所有国家

107

和政府具有同样约束力的"普世正义"。反之，如果"正义"或"善恶"是绝对的，而非相对的，那么它就属于一种不会随政治权力、利益关系、权力关系的变化而发生任何改变的具有客观性、必然性、普遍性的普世统一的"正义观"或"道德观"。道理很简单，如果善与恶会随政治权力或经济利益的变化而发生改变，从而出现政治权力支配和决定善恶的情况与经济利益支配和决定善恶的情况，那么人类不管是从"道德狭义相对论"中，还是从"道德广义相对论"中，都不可能建立一个稳定而又文明的国际社会秩序。因为在这种道德相对论中，掌握政治权力的官僚阶级和控制经济利益的资产阶级将垄断整个社会的道德权力，掌握决定善与恶的生死大权，这就变成了对掌握政治权力的政府官员而言，他们说什么行为是善的就是善的，说什么行为是恶的就是恶的，善与恶的标准也完全由政府制定，而且从道德相对论产生的善对每个人而言将变为纯粹由能否促进自我利益来决定。

其实认为善与恶是相对的，而非绝对的道德观，除了受自私自利的利己主义的歪曲和影响之外，人们还认为构成抽象的善的任何道德规律都不具有普遍性、客观性、必然性及明确性，从而不具有普世意义。事实上这是错误的，善与恶绝非纯粹是个人或民族的信仰问题，也不可能是相对的，如故意杀人和侵略他国就是一种绝对意义上举世公认的一种恶行之一。总之，要想摆脱非善即恶的道德相对论，只有具有客观性、普遍性、必然性及明确性的道德规律支配和决定政治权力与经济利益之时，才能推导出有益无害的政治权力和经济利益，才能避免道德力量被政治权力或经济利益当作一种手段或工具来利用，才能建立一个稳定而又文明的国际社会秩序。因为善与恶完全由政治权力或经济利益决定和支配的道德相对论明显具有不确定性和不稳定性的，它对整个社会而言都是危险的。在经济上也将变为善与恶是可供交易的道德学说，它强调"谁能够促进我的利益就是善的，否则就是恶的"、"谁对我有利就是善的，否则就是恶的"、"善的程度取决于他人促进自我利益的最大化"，等等；在政治上也将变为强权决定善恶的道德学说，它强调"谁掌握了政治权力，谁就掌握了决定界定善与恶的生死大权和赏罚大权"、"谁失去了政治权力，谁就失去了决定善与恶的生死大权和赏罚大权"、"掌握了政治权力的官员说什么行为是善的就是善的，说什么行为是恶的就是恶的"等等；在文化上则形成一种狭隘和自私的道德教育，它强调"利己主义是善的，利他或利众的行为是恶的"、"支持本国的侵略战争是爱国行为，反对、批评及抗

108

议本国的侵略战争是叛国行为"、"对本国有利的行为是善的，哪怕这种行为是损国利己的，对本国不利的行为是恶的，哪怕这种行为会促进他国或全人类的福利"等等。其实不难看出，不管是"道德狭义相对论"，还是"道德广义相对论"，都是一种为私人利益服务的存在自相矛盾的自私自利的道德学说。这种被每个国家或民族认同或承认的两极化发展的道德相对论都倾向于把损人利己和损国利己当作一种促进自我利益的善行，而把不能够促进自我利益的国家行为或政府行为当作是一种恶行对待。因为在道德狭义相对论中，它正面对每个人强调"是否有利于我，决定了你的善恶；因此，利我行为是善，损我行为是恶"，从而得出道德利己论；反面又强调每个人以"是否利他，决定你的善恶；因此利他行为是善，损他行为是恶"，从而得出道德利他论。

如果这里的利己主义行为是一种每个人的利他行为，利他行为是每个人的利我行为，那么道德上的利己主义和利他主义就不是不可调和的，因为既利己又利他的行为是可能同时存在而不发生矛盾或冲突的。道德狭义相对论的矛盾之处在于它只把善的评判标准定义为利己行为，而要求自我牺牲的无私奉献精神却被看成是不利于促进自我利益的恶行。一方面我要求别人利我，一方面却不要求自身利他，因为利他行为可能不利于促进自我利益。于是这种要求损人利己却不利他的道德狭义相对论变为仅为私人利益服务和辩护的道德学说。在道德广义相对论中，损国利己和侵略他国就是一种相对而言能够促进国家利益的行为，我们能把它称为善行吗？如果每个国家或民族都把能够促进自我利益的损国利己的行为或侵略战争当作一种善行来看待，那么各国如何凭借这种自私自利的道德广义相对论建立一种高度文明的世界社会秩序？因为这就变为道德广义相对论是一种会随每个国家或民族的经济利益的变化而发生改变的道德学说。如侵略他国来促进本国利益，对他国和受害国而言是非正义的，但对该国而言却是正义的，损害他国的权利来促进该国利益，对他国而言是非正义的，但对该国而言却是正义的，基本建立在道德相对论的基础上的爱国主义精神或由道德相对论发展而来的爱国主义精神都是一种极具误导性的，容易被希特勒式、斯大林式、墨索里尼式、卡扎菲式、萨达姆式的军政头目通过极其诡异的政治宣传和利用公共舆论的力量把一个国家和人民引向非正义的侵略战争的道德观或民族观。所以认为对本国有利或能够促进本国利益的行为就是善的或爱国的，对本国不利或不能够促进本国利益的行为就是恶的或叛国的，就变成善与恶对每个国家或民族而言在本质上是相对的而非绝对的，这个世界上有多少个国家和民族就会有多少种关于善与恶的语言和观念存在，哪怕道德广义相对论的善恶观对每个国家或民族而言是存在难以调节的矛盾或冲突的。然而，在所有积极伸张世界正义的国家行为中绝对不包括一个自私自利的主权国家为了自身利益拒绝或反对与其他国家共同制裁任何侵略他国的强权国家，或者因为该国与这个侵略他国的强权国家是盟友关系或存在利益关系就拒绝与其他国家发起共同制裁任何侵略他国的强权国家。

　　总而言之，一个国家不能因为与侵略他国的强权国家存在关乎自身利益的互惠互利的合作关系或同盟关系，在道德上就认为正当理由拒绝或反对与其他国家一起制裁任何侵略他国的强权国家，这个国家要想自身的国家行为和外交政策符合伸张世界正义的实质，就应该做到：不管任何侵略他国的强权国家是谁，每个正义之国都应该大公无私，尽管这个入侵他国的强权国家在国际贸易中可以增进本国的经济利益，或与本国存在互惠互利的合作关系或军事合作，或与这个入侵他国的强权国家是盟友关系和准盟友关系，或与这个入侵他国家的强权国家具有密切的经贸合作，他都必须公正无私地割舍这些，与其他国家一起对抗和制裁任何入侵他国的强权国家，否则就是同流合污或道德不作为。由于普世统一的世界正义包括任何国家反对任何国家的侵略及所有正义的国家联合起来制裁和孤立任何侵略他国的国家才能够让企图侵略他国的国家认识到发动侵略战争会付出得不偿失的高昂代价，否则侵略动机就无法有效消除。这意味着每个正义之国在道义上都有义务以各种方式援助受到他国侵略的受害国，并与其他国家一道共同对抗和制裁任何入侵他国的强权国家，这才是伸张世界正义的表现。无论任何国家入侵他国，其他国家对此采取保持中立的外交政策和态度都同样不属于一种伸张世界正义的表现，因为这会削弱每个正义之国共同制裁或对抗侵略国之效果和压力。这意味着任何国家以任何方式明里暗里支持或援助侵略国都是非正义的，无论援助国与侵略国是什么关系。同时也说明是否以任何方式明里暗里支持侵略国的军事入侵行动是极考验各国政府和各国元首的道德品格和国际素养的，如果因为利益关系或盟友关系而选择保持中立的态度，那么即使选择中立是正当的，它无论如何也是不能算作是一种善行。只要世界正义是广义统一而不是道德相对论的产物，那么绝对不能认为某种国际行为或外交政策对该国有利，我们就一致认为它是正义的，认为某种国

110

际行为或外交政策对本国不利，该国就说它是非正义的，而无论自身是否是一个入侵他国的强权国家，这些错误结论显然是那些自利的国家根据道德相对论得出的。

由于战争与和平是对立的，所以能够促进和平事业的行为必然是正义的，破坏和平事业的任何强权行为和军事侵略必然是非正义的。绝没有道理说：对每个国家或民族而言，对本国有利或能够促进本国利益的侵略战争或损国利己的国际侵权行为是正义的，对本国不利或不能够增进本国利益的任何行为皆是不道德的。这意味着我所支持的超国家理论的政治正义是反对道德相对论，支持世界广义统一的不会随利害关系、亲缘关系、政治权力及种族渊源的变化而发生改变或转移的道德绝对论的。而从超国家理论发展的普世正义与从传统的国家理论或极端的民族主义形成的国家正义的区别在于，前者必然是一种道德绝对论的产物，后者可能是一种支持或认同损人利己的道德相对论。在道德绝对论里政治正义的最高目标在于终结战争而不是制造损国利己的侵略战争或分裂国家的内战，而在狭义的道德相对论中，对每个国家或民族而言"政治正义"或"社会正义"可能支持一种能够促进本国利益的侵略战争或损国利己的侵权行为，如在二战发动侵略战争的轴心国的大多数军民从来不认为本国政府所发动的侵略战争在政治上是非正义的，（他们认为自己的正义观念是普世的，实则是病态和相对的）。道理很简单，他们萌发的那些恶劣或病态的爱国主义精神和奴役式依存的政治信仰一般是从纯粹为私人利益服务的道德相对论中发展而来的，根本不是一种真正的善行。

而这种相互抗衡，难以协调的道德相对论被证明是阻碍人类向更文明的法治社会发展的道德障碍。最后作为善的正义之所以是绝对的而非相对的，绝不在于它是否被"多数人承认、认可及支持"，而是在于它是一种具备客观性、普遍性及必然性的道德真理，这也是为什么善恶的评判标准既不能由"人数优势"决定，也不能根据"利害关系"判定，更不能通过强权法则来决定，并使其能够避免沦为被多数人支持的道德强权支配或被国家之间相对的利害关系所左右的原因，所以被少数服从多数的政治决议规则这种权宜之计支配的民主政治未必就能够推导出绝对而非相对的政治正义。而柏拉图的国家利益学说显然是道德相对论的产物，而这从这种恶劣、病态、错误的道德相对论显然是极易导出国家的非道德性的，助长其恶行的。如果无论手段和目的是什么，无论这种国家利益是否通过损国利己或侵略他国的卑鄙无

111

耻实现或取得的，都一律凭借"只要是推进国家利益的都是好的、善良的、正义的、公正的，只要是损害和威胁国家利益就是坏的、邪恶的、不正义的、不公正的。服务它的行为是道德的，威胁它的行为是不道德的。一切对我的国家，或我的，或我的政党的力量有用和有利的就是正确的"（该段摘自波普尔的《论柏拉图的政治纲领》）来断定是非善恶的话，显然是荒谬绝伦的。这些观点会让人们误以为黑格尔的推论是正确的："国家不仅有权力给它的公民施以暴力，来加强自己的力量，而且也可以进攻别国，假如这么做不会削弱自身的话。"其实，这种不计代价和后果及不择手段的唯国家利益是图主义纯粹是恶劣、病态、错误的道德相对论高度发展的历史产物或社会结果。可以说在历史上所有信奉集体主义、强权主义、极权主义、专制主义及极端的民族主义的国家和政府几乎都支持和赞同这种恶劣或病态的以自我利益为中心的道德相对论，或者说这些人们引以为傲的国家主义、强权主义、极权主义及民族主义所建立的国家制度的全然是这种病态或恶劣的道德相对论不断发展的历史产物。

　　总而言之，把政治权威、亲缘关系、经济利益、利害关系及人数优势作为决定善恶的评价标准是错误的，只有被道德相对论支配的人和国家才会把政治权力、经济利益、利害关系、亲缘关系及人数优越作为决定善与恶的道德标准，道德绝对论者必然坚决反对这样做，他们只会通过道德逻辑联结的方法论来客观看待上述评价标准。因为道理很简单，政治权力支配道德是危险的，道德支配政治权力才是文明的，把能够促进自我利益的行为当作决定善恶的评价标准是一种道德为人们的自私自利服从和受其支配的学说，把利害关系作为决定善恶的评价标准就会在把是否能够促进自我利益作为决定善恶的基础上形成对我不利与对我有利的那种偏狭的站队关系，把多数服从少数或人数优势作为决定善恶的最高标准就会变成道德权利掌握在多数人手中，而少数人的道德观念将被多数人否决，尽管在权威上最后需要诉诸"承认"的道德真理可能无法舍弃把人数优势作为决定善恶与否的权宜之计。那么问题来了，被多数人或多数国家认可或支持的"广义公共善"是否具备道德绝对论的资格呢？我认为只要这种"广义公共善"不是纯粹源自那上述那四个评价标准对每个国家或民族而言又不是相对的，它便是绝对的或普世的。于是从道德绝对论发展出来的价值、制度、伦理、法律、政治、经济、军事、便随着智慧和美德的高度发展而更具有普遍性和必然性，而道德相对无论是有效性，还是正义标准都限于一定的文化范围内或被特定的宗教信仰、政治信仰、民族精神、文化传统、风俗习惯及生活习惯所控制。这使得道德相对论因为无法形成一种普世统一的道德共识或道德原则而比从道德绝对论推导出的善的原则更能建立一种价值观与道德观及世界观更协调和文明的世界政治经济秩序。也就是说，从道德绝对论中才能推导出一种普世的更权威和统一及协调的道德法则、道德共识及道德体系，而从道德相对论中推导出的道德法则、道德共识及道德体系则是相对性的或不稳定的，充满矛盾或冲突的内容，且随时会随着亲缘关系、权力关系、政治关系、利益关系及人数优势的改变而发生改变的。

区分清楚正义与非正义的战争的界限之所以变得如此重要在于修正善的道德相对性，以此来推动世界永久和平的实现，而要达到这一目的，必须建立一套从历史角度"系统评价"战争的正义和非正义的道德标准。克劳塞维茨揭示了战争从属于政治的根本性质，认为战争是政治通过另一种手段的继续；证实这种说法的观点在于多数国家的军事权力掌握在行政部门和国家元首手中，而非掌握在人民或议会手中的最重要原因之一。赖特认为战争不是起源于单单一种原因，和平乃是许多力量之间的平衡是正确的，但许多力量之间的平衡应该主要指国家间的军事力量、政治权力及经济权力之间的平衡发展，其中也包括反对霸权主义和强权政治。鲍德温则说出了战争是否值得进行的原因，他认为战争是解决问题的最后手段；除非战争解决了争端而又没有引起一个同样严重的新问题，否则战争就是白打了。正义的战争与非正义的战争之间的区别是显而易见的，前者指的是一种正当防卫的反侵略战争，以及某些国家联合起来为了反抗侵略国而进行的战争或军事援助，如同盟国对轴心国发起的反攻战争就是一种目的上维护世界正义与和平及为了实现自我保存的正义之战。后者指的是一种侵略战，以及某些国家联合起来为了侵略他国而发动的战争，如轴心国对同盟国及其他国家发动的侵略战争就是一种目的上破坏世界正义与和平及侵犯他国主权和领土完整的非正义之战。如现今的俄乌战争就是一种典型的乌克兰未先发动侵略俄罗斯，俄罗斯却先发动侵略乌克兰的非正义战争，正义与非正义的战争还有一个重要的区别，那就是无论出于什么借口或理由，任何国家绝对没有权利侵略他国，任何侵犯他国主权和领土完整的军事行动都是非正义的。在 A 国未对 B 国发动明确而现实的侵略战争使 B 国蒙受损失之时，B 国就主观认为 A 国的军事活动威胁到该国安全而率先发动战争的行为就是一种非正义的侵略战争。一国不能认为他国的军事活动威胁该国安全和主权完整，就采取先发制人的侵略战争来解除，这等同先发动非正义的侵略战争，除非 A 国确实先入侵 B 国领土，否则 B 国绝没任何正当理由采取先发制人的军事行动。所以，如果俄罗斯因为乌克兰申请加入北约或北约的军事活动威胁到俄罗斯的国家安全就率先发动战争，但实际上乌克兰或北约组织却未发动任何侵略俄罗斯的军事活动，那么俄罗斯入侵乌克兰的军事行动就是一种非正义的侵略战争。其实"北约扩张"和"欧盟扩张"与"苏联扩张"的性质是不同的，三者不能相提并论，前两者建立在自愿或同意加入的基础上的，而后者则是东欧社会主义国家无力制衡苏联的对外扩张，为了自身安全和迫于斯大林的极权政治就只能依附强者，屈从于斯大林政权，这段东欧剧变的历史可以说是"斯大林模式"强加给东欧洲各国政权的结果。这显然具有"威逼利诱"的性质，而所谓的利诱是东欧社会主义国家的共产主义政权盲从俄罗斯的社会主义经济制度，照搬"苏联模式"。另外，即使俄罗斯总统普京签署承认乌克兰东部的"顿涅茨克人民共和国"和"卢甘斯克人民共和国"的命令，无论出于什么原因和理由，俄罗斯绝对没有任何权力通过任何军事手段去干涉乌克兰的内政和主权，这明显是一种侵犯乌克兰主权和领土完整及意图分裂乌克兰国家领土的非正义侵略。所以俄罗斯所谓的"特别军事行动"之所以是非正义的，并不是因为这个入侵国是俄罗斯，而仅是因为这个国家入侵了乌克兰，这种入侵他国的军事行动是非正义的。在各国政府没有共同授权成立世界政府之前，不仅是乌克兰，各国内部的事务也应该由该国人民授权或认可的国家政府自行决定。最后是我个人关于对"俄乌战争"的预判，我认为在俄乌战争中，普京征服或吞并乌克兰的军事企图必然破产，即使俄罗斯在最终决战中取得胜利，也是杀敌一千自损八百的残胜。所以，我认为俄罗斯战败理由有四：一是普京低估了乌克兰人民的抵抗决心和卫国毅力。二是普京低估了北约、欧盟及东欧国家在军事或经济上援助乌克兰的决心和毅力，毕竟俄罗斯的军事行动涉及东欧国家的国土安全，普京的闪电战计划已变成了一场考验双方耐力的持久战。三是国际社会对侵略战争的反感和抗议变强了，滋生了每个正义之国抵制和制裁俄罗斯的浪潮。四是普京高估了俄罗斯的军事实力，许多苏联时期生产和库存的旧式武器与欧美国家先进的军事武器存在差距，导致在乌克兰的推进进展得不利。当然了，而乌克兰要想转逆为顺就必须直视和解决以下问题：一是兵源不足问题；乌克兰可以大量研发和生产更多高智能和多样化的无人机来解决和应对兵源不足的问题，这样做还可以减少军员伤亡，而在未来的战争中必定是大量更加智能化的无人机和机器人将取代士兵参加战争，也就是说，军事智能化模式将取代人海战术。二是武器装备短缺问题；这就需要每个正义之国和北约及欧盟国家及时向乌克兰援助更多高端先进的武器装备，但不包括核武器和生化武器。三是国际制裁的脆弱性问题；如果北约组织和欧盟及联合国无法对这种非正义的侵略战争采取和实施一系列强有力和更全面的国际制裁，那么就无法达到削弱俄罗斯的经济实力和军事实力的战略目标，所以乌克兰要进行游说。四是武器装备优劣问题；武器装备的优劣和灵活的军事策略通常是决定战争胜败的关键因素，乌克兰若不想被动挨动，就需要北约和欧盟共同研发一些更先进和针对性的新式武器装备来应对俄罗斯的进攻和帮助乌克兰发起反攻。当然了，这些策略和战略应该同步进行，集合所能集中的人力、物力及财力用于这种混合战略，所以俄乌战争的胜败主要取决于北约和欧盟支持乌克兰的决心和毅力。

最后系统评价战争的正义性，主要从历史角度，根据战争期间的时间顺序论、平民安全论、损失比较论、伤亡比较论、战争手段论及战争目的论来建立一套客观的道德标准。时间顺序论是指战争的正义性由国家或地方之间发动战争的先后时间来决定，时间上首先对他国发动战争的国家为侵略国，侵略国在时间上先发动的战争自然属于一种非正义的侵略战争，为了防御或反击侵略国所发动的战争而进行的战争则是一种为了实现自我保存和捍卫国家安全及领土完整的正义之战。但无论哪国先发动侵略战争，伤害对方手无寸铁的平民在国际社会所遭受到的谴责和抗议自古以来都没有现今的人类社会更强烈，这对人类文明来说应该是一种道德进步，尽管来自国际社会的抗议或谴责不足以阻止侵略者的野心和军事目的，但庆幸地以是否伤害平民来评价或判断军事手段的正义属性已经备受关注，并纳入了世界社会的舆论议程。损失比较论是指从战争开始至战争结束比较侵略国与反侵略国之间的全部经济损失和资源损耗情况，把侵略国给反侵略国所造成的全部经济损失和资源损耗程度作为评价此战争的正义性的一种比较次要的参考性标准。当然把在战争中经济损失和资源损耗最严重的国家定义为反侵略国或受害国，把经济损失和资源损耗最少量的国家定义为侵略国是错误的，因为在战争结束后侵略国的经济损失和资源损耗可能比反侵略国或受害国所遭受的经济损失和资源损耗还严重，也可能比反侵略国或受害国所遭受的经济损失和资源损耗还轻微。伤亡比较论是指从战争开始到战争结束侵略国与反侵略国的军人和平民的伤亡人数是否相当？我们能否把军人和平民伤亡最多的国家所进行的战争定义为正义的反侵略战争，如苏联和中国及波兰，把军人和平民伤亡最少的侵略国所发动的战争定义为非正义的侵略战争如德意日帝国主义？在某满足时间顺序论的情况下确实是正确的，但不排除军人和平民伤亡最多的国家可能是在时间上先发动战争的侵略国，如相较波兰和南斯拉夫的德国。可见不管是损失比较论，还是伤亡比较论，对于卷入大规模的国际性战争各国而言都是具有相对主义的色彩的，所以凭损失比较论和伤亡比较论是不能断定战争的正义性的，二战时期德国的伤亡和损失比日本严重，难道我们能说日本进行的侵略战争是正义的吗？不过二战时期的轴心国都有三个能够客观评价他们所发动的侵略战争是非正义的公共标准，第一个就是在时间序列上德意日帝国主义都是首先发动侵略战争的侵略国，第二个就是他们发动侵略战争的目的都是如出一辙的，且存在大规模屠杀平民的事实，第三个就是他们实现这些战争目的的手段都是诉诸先发动侵略他国的军事行动。战争手段论是指国家之间解决冲突和矛盾的最终形式是诉诸战争，而不是通过和平的外交手段来解决纠纷，所以侵略国把策动侵略战争当作一种军事手段来达到征服其他国家的战略目的也很常见。

非正义的侵略战争往往会把战争当作一种达到某些政治目的和经济目的之强权手段或霸权手段，而不是把解决冲突和矛盾的手段合法化或通过和平手段来解决国际上的冲突和矛盾。战争目的论中的非正义的侵略战争是指某国以干涉他国内政和主权，侵犯他国领土，掠夺他国资源，殖民和奴役他国，破坏和平与正义为目的而发动的战争，正义的反侵略战争是指为了实现自我保存对侵略国发动的战争进行防御和反击，或者是某个正义的国家根据人道主义精神而不是基于国家私利以经济手段或军事手段援助反侵略国而进行的反侵略作战。只要正义理论是普世统一的，那么就可以根据时间顺序论、战争手段论及战争目的论来定义某场战争的正义属性。不过从历史角度看待某场战争的正义属性可能会存在某种难以解决的内在矛盾。因为溯往漫长的世界侵略史，过去发动不道德的侵略战争的国家现在可能因为参与或援助某些国家的反侵略作战而成为正义的国家，现在正义的国家可能在未来发动非正义的侵略战争而变成不道德的国家，于是就会得出没有哪个国家是从诞生到解体完全或一直保持正义状态的结论，就像没有哪个人从出生至死亡完全没有做过一件不道德的事而处于至善状态一样。而把战争理解为国家之间无效外交的最后手段和延续是有一定意义的。最后把超国家理论理解为传统的国家理论和狭隘的民族主义的"历史终结"是有意义的，但它更像是一种传统的国家理论和极端的民族主义向超国家理论的文明过渡或转型的国际机制或世界变革。这种历史转折其实是一种符合世界发展需要的世界政治变革，它会随奴役式依存的世界依附向互惠互利的国家互助原则过渡而发展，新中国成立初的中国与苏联的奴役式依附在二十世纪末明显已发展为形式更文明的互惠互利的国家互助原则，欧美国家之间更是率先完成了这种政治目标，而各国之间的政治、经济、军事及文化关系是否业已完成从奴役式的世界依附向形式和内容更文明的互惠互利的国家互助原则过渡或转型是取决于传统或狭隘的国家理论与极端的国家主义是否已进步成符合世界发展需要的超国家理论，如建立和支持在财富、权力及安全等方面或领域趋向于促进或实现平等或等价的国际交换制度等。但这恐怕要等到二十一世纪末或二十二世纪初，超国家理论才能够占据主导地位，取代传统或狭隘的国家理论与极端的民族主义，因为现在仍有一些传统、保守及中立的非民主国家把传统的国家理论，狭隘的民族主义及极端的国家主义奉为"治国圭臬"和"政治独立"之精神，把它当作制订国策和法律制度的指导思想或政治原则。这就使政治意识形态隔阂的非民主国家与民主国家之间容易制订出存在政治歧义或利益冲突的对外政策和经济政策。传统的国家理论和狭隘的民族主义之所以走向"历史的终结"，主要是因为尽管它符合自私自利的国家发展需要，却不符合互惠互利的世界发展需要或无法协调各国经济利益与世界发展需要。而非民主国家和民主国家之间的区别，我认为前者是受传统的国家理论主义、狭隘的民族主义及极端的国家主义形成的政治意识形态影响和支配的，后者则逐渐发展成更符合世界发展需要的超国家理论，起码现代化民主孕育了这种政治思想，美国在全球所扮演的角色就符合该理论。

另外在世界社会的无政府秩序状态，几乎在每个世纪某些国家之间都发生过不同规模和程度的军事冲突或战争，无论是因领土纠纷，还是掠夺资源，或是争夺霸权等等都能成为军事冲突或战争的导火线，这些冲突或战争在这种世界社会的无政府秩序状态似乎已经变得无法避免，甚至成为了影响世界发展的一种必然规律。那么国际关系的脆弱性或在世界发生的战争能不能完全归究于世界政治经济发展不平衡呢？我认为不能，因为如果答案是确定的，那么就必然说明处于世界发展中的外围国家与中心国家之间必然因为权力冲突、利益冲突及对外扩张而发生不同规模和程度化的军事冲突或世界战争。但事实上，大多数处于世界发展中的外围国家与中心国家之间在竞争过程中并未总以战争来收场。而且只要外围国家能从发达国家中获得"落后的好处"，或者外围国家与中心国家在贸易合作或竞争中能够满足"卡尔多－希克斯改进"和"阿罗－德布鲁定理"，那么中心国家与外围国家就不会像资本主义与社会主义一样为了避免剥削而发生难以解决或无法协调的政治经济矛盾。而米尔斯海默在解决和处理国际政治问题方面所采取的国际分析方法很值得借鉴，他强调说："英国学派往往列出一个问题的所有相关变量，看似分析全面而无纰漏，其实等于什么都没说。政治学研究的目的不在于还原问题原来的面目，而是发现不同变量之间的逻辑关系。"比如，当我们列出一国实力被敌对国家削弱、国家之间权力范围与势力范围冲突、国际体系内的成本大于收益、合作成本高于合作前景，国家之间在权力、财富及安全等方面进行的国际交换中它们的使用价值与交换价值低下、国际政治经济权力的不平等，全球经济利益的不协调、国际交换的不平等或非等价及国际制度等级化等导致国际关系变得脆弱或使世界秩序动荡的因素，我们就要理清这些变量之间的逻辑关系。比如，一国实力的严重下降必然会削减该国在世界社会的权力范围与势力范围，并且还会影响到对外政策的效果和影响力，以及国家间根据以往的权力范围与势力范围建构的国际关系；又如在国际体系理论里支配国际关系的现代成本收益分析会根据合作前景或合作所得是否远大于合作成本而谋求变革该国际体系或因为无利可图而选择退出该国际体系或国际联盟；又如在世界社会的无政府秩序状态中，国家之间在世界发展中只能各凭自助手段来解决国家的生存与安全问题及发展需要，但由于国家之间的政治本性促使彼此追求的不是国际均势、国际权力平等及国际战略平衡，而是国家利益最大化、国家权力最大化及国际地位等级化，甚至是夺取主导该地区或世界的霸权地位，这意味着国家间发生不同规模军事冲突或战争的可能性会因世界社会处于无政府状态而变大。又如国家之间或政府之间各取所需的权力、财富及安全等重要领域在国际分工和国际交换中所面临的不平等或非等价会不同程度上加剧世界政治经济发展的不平衡。这意味着无论是"逆全球化的浪潮"，还是"去全球主义的增长"都不能单纯理解为个别变量所导致的结果而忽略了变量之间的逻辑关系。

而在世界社会的无政府秩序状态的国家自助条件下将导致每个主权国家可以自行其是而轻视或忽略自身的国家行为或国际行为是否会损害其他国家的合法权益或生存空间，因为即使这样做也不会受到来自国际社会上的任何具有强制力和约束力及权威性的国际法惩罚或制裁。所以要最大程度上消除军事冲突和战争，肯尼斯·华尔兹的三个相关联的层次分析意义重大。从个人层面上来讲，就是发动侵略战争的国家元首或政府首脑的个人野心、战争癖好、种族歧视及非法扩张等是人性之恶的经典表现，这些希特勒、墨索里尼、东条英机及佛朗哥之流的政治观和世界观通常被极端、狭隘及自私的国家主义或民族主义思想所支配或误导，导致通过有效正确的教育手段也无法改变其病态思想。从国家层面上来讲就是，只要一个主权国家的国家制度和制度安排及内部结构无法从根本上系统性地做到从避免、阻止及惩罚三个层面上彻底扼止该国元首或政府元首以国家利益或国家安全为由对他国发动侵略战争，那么在每个国家可以自行其是的世界社会的无政府秩序状态，不同规模的军事冲突或战争将难以避免，因此阻止好战分子上台执政和掌权将意义重大。从国际层面上来讲，一旦我们无法从个人层面和国家层面上有效阻止任何侵略战争的发生，那么世界社会应该能够随时建立一个强有力的世界反侵联盟，把每个正义的国家团结起来共和，一起对抗和制裁任何侵略他国的侵略国（无论这个国家是谁），而不是采取道德不作为的国家立场，如选择保持中立，互不得罪或置身事外，后者显然不利于伸张和维护世界正义，而没有正义和法治，又哪来的世界和平与全球繁荣。要知道无论是以任何方式支持侵略国，还是在侵略战争面前的道德不作为，选择保持中立绝对是促使世界文明退步而非进步的经典表现。也就是说，要想有效制止任何国家发动的侵略战争，就只有使发动侵略战争的国家在政治、经济或军事上付出的国家代价远大于侵略所得，才尽可能抑止战争的发生达到和平目的。

而在没有统一和权威的具有强制力和约束力的依法制裁和惩罚世界上任何侵略战争的世界社会的无政府秩序状态，大多数与其无关的主权国家通常是道德不作为者（而道德不作为不仅会削弱世界反侵联盟发起的一系列制裁侵略国的强力和效力，还不利于世界反侵联盟达到让侵略国付出得不偿失的国家代价的正义目标，并且在历史发展中会使这种与侵略国建立或存在密切的利益关系或合作关系而选择保持中立，互不得罪或置身事外的不利局势不断循环下去，无论未来被侵略的国家是谁，也将面临道德不作为引发的正义稀缺性，这意味着以后许多被侵略的国家也会像乌克兰那样，甚至陷入比乌克兰还更加孤立无援的境地，这就是国际社会面对侵略者采取道德不作为或纵容侵略战争的恶果。请想想吧，旁观者们！当你们认为乌克兰可悲时，难道你们敢保证自己有一天不会成为下一个乌克兰，甚至比乌克兰还更加孤立，你们难道没有吸取二战前英法两国对德国所采取的绥靖政策对小国意味着什么的历史教训？）他们不是选择置身事外，就是保持中立，或互不得罪，要不做出些不利于维护和伸张世界正义的劝说或让受害国向侵略国妥协或让步，如说服受害国割让土地或赔付巨款给侵略国来达到求和目的，实际上这些道德不作为都等同于宽纵侵略战争。另外，就是约翰·米尔斯海默所认为"俄乌战争"的导火索是北约组织将格鲁吉亚和乌克兰纳入北约，普京认为这必然威胁到俄罗斯的生存空间。事实上，无论是从道德角度，还是法律角度，任何国家都没有权力阻止任何国家加入任何国际组织或国际联盟的自由权。如果某个国家主观认为 A 国加入某个国际组织或国际联盟会威胁到自身安全就可以先发制人发动侵略战争的思想纯属是一种强盗逻辑。事实上，只要 A 国没先攻击这个国家，那么无论 A 国加入任何国际组织或国际联盟都不能确定这种行为会对这个国家的生存和安全构成威胁。普京认为乌克兰加入北约会威胁到俄罗斯的生存纯属无稽之谈，因为乌克兰也同样有正当理由认为俄罗斯会威胁到自身安全而被迫加入北约的，那么乌克兰是否也应该先发制人对俄罗斯发动军事攻击，另外，俄罗斯领导的集安组织是否对其他邻国的生存和安全构成了威胁，这些主权国家是否可以对俄罗斯先下手为强呢？或者说根据"普氏逻辑"，这些主权国家是否可以主观臆断：俄罗斯建立和领导的集安组织对他们的生存和安全构成威胁，所以我们应该联合起来，在俄罗斯建立集安组织之前把他消灭。显然这种荒谬绝伦和错漏百出的"普氏逻辑"不可能在道德和法理上赢得辩护，不过却备受侵略者青睐，甚至把这种不切实际的安全问题当作一种吞并他国领土为战略目的之借口，实则"醉翁之意不在酒"。我的理由有：一是乌克兰作为小国，不可能对强大的俄罗斯的生存空间构成威胁。如果说乌克兰成功加入了北约组织自然就具备了吞并俄罗斯的军事实力，但事实上这是北约组织的军事实力，而不纯粹是乌克兰的军事实力，另外，乌克兰并不代表北约组织，因为乌克兰不是北约组织的领导国，即使乌克兰可能策划吞并俄罗斯的军事计划,也须获得北约领导国的首肯或大多数北约成员国的赞同,况且俄罗斯还是一个拥有最多核武器的核大国,所以北约组织不可能做出自取灭亡的愚行。其次是乌克兰目前并不具备吞并俄罗斯的国家实力,所以即使乌克兰加入北约组织,也不会对俄罗斯的生存空间构成威胁,除非北约组织发动入侵俄罗斯的战争是乌克兰领导或策划的,而乌克兰加入北约的最终目的就是为了借助北约吞并俄罗斯,但这种观点显然无法令人信服。二是如果世界各国随便主观臆断地认为任何国家加入任何国际组织或国际联盟会对他们的生存空间构成威胁,那么这个世界不可能还有和平和安全可言,所以任何国家自愿加入任何国际组织或国际联盟的国家自由权神圣不可剥夺,而乌克兰是否申请加入北约组织纯粹是乌克兰自己的国家主权问题,任何国家无权干涉。我们不能主观认为 A 国申请加入某个国际组织或国际联盟会对 B 国的生存空间构成威胁,就千方百计阻止 A 国加入某个国际组织或国际联盟,如果这种行为普遍合法,那么 B 国不就享有彻底剥夺 A 国的国家主权和交际自由的特权吗?换位思考,那么 A 国是否也享有国际社会上普遍认可的那种同等权力来阻止 B 国申请加入某个国际组织或国际联盟,只要 A 国认为 B 国加入某个国际组织或国际联盟会威胁到他的生存空间。三是北约组织并没有入侵俄罗斯的历史和迹象,所以即使乌克兰申请加入北约组织,也未必会对俄罗斯的生存空间构成威胁,因为现在并没有任何一个北约成员国对俄罗斯本土发动攻击,俄罗斯不能用"不确信的安全怀疑"取代或当作"明确而现实的危险",这可是一种强盗逻辑,由于无论是乌克兰,还是北约组织皆没有侵略俄罗斯的历史和迹象,所以任何认为俄罗斯享有采取先发制人的道德优势根本无从谈起。也就是说,如果俄罗斯的战略目的是为了世界和平,或者若没有入侵和吞并乌克兰的野心,那么他就不会因为仅仅是怀疑乌克兰申请加入北约组织会对其的生存空间构成威胁就发动入侵乌克兰的战争,因为无论是北约组织成员,还是乌克兰都没有做出明确而现实的侵犯俄罗斯的国家主权或领土完整的卑鄙行为,而俄罗斯所谓的特别军事行动之所以是一种非正义的侵略战争,那是因为他既侵犯乌克兰的国家主权(任何主权国家皆有自愿加入任何国际组织或国际联盟的主权和自由,只要这个国家被后者接纳)又破坏乌克兰的领土完整(企图使用卑鄙野蛮的军事手段吞并乌克兰,把后者纳入其版图)。对前者而言,如果俄罗斯有阻止乌克兰申请加入北约组织的正当理由或合法权利,那么乌克兰也应该同样享有阻止俄罗斯建立集安组织的正当理由或合法权利，因为双方皆可因彼此威胁其国家安全或生存空间为由进行这样做，绝对没有任何道理说，俄罗斯有阻止乌克兰申请加入北约组织的正当理由或合法权益，而乌克兰却没有阻止俄罗斯建立集安组织的正当理由或合法权益，大概也只有"普式逻辑"才会如此蛮横霸道。当然了，我所谓的"普氏逻辑"并不是针对俄罗斯的，而是一种国家元首因为恶劣或病态的个人野心、战争癖好及政治信仰等个人因素，而以维护国家利益或国家安全为理由和借口，肆意发动侵略和吞并他国的战争，以实现他的霸权。荒谬绝伦的"普氏逻辑"有两个经典的行为特征或战略行为：一是在体现在侵犯他国的国家主权方面，A 国有阻止 B 国自愿申请加入任何国际组织或国际联盟的正当理由或合法权利，但 B 国却没有阻止 A 国建立或申请加入任何国际安组织或国际联盟的正当理由或合法权利，结果不是双方皆平等享有建立和自愿申请加入任何国际组织或国际联盟的合法权利，也不是双方皆没有阻止任何一方建立和自愿申请加入任何国际组织或国际联盟的合法权利，而是一个主权国家有权力这样做，另一个主权国家却没有权力这样做。二是体现在以对方威胁其国家安全或生存空间为由，使用霸道的军事手段达到吞并他国领土的战略目的。首先无论是明确而现实地威胁到另一个主权国家的生存空间，还是明确而现实地威胁到另一个主权国家的国家安全，从严格意义上来讲都是以一个主权国家对另一个主权国家的国家领土发动军事攻击为标准的。如果一方（无论是北约组织的任何成员国，还是乌克兰）既没有阻止另一方（如俄罗斯）建立和自愿申请加入任何国际组织或国际联盟，也没有使用任何军事手段入侵另一方（如俄罗斯）的国家领土，那么前者不可能是在侵犯他国的主权和自由，也不可能属于侵犯他国的领土完整。因为无论是北约组织还是未加入北约时的乌克兰都既没有入侵俄罗斯的历史和迹象及企图，也没有做出损害俄罗斯的国家主权的行为，阻止其建立和申请加入任何国际组织或国际联盟，更没有使用任何军事手段去攻击俄罗斯本土，所以根本没有确凿的证据充分证明乌克兰加入北约组织会对俄罗斯的国家安全与生存空间构成明确而现实的威胁。所以"普氏逻辑"的第二种行为特征可简述为：在一方没有阻止另一方建立和自愿申请加入任何国际组织或国际联盟，也没有使用任何军事手段入侵另一方的国家领土的情况下，一方以维护国家利益或国家安全为理由或借口，肆意对另一方发动侵略战争。通过对"普氏逻辑"的概括性分析，我们发现这种安全逻辑属于一种既野蛮霸道，又不合法，也不道德的强盗逻辑，这种病态的安全逻辑在复杂的地缘政治上只会制造更严重的安全危机。俄罗斯能把所有申请加入北约组织的欧洲国家视为构成其安全威胁的敌人，从而对他们进行无差别攻击吗？事实又是所有申请加入北约组织的俄罗斯邻国都能够或有实力对俄罗斯的领土和主权构成明确而又现实的国家安全威胁？如果说，那是因为乌克兰是俄罗斯的领国，那么我就要询问了："其他俄罗斯的邻国申请加入北约组织的为什么没有遭受俄罗斯针对性的军事攻击，他们没有对俄罗斯的领土和主权构成明确而又现实的威胁吗？为什么只有乌克兰对俄罗斯的领土和主权构成明确而又现实的威胁，是乌克兰在历史上存在入侵过俄罗斯，攻入过俄罗斯本土的事实，还是乌克兰比俄罗斯强大吗？难道乌克兰对俄罗斯构成的安全威胁比所有申请加入北约组织的俄罗斯邻国还要大吗？"如果不是或不能，那么俄罗斯因为乌克兰申请加入北约组织而对其发动的侵略战争就纯属是一种企图吞并乌克兰领土的借口。可见俄罗斯以乌克兰申请加入北约组织为由，肆机对其发动军事攻击，并不是因为比较弱小的乌克兰加入北约组织后对其构成安全威胁，也不是因为北约组织对其构成明确而现实的威胁，而是俄罗斯企图吞并乌克兰的领土。所以认为北约组织已经明确而现实的威胁到了俄罗斯的主权和领土完整是站不住脚的，道理很简单，北约组织并不存在入侵俄罗斯和攻击过俄罗斯本土的历史和迹象，也没有阻止俄罗斯建立和加入任何国际组织或国际联盟，所以同样无法对其构成任何威胁的乌克兰申请加入北约也不会对其构成明确而现实的威胁。也就是说，俄罗斯基于明确而现实的威胁建立的国家安全战略或逻辑应该必须满足以下三个必要条件：一是北约组织存在入侵俄罗斯和攻击俄罗斯本土的历史事实；二是北约组织存在阻止或破坏俄罗斯自愿加入任何国际组织或国际联盟的侵犯主权事实；三是北约组织在俄罗斯边境集结重兵和部署核武器，并有先发制人之态势。所以我始终认为"普氏逻辑"的战略目的是领土扩张，终极目的则是重建苏联，而不是因为乌克兰加入北约组织会对俄罗斯的生存空间和国土安全构成威胁的结果，这意味着认为结束当今时代最严重地缘政治危机需要首先承认俄罗斯的安全利益是错误的，因为北约组织和乌克兰并没有入侵俄罗斯本土，所以即使牺牲乌克兰也不可能满足俄罗斯那种没有界限的领土扩张和侵略野心。最后毛泽东用战争反对战争的方法不利于从根本上实现世界永久和平，但在世界社会的无政府状态，我是认可他们那种在互助条件下采用正义的反侵略战争来消灭所有非正义的侵略战争或殖民战争的以战止战才能实现世界和平的伟大构想的。

第九章 国家体系理论

国家体系理论是建立在以自我为中心的国家中心论的基础上的，它主张一切价值以抽象的国家利益为中心，国家本身具有最高价值，国家利益和国家权力最大化是最高政治目标，而世界社会则是实现这个最高政治目标的工具或舞台。这种国家体系往往坚持和信奉国家利益至上的传统的国家理论，狭隘的民族主义及极端的国家主义，所以它又可视为极端或狭隘的个人主义的扩大版。但是传统狭隘的国家体系理论与现代化的国家体系理论是有区别的，前者无条件坚持和信奉国家利益高于一切的政治教条，把利用世界市场来追求国家利益最大化视为自身奋斗的终极目的，而无论自私自利的国家利益至上原则是否会导致一种精致的损国利己的国家利己主义行为。后者则比较理性和开明地追求国家权力和利益最大化，懂得通过互惠互利的国家互助原则和国际上的分工合作来实现各取所需的国际交换，并注重国家利益与全球利益和发展需要的协调。代议制的世界性政府之所以给各国政府保留适当的国家自治权和民族自决权，不仅是为了尊重这种开明和理性的现代化的国家体系理论，也为了维护与世界发展需要相容的国家发展需要，以达到求同存异和平等互惠及共同治理的目的。

从全球视角出发的超国家理论所欲达到的世界政治目标之所以与短视的国家体系理论存在冲突或矛盾，主要在于国家体系理论坚持和信奉国家利益至上的传统的国家理论，狭隘的民族主义及极端的国家主义，并把追求国家利益最大化作为一切国家行为的首要之务，而不是注重各国利益的协调发展和国际权力平衡，或者注重国家利益与国际体系所追求的公共利益或全球利益的平衡或协调，以及各国主权和国际地位的平等化。但这样也无法避免一个正义的国家体系会因为迫于源自国家内部的政治压力和舆论压力进行变革，比如一国公民不同意该国通过牺牲自我利益的方式援助一个被他国侵略的受害国而提出抗议，要求国家元首下台或反对进行任何的经济或军事援助。即某些短视的民众为了维护自我利益，不肯为国家更长远的利益做出牺牲或让步，他们会通过示威游行、罢工、罢课等方式来向政府和国家元首施加政治压力、经济压力、舆论压力来改变与控制国家元首的政治意志或政府制订的对外政策，这就使得即使政府或国家元首制定的对外政策再优越，再正义，再符合国家的发展需要和长远利益，也会因为遭受短视民众的反对或抗议而不得不放弃。这不是一个国家不正义或国家元首不仗义，不肯援助被他国侵略的受害国，而是该国的部分民众不肯做出自我牺牲来以任何方式援助受害国，以对抗入侵他国的侵略国。每个正义的国家之间联合起来制裁和惩罚任何入侵他国的侵略国之所以变得那么脆弱和困难是与该国人民是否愿意做出自我牺牲来以各种方式支持和援助受害国，以及国际社会是否愿意齐心协力孤立、制裁及惩罚任何侵略他国的侵略国是密切相关的。所以自私自利和极端或狭隘的国家体系理论之所以注定走向穷途末路或步入历史终结的境地，主要是因为有一天它只能有限做出符合国家发展需要的行动，却无法满足世界发展需要及难以在权力、安全及财富的国际交换体系中通过分工合作来实现各取所需。比较开明和灵活的国家体系理论则可以通过符合世界发展需要的体制改革、制度变迁及政治发展来最大程度上避免此悲剧的发生。如果信奉传统、保守、自私、狭隘、极端的国家体系理论的主权国家无法实现向现代化比较开明和灵活的超国家理论过渡或转型，那么长期下去它可能连国家发展需要也无法满足，或者无法通过国际社会或开放的世界市场来满足国家的发展需要，或者导致国家发展被动地受制世界发展，也无法避免由这种国家体系理论主导的价值观与被超国家理论支配主导的价值观发生冲突。

而现代化比较开明和民主的国家体系理论之所以永远不会步入历史终结的境地是因为即使全球主义的增长或代议制世界性政府的建立也会依法给各国政府保留适当的解决国家内部事务所必需的国家自治权和民族自决权，而不是让国际政府或世界政府完全取代各国政府的统治地位和最高管辖权，除非世界军事强国通过战争方式等强权手段来征服世界，迫使各国服从其统治，从而建立一个由超级强大的军事强国所统治的世界帝国。现在的形势和事实显然证明了被现代化比较开明和理性的国家体系理论支配或主导的主权国家之间在政治、经济、安全及军事等方面可以建立一个被共同的利益、危害、威胁、规则、制度及道德共识影响和约束而绑定在一起的可以实现各取所需和互惠互利的多元化合作的国际体系。所以说，妄想传统、保守、自私、狭隘、极端的国家体系理论有一天可以在国际社会或世界社会的无政府

126

状态中创建一种形式更文明的世界政治秩序纯粹是一个不切实际的梦想。这意味着传统、保守、自私、狭隘、极端的国家体系理论在国际体系或国际社会中占据支配地位或主导地位是不利于建立一种形式和内容更文明的世界秩序的。如果由这种传统、保守、自私、狭隘、极端的国际体系理论可以建构一种国际秩序良好的世界一元政治结构，那么根据现今的世界发展趋势和历史经验就不会产生如此之多地连接各国政治、经济、军事、文化交往的可以促进世界经济发展和世界公共安全的国际性组织或机构，甚至可以说创建联合国也永远不会在各国政府的计划或预期之内。所以由互不干涉或彼此独立的多元化国家体系建构的世界一元政治结构即使比国际体系更有利于国内秩序的稳定，也不可能比国际体系更有利于促进国际秩序或世界秩序的稳定，或者在世界秩序变得混乱的情况下国内秩序依旧能够保持丝毫不受外界影响的良好状态，这等于说国际秩序或世界秩序是否变得混乱无序与国内秩序是否稳定是不相关的。事实上在一个交互作用和相互依存的世界，国内秩序和国际秩序是相互作用与彼此影响的，特别是那些积极参与国际事务和发展需要利用世界社会来满足国家发展需要的开放性国家而言更是如此，国家之间所决定和控制的国内秩序是否良好同样会影响国际秩序，因为各国的政治经济发展并非处于一种完全互不交往的没有文化交流和经贸合作的封闭状态。

当然了，比较开明和民主的现代化国家体系理论并不会随世界上某个国际体系或国际联盟的解体而消亡，因为建立在共同的利益、威胁及安全等某个或多个共需领域的基础上的国际体系即使会随它们不复存在或共识领域和公共利益观念的不断减少而解体，一般也不会影响现代国家体系的生死存亡。某种短命或国家关系脆弱的国际体系之所以解体和不堪重击只能说明多元化的国家体系之间的内部矛盾激化，或存在无法协调的利益冲突、权力冲突、文化冲突及政治歧义等等。国际社会的无政府秩序状态使世界各国满足国家利益和国家安全的经济成本变得高昂，也加重了全球利益和世界发展需要协调的困难。赫德利·布尔说："国家体系作为一个国际体系继续存在下去的同时，可能不再是一个国际社会。这就需要区分国际体系是一种由多元化的国家体系构成的，还是纯粹基于某种相同文化、共同利益、共同威胁、道德共识建构的只在政治领域，或经济方面，或军事方面存在密切合作的比较单一和脆弱的国际体系。"多元化的国际体系是指某个国际体系由多元化的主权国家构成，多元化的国际合作指单一化或多元化的

127

主权国家之间在多个领域存在互惠互利的分工合作。比较简单或单一化的国际体系也指某种建立在相同文化、共同利益、共同威胁、公共危害、道德共识的基础上的一种政治同盟，或经济同盟或军事同盟。比较复杂和多元化的国际政治体系，如联合国或欧盟，就是一种建立在共识领域和共需领域合作比较广泛的政治经济命运共同体和国际安全共同体。多元化的国际体系也指某些多元化的国家之间在政治、经济、军事及教育等多个重要领域建立了一种互惠互利的多元化国际合作。

　　国家体系之所以不会因为并入某个国际体系或因为世界政治体系的建构而消亡，尽管也存在中途退局的可能性，但目前国家体系在国际互动或世界社会中仍旧占据最重要的地位，而且目前全世界并不止一个单一化或多元化的国际体系，事实上还存在多个由不同主权国家所组成的在文化、政治、经济、军事等某方面存在冲突或差异的国际体系或国际联盟，如被某个大国主导的欧美体系、英美体系、美日体系、中俄体系等等。更存在建立在利害关系或同盟关系上的由某些主权国家之间组建的国际体系之间也存在恶性竞争或敌对状态，其中也包括一个国际体系在政治，或经济，或军事上挑战另一个利益或权力无法协调的国际体系。因为后者不管是在政治上，还是在经济上，或文化上都难以在不协调发展过程中完全"同化"前者而不引发任何来自国际力量与国家内部的利益冲突，哪怕建立在文化相同、共同利益、共同威胁、公共危害、道德共识等其中一种或多种共识领域基础上的某个国际体系、国际联盟、世界政治体系、国际政府、世界政府，在未来的某天因为文化相同、共同利益、共同威胁、公共危害、道德共识等共识领域逐渐消失和不复存在而导致它们发生解体，那些比较开明和理性及上进的现代国家体系也不会穷途末路，步入历史终结的境地，而是在政治和经济上理性选择有利于实现自我保存的方式进行转型或变革。主要原因有：一是国际体系或世界政治体系可能无法取代轻车熟路的国家体系或国家政府在某国发挥该有的作用或功能，而不招致任何来自各国内部的反对或抗议。二是主权国家不可能毫无顾忌地完全把国家主权、国家利益、国家安全及军事主权完全托付给自身所偏好的某个国际体系或联盟。三是完全且彻底把国家自治权和民族自决权交由某个国际体系、国际政府、世界政府、世界政治体系管辖不仅是危险的，也意味着国家命运将完全由它控制。四是不管是信奉以自我为中心的国家中心论的国家体系，还是身处某个国际体系或国际社会的国家体系，都难以想象该国的生存和发展受到严重威胁时不会考虑任何有利于实现自我保存的转型或变革。五是国际体系可能促使被传统的国家理论，狭隘的民族主义及极端的国家主义支配的国家体系向既能满足国家发展需要又能满足世界发展需要的比较开明和理性的现代化国家体系转型。当然了，多元化的国家体系之间在文化相同、共同利益、共同威胁、公共危害、生态平衡、道德共识等其中一种或多种共识领域的基础上形成的"国际同化过程"或"世界同化机制"可能是消极的，而不是积极的，可能是讨价还价的，而不是轻而易举的，可能是各怀私心的，而不是为公利着想的，可能是充满政治歧义和经济冲突的，而不是高度协调和求同存异的。总而言之，如果由多元化的国家体系所建构的国际体系、国际社会、国际政府、世界政府既无法满足国家发展需要，又无法满足世界发展需要，那么它们必然是短命的或关系脆弱的。这与国家体系之所以业已过时，与它对内既无法满足国家发展需要，对外又无法满足世界发展需要是密切相关的道理是一样的。恐怕政治和经济上效率低下的联合国在长期身处无政府秩序的情况下也难以避免面临像不得民心的神圣同盟惨遭失败和国际联盟被迫解体那样的结局，最终退出人类历史的舞台。而现在的联合国之所以还有理由存续下去，可能是因为目前没有出现或找到令各国政府更满意和更理想的"替代品"，而不是现在的联合国的行为举止和政治体制仍然符合各国政府的期望或者还能令各国政府感到十分满意。最后，如果社会意识形态偏好被传统的国家理论，狭隘的民族主义及极端的国家主义支配和控制的国家体系在既无法更有效地满足国家发展需要，又无法满足世界发展需要的情况下没有完成向比较开明和民主的现代民主的国家体系转型或变革，那么这种缺乏进取精神和闭关锁国的国家走向衰弱并不奇怪。

然而决定国家体系与所身处的国际体系是否能够和平共处和协调发展的根本在于两者能否采取双向逼近均衡的外交策略，把该国际体系的各国利益的协调发展，把国家利益和国际利益或全球利益的协调发展，把国家发展需要与国际发展需要或世界发展需要的协调发展，把国际政治经济权力平衡和国际地位平等化当作制约成员国们的最高政治原则。也就是说，只有置身某个国际体系或国际同盟的主权国家既做符合本国利益和发展需要，又做能够促进该国际体系或国际同盟的利益和发展需要的事情，该国际体系或国际联盟又做能促进每个成员国的国家利益，又符合自身利益和发展需要的事情，彼此才能在权力、财富、安全等方面实现各取所需的国际交换和国际分工而不发生对成员国与国际体系有害的政治歧义和利益冲突及权力冲突。总言之，如果由多元化的国家体系所建构的国际体系、国际社会、国际政府、世界政府既无法满足国家发展需要，又无法满足世界发展需要，那么它们必然是短命的或脆弱的。而由大国合作促成的"基辛格模式"，不可能在促进和平与安全的任何时候和任何情况下都能照顾弱小国家的国家利益和发展需求及安全。

至于世界范围内为什么战争偶发不绝，令国家之间无法长期实现和平发展，其实除了肯尼思·华尔兹列举的那三个主要因素外（个人因素是指君主或国家元首不是暴虐无道和奸淫掳掠及灭绝人性的种族歧视，就是具有殖民主义和帝国主义野心；国家因素是指国家政府与政治权力被专制和独裁的极权政党垄断或控制；国际因素是指国际秩序中的各国可以自行其是的无政府状态）我认为以下需要重视的原因也在影响着战争与和平之间的转换：一是核大国之间能够确保相互摧毁的核威慑不足以阻止战争发生，尽管这会使有核的国家之间或核大国之间不敢直接或轻易开战，但却同样无法避免核大国之间发生或进行常规化的战争。二是不是每个正义的主权国家之间不够团结，就是一些自私自利和传统保守的主权国家为了维护与侵略国之间的利益关系不是选择中立，就是暗地里援助侵略国，而维护这种自私的国家利益虽然可以在国内赢得拥护，但却会被国际社会贴上道德不作为的标签。三是世界上缺乏一个凌驾于各国政府之上的具有强制力和约束力及权威性的世界政府或国际政府来出面组织制衡或制裁具有侵略性威胁的危险国家的"世界反侵联盟"，并在立法、行政及司法上建立一个应对侵略战争的依次由国际制衡、经济制裁、军事干涉及战后惩罚这四大部分组成的"国际反侵章程"。也就是说，国际政府或世界政府，又或者是联合国政府，应该成立一个国际调查机构，专门收集任何进行对外扩张的国家和政府确实具有侵略性威胁的证据和材料，然后成立一个由专业的国际关系学家组成的国际反战评估委员会对这些证据和材料进行综合评估、撰写处决意见和处理依据，最后交由国际法院依法审理，从而得出是否需要对该国进行书面警告和做出相关制裁的国际司法决议或判决。一旦这个对外扩张确实具有侵略性威胁的国家无视书面警告依旧我行我素，就需要国际政府或世界政府的每个成员国成立"世界制衡联盟"来阻止该国威胁其他国家的主权和领土完整及安全的对外扩张活动。然后再根据制衡行动的效果和该国对制衡行动所做出的战略反应来决定国际制衡联盟是否需要进一步实施更强有力的国际经济制裁。虽然国际经济制裁经常是在一个国家对另一个国家发动侵略战争的初期实施的一种反对和惩罚非正义的侵略战争的国际人道主义行动，但是不全面和非封闭式的国际经济制裁在互通有无的国际关系网中（主要是与侵略国存在利益关系或同盟关系的其他国家不是不愿参与制裁和选择中立，就是暗地里援助侵略国）通常也是无法阻止一个国家侵略另一个国家的。所以当国际经济制裁在发动战争的初期和中期无法起到制止侵略战争的效果时，最后诉诸的就应该是由每个正义的国家所组成的世界反侵联盟所发起的军事干涉，协助被侵略国赢得卫国战争，而不是所有国家选择坐视不管，冷眼旁观，任由一个主权国家被另一个霸权国家消灭或征服。最后是世界政府或国际政府应该成立国际军事法庭来解决战后惩罚和战后赔偿问题，战后惩罚包括削减该国军队和军备，严禁生产重武器及禁止向其他国家购买武器装备等等，而战后赔偿则主要是强制和监督侵略国用各种经济措施补偿被侵略国在战争中所付出的全部损失，这可能需要分期进行。四是发动侵略战争的代价不够高昂。由国际上各取所需的分工合作形成的经济相互依赖程度虽然比以前高了很多，加大了彼此发动战争的经济代价，但还是不足以阻止具有侵略性威胁的国家对其他国家（主要是邻国）发动侵略战争，进行领土扩张或通过战争手段来解决领土纠纷的问题。而且自古以来，在很多情况下经济代价通常都不是防止战争发生的唯一因素或决定性因素，尽管经济实力很大程度上决定了军事实力的增减，但是进行战争所付出的经济代价或伤亡代价通常可以通过最有效的政略调整与军事策略来达到最大程度降低的战略目的，而以少胜多或由弱变强的军事战例又可以证明经济实力又并不必然决定着军事实力。不过，无论如何，只要经济实力很大程度上决定了军事实力是不争事实，那么对比之下，经济实力较强的国家的取胜概率会比较大就是正确的。所以我们应该明白：首先进行战争的经济代价本来就是高昂的，一旦到了只有通过战争才能解决问题的地步，且进行战争并不总是得不偿失的，那么只要成功取得胜利的概率很大，在经过各方面的权衡后得出产生的收益大于损失的结论，那么具有侵略性威胁的国家就倾向于通过战争手段来解决动用外交手段无法有效解决的国际矛盾或国际冲突。况且另一部分的经济损失往往可以从征服性或掠夺性的侵略战争中得到弥补，而这显然又会激励人们发动战争，只要他们尝到发动战争取得的收益远大于其损失的胜利果实，如果违法犯罪受到的惩罚让人们觉得合算的话，就不足以阻止人们的违法犯罪行为。所以，如果战胜的经济代价与战败的经济代价不是同样大，发动战争取得的经济收益会大于其付出的代价，且付出的经济代价又是可以通过最有效的政略调整与军事策略来最大程度化降低，一部分又可从征服性或掠夺性的侵略战争中得到弥补，那么只要取得胜利的概率较大，它就会激励那些具有侵略性威胁的帝国主义国家和霸权主义国家发动侵略战争。这意味着穷国也可能入侵富国，小国也可能挑衅大国，弱国也可能主动攻击强国，尽管他们战胜的概念比较小，但不排除他们通过最有效率的政略调整和战略调整来最大程度降低战争中的经济成本或从持久战中完成由弱到强或以少胜多的逆袭，即强者未必能取得最终的胜利。

第十章 国际体系理论

主权国家之间根据各自的国家实力决定的权力范围和势力范围来制定和调整一套既符合国家利益和国家发展需要，又符合国际体系利益或国际发展需要的国际规则和国际制度来规划或调控各国政府的行动空间是可能的，也只有彼此得以维系的共识领域和共需领域不断扩增才能确保这种单一性或多元化的国际体系或国际同盟不会因为无法在权力、财富及安全等方面实现各取所需的国际交换与国际分工而面临土崩瓦解的局面。同样主权国家之间建立在文化相同、共同利益、共同威胁、公共安全、公共危害、生态平衡及道德共识等其中一种或多种共识领域或共需领域的基础上的国际体系、政治同盟、经济同盟及军事同盟，也将很大程度上决定各自的权力范围和势力范围的扩缩，从而制定出一套控制各国行动空间和制约各国外交政策的国际规则或国际制度。另外，如果建立在利害关系或同盟关系上的由某些政治目标、经济目标、军事目标存在共同利益观念的主权国家共同组建的国际体系之间存在恶性竞争或敌对状态，那么在一个单一性或多元化的国际体系在世界范围内追求权力、利益及安全的过程中若无法与其他单一性或多元化的国际体系通过和平方式或外交手段达成"互不侵犯，和平发展"的原则，那么国际体系之间爆发冷战或战争就不是不可能的，如同盟国对协约国之间的战争皆不同程度地挑战了某些主权国家与某些国际体系的权力范围和势力范围。其实单一性或多元化的国际体系之间之所以在政治、经济、军事上存在难以协调的国际冲突，主要原因有：一是国际政治权力的不平衡发展和国际经济权力的不平衡发展及国际地位的不平等化。二是世界社会仍旧处于无政府秩序状态。三是不仅是主权国家之间，国际体系之间也无法真正做到互不侵犯、和平共处及尊重他国的主权和领土完整。不管是主权国家，还是敌对的国际体系的权力范围和势力范围在缺乏具有强制力和约束力的国际制度统一规制的情况下难以避免敌对体系之间发生越界的行为。

国际社会所建立和存在的等级制度未必是业已摆脱无政府状态的

133

标志，国际社会是否处于无政府秩序的自然状态，要回答以下问题才能做出判断：一是，国际社会是否存在一个合法的能够约束世界各国政府和元首的世界最高权力中心？二是各国政府是否有法定义务服从或愿意服从这个世界最高的权力中心？三是国际社会是否存在能够有效约束各国政府的国际法和国际制度？四是各国政府是否被具有强制力和约束力及权威性的国际协约与国际制度平等约束？五是国家之间的关系是否受到一套公共规则的制约，如彼此签订的协约、国际法及国际制度等等。六是各国是否业已摆脱自助性和自治性的世界自然状态而进入形式更文明的法治世界状态？七是国际社会是否业已建立一个集立法权、行政权及司法权于一身，但又彼此协调和相互制约的国际政府或世界政府？赫德利·布尔所说的："如果两个或两个以上国家之间有足够的交往，而且一个国家可以对另一个国家的决策产生足够的影响，从而促成某种行为，那么国际体系就出现了；如果一些国家认为它们相互之间的关系受到一套共同规则的制约，而且它们一起构建共同的制度，国际社会就出现了。"但由国家互动构成的国际体系和国际社会皆不能证明业已摆脱无政府状态，从而实现了形式更文明的法治世界。我们只能说国际体系和国际社会形成了一种行为格局比较井然有序的"社会状态"，但这种"社会状态"未必就是一种形式更文明地对国家互动和国家之间具有强制力与约束力的有国际政府或世界政府维系的法治世界状态，这种国际关系可能是一种通过奴役式的依附关系建立的国际等级制度，也可能是一种通过形式更文明的国家互助原则建立的世界互助体系。这意味着法治世界状态必须建立在自愿原则和共同需要的基础上，虽然共同利益或政治共识也可促使国家之间建立一套共同规则来制约彼此的行为，但纯粹根据共同利益或不稳定的利害关系建立的国际规则远没有根据道德共识建立的国际规则来约束各国行为可靠。道理很简单不管是共同利益，还是利害关系，一旦国家之间的利害关系发生变化，那么建立在它们基础上的国际关系就容易因为利害关系的不稳定变化或脆弱性而发生破裂。因为目前还无法证明国家之间纯粹根据共同利益或利害关系建构的国际关系是永恒不变的，谁也无法保证这种共同利益不会在未来的某天因为无法维持或某种不安全的国际关系而变成一种经济压力或安全负担而面临破裂或关系紧张的局面。而国家之间的共需领域的不断减少、缺乏稳定性及缺乏多元化合作无疑会使彼此的相互依存的国际关系变得更加敏感、脆弱及紧张。另外，并无证据说明国际社会的无政府状态是完全混乱无序和"霍布斯文化式"的，因为生活在自然状态中的原始居民的道德情感仍有维持一定生活秩序的实际价值，哪怕这种能产生共鸣的道德情感并非很稳定。

那么为什么在国际社会的无政府状态中依旧存在一定期限的和平稳定的世界秩序呢？一是国家之间存在共同利益、行为规则及国际制度来约束彼此的行为和权力。二是国家之间存在某些共识领域或共需领域来协调彼此相互冲突或矛盾的政治观和世界观及道德观。三是国家之间同时面临一种需要携手合作才能解决的公共威胁或公共危害。四是国家之间在权力、财富及安全等方面需要依赖专业化的国际分工和国际交换来实现各取所需。五是形式和内容更文明的国际规则和国际制度可以建立和平稳定的世界秩序。六是国家之间的共识领域或共需领域的不断扩增，或能够促进国际社会的长期稳定或多元化发展。

那么，为什么在国际社会的无政府状态或国际体系的无领导状态中难以建立形式和制度更文明的世界政治经济秩序呢？我认为一是大部分主权国家的政治权力、经济利益及军事活动被传统、狭隘、极端的国家体系理论和社会文化支配。二是自私自利和追权逐利几乎是每个主权国家的国家政治本性。三是允许各国政府自行其是，用武力解决领土纠纷和利益冲突的主权意识使世界各国政府无法进入法治世界状态。三是在不存在共同利益或面临共同威胁时，依靠脆弱的道德共识或某些政治共识，无法使各国安分守己。四是国家之间为了追求最大化的国家利益和国家权力可能会不惜侵犯他国的主权和领土完整及合法权利。五是国际社会的无政府秩序或国际体系的无领导状态均无法约束各国政府，使各国政府进入一种具有强制力和约束力的法治状态。七是若没有一个好的大国来领导世界，国际无政府状态与自然状态中的那种奉行弱肉强食的丛林法则的自然状态就可能非常相似或相当的残酷。

某个多元化的国际体系在政治、经济、军事、文化上的规模扩张虽然未必是一种国际实力增长的综合表现，但必定是吸收更多建立在文化相同、共同利益、共同威胁、公共危害、生态平衡、道德共识等其中一种或多种共识领域或共需领域的基础上的其他主权国家加入该阵营或同盟的结果，不管这个国际体系的规模扩张是软实力驱动的，还是硬实力促使的，它既会影响主导国的权力范围和势力范围的扩张，也会影响这个国际体系的权力范围和势力范围的扩缩，更会影响各成员国政府的行动空间和外交政策。可以说主权国家和国际体系在权力范围和势力范围的扩缩在这种情况下是同比例增减的。其实国家体系的生死存亡与国际体系的生死存亡尽管有区别，但也有安全关系与利益关系，即无法满足国家发展需要的国家体系和无法满足国家发展需要和国际发展需要的国际体系若无法使和平变革成为可能，国家体系最终会诉诸内战或暴力革命，国际体系则轻则某些主权国家退出该同盟或阵营，重则该国际体系面临解体，甚至不受世界权威约束的主权国家会走向策动非正义的侵略战争。不同之处是国际体系是一个主权国家之间交互作用和影响的政治共同体，或经济共同体，或安全共同体及国际同盟。除了领导该存在等级制度的国际体系的主导国之外，存在等级制度的国际体系的命运一般既由大国或强国决定，但在民主政治体制的情况下则由成员国们的公共意志决定，这种情况也适用于由大国协作领导的存在等级制度的国际社会或世界社会，而国家体系的命运则主要由该国元首或人民决定，外部世界施加的舆论压力的影响尽管存在或很大，但往往无法成为决定国家体系生死存亡的关键因素，除非某个国家体系把国家命运托付给某个国际体系或国际同盟统辖。独立自主在政治、经济、军事、安全上不依附任何国际体系或国际同盟的国家体系可以决定自己的命运，一旦某个想在权力、财富、安全等方面实现各取所需的国际交换和国际分工的主权国家参与或融入某个国际体系或国际社会，那么国家体系受这个国际体系的支配和影响就会比较大，此时这个国家的命运不可能完全与所置身的这个国际体系或国际社会的生死存亡无关。那么在国际社会的无政府状态中是否存在一个秩序良好或制度更优良的最优国际体系，若存在，建立它又需要哪些必要的条件呢？

　　我认为如果某个国际体系或国际社会既有能力满足每个主权国家的发展需要和各取所需的国际分工和国际交换，又能满足与各国利益协调发展的国际发展需要或世界发展需要，以及国际政治经济权力的平衡发展或分配正义，那么该国际体系或国际社会即使不是最优的，起码也是能够维系最低限度不会引发战争的国际秩序。至于标榜和评估最优国际体系的主要条件或行为准则主要有：一是，大国充当领导，占据控制武力和惩罚的领袖地位，但衰落的大国能够把统治地位和平让渡给该体系内部具备资格的成员国或该体系外围的新兴强国。二是，该国际体系可能存在等级制度，但担当领导地位的大国能够平等地对待各成员国，且能够不分亲疏地公平惩罚违反盟约或侵犯他国权利的主权国家，让其受到正义的惩罚，以保障其他成员国的主权和领土完整及国家安全。三是，该国际体系具有法治体系或法治社会的性质和基本内容，成员国服从大国领导的义务取决于他是否能够为成员国们提供所需的政治秩序、经济利益及国家安全。四是，该国际体系已经建立一套公平的在权力、财富、安全等方面能够实现各取所需的国际交换规则以维系符合各国权益与国家安全的国际分工。五是，该国际体系已经建立一套既能够满足各国利益协调发展，又能够既满足各成员国的国家发展需要，更能够满足国际发展需要或世界发展需要的国际规则与国际制度。六是，存在等级制度的国际体系或国际同盟虽然被大国主导或支配，而扩大和加强对国际体系的控制是必要的，但大国的国际权力应该受到成员国们的公共意志和共同制订的国际制度与国际规则制约，构成该国际体系的国家之间的主权让予或权利让予也应该建立在自愿原则和多数同意的基础上的，而非是通过威逼利诱的卑鄙手段来达到此目的。七是，由于构成国际体系的内部结构决定了自身的功能，而影响国际体系的变革的结构变迁和功能变化又是相互作用的，所以作为国际结构的行为主体的建立在文化相同、共同利益、共同威胁、公共危害、生态平衡、道德共识等其中一种或多种共需领域的基础上的主权国家之间能否产生紧密性和协调性取决于该国际体系的政治功能是否健全。八是，该国际体系既能协调成员国们的国家发展需要，也能满足自身的国际发展需要或世界发展需要的和平变革制度，而且该国际体系不会在未经他国同意的情况下牺牲某个主权国家的利益和发展需求，或者轻视弱小国家的国家利益和发展需求。九是，当国际体系的等级制度被成员国们否认或不再符合各国利益的协调发展或世界发展需要时，它能够通过和平变革来实现更民主的国际政治、均势结构及权力分配，使国际政治经济权力平衡发展或平等分配、促进各国主权平等。十是，该国际体系能够通过和平方式或外交手段最大程度实现不会破坏自身秩序和政治稳定的体系变更、系统变革及互动变化，这也是肯尼思·华尔兹强调的："一个合法的国际秩序倾向于稳定与和平，革命性秩序则倾向于动荡与战争，特别是霸权主义的发展。"

但罗伯特·吉尔平认为："国际体系的稳定与变革主要在于降低成本，提高收益，行为体通过领土的、政治的或是经济的扩张来变革体系，直到维持变革的边际成本大于边际收益，只要获取收益大于所需付出的成本或代价之时，成员国才会力图变革国际体系。"换言之，只有当集体或国家认为这些变革有利可图时，它才会谋求变革这种国际体系。这当然是一种从成本－收益分析的经济学视角来分析国际体系的稳定与变革的有效方法，但国际体系的稳定性与变革并不仅依赖或局限于用此分析方法来解析世界发展规律，影响国际体系或国际政治变革的不确定性因素和方式往往不止一种，而且它们之间的关系通常是相互作用与彼此影响的，所以利己动机或受自我利益的驱使并不是导致国际体系发生变革的充分条件，事实上有些国际体系的变革并不完全取决于成员国认为该变革是否有利可图的，尽管某种不是因有利可图导致的变革会增进成员国们的经济福利或政治权力，而是这种变革朝着既要符合世界发展需要，又要符合成员国的安全需要和发展需要的方向发展。但是对密切影响成员国们的权力、财富及安全的国际体系的成本与收益的严重失衡确实是促使国际体系发生变革的一种最重要的动机或驱动力，毕竟成员国们与该国际体系的合作成本与合作前景是相互作用与彼此影响的。如果成员国们与大国和该国际体系的合作成本过高而收益过低，超过了所能承受的底线，导致各国政府面临源自国家内部的经济压力、政治压力及舆论压力，损失又无法防止或弥补，那么收益剧减就足以成为变革该国际体系的理由，起码在国际体系的成本与收益严重失衡的情况下会消极影响成员国们服从某大国领导与维系该国际体系的政治经济秩序的信心和决心。因此罗伯特·吉尔平认为一个群体所谋求的利益以及它所愿意付出的成本，最终是由一个社会的统治团体和联盟所认识的那种利益来定的是正确的。当然了，如果罗伯特·吉尔平的成本收益分析只限于经济利益的考量，那么就一时或短期的利益得失可能不足以引发国际体系的变革，因为不管是政治权力和政治秩序，还是安全保障和安全问题都要比经济利益重要。另外就是，如果该体系成员们之间的合作前景不符合或无法满足各国所期望得到的利益的最低标准或限度，那么即使是建立在多元化合作基础上的国际体系或国际同盟也会深受打击，促使成员国要求变革或退出该体系。这意味着经济上产生的外部性的内在化及主导国无法根据该体系的法律制度惩罚搭便车的成员国来补偿受害国的损失也会影响成员国之间的多元化合作和公信力及对他的服从和威望。

另外，如果某个国际体系完全是盈利性的，并完全由唯利是图的坚持国家利益至上原则的某些国家组成，而国际体系的内部结构和内部功能又随这种利害关系的变化而变动，那么在总体会受各种不确定性因素影响的国际市场或世界社会中，该体系就会像罗伯特·吉尔平所说的那样国际体系的稳定性取决于是否有利可图，在无利可图时该体系将处于不稳定的变革状态或分裂瓦解。最重要的是根据非恒定性的利害关系建构的国际体系自身本就是不稳定的。道理很简单，当该体系的成员国们认为有利可图时会团结一致，认同和服从它，加入或参与该体系，当无利可图时就反对它，闹分裂，甚至要求退出该体系，或当权力和财富分配不公平时，内部矛盾就会激化，从而导致该国际体系动荡不安或分化瓦解，这与成员国们追求无常的利害关系的变化和无法协调的利益是密切相关的。特别是在一个国家实力决定权力的国际政治经济发展不平衡，国际军事技术发展不平衡，国家间权力不平衡增长，国家间实力不平衡增长及国际地位等级化的现实世界，利害关系不可能是恒定不变的或十分稳定的，这种完全基于非永恒不变的利害关系建构的国际体系或国际同盟必然是短命的、脆弱的及不稳定的。所以要想稳定某个国际体系的成员国之间的关系，除了共同的利害之外，还必须存在其他更值得合作的领域和需要来套牢该体系的成员国，以防止在某些共同的利害或威胁消失的情况下促使他们退出该体系，从而破坏该体系的稳定性。还有，在没有永远的朋友，只有永远的利益有效的情况下，利害关系的变化势必引发同盟关系的修订与国际体系的变革。这并不是说从经济视角看待国际体系的稳定与变革无足轻重，而是必须先考量各种国际体系是建立在什么条件和目的之基础上的，以及弄清哪些有利的公共因素或公共因子可以促进该体系的和平稳定，成员国之间的合作前景如何？哪些不利的个体因素会破坏该体系的秩序，又如何共同应对和解决内部危机？该国际体系是否主要根据不稳定的利害关系而使主权国家之间处于某种同盟关系状态的，还是该讲究多元化合作的国际体系的建构并不完全基于利害关系，它还把文化相同、共同利益、共同威胁、公共危害、地缘政治、生态平衡、道德共识作为一种建构该国际体系的合作纽带或国际政治原则。

　　一个国际体系、国际联盟、国际同盟为什么会发生分裂或解体呢？这个问题的原因是多方面的，但最重要的无非就数以下：一是未来或上任的国家元首之间在政治、经济、军事、安全等重要领域或方面出现隔阂或矛盾，且缺乏某种共识来化解这些世界共处或睦邻危机。二是当加入该体系或同盟无利可图时，国家间的内部敌对势力就会向各自的政府施加反对压力，迫使国家元首脱离该体系。三是国家之间或政府之间的共识领域或共需领域不管是不断减少、还是缺乏稳定性，或是缺乏多元化发展，都会导致彼此间的合作前景变得渺茫无望。四是加入这些国际体系、国际联盟、国际同盟所付出的代价远高于加入该体系或联盟所得的好处或收益。五是多元化的国际体系或国际同盟会因为暂时无法在权力、财富及安全等方面实现各取所需的国际交换与国际分工而土崩瓦解。六是该体系或联盟既无法满足国家发展需要，又无法满足世界发展需要，以及经济利益的协调。七是成员国之间追求的不是国际均势、权力平衡、利益协调、地位平等，而是国家利益最大化或国家权力最大化及威胁公共安全的霸权地位。八是作为主导该体系或联盟的大国的领导国严重衰弱，而其他成员国又没有能力胜任此位。九是该体系或联盟的主导国在未经他国同意的情况下牺牲某些成员国的利益和发展需求，或者轻视弱小国家的利益和发展需求。十是无法通过和平变革来实现政治更民主的均势结构和权力再分配，没有一种国际制度安排能促使国际政治经济权力平衡发展和国际地位平等化。十一是一个体系或联盟，稳定性取决于是否有利可图，在无利可图时该体系将处于不稳定的变革状态或分裂瓦解。十二是国际政治经济发展不平衡，国际军事技术发展不平衡，国家间权力不平衡增长，国家间实力不平衡增长及国际地位等级化会破坏该体系或联盟的和平稳定。十三是世界有限与分散的知识和信息皆无法准确定位复杂多变的世界发展情势，以及敌对的国家之间或国际体系之间在政治信息、经济信息及军事信息通常采取选择性显示与选择性隐藏的国际行为机制中皆不利于实现有效沟通和符合彼此的国家利益的战略互信。

我始终认为建立在多边合作基础上的既能满足国家发展需要，又能满足国际发展需要或世界发展需要，也能通过国际分工和国际交换实现各取所需的国际体系是最稳定的，即使一条源自某个领域或方面的合作纽带断裂了也不会导致该体系分化和解体，源自其他共需领域或共识方面的合作纽带，仍旧会把该体系的成员国们绑定在一起。对一个国际体系的每个成员国而言在各方面或领域越多越有值得合作的地方，它就不会因为其中一种"单一合作"的不复存在或结束而导致该体系没有存续下去的必要，该体系也会更加和平稳定，哪怕协调各国利益冲突和权力冲突对适应世界发展需要的变革而言必不可少，但也仍然许多值得成员国们继续合作下去的前景和价值。即，如果某个国际体系是建立在多元化合作的基础上的，那么其中一种合作要素或合作条件的消失，如共同威胁或共同危害在未来某天消失，可能并不会导致该体系没有存在或维系下去的必要而解体。因为还有其他值得成员国们合作的领域或需要促使成员国们继续维系该体系的正常运转。

另外在存在国际等级制度的由大国控制国际体系或国际同盟的情况下，如果和平变革无法成为可能或缺乏一种程序性制度来更迭或选举领导国，使新兴强国能够通过和平方式和外交手段替代衰落的大国，那么作为成员国的新兴强国必然挑战衰落大国的领导地位，其中当和平的外交手段无法促进霸权的和平交接时，还不排除通过战争方式实现这一目的。为了避免占据领导地位的大国退出该国际体系或国际同盟而其他成员国又没有能力或实力替代退局的大国而导致该体系解体，那么维护大国的权力和利益及地位的重要性在维系该体系的秩序中所能创造的价值就不亚于其他成员国。所以，为了避免被等级制度支配的国际体系或国际同盟因此领导作用的大国得不到与履行义务相应的权力和利益而退出或放弃控制该体系，从而引发该国际体系处于无领导状态而面临崩溃和解体，也不能一味强调成员国的利益和权力，而忽视应该给予大国该有的权力和利益及地位，要使大国履行的义务与获取的权利能够平衡发展，领导国过度承担义务将逐渐耗尽其实力，从而不利于该体系的稳定发展，这意味着该体系产生的防务开支或某方面的大额公共支出不应该独自由领导国而该由所有成员国共同承担，以避免领导国享有的职权与肩负之责间产生严重落差。尽管大国的担当和责任在上述情况下与其他成员国承担的义务往往是不能相提并论的。不过各成员国承认和决定授予某领导国控制该国际体系的主导地位和政治权力，那么政治报酬就应该根据他为该国际体系所创造的价值和作出的贡献而定，莫让其得不偿失。

有些学者认为多极体系是最稳定的体系，欧洲均势体系的漫长历史便是例证。有些学者则认为两极体系是最稳定的体系，如美俄两极体系。但人们对于"均势"的定义和理解，仍旧各执一词，法泰尔为"均势"下了一个定义："一种任何一个大国都不享有主导地位和不能够对他国发号施令的事态。"此种意义"均势"显然只是一种代表国家之间主权平等和国际地位平等的代名词。我认为严格意义上的"均势"应该被理解为：一种绝对性而非相对性的实力平衡。它可分为局部均势与总体均势，总体均势是指：一种人与人之间，企业之间，国家之间及国际体系之间在综合方面所体现出来的实力平衡。局部均势则指：一种人与人之间，企业之间，国家之间及国际体系之间在某个指定的单方面或个别领域中所体现出来的实力平衡或能力平衡。如果是这样，那么国家之间与国际体系之间在政治、经济、军事、教育、文化等各领域或方面就不可能存在严格意义的总体均势或整体均势，就算是严格意义的局部均势也是很难实现或维系的。所谓的由实力平衡决定的两极均势、三极均势及多极均势其实并不严格存在。因为如华尔兹所言:"国家寻求权力的制衡,而非权力的最大化,国家很少能够负担起以实现权力最大化和追求霸权地位为目标所带来的代价。"另外,一个国际体系的两极化发展或一个多极国际体系发展为两个敌对集团是一种充满政治歧义和利益冲突及缺乏安全保障的"分化过程",它与世界诸国形成两个或两个以上充满政治歧义和利益冲突及缺乏公共安全保障的敌对集团或敌对阵营,是一种"组合过程"是有区别的。分化过程被一种源自于政治、经济、军事、文化上不利世界秩序和国际关系和平稳定的"离心力",导致某体系发生变革。"组合过程"或"同化过程"则是某些主权国家之间凭借互惠互利的多元化合作而发展成多个政治目标、经济利益、公共安全、军事目标及文化相同的国际体系或国际联盟。如果世界诸国发展成一种关系并非十分稳定的三极体系,一个是以美国为中心的资本主义民主阵营,一个是以俄罗斯为中心的共产主义社会阵营,另一个是既不属于前者,也不属于后者的中立集团或阵营,那么在弱意义的两极均势存在的情况下,不管是中立集团或阵营中的某个影响力突出的国家在未来的某天加入任何一方都可能会打破这种两极均势的实力平衡,而这个影响力突出的国家则可能左右逢源,尽取其利。在一个实力决定权力和利益的再分配以及安全保障的国际政治经济发展不平衡,国际军事发展不平衡,国家间权力不平衡增长,国家间实力不平衡增长及国际地位等级化的现实世界,不管是国家之间,还是国际体系之间的实力不平衡发展,上述不利因素都说明了通过实现严格意义上的实力平衡来促进局部均势或整体均衡的目标尽管不是不可能实现的,也是无上困难的。另外,"权力由实力决定"这一命题尽管符合无政府状态的世界社会,但它本身就是携带冲突的性质的。(当然了,没有相应的实力,不管是对大国博弈,还是对小国竞争而言,再强硬的态度和立场也只不过是虚张声势)所以:权力应该由实力和义务的平衡和制约决定,不受强制性的必履义务约束的强权才完全或纯粹由实力决定,而且是危险的,如霸权主义国家或帝国主义国家就具有对其他国家的主权和领土完整及安全构成军事威胁的"进攻性对外扩张"的倾向。我并不认为多极,还是两极,或是单极,是促进体系稳定的关键因素或主要原因,我始终认为促进国家之间所建构的国际体系或国际体系之间的秩序良好和关系稳定的主要因素是共识领域和共需领域的不断扩增与不确定性因素的减少和对

142

不利因素的最有效控制，把同盟关系建立在互惠互利的多元化合作的基础上，通过共识领域和共需领域的扩增来降低合作成本和提高合作前景，反之，国家之间或国际体系之间共识领域的不断消减或缺乏稳定性就会导致歧义领域扩充和不确定性因素的增加，及在缺乏有效沟通和政治交流的信息不完全情况下做出危害全局利益的错误估算，这才是导致体系动荡无序的主要原因。也可以说国家间的和平稳定在关系上主要决于由不断扩增、长期稳定、多元化的共识领域和共需领域决定或所产生的合作价值。杰维斯认为，在国际行为体双方均不希望发生冲突的情境中会发生冲突和斗争，甚至走向战争，其原因之一在于决策者的错误知觉。对信息的错误解读导致对情势的误判，最终导致非本意结果。这一结论明显是从国家之间或国际体系之间共识领域的减少或共需方面的减少，缺乏有效的沟通和互动，有限与分散的知识和信息皆无法精准定位复杂多变的世界情势或目标定势是国家之间或国际体系之间在政治信息、经济信息及军事信息采取选择性显示与选择性隐藏所形成的信息共享困境得出的。在此情况必须把既不利于国家之间和国际体系之间的互惠互利的多元化合作，也会不同程度破坏世界文明秩序和国际关系稳定的有害因素进行枚举，我们找到了导致世界动荡和国际关系不稳定的根源，通过对症下药自然就能找到化解不利于人类实现可持续生存与发展的全球性多样性威胁。

如上述所提到的国际政治经济发展不平衡，国际军事发展不平衡，国家间权力不平衡增长，国家间实力不平衡增长及国际地位等级化在长期内所构成的危害对国家之间或国际体系之间皆不利于促进建立在有效沟通和互惠互利的基础上的多元化合作，并通过共识领域和共需领域的不断扩增来减少不确定性因素产生的不利影响和各种政治歧义。另外促成国际体系的秩序良好、关系稳定及对外扩张，是既与内部国家之间的权力平衡发展和利益协调发展密切相关的，该体系的对外扩张也不可能离开自身的实力增长。如果各种国际体系之间的综合实力能够平衡发展，那么就不会存在此消彼长的由软实力或硬实力及两者兼有的实力增长，也不会发生由该体系的这种实力增长驱使的对外扩张。这意味着该体系的实力增长和对外扩张只有平衡发展时，才能够建立一种稳定和谐的国际秩序，否则实力衰退和外部阻力将遏制对外扩张。另外对外扩张应该是适度的或合法的，某个国际体系超过综合实力的权力范围和势力范围的对外扩张总会令其他国家感到不安，并促使后者建立正义的国际制衡联盟，也容易与其他国家或国际体系产生破坏世界秩序的利益冲突或军事摩擦。也就是说，只有正在进行的对外扩张收缩至该体系的综合实力合法形成的权力范围和势力范围之内才能够建立一种和平稳定的世界政治经济秩序，而且对外扩张应该通过合法手段而非强权手段来实现。另外当对外扩张无利可图，或遭到势均力敌的敌对势力的遏制或阻碍而可能引发战争，或对外扩张的收益低于成本之时，收缩对外扩张可能才是明智之举。罗伯特·吉尔平认为："对外扩张对一个国家或某个国际体系而言，意味着加强领土扩张的控制权，扩张世界政府影响力，以及加强对国际经济的控制，相应地，各国也将获得越来越多的资源，并从规模经济中获利，这些发展将增强各国的综合实力。"

如果某个国际体系在政治和经济上保持高效发展，或者一个国家的综合实力的增长同它对国际体系的控制之间的关系呈线性发展，那么结果是前者将最终建立一个被该国际体系主导和支配的世界最高权力中心，后者将最终建立一个世界以某个国家为中心的世界帝国或世界霸权。政治和经济上的效率低下，对一个国家和所身处的某个国际体系而言都会削减综合实力（特别是硬实力），而霸权和效率短时间可能不会出现及时同行或相随的情况，但在一个相互依存的世界性市场经济中却为该体系的对外扩张创造了某些限制性条件。而国际体系的衰弱和动荡则主要是由政治统治成本的不断增加和经济生产效率的降低或滞后及技术领先地位的丧失而导致实力下降促使的。为了能够通过和平变革来促进国际体系的稳定和发展，必须满足下列条件：一是进行有效沟通和互动，在信息不对称的情况下实现更有质量的国际信息交换和国际资本流动。二是建立互惠互利的多元化合作或公共需要来提高合作前景和巩固联盟。三是不断促进该国际体系或联盟的共识领域和共需领域的扩增。四是国际制度能够在自愿情况下实现强权手段向合法手段过渡的变迁。五是建立一种由成员国们共同决定的，衰落的支配国以和平方式将领导地位和统治权力让予内部选举的新兴强国或体系外围的新兴国家的程序性制度。六是挑战国际现状的国家必须给能够给该体系中的支配国带来威胁和压力，以促使支配国积极改变国际现状（E.H.卡尔）。七是由于支配国从现状中获益最多，所以它们更有道义上的责任作出较大的让步，以取得成功的妥协（E.H.卡尔）。八是满足上述建构最优的国际体系所需的哪些必要条件。九是现代科学、知识和社会技术的进步，要求用一种更加理性的方式来解决国际问题，而不是用冲突和争斗的方式。全球性的现代化努力和使所有人都过更好生活的努力，使各国民族具有了一系列共同的关注和追求（罗伯特·吉尔平）。十是通过运用理性和开发技术，人类可以超越为相对利益进行的非理性争斗，而去追求全球利益的协调和权力平衡，特别是去解决生态恶化、资源枯竭等全球性问题（罗伯特·吉尔平）。

国际体系的变革类型，我认为有四种：第一种是指国际行为体的政治组织或经济组织发生结构性变化，也就是国家之间的同盟关系在该体系发生变化，既有成员国退出该体系，也有其他新成员国加入该体系的结构性变迁，有利的结构性变迁是指某些新成员国加入该体系更易于实现该体系所欲求的政治目标、经济目标、军事目标及安全目标，不利的结构性变迁是指某些成员国退出该体系不利于该体系所欲求的政治目标、经济目标、军事目标及安全目标，特别是占据领导地位的大国可能具有霸权主义倾向，如苏联。第二种是指由既有成员国退出该体系，又有新成员国加入该体系而导致该体系的基本功能发生变化，这种功能性变迁可能是趋向完备的，对解决和处理该体系的冲突和战争及公共事务是有利的，也可能是趋向恶化的，对解决和处理该体系的冲突和战争及公共事务不利的，或无法更有效帮助该体系达到自身所欲求的政治目标、经济目标、军事目标及安全目标，政治效率低下就是证明该体系的功能衰弱或功能不全的表现，如产生集体行动困境与公共安全困境，使成员国的处于公地悲剧的核心圈。第三种是指不仅国际体系的结构和功能，被等级制度支配的国际体系的支配国或领导国的身份、地位及权力皆已发生变化，或支配国退出该体系，或原先占据统治地位的大国因为衰落而被体系内部或体系外围的新兴强国取代的系统性变迁。第四种是指规制与约束某个国际体系的所有成员国的国际行为规则、国际选举制度、国际交换规则、国际关税协约、国际法律法规及国际政治经济制度已发生从等级制度向民主政治过渡或转型的制度变迁。而制度性变迁不仅影响国际体系的结构，也影响国际体系的功能，更影响系统性变迁的方式。由于为了实现"目的与手段的统一"与"原因和结果的统一"而使某个国际体系有所作为，对不同形式和功能的国际体系的控制形式也各有千秋，它主要取决于该体系所欲求的那些政治目标、经济目标、军事目标、安全目标及共需领域。而要达到系统控制某个国际体系的目的，就必须对立法、权力、利益、安全、人事、关系、互动、舆论、协约及贸易进行管控，使该体系的结构和功能的制度变迁有助于达到上述目标。如果该体系结构松散和功能不全，那么政治和经济效率的低下将导致该体系无法实现所欲求的那些政治目标、经济目标、军事目标及安全目标。不管是在被等级制度支配的国际体系或国际社会，还是被民主政治制度支配的国际体系或国际社会，通过立法程序或立法形式来建立各种具有强制力的能够有效约束每个成员国政府的国际规则、国际协约、国际法规及国际制度都是不可或缺的。

在某个国际体系内政治权力或经济权力的分配方式不仅决定该体系的命运，也影响着该体系的结构和功能的完备性，而为了不引发体系内部的权力冲突或利益冲突，有必要控制权力和利益的分配方式是否有利于促进该体系的稳定和发展。但最重要的仍是国际体系的权力分配能否实现相互制约，如成员国们的公共意志应该能够制约领导国的支配性权力，毕竟不受制约的权力总是危险的，以免引发分裂该体系的内部战争或领导国把其他成员国引向对外侵略的道路。由于国际体系是由主权国家之间构建的一种同盟关系或国际共同体，所以该体系的政治功能应该实现各国利益的协调发展，把既符合国家发展需要，又符合该体系的公共发展需要的经济目标作为控制成员国的对外政策和经济政策的国际政治经济原则。只要某个国际体系是建立在共同需要或共同利害的基础上的，那么除了领导国外，该体系每个成员国应该取得的利益就应该与他们的付出和所履行的义务成正比例分配，不能用牺牲一些成员国的利益来满足某些成员国的利益，或者把某些成员国的权益建立在损害另一些成员国的基础上。如果某个国际体系是盈利性的，那么利益分配正义应该秉承公平的按劳分配原则和按能分配原则，谁对该体系付出越多，做出的贡献越大就应该获得更多。正常来说，每个成员国自身的国家安全与主权国家之间所建构的国际体系的公共安全都是相互联系和彼此影响的，国际体系有义务保障每个成员国的主权和领土完整及国家安全，以满足各成员国的权利保障，每个成员国也有义务维护该国际体系的秩序和安全，共同抵抗入侵该联盟的敌对势力或国际体系。国际体系的人事管理既包括授权或同意某些新成员国加入，也包括撤销某些不称职、拒不履行义务、严重违反该体系共同制订的盟约、协约、规则及制度的成员国资格与在议会享有或占有的合法席位，被等级制度支配的国际体系还包括领导该体系的主导国或领导国的选举、替换、裁撤，以及主持该体系委员会的议会主席的选举、替换及裁撤等事宜。

若一个国际体系被等级制度支配，那么该国际体系就主要由成员国们共同授权和选举的支配国或领导国来控制的，而所有成员国也有义务服从主导国的领导，关系控制主要指在成员国未成功办理退出该国际体系期间限制与惩罚所有成员国与对该体系不利或损害该体系的权力、利益及安全的敌对国家或敌对国际体系建立正式的外交关系或同盟关系，也惩罚和控制所有成员国未经公意授权，秘密或擅自与正在损害该体系的权力、利益及安全的敌对国家结盟，或者未经公意允许不得加入曾经或现在正在损害该体系的权力利益及安全的其他国际体系或国际同盟。所以稳定国际体系的所有成员国之间的同盟关系，以及限制成员国与其他损害该体系的权力、利益及安全的敌对国家或敌对国际体系建立不利于维护该体系的和平稳定的中央控制是必要的。为了综合提高国际体系解决和处理国际事务的政治效率和经济效率，互动控制在国际体系内部的工作主要是为了促进更高质量的政治信息交换、经济信息交换及军事信息交换，以避免成员国们的政治信息、经济信息及军事信息形成相互采取选择性显示和选择性隐藏的信息共享困境。该国际体系对成员国与其他非成员国或其他国际体系的沟通和互动是否进行限制主要取决于成员国与之进行互动或建立同盟关系的非成员国或其他国际体系是否会侵犯该体系的权力、利益及安全，以防止成员国与非成员国或其他国际体系建立分裂瓦解该体系的串谋行为和同盟关系。但是这并不是意味着领导国享有权力剥夺该国际体系授予每个成员国与其他非成员国家建立外交关系或与其他非成员国建立互惠互利的国际贸易的自主权和自治权。由于控制国际体系的内部舆论会损害言论自由和批评自由，所以它是没必要的，但是针对敌对势力或敌对国际体系编造虚假的国际舆论来破坏该体系的和平与稳定的卑鄙行径，支配国既有义务进行辟谣和澄清事实，也有权力通过控制对成员国有利的舆论的方式来团结该体系的所有成员国，使之能够形成统一战线以抵抗敌对势力的入侵和威胁。惩罚和阻止一个国际体系的所有成员国与其他损害该体系的权力、利益及安全的敌对国家或敌对国际体系相勾结与私自签订对该体系不利的国际协约是必要的。也就是说，所有成员国有与任何不会损害该体系的权力、利益及安全的非成员国或其他国际体系签订互惠互利的合作协议或贸易协议的合法权利，但所有成员国与曾经或现在正在损害该体系的权力、利益及安全的敌对国家或敌对国际体系签订合作协议或贸易协约则应该征求该体系的所有成员国和领导国的同意和授权才行。

由于世界上存在多个体制、制度、结构、功能、目标及原则等不同的国际体系或国际联盟，所以由多个不同的主权国家之间通过外交手段建构的国际体系或国际同盟，也在说明某些主权国家可能在交互作用与彼此影响的国际政治关系、国际经济关系及国际军事关系之间享有"多重身份"，在多个国际体系或同盟关系之中也同时占有一席之地。也就是说，有些主权国家可能同时置身多个国际体系或国际同盟，并成为这些国际体系或国际同盟的会员国或候选会员国。毕竟有些主权国家同时加入多个边缘模糊的国际体系或国际同盟，或不同时期加入多个权力范围和势力范围比较明确的国际体系或国际同盟是可能的。而且事实上，很多现代化国家都这样做。这种"身在曹营，心在汉"或"游走于多个体系之间"的国际关系对具有多重身份的某些主权国家而言可能是有利的，但对他们同时所身处的多个国际体系或国际同盟而言却未必是有利的，这样做反而更不能证明其"忠诚"。因为某些具备多重身份，同时身处多个国际体系或国际同盟的国际体系之间或国际同盟之间一旦发生严重的恶性竞争、政治冲突、利益冲突、文化冲突及军事冲突、那么这些具备多重身份的主权国家应该做何选择？他们应该选择站在哪个阵营？一旦这些国际体系或国际同盟拒绝或反对任何成员国保持中立，在世界社会具有多重身份，游走于两个以上的国际体系之间的主权国家如何应对这种局势？如果具备多重身份的主权国家是因为共同利益而加入现在这些相互敌对的国际体系或国际同盟的，那么这不是与获利动机事与愿违的吗？另外，这种主权国家之间的这种三心二意的国际关系往往是建立在反复无常或复杂多变的利害关系的基础上的，所以纯粹或完全以非稳定的利害关系建构的国际体系必然是不稳定的、脆弱的、短命的。过去是敌人，现在是朋友；现在是朋友，未来可能是敌人，不仅可以说明国际关系的不稳定，也可以说明外交战略和对外政策总是随着国际上的权力和利益的再分配及安全竞争而变化的，或者也可以说国际上的权力和利益的再分配及安全竞争的变化促使各国不断调整外交战略和对外政策来应对挑战，我认为这种变化是相互作用和彼此影响的，而不是单方面的，于是出现不乏在对外政策上左右逢迎犹如墙头草的擅长见风使舵的国家也就不足为奇。不过，这样做并不是在任何情况和任何时候下总是有效的，因为在权力、利益、安全及地位等级存在矛盾或冲突的两个以上的国际体系之间不是无法容忍心猿意马的国家行为，就是一个善于见风使舵的国家无法自由游走于多个国际体系之间而注定被嫌弃。

如果国际体系之间或国际同盟之间限制各自阵营的成员国获取多重不利于该体系的稳定的身份和地位，那么防止他们制定自相矛盾或利益冲突的对外政策是合理的。若具备多重身份的主权国家这样做可以促进互惠互利的国家互助和多元化的国际合作及多个国际体系的利益，那么他们对某些国际体系或国际同盟而言或许是可以忍受或接受的。国际体系的建构原则与政治组织形式往往主要是根据主权国家之间的同盟关系、政治意愿、共同利益及长期比较稳定的共需领域或共识领域来决定的，而非无的放矢的。也就是说，主权国家之间通过外交手段建构的国际体系或国际同盟必然存在把他们团结或绑定在一起的共同的政治经济原则和安全目标。如果主权国家之间通过外交手段建构的国际体系或国际同盟只纯粹基于某种共同的政治目标，或经济目标，或军事目标、安全目标，那么该体系或同盟就是建立在一种互惠互利的单一化合作的基础上的，反之，如果主权国家之间通过外交手段建构的国际体系或国际同盟是基于两种或两种共同的原则和目标以上的，如政治目标、经济目标、军事目标及安全目标，那么该体系或同盟就是建立在一种互惠互利的多元化合作的基础上的。这也是为什么国际体系的建构原则与组织形式，既决定该体系的结构和功能，也决定了权力和利益的分配方式及和平稳定，更决定了控制该体系的形式、规则及制度以实现共同的政治目标、经济目标、军事目标及安全目标的重要原因。可以这样说，国家间通过外交手段建立在互惠互利的多元化合作基础上的国际体系或国际同盟会随着共需领域和共识领域的扩增和实现共同的政治目标、经济目标、军事目标及安全目标的动机而得以巩固。所以共需领域的扩增往往比纯粹建立在某种互惠互利的单一化合作或某种共识基础上的国际体系更加稳定。

如果某些主权国家之间通过互惠互利的多元化合作构建的国际体系或国际同盟，总体上可归纳于成员国们具有共同的政治目标、经济目标、军事目标及安全目标而使彼此处于同盟关系，那么共同的原则和目标就应该是某些主权国家之间通过外交手段建构国际体系或国际同盟的动机或基础。也就是说，共同的政治目标、经济目标、军事目标、安全目标及共需领域可以视为某些主权国家通过外交手段建立互惠互利的多元化合作的国际体系或国际同盟的建构原则或主要原则，而相同的文化传统、共同的价值观念、共同威胁、公共危害、道德共识、生态平衡及政治信仰等则可视为某些主权国家之间通过外交手段构建互惠互利的多元化合作的国际体系或国际同盟的国家次要原则或附属原则。但是次要原则或附属原则未必无足轻重，在某些特殊情况下，它可能比主要原则或建构原则更能影响某国际体系或国际同盟的成员国之间的多元化合作和同盟关系，或者在这种情况和时期占据主导局势的主要力量或因素。所以认为某些主权国家之间通过互惠互利的外交手段建构互惠互利的多元化合作的主要原则在任何时候和任何情况皆比次要原则或附属原则重要的观点显然是错误的。

事实上，在国际体系或国际联盟因为某种共同的政治目标，或经济目标，或军事目标，或安全目标消失或不复存在时，某些影响力突出的次要原则或附属原则通常能够弥补这些导致该体系或同盟发生分裂或解体的裂缝，即使解体的趋势不可逆转，起码某些比较重要的次要原则或附属原则也能够在某种程度上迟缓解体发生的时间。尽管主要原则或建构原则在国际体系或国际同盟中通常是占据支配各国行为或限制各国行动空间的主导地位的，但一旦它们的存在感和战略价值在某种态势和时期不断被削弱，支配地位就可能会让位于价值更突出和影响力更大的次要原则或附属原则。如在世界秩序良好和稳定的和平时期，花费大量的人力物力建立共同的军事目标和安全目标的欲望和需求会被削弱，在经济严重衰退时期也难以负担起与其他国家建立强大的军事同盟以实现共同的军事目标和战略安全的巨大国防和军事开支。当然这并不是说建立一支能够维护和保障该的主权和领土完整及安全所需的常备军的开销是不必要的或多余的，而是进行任何军事扩张都应该率先考虑到该国的经济实力和经济基础是否能够维系建立在共同的军事目标和安全目标的军事同盟和军事扩张，以及进行这种军事扩张或达到这种共同的军事目标和安全目标的军事同盟所带来的回报或收益是否高于为此所付出的经济代价，这也反向性说明发生在国家之间的局部战争或大规模的有限战争，均会刺激邻国或与该战争相关国家整顿军备和进行经济代价高昂的军备竞赛，有些国家还会因为敌对的盟友关系而处于危险的摩拳擦掌状态。如在国际政治发展不平衡，国际政治权力发展不平衡，国家之间权力发展不平衡，国际政治地位等级化的权力主要由实力决定，而义务在无政府状态难以约束权力的不平衡发展的情况下，某些有分歧或次要原则存在很大差异的国家之间要求建立共同的政治目标往往是很困难的，这不仅在于同盟关系确立或政治共同体建构之后难以实现国际政治经济权力的分配平等问题，而是在于国家之间各自追求的政治目标和利益目标有所不同，或者各自持有的政治观和世界观存在冲突，或者各自的政治信仰和政治教条充满歧义，或者国家之间的政治经济发展需要存在分歧或冲突。在此情况下，完全或纯粹基于共同的政治目标所建构的国际体系或国际同盟即使是可能的，但在某些次要原则或附属原则差异太大或存在分歧的境况也可能是不稳定的或短命的。

也就是说，如果完全或纯粹基于共同的政治目标建构的国际体系或国际政治同盟一旦在某日发生严重的政治分歧或利益冲突，而成员国之间又缺乏共同的次要原则或附属原则来化解政治上的权力冲突、政治歧义、利益冲突，尽管不排除该体系或同盟因为权力冲突而发生无法挽救的解体的可能。同样的道理，在国际经济发展不平衡，国际经济权力发展不平衡，国家之间实力发展不平衡，各国利益难以协调发展，即国际经济地位等级化的经济实力主要由生产要素禀赋优劣、政治效率的高低及国家制度的优劣决定的情况下，即使某些落后的发展中国家能够在主要由经济发达的国家推动的世界经济发展中取得"后天优势"，但是在上述境况得不到改善的情况下要求发展中国家和发达国家之间，资本主义国家与社会主义国家之间，民主国家之间与非民主国家之间建立共同和稳定的经济目标在经济权力分配不正义与世界贫富差距悬殊的情况下仍旧是非常困难的。上述境况必然削弱生产要素禀赋优劣悬殊的国家之间在存在政治歧义或权力冲突的情况下建立共同的经济目标的欲求，尽管这样做处于世界发展中心的发达国家可以推动处于世界发展外围的发展中国家的经济发展，或者建立经济目标相同的国际体系或国际经济同盟可以通过互惠互利的国际贸易和国际分工实现各取所需的国际交换。但由于政治歧义、权力冲突、文化冲突、军事冲突、军事威胁等不利因素引发的国际冲突未必会使敌对国家、敌对体系、敌对同盟及敌对阵营之间因为经济利益而不假思索地放弃或牺牲部分国家主权或政治权力来换取这种互惠互利和相互依存的国际经济合作，尽管这种国际经济合作是有利可图的。总而言之，当支配国家间通过外交手段建立在互惠互利的多元化合作基础上的国际体系或国际同盟的建构原则或政治原则无法正常发挥主导作用之时，成员国之间所共有的某些价值突出和影响力大的次要原则或附属原则往往会替代前者发挥维护或稳定该体系秩序的作用。尽管国家之间通过某些共同的次要原则或附属原则建立一个互惠互利的单一化合作的国际体系或联盟是可能的，但它可能经不起波折，这种国际关系也是动荡、脆弱或短命的。

斯蒂芬·沃尔特认为制衡远比追随强者更为普遍。这个结论是正确的，但在残酷的现实世界，也要认识到如果国际制衡联盟发动的制衡行动或制裁行动可能是软弱无力的，因为在互通有无和发达的国际关系网中，与侵略国存在利益关系或盟友关系的那些主权国家总会明目张胆或暗地里援助侵略国，国际制裁通常不是强有力、全方面及封闭式的（即通常无法实现世界上所有主权国家联合起来制裁非正义的侵略国和援助侵略国的国家的政治、军事、经济、外交、移民、教育、医疗及海外资产等，大多数国家都会为了保全自私的国家利益而采取保持中立的外交策略）所以制衡行动或国际制裁在自由开放和国际资本自由流动的现实世界就不总是有效的，这样就可能迫使某些弱小国家做出不得不追随强者的战略选择。也就是说，在开放性的国际社会或世界市场中，任何国际制衡联盟对具有侵略性威胁的敌对国家或危险国家实施制裁或进行制衡的效果都必然会因为这些具有侵略性威胁的敌对国家或危险国家对国际制衡联盟在政治、经济及军事上的依赖性的减少和替代性的变强或越大而被大大削弱。但是这不代表国际上强有力的制衡行动或制裁行动对具有侵略性威胁的国家构不成削弱性的威胁，尽管这可能依旧无法阻止具有侵略性威胁的大国入侵弱小国家，不过，各种有效的国际制裁确实很大程度提高了发动侵略战争的经济代价，尽管这种经济代价是战争时要付出的。当制衡联盟无法成功建立或制衡联盟的制衡行动软弱无力无法应对和解决安全威胁，在制衡联盟与具有侵略性的大国之间实力悬殊的情况下，这些低效无力的制衡行动对具有侵略性的大国往往构不成决定性威胁而迫使其放弃侵略企图，此时弱小国家可能在途中临阵倒戈，附庸强者，如侵略国。当依附或顺从无法阻止国家被侵略和吞并时，参与建立制衡联盟确实是唯一保全国家的有效途径，而推卸御敌责任和坐山观虎斗在此情况下就实属下策。但当制衡行动软弱无力或强有力的制衡联盟无法成功建立时，弱小国家依附或倾向于顺从具有威胁性的超级大国就是很具有诱惑性的。而且也不排除具有侵略性的大国通过威逼利诱和分而治之的各种手段来分裂不够稳定的"制衡联盟"，使其内部矛盾激化，让组成制衡联盟的政府间相互推卸"御敌责任"。"威逼"主要是指如果某些国家不顺从或附庸具有侵略性的大国，那么他就会率先攻击这些与其敌对的国家，或者使用军事手段强迫某些国家服从这个野心勃勃的大国。"利诱"则指如果某些国家顺从或支持具有侵略性的大国，那么他就不会攻击这些附庸的国家，还会在解决其他敌对国家的前后给予这些依附国家某些经济利益或提供某种安全承诺。另外，让面临共同的军事威胁的各国元首认识到潜在威胁和构成其安全威胁便强调建立制衡联盟和采取强有力制裁行动对其实施制衡总比潜在或伪装的侵略意图变成赤裸的现实或变得更明显时更容易也是困难的。因为各国元首之间又未必有这种安全受到这个大国威胁的共识或未必能够认识到共同面临的军事威胁需要组建强有力的制衡联盟来瓦解其分而治之的侵略企图和策略。而且事实上很多国家元首并不清楚具有侵略性的大国分而治之的侵略意图,比如通过外交手段来与一些比较强大或比较弱小的国家元首签订"安全协议"或"书面承诺"就可以迷惑立场不坚定的当局者,使其顺从强者或者要求其保持中立作为交换条件,尽管此时弱小国家相信具有侵略野心的大国的仁慈心肠是极其危险的。这种分而治之或在防御性的制衡联盟未成功建立的外交手段完全取决于这个具有侵略性的大国的军事策略是先大后小,还是先小后大,是先吃掉威胁比较大的强国,还是吃掉实力比较弱的小国,然后集中弱小国家的资源辗转吃掉强国。

斯蒂芬·沃尔特还认为与制衡相比,意识形态并不是结盟的一个强有力的动因。我认为国家之间联盟或结盟的最终目的不管是为了对具有侵略性威胁的大国实现强有力的制衡行动或制裁行动,还是因为彼此间存在共同的政治意识形态偏好,或是因为共同的安全需要或面临共同的军事威胁都是有可能促进这种互惠互利的国际合作的,而且促使国家间结盟的原因也往往是多样性的,如共同利益、权力需要、经济需要、军事需要、安全需要及发展需要皆可促进国家间建立一个目标一致的国际联盟,就像不管是基于软实力,还是出于硬实力,在世界社会的无政府秩序状态,大国都会吸引弱小的国家追随强者。但国际冲突也同样发生在国家间组建的联盟之内也不必感到奇怪,比如由意识形态偏好相同的社会主义国家组成的苏联也会因为内部的经济矛盾激化和俄罗斯追求霸权地位而与弱小成员的政治主权与地区安全发生利益冲突而导致其分化和解体,这说明意识形态偏好相同的国家间所建立的联盟同样存在脆弱性,意识形态相似的天然盟友也并不十分可靠,国家之间可能会因为权力分配、利益分配、安全威胁、文化冲突及国际地位等级化而发生难以协调或解决的国际冲突。意识形态偏好相同的社会主义国家之间之所以只能建立一种脆弱的联盟或同盟关系,主要是实力最强的社会主义国家有霸权主义倾向或企图取得让所有社会主义国家都臣服的领导地位,这会让其他国家感到主权和领土完整及安全受到威胁,比如新中国建国后不久的因为权力冲突和国家利益冲突所导致的"中苏交恶",以及苏联把"斯大林模式"强加给东欧社会主义国家,都会对这些社会主义国家的主权和领土完整及安全构成威胁，使这些苏联成员丧失所必需的独立和自由。这就是为什么对外援助夹带损害他国主权和领土完整及国家安全的政治渗透会招致受援国的憎恶和反对，也极易挑动受援国的国内反对势力借此理由发动反对政府接受援助和附庸大国的内战。虽然苏联大力援助新中国成立后的新中国，但苏联的"对外援助"与对东欧社会主义国家的"对外援助"的战略目标同样是满足其霸权主义行动的政治渗透，它并不是善意的，而是一种夹带威胁其他成员的政治主权和领土完整及国家安全的"政治渗透"，所以毛泽东拒绝了苏联这种卑鄙无耻的利用对外援助来谋取政治渗透的霸权主义行为或帝国主义行为，苏联撤走专家和各种设备和投资代表着中苏正式交恶，另一方面它同时也促进了中美关系的缓和与正常化。也就是说，一旦对外援助夹带卑鄙无耻的政治渗透，那么即使是意识形态偏好相同的社会主义国家之间也可能决裂和分手，比如苏联解体。只要大国或强国对弱小国家的对外援助的目的或企图是一种危害国家安全的政治渗透，那么对外援助不仅不会促使彼此建立正式的联盟关系，还会破坏原初友好的国家关系，不存在军事胁迫或政治渗透的对外援助与不因面对共同的安全威胁或公共危害才愿意提供对外援助的人道主义救援才可能是善意的或忠诚的。主权意识敏感但不是薄弱的主权国家可以接受大国或强国善意和人道的对外援助，却无法同时接受对外援助夹带具有威胁性的政治渗透。总而言之，除非某个强国或大国提供的某些对外援助是其他国家无法替代和提供的，否则对外援助对决定国家之间是否联盟所产生的影响将非常有限，而且通过具有政治渗透性质的对外援助来达到控制盟友的目的通常不会得到被庇护国支持或者往往适得其反。一旦这种具有威胁性的政治渗透存在颠覆政权的危险或会对邻国的主权和领土完整及安全构成威胁，那么国内民众和政府高层反对或抗议这种带有政治渗透对外援助的呼声就会高涨。由于还有很多重要的个人因素、国内因素及国际因素在控制和影响着每个主权国家的意识形态发展，而各国政府不可能不考虑这些不利的个人因素、国内因素及国际因素对与所欲联盟之国所产生的影响，所以国家间相同的意识形态偏好确实不是评估彼此是否值得建立正式的盟友关系的最重要依据，因为两国之间的元首更换、企业压力、政治压力、公共舆论、文化潮流、民族精神、国家主义及国际情势可能在朝反对或不利于彼此建立正式的盟友关系的方向发展。而造成一个国际体系、国际联盟、国际同盟解体的主要原因一般是国家之间的共需领域（并非共识领域）的不断减少，或缺乏稳定性，或缺乏多元化发展，以及成员国之间在权力分配、利益分配、安全需要、文化与宗教信仰及国际地位差异等存在难以协调或平衡的矛盾或冲突。但为什么民主国家之间缔结的联盟比社会主义国家之间建立的联盟更加和平稳定？我认为不纯粹是因为民主国家享有共同的政治信仰或存在共同的安全威胁和安全需要，（尽管北约组织就是为了保障成员国的公共安全而创立的军事组织）更重要的是在这个"民主联盟"内，民主国家之间在权力分配、利益分配、安全需要、国际地位等方面更容易实现协调或平衡，彼此可以在这个体系内通过成本最低的分工合作来实现各取所需的国际交换，以及在这个"民主联盟"内，民主国家之间的共识领域不断在扩增，变得相对稳定，并具备多元化发展的条件和前景，否则在长久的和平时期根据共同的安全威胁或安全需要建立军事组织的愿望和积极性就会大受影响，甚至没有存在必要。不过，民主国家与非民主国家联盟的可能性可能会因为受前者国内的政治压力和舆论压力的不利影响而变小，在新闻、教育、出版、言论被政治专制和政治独裁的极权政府控制的非民主国家则与之相反。当然了，也不排除在面临生死存亡的安全威胁之际，两个存在意识形态隔阂的国家之间也存在互惠互利的合作或联盟，如二战时期共同应对希特勒的军事入侵的美苏联和英苏联盟，尽管这种结盟会随安全威胁的消失而解体，这就说明根据共同的安全需要或安全威胁可能比根据共同的意识形态偏好更容易缔结成一个强有力的制衡联盟。因为意识形态偏好可能是不稳定的，制度变迁、政权更迭、外界文化输入及国际情势的变化等等都可能影响或改变开放社会的国家意识形态偏好。由于共同的意识形态偏好包括相同的经济体制或制度与共同或相似的政治信仰，所以对意识形态偏好相同的国家而言，显然可以在面对共同的安全威胁时积极起到促进建立制衡联盟和稳定联盟的作用。也就是说，即使对意识形态偏好相同的地区大国或超级大国而言，只要他们具有侵略性威胁的军事扩张就应该保持警惕，而此时邻国们建立强有力的国际制衡联盟显然可以未雨绸缪，防患于未然。

兰德尔·施韦勒关于造成"制衡不足"的主要原因，除了内在原因外，他在国际关系学局面所枚举的外在原因其实很不充分，或者说他的研究侧重于把造成"制衡不足"的主要原因归咎于国家内部或国内因素的准备不足。所以我认为除此之外，在国际关系层面他并没有涉及制衡不足的核心或关键因素，或者说他忽略了外部变量对内部变量所施加的决定性影响，至少没有把这两种影响制衡不足的内外变量放到同等重要的位置，比如即使一个主权国家能够满足他提出的四种国内层次的条件，也可能会在国际社会上落到孤军奋战或国际无援的孤立地步。首先在国际关系领域，涉及某事件的参与者与此事无关的局外人或旁观者都会站在某些不同的角度和立场看待某些来自国家外部的军事威胁和安全威胁。对涉身或面临某种军事威胁的主权国家而言，受害国就需要先了解该国是否是唯一的受害国，弄清楚是否还有其他国家的安全同样受到威胁，若是后者，那么其他弱小的受害国可能联合起来反抗或抵制侵害国？以及国际社会上的其他国家又是否愿意援助受害国抵抗或反击制造此事端的始作俑者？这种考虑或权衡通常是不可或缺的，其次是策略选择，是附庸侵害国，向侵略者投降，还是与其妥协？或是主张与其他受害国联合起来与之奋战到底？我们都知道如果受害国单独是一个国力比较弱小的主权国家，而侵略国则是一个强大的国家，那么这种以卵击石的国际困境，在缺乏国际社会的同情和其他国家无私的军事和经济援助的情况下，前者附庸侵略国，与其妥协或被其征服的可能性是比较大的。相反，如果受此威胁和侵害的国家数量比较多或比较强大，那么只要他们达成一种附庸侵略国或与其妥协无法从根本上解决该问题或危机的国际共识，那么理性的受害国就会倾向于联合起来，建立解决该危机的国际联盟，共同抵制或反抗施害国的军事入侵。即使如此，阴险狡诈的侵略国也可能惧于联合力量而采用"离间计"来达到分化瓦解制衡联盟和逐个消灭的政治或军事目的。其实即使是与此事件没有利益关系、权力关系及安全关系的其他旁观者或局外人一般也会根据从长远来看是否符合该国利益，以及援助这些受害国的收益是否大于损失，或是否会引起施害国的敌视和入侵，来决定是否与其他受害国建立制衡联盟来抗击或制裁未来很大可能也会使他们的国土安全和对外贸易受到损害的施害国。但在受害国不止一个的情况下，还是需要密切注意国际社会的态度和立场。如果第一受害国与其他受害国之间的关系十分不和睦是因为彼此之间存在严重的政治分歧、利益冲突、领土争端及经济冲突；如果与此事件没有任何利益关系的局外人与施害国之间的关系亲密或存在共同利益，或者像旁观者那样忌惮侵略国使用恐怖或强大的军事力量进行报复；如果受害国不是与此事件无关的局外人，而是推卸责任和坐视不管的旁观者，或者是暗地里与侵略国使用苦肉计和离间计的受害国，那么旁观者与施害国之间的串谋行为就容易激化受害国之间的国际矛盾，此时受害国们共同建立一个强有力抗击或制衡侵略国的国际联盟的成功性和可能性就会比较小。事实上，当受到威胁的国家之间所建立的国际联盟的经济实力和军事实力依旧无法与构成其威胁的地区大国或超级大国匹敌时，追随强者的诱惑就会比参与制衡的更大，还有就是其盟友们保持中立的态度和立场也可能比参与制衡更理想。因为他们知道一旦制衡的计划失败，那么与构成其威胁的地区大国或超级大国的矛盾就会加剧，甚至会在击败其他国家之后遭到秋后算账，比如在俄乌战争中，有些东欧国家就不敢从经济或军事上援助乌克兰，因为他们害怕一旦俄罗斯击败乌克兰之后，定会找他们秋后算账。另外，就是受到威胁的国家之间所建立的国际联盟与参与制衡的战略目标能否取得预期效果，是必须从解决和处理好受到共同的军事威胁或安全威胁的国家之间的一些内部矛盾、权力分配、政治协商及战略互信等安排开始的。比如怎么惩罚临阵倒戈和背叛该联盟的成员国，在动员和集中所有资源和力量时，国际联盟的权力如何分配，谁当领导国，谁先向构成其共同威胁的地区大国或超级大国采取进攻性政策，解决内部矛盾的需要是否大于或强于先集中力量共同对抗对他们构成威胁的国家等，所以任何联盟要想达到制衡目的，就须从自我约束和惩罚违规开始。

假设存在共同利益或关系稳定且密切的国家之间不会发生威胁国土安全的侵犯行为，那么敌对国家之间的关系必然比较脆弱、敏感及紧张，而且在经济贸易和安全方面的相互依存性也会出现减少的趋势。这在国际关系层面上依旧会对"制衡不足"产生一定的影响，特别是作为外生变量由利益冲突、共识减少、共需减少及公共危机组成的这四种不同性质的国际层次。除了上述那三种情况，以下三种关于利益冲突的情况也难以让受害国们建立一个强有力的制衡联盟或国际联盟抗击侵略国：一是如果第一受害国与其他受害国之间存在严重的利益冲突或不存在共同的利益损失和发展需要，那么这种威胁将难以让彼此联合起来对抗强敌。二是如果局外人与侵略国之间存在共同的利益或建立密切的合作伙伴关系和同盟关系，那么受害国可能会因为与局外人和旁观者之间的利益冲突而失去国际社会的同情和关爱。三是如果旁观者与施害国之间存在共同的利益，或者侵略国给予与此事件无关的局外人和旁观者的经济利益和关税优惠及军事合作是其他国家受害国无法给予或难以替代的，那么受害国可能失去其他国家的援助。在国际关系层面上，以下可能出现的几种情况也可以反映出建立制衡联盟或国际联盟抗击共同敌人的困难：一是第一受害国与其他受害国之间缺乏统一的安全共识或利益共识，而且彼此之间的某些共识领域出现减少或不稳定。二是受害国与其他与此事件没有任何直接关系的局外国之间不存在统一的安全共识或利益共识，或者说局外国与受害国之间的某些共需领域不是出现减少，就是向不稳定的方向发展，导致分歧剧化。三是如果某些受害国也做推卸责任或附属施害国的旁观者，那么不愿妥协的受害国与愿意附庸侵略国的旁观者之间就不会还存在相同的利益共识或安全共识可供他作为团结依据。三是如果其他受害者与第一受害国之间既没有共同的权力需要，也没有共同的经济需要，那么彼此关系脆弱或不确定性的安全需要就难以让彼此团结起来。如果受害国与其他与此事件无关的主权国家既没有共同的权力需要，也没有共同的经济需要，更没有共同的安全需要，那么在彼此共需领域不断减少，缺乏稳定性及不具备多元化发展的情况下就难以得到国际社会的同情和援助，更不要说与作为局外人的其他国家联合起来共同对抗施害国。如果推卸责任或坐视不管的旁观者不是受害国，而是与受害国在共需领域出现不断减少，缺乏稳定性及不具备多元化发展的与此事件没有关系的其他主权国家，那么作为局外人或旁观者的其他国家在政治、军事及经济上无私援助受害国和做出自我牺牲的可能性就会很小。四是如果第一受害国与其他受害国之间在程度上不是面临共同的公共危机或国土安全威胁，那么让彼此付出同等代价的军事行动或对施害国采取相同的经济制裁都是困难的，而且还不排除有些受损较小的受害国附庸侵略国或与之串谋以求生存。如果受害国与作为与此事件无关的局外国之间不存在共同的公共危机或国土安全威胁，或者需要共同才能解决和处理的影响彼此政治权力、经济利益及国土安全的全球性问题或国际威胁，那么在受害国与局外国之间的共识领域或共需领域不断减少，缺乏稳定性及不具备多元化发展的情况下是难以让局外国无私援助受害国的。如果与此事件无关的旁观者不是受害国，而是推卸责任或坐视不管的其他国家，那么一旦受害国与旁观者不存在共同的公共危机或国土安全威胁，或者需要共同才能解决和处理的影响彼此政治权力、经济利益及国土安全的全球性问题或国际威胁，且受害国在单边行动的成本或代价要高于集体行动所付出的情况下才肯联合，那么受害国们与旁观者成立强有力的制衡联盟或正义的国际联盟来抗击侵略国的可能性会很小。道理很简单，局外人和旁观者需要做出在政治、经济及军事上援助某受害国会作出以下

158

权衡来决定是否提供援助或与其建立国际联盟的国家考虑：一是援助是否符合或无损该国的利益？二是提供这些经济或军事上的援助又是否得不偿失或利大于弊？三是这样做是会不会遭受来自侵略国的经济制裁或军事报复，而其他旁观者却选择坐视不管。

其实在国际法上"软道理"和"硬道理"的应用范围还是比较广泛的，比如对具有侵略性威胁的大国或地区性大国所发起的制衡，它们在维系国际均势、抑制侵略战争及制裁侵略战争等方面都发挥着不同价值的国际作用和国际影响。所以软道理绝不仅限于在国家内战中政权的合法性是通过道德、知识及民意决定的，硬道理也绝不仅限于在国家内战中政权的合法性是由其组建的军队所取得的最终胜利决定的。在国际关系学通过软道理或硬道理来达到制衡目的可谓比比皆是，但有时可能需要"软硬兼施"才能达到制衡敌对国家的目的。如提供某些经济援助、医药援助、后勤保障等给被具有侵略战争性威胁的大国攻击的受害国，并对侵略国实施一系列强有力和封闭性的国际经济制裁，切断侵略国后勤补给，没收侵略国的海外资产，限制侵略国的某些商品或技术的进出口，限制侵略国的移民和留学等就属于通过软道理来达到制衡目的的常例。而通过硬道理来达到制衡或制裁战争的目的，如每个正义的国家不因私利对被侵略的受害国提供决定胜败的某些军事援助、军事培训、军事技术援助、情报援助、资金援助及国际上对侵略国实施封锁性的武器禁运和经贸合作，以及制裁向侵略国售卖武器的反正义国家。

如果像伊恩·赫德所说的："国家即使拒绝一项制度的合法性，也要面对一个改变了的环境，因为其他国家相信这一制度。"那么承认某国际制度或国际规则的合法性与不承认某国际制度或国际规则的合法性的意识形态相似的国家之间可能结盟吗？如果这两种对立的环境或秩序所产生的有利影响或负面影响对一方或另一方来说是长远的而非短期的，那么不适应多数国家认可的环境秩序的代价就可以是很高昂的，而且为了适应彼此所认可的国际制度或国际规则所塑造的某种国际社会环境，并不排除其他少数国家之间可能通过联盟的方式来更快适应独立于被多数国家认可的国际制度所塑造的另一种国际环境，只要彼此联盟的代价远小于彼此独立对抗多数国家所认可的国际制度或国际规则所塑造的那种国际环境，那么就很大可能会因为国际压力、安全需要、发展需要促使少数不认同或反对被多数国家认可的国际制度或国际规则所塑造的那种国际环境的国家之间联盟，比如北约组织的建立会促使华约组织的成立。我认为这不仅限于两大处于对峙状态的国际组织对某国际制度或国际规则的合法性缺乏共识的缘故，而是一个国际体系或国际联盟所共同制定的国际制度或国际规则所塑造的那种国际环境对其他国家构成了安全威胁或国际压力，或者这个国际体系的对外扩张具有侵略性威胁，会损害其他国家的发展需要和国家利益，令后者只能在夹缝中生存。而两大对抗的国际组织的成员国可能因为国内特征、社会制度、政治体制、政治信仰、宗教信仰、意识形态偏好等不同而无法或难以融入敌对阵营或组织。而合法性应该是道德绝对论而非道德相对论的产物，如果合法性不是普世统一的，而是道德相对论的产物，那么人们对合法性的认识和理解在很多情况下就是混乱的、冲突的、矛盾的、不一致的，甚至是非常主观的，"合法性危机"由此而生。一旦合法性缺乏最权威的道德共识（指具有普遍性和必然性又被大多数人认可的道德律），那么人与人或国家之间对合法性的认识和理解在政治、经济及军事上就会存在分歧，就会出现有些人或国家认为某国际制度合法而愿意遵守或服从，有些人或国家认为不合法而拒绝遵守或服从的局面，后者除了威逼利诱或动用暴力和专制的强制性权力惩罚或威胁前者服从后者外，往往很难令前者自愿遵守或服从那些后者制定的或者认为是合法性的制度、法律、政策、规则、草案、合同及契约等。

事实上我认为不管是因为安全需要，还是发展需要，或是权力需要，如果"追随强者"不限于斯蒂芬·沃尔特的定义："与引发或制造危机者结盟。"还适用于和平时期的国际关系，那么我认为追随强者与参与制衡同样普遍，特别是在当局者无法弄清具有侵略性的大国的入侵意图，以及成功组建的制衡联盟根本没有足够的实力对抗这个具有侵略性的超级大国的情况下更是如此。在阿拉伯世界，任何地区性大国争取领导地位的霸权主义倾向都可能会对邻国们的主权和领土完整及国家安全构成威胁，这就是为什么中东国家之间的国际关系变得很不稳定，为了安全需要和发展需要，其他国家需要与远处的大国或强国联盟来制衡该地区具有侵略性威胁的帝国主义倾向或霸权主义倾向的地区大国的原因。也就是说，只要国家之间的共需领域发生影响较大的转变，那么即使是联盟关系一般也会随共需领域的不断减少或长期不稳定性而发生颠覆性的改变。国家间在面对共同的安全威胁确实倾向于建立制衡联盟来制衡某个具有侵略性的大国，但在和平时期，因为发展需要追随或依附强者就不能仅限于面对共同的安全威胁所产生的制衡需要这个解释和考虑，因为不管是发展需要（如落后的发展中国家依附或依赖发达国家，也就是说，发展需要越迫切或某种对外援助不可替代，那么发展中国家与经济发达的强国或大国联盟的可能性就会更大）还是权力需要（如弱小国家依附或与大国联盟就可以在后者的权力范围和势力范围比较自由行动，且国际地位和国际影响力也会随这个大国的权力范围和势力范围的扩张而有所提高和变大）或是利益需要（如经济不发达的发展中国家要依赖经济发达的大国或强国的经济援助来改善落后的经济发展，而这些对外援助又可能是其他国家无法提供或代替的，或者彼此存在共同的利益关系，如彼此需要通过国际分工和国际交换满足各取所需）都可以促使国家之间联盟，而不是仅在面对共同的安全威胁或出现共同的安全需要才联盟。也就是说，国家间联盟的原因既是多样性的，也是因时制宜性的，但促使国家之间联盟的最主要原因无非是国家安全需要、发展需要、利益需要及权力需要，这些共需领域成为国家间联盟的动力，也使存在某些共需领域的国家之间成为权力相关国，或利益相关国，或安全相关国。当然了，其中还包括国家之间在贸易上依赖国际分工来实现各取所需的国际交换，以及国家间共识领域的扩增都会促使国家之间建立权力相关，或利益相关，或安全相关的国际联盟。

其实随着现代社会的科学技术的进步、军事技术的进步、互联网技术的进步、航天技术的进步、航海技术的进步、国际资本要素的自由流动及国际跨国金融体系的形成，主权国家之间根据地理环境和外交手段构建的地缘政治和地缘战略的战略价值和影响力显然比科学技术落后、战争期间重视地理环境、后勤保障、经济条件落后的古代社会有所下降，但这只是其中一个层面。第二个层面是在和平时期或法治世界状态，地缘政治和地缘战略的价值和影响力也会下降，反之不管是国家之间的局部战争，还是有限战争，或是地方冲突都会刺激相关邻国整顿和扩充军备，根据威胁安全的可能性程度建立相关的军事防御联盟，并重新审视地缘政治的战略价值，如俄乌战争就把与此战的权力和利益及安全相关的国家卷入扩充军备和进行军备竞赛的不安全状态。第三个层面是当某些国家之间纯粹或完全根据地理环境、地缘政治及地缘战略的需要建立一个互惠互利的国际体系或国际同盟，在该体系或同盟又无法在权力、财富及安全等方面实现各取所需的国际分工和国际交换，那么不仅该体系或同盟所倡导的地缘政治和地缘战略的价值和影响力会下降，该体系或同盟的作用和功能也会无法达到所欲求的政治目标、经济目标、军事目标及安全目标，这时地区性大国对主权和领土及安全构成威胁的弱小国家就会寻求超级大国的军事援助或经济援助，以制衡具有侵略性威胁的地区性大国，如在俄乌战争中，乌克兰会寻求俄罗斯的敌对国家的美国的军事援助，如果情况相反，那么地缘政治的战略价值和影响力就会直线上升。所以结合三者，我们会发现地缘政治和地缘战略所能起到的作用是有限的，但地缘政治对外交政策起到的作用和影响可能是不能忽略或轻视的，因为战争总发生在具有侵略性的邻国之间，只有少数战争需要在跨洲和跨洋上作战。上述交互作用和影响的国际因素就可以证明它们不是举足轻重的，而是受国际形势局限的。因为即使某些邻近国家之间根据共同的政治目标，或经济目标，或军事目标和安全目标构建一个以地缘政治为重心的国际体系或国际同盟，那么成员国之间为了追求最大化的国家权力和国家利益而导致的权力斗争、政治歧义、利益冲突、军事冲突，以及成员国之间的文化差异、价值观念的差异、道德观念的差异、风俗习惯的差异，以及宗教信仰差异构成的意识形态隔阂久而久之也可能会分裂或瓦解该国际体系或国际同盟。而且事实上，不管是古代文明，还是现代文明，邻国之间一直是最容易因为争夺领土、政治歧义、权力冲突、宗教歧视、资源危机、扩张野心、霸权政治、关税壁垒及贸易壁垒等问题引发不同规模的军事冲突或侵略战争的。

可见近邻国家之间根据地缘政治和地缘战略建构的国际体系或国际同盟并没有我们想象得那么稳定。一旦近邻国家之间根据地缘政治和地缘战略建构的国际体系或国际同盟，在缺乏足够多元化的由共同的原则和目标与缺乏由足够多样性的共同的次要原则或附属原则等共识领域来促进互惠互利的多元化国际合作，那么该体系或同盟必然是不稳定、脆弱的及短命的。这并不是说地缘政治变得不再重要或到了可以选择忽视的地步，因为高估和低估地缘政治的作用和价值可能都是危险的，应该从多方面客观评估地缘政治和睦邻政策在不同国际形势和不同层面所能产生的战略价值。而地缘政治优势是指与敌对国家或敌对同盟相比，不管是战略进攻，还是战略防御，某些国家或国际同盟在军事战略和地缘战略上仍旧存在以有利的地理环境为依托的地缘政治优势，如绵延山脉，浩瀚海洋，长海岸线，岛国林立，山林纵横、广袤沙漠、盟国环绕、邻国友好、气候条件及便捷的后勤补给线等都可能具有战略价值。

为什么说主权国家之间完全或纯粹建立在一种而非多种的互惠互

利的单一化合作基础上的国际体系或国际同盟是不稳定的、脆弱的或短命的呢？因为在实现某个共同的原则和目标的过程中，国家之间一旦发现权力冲突、政治分歧、利益冲突及文化冲突将没有其他共同的主要原则和次要原则来弥补彼此之间的裂缝或化解彼此之间的敌对，或者一旦这种单一化合作的目标达到，那么该体系或联盟是否有继续以高代价维持下去的必要和价值？还是一旦达到某种共同的政治目标，或经济目标，或军事目标就立即宣布解散，任凭去留？另外凭借某种互惠互利的单一化合作就可以套牢每个成员国和稳定成员国之间的同盟关系，使成员国继续履行义务吗？换句话说，即使这种互惠互利的单一化合作，如国家之间建立共同的政治目标，或经济目标，或军事目标，在所有互惠互利的单一化合作或互惠互利的多元化合作中是占据支配地位的，成员国之间在没有其他共同的主要原则和次要原则（即共识领域或共需领域不断减少的情况下）辅助和协调的情况下，依旧无法最大程度保证该体系或同盟不会陷入动荡或解体的危险局面。要知道在此情况下，除了原初秉承的那条共同原则或公共目标之外，成员国之间将没有任何其他共同的建构原则和附属原则作为合作前景或合作基础供彼此协调和化解之间的政治歧义和利益冲突，来稳定成员国之间的同盟关系和体系秩序，从而促进成员国们都用和平方式或外交手段来解决该体系或同盟内部的所有冲突和争端。举个例子，如果某些主权国家之间纯粹根据相同的文化传统建构互惠互利的单一化合作的国际体系或国际同盟，而无其他任何共同的原则和目标与附属原则可驱使成员国之间积极化解彼此的政治歧义和协调内部的利益冲突，那么随着成员国受政治意识形态隔阂的影响，价值观念、道德观念及思想观念的分歧，就会破坏该体系的团结。另外，历史并没有提供文化传统相同或政治意识形态偏好相同的主权国家之间必然建立一种长期稳定与平等互惠的同盟关系，以及受相同的宗教文化传统或政治共识影响的近邻国家之间的政治发展和经济发展及军事合作将实现同步增长或一体变革的充分证明。

如果某些主权国家之间通过外交手段构建的国际体系或国际同盟是纯粹建立在共同追求权力最大化或世界霸权而非权力平衡或国际均势的基础上的，那么在世界政治权力发展不平衡，国家之间实力发展不平衡，国际交换的不平等及国际政治地位等级化的情况下，不管针对成员国们追权逐利拟制的国际规则与国际制度是否是公平的和正义的，在国际社会的无政府状态，综合实力最强的成员国不管是在该体系或该同盟，或者在体系发展的外围，都是最有可能实现上述目标的国家，而不是每个成员国同时都能够实现权力最大化或世界政治霸权，毕竟最璀璨的王冠只有一项和象征权力的权杖也只有一把。可见在此情况下，每个生产要素禀赋优劣各异和实力强弱不等的成员国都能够实现权力最大化或取得最高政治地位不管是在该体系，还是在体系外都是不现实的。在类似情况下，即使把权力最大化改为利益最大化，把世界政治霸权改为世界经济霸权，某些主权国家之间通过外交手段构建的国际体系或国际同盟是纯粹建立在共同追求利益最大化或世界经济霸权的基础上的，那么在世界经济发展不平衡，各国生产要素禀赋优劣各异，国际经济权力发展不平衡，国际经济地位等级化的情况下，即使为了实现各取所需的国际分工和国际交换所建立的国际贸易规则和关税协约对成员国来说是公平的和互惠互利的。经济实力最强的成员国不管是在该体系或该同盟，或者在体系发展的外围，在国际竞争中都是最有可能实现利益最大化的国家，而不是每个成员国都同时能够实现国家利益的最大化。如果某些主权国家之间要求建立共同的军事目标以满足彼此的安全需要，那么一旦成员国在合作途中发生政治歧义、利益冲突、文化冲突、宗教歧视、资源危机、扩张野心、强权政治、经济强权、义务冲突、国际侵权，而又无其他任何共同的原则和目标与附属原则作为合作前景驱使成员国之间积极化解彼此的冲突和纠纷，即使受害国的损失能够得到合理补偿，那么上述发生在同盟内部的不利因素在和平变革无法实现的情况下就可能会成为分裂或瓦解该体系的导火线，最终结果是纯粹根据共同的军事目标来满足彼此的安全需要在上述不利因素的影响下难以建立代价最小或成本最低又完全能够实现该目标的稳定有序的体系或同盟，毕竟某些主权国家之间要求建立共同的军事目标或军事同盟需要一定的经济基础或经济实力，而这对经济落后的发展中国家或弱小国家而言显然是一笔沉重而战略价值又并非突出的经济负担，（特别是在世界相对和平的时期）除非他们的国家安全受到威胁，否则很难让弱小国家牺牲财富。

另外，根据比较系统的层次分析（肯尼思·华尔兹发明的国际分析方法），某些主权国家之间要求建立共同的军事目标来满足共同的安全需要和制衡需要的欲求并不是在任何时候和任何情况下都如此强烈或有增无减的，在人性和智识不断完备的文明进程中，在敌对势力衰弱，在敌对体系解体，在长期和平时期，在国际公共安全危机消失之后，在军事威胁消失并达成和平协议之后，在国家内部结构的政治权力相互制约和国家制度完善状态，在强权手段向合法手段过渡的具有强制力和约束力的法治世界状态等有利因素的影响下皆会削弱某些主权国家之间要求建立共同的军事目标来应对外部军事威胁和满足彼此的安全需要的欲求。但这并不是说在这些有利于促进和平与安全的国际条件下会完全促使各国放弃或打消建立共同的安全目标和应对共同的军事威胁来实现彼此的安全需要的念头或目标。事实上在国际社会的无政府秩序状态，在公共安全困境未解除之日，在各国没有同时永远废除常备军，在允许各国使用军事手段来解决彼此之间的冲突和纠纷的情况下，世界上大部分主权国家都不会主动放弃或永远打消应对共同的军事威胁及可以满足各自的安全需要的军事同盟或国际联盟，尽管使用军事武力和战争手段解决权力冲突、利益冲突及安全威胁的代价高昂，但历史教训却告诉我们即使现代使用军事手段的经济代价已经大幅度提高，但也无法阻止具有侵略性威胁的大国或强国利用军事手段来实现卑鄙的国家利益或领土扩张，更不会阻止某些国家冒险开战，甚至具有侵略野心的帝国主义国家或霸权主义国家还乐此不疲。提高具有侵略性威胁的霸权主义国家或帝国主义国家的单边主义军事行动的政治代价、经济代价及军事代价确实是一种预防侵略战争发生的有效措施或国际手段，但这完全依赖目标一致或安全需要相同的国家之间能否采取一种强有力的集体行动来实现国际制裁和对外援助。当然，也不排除某些主权国家之间在解决和应对共同的安全威胁或公共危害时会临时组建一个能够实现该目标的国际组织或国际联盟。不过，一旦共同威胁或公共危害被彻底解决，成员们要么是去留自由，要么长期保留该组织，要么宣布解散该国际联盟。

在国际体系理论中，我认为有三种文化性质和行为特征不同的政治模式在影响各种国际体系的制度安排趋向国际民主政治的历史变迁，但这并不能充分证明或解释从世界发展中建立的国际体系、国际组织及国际联盟已经逐渐把非民主政治淘汰，只能说它已经变得不再受欢迎，最重要的是它的政治后果无法被人们所接受，即：这些国际体系、国际组织及国际联盟采取的权力转移方式和权力分配制度的不平等和非民主导致的内部矛盾不断激化，促使其趋向了解体。第一种是霸权模式。也就是说，金德尔伯格所谓的"一个国家单独主宰国际政治和经济关系的规则和安排的能力"，比如华约组织和苏联及北约组织。它主要具有以下行为特征（包括但不限于）：（1）该国际体系、国际组织或国际联盟的主导国或领导国并不是所有成员国或成员国通过民主平等的政治程序定期选举产生的。（2）主导国或领导国享有凌驾于所有成员或准成员之上的权力或特权，且对成员实行政治或经济霸权。（3）由主导国或领导国制定规则，但其不受规则的同等制约，且还绝对控制着该体系的议程。（4）由一个主导国或领导国掌握该体系的最高权力，其他成员必须服从其至高无上的统治地位，且没有讨价还价的余地或与其争雄的机会。（5）该体系或联盟的领导国或主导国把自己的意志强加于其他成员国，甚至粗暴干涉其他成员的内政，不尊重甚至侵犯别国的主权和独立。（6）该国际体系、国际组织或国际联盟的主导国或领导国对其他非成员国具有侵略性威胁。第二种是寡头模式，比如联合国和以前的国联。（1）该国际体系、国际组织或国际联盟的少数主导国或部分领导国并不是所有成员国或成员国通过民主平等的政治程序定期选举产生的。（2）该国际体系、国际组织及国际联盟被少数领导国或主导国所控制，这些领导国或主导国无论是权力还是地位皆凌驾于其他成员之上。（3）这些少数领导国或主导国在该国际体系、国际组织或国际联盟制定和修改规则或盟约的权力，而其他成员国则不享有同等的权利。（4）少数领导国或主导国控制着该国际体系、国际组织或国际联盟的重大议程和政治决议，比如他们享有一票否决权，而其他成员则没有。（5）该国际体系、国际组织或国际联盟的政治经济权力主要集中少数主导国或领导国手中。（6）该国际体系、国际组织或国际联盟名为民主政体实则不民主，各成员的主权实际不平等。第三种是民主模式，比如主权平等的欧盟组织。（1）该国际体系、国际组织或国际联盟在政治、经济及军事上是一种主权平等的民主政体。（2）该国际体系、国际组织或国际联盟的所有成员国的政治经济权力的分配是平等民主的。（3）在该国际体系、国际组织或国际联盟中，没有任何成员的权力和地位凌驾于他国之上。（4）在该国际体系、国际组织或国际联盟中，所有成员国享有制定和修改规则的平等权利。（5）该国际体系、国际组织或国际联盟的重大议程和政治决议一律由所有成员平等掌控。（6）所有成员在该国际体系、国际组织或国际联盟享有平等的投票权、选举权及国家豁免权等。

也就是说，国际体系、国际组织及国际联盟的之所以通常在内忧外患的夹击之时发生解体的，主要是因为非民主的霸权模式或寡头模式制造的矛盾或冲突要多于或大于外部的压力和威胁，而且离心离德的内忧通常比外患更致命，比如由政治权力不平等、经济利益不协调、国家主权不平等、国际地位等级化及国际权力分配不平等所产生的内部矛盾的不断激化和积累，在一般情况下就比向这些国际体系、国际组织及国际联盟施加的外部压力或外部威胁更大，其中就包括领导国或大国推卸责任，面对外部威胁时采取绥靖政策，或者通过牺牲小国的主权或利益来换取短期和平、对弱小成员采取霸权主义政策等，这就是为什么具有严重的霸权主义倾向的华约组织和苏联会趋向解体，而在苏联霸权之后必然促使一些内部成员积极寻求外部合作的主要原因。而不同政治模式的国际体系所建立的国际交换机制所产生的交换结果必然有所不同，被霸权模式和寡头模式支配的国际体系要求在国际交换机制中优先考虑或满足领导国或少数主导国的权力需要、经济利益及福利待遇等。在此我们会发现，对三种不同政治模式的国际体系而言，民主模式的政治危机是在其内部滋生和发展非民主的霸权模式或寡头模式，而霸权模式或寡头模式的政治危机则是服从其统治的成员国们开始反抗强权政治，要求建立一种民主政治秩序，以实现或谋求国际政治经济权力的平等分配。但在霸权模式或寡头模式这种等级关系中，我认为有实力和野心的成员国并非都仅谋求一种可以实现国际政治经济权力的平等分配的民主政治秩序，而是该国际体系、国际组织或国际联盟的主导地位和领导权，是取而代之而不是一视同仁，毕竟在这两种非民主模式中，才能实现国家权力和国家利益的最大化，以提高该国的国际地位，可以说在霸权模式下，主导国或领导国所能谋求的权力和利益是非常大的。但若是在国际体系采取民主体制的情况下，再强大的成员国所能获得的政治权力和经济利益都是非常有限的，或者说是不能违反平等原则的。这意味着在世界社会的无政府秩序状态，弗朗西斯·福山关于自由民主政体可能构成"人类意识形态进化的终点"和"人类政府的最终形式"，并由此构成"历史的终结"的世界发展规律是不会自生自发形成的，因为并非任何国际体系、国际组织或国际联盟，以及其所有成员都赞同和期盼一种可以实现国际政治经济权力的平等分配、国际地位平等化及各国主权都一律平等的民主政治秩序，（尽管大多数成员国可以通过体系规则向少数成员国或具有霸权主义倾向的最强大成员国施加政治或经济方面的压力，对其采取软制衡）无论在任何国际体系、国际组织或国际联盟，那些有野心的（具有侵略性威胁）、有实力的、强大的及有潜力的成员国最终谋求的通常不是只有在民主政治秩序才能实现的主权平等、权力平等、地位平等及利益协调等的政治经济目的，而是国家权力最大化、国家利益最大化、地区性或世界性霸权地位。或者可以这样说，福山的关于"历史的终结"在世界社会的无政府状态属于一种不具备满足其他必要的政治条件的道德主义或理想主义，如人人平等在现实世界就属于一种道德理想，在现实社会中结果却相反，即使在高度正义的法治社会也恐怕难以实现。如果是这样的话，我们就会发现在建立某些国际体系、国际组织或国际联盟的政治过程中成员国们都有各自的盘算或私心，超级大国会倾向于采取霸权模式，强国或大国则倾向于采取寡头模式（这两种非民主体制都属于等级制度）弱小国家则倾向于采取民主模式。归纳成一句话，就是雷蒙·阿隆所说的："一个大国要么无法忍受与其他国家平起平坐的平等地位而尽可能走向帝国，要么认为自己站在主权国家最前列并致力于让大家接受这种优越地位。"这就是为什么在历史上具有侵略性威胁和受扩张文化影响的俄罗斯与获取霸权手段相对仁义的美国在国际社会上从来不是一个安分守己、信奉国际均势及国际权力平衡的超级大国，其他国家企图通过改变和控制国际制度与合法性等软制衡来约束超级大国的战略目标在世界社会的无政府状态将因难以实现而注定落空。

第十一章 国际关系的脆弱性与稳健性

接下来的研究是关于国际关系的脆弱性、稳健性及不确定性对外交政策的影响的分析。国际关系中的"脆弱性"与"稳健性"是两个意义和性质相反的学术概念，而其中的"脆弱性"就包含了不同国家之间产生或引发的各种影响彼此正常互动和外交关系的国际冲突或国际矛盾，包括冷战和发动的侵略战争。"稳健性"则与脆弱性相对，其中主要包括了不同的国家之间的政治互动和外交关系产生了一种有效促使世界秩序普遍朝文明的方向和目的发展的国际趋势。如果说国际关系中的脆弱性在国家之间的互动和交往中是一种趋向混乱无序的熵增过程或结果，那么稳健性就是一种国家之间的互动和交往是一种趋向稳定有序的熵减过程或结果。但自古以来，主权国家之间构筑的国际关系通常在世界发展和历史洪流中充满不可预知的不确定性，甚至是一些由多个国家悉心构建的看似牢不可破的同盟关系也并非稳定不变。这也是为什么国家之间所构建的国际关系的脆弱性和紧张性及敏感性一直受各种稳定性因素、不确定性因素及由各国实力决定的权力范围和势力范围的扩缩影响。所以此文有两个核心问题需要解决，第一个是决定国家之间构建的国际关系的脆弱性、稳定性及不确定性的主要因素或重要原因是什么呢？第二个问题是国家之间建构的国际关系的脆弱性、稳定性及不确定性如何影响彼此制定的对外政策的属性和特征的？

对这个问题的探索必然仅限于在人类力所能及的范围之内，即如果造成国家间或政府间的国际关系中的脆弱性和不确定性的主要原因是由人类力所能及的范围之外的自然规律和世界环境及超人类力量造成的，那么我们可以忽略不计，因为这个问题是超出人类的认知和能力的，我们也没有改变和控制自然规律的超能力。所以决定国家之间的国际关系的脆弱性、稳定性及不确定性的主要因素或重要原因的有效性主要指发生在人类力所能及的范围之内可以被人力所能改变和控制的发展规律和世界事物和行为要素。既然我们着手解决和处理的是现实问题，那么对于不是在人类力所能及的范围之内的，人类无法改变和控制的自然规律、不确定性因素、偶然因素及世界发展规律，我们就是无能为力的。毕竟在人类力所能及的范围之内，我们才能够控制或有能力去改变那些重要的影响国际关系的脆弱性、稳健性及不确定性的自主性因素。但这并不是说，影响国际关系的脆弱性、稳健性及不确定性的他主性因素或共主性因素不重要，而是自主性因素比较突出，且对行为体而言自主性因素的可控性更强，更能影响自身的行为方式。但是外部的他主性因素却往往不受另一方控制，除非彼此属于某个国际组织或国际体系中的一员。所以共主性因素也往往源自某个团体或公共组织，而非完全由某成员说了算，除非该体系或组织内部是一种霸权模式。（这种情况或现象确实存在，不过这种公共权力和公共资源由专制或独裁的成员国掌控政治决议程序的非民主行为并不受大多数成员们的欢迎和支持，人们往往更倾心于一种平等民主的政治决议制度）所以除非他国欢迎或支持某国改变和控制影响该国命运的他主性因素，否则一个势均力敌的国家不可能轻易改变和控制他国才能改变和控制自身的他主性因素，如朝韩两国之间的长久对峙。

由于对任何国家而言改变和控制自主性因素永远都是最容易便捷的，也远比用强制性手段改变他人或他国更容易，成本和代价也更低，而一国独自或强制改变和控制某国才愿意改变的他主性因素的代价或成本又非常高昂，所以除非经他国同意或他国自愿，否则一国通过强力来改变和控制某国来适应该国的成本或代价必然非常高昂。这等于说，如果改变他人来适应自己是件非常困难的事或代价非常高昂，而改变自己的成本或代价远比前者要低廉多，或者相对容易，那么"强迫改变他人不如改变自己"的生存规则也可适用于国家间的国际关系的改善。但此生存规则也面临荣誉问题和优先问题及主权问题，毕竟改变自己来适应他人或他国普遍人们被当作是一件有损尊严和国格的大事，而谁为谁先做出妥协或让步也具有很强的争议性，如在国际竞争中是强国或大国对弱小国家的发展做出妥协或让步，还是弱小国家（如亚洲和非洲的大多数发展中国家）愿意接受强国或大国的社会改良建议，从而做出有利于促进该国福利的制度改良？

我认为这种做出改变或妥协的先后问题主要取决于哪国做出的妥协、让步及改变更有利于实现国际关系中或世界秩序中的稳健性，而不是随便让强大国家或弱小国家做出盲目的"牺牲"。而且在此之前，是否对做出妥协或让步的成员国制定相应的补偿性制度或法案是值得全体成员或公共组织认真对待或商榷的。我认为，如果世界上的大多数主权国家在实现国际关系或世界秩序中的稳健性无法就有充分证明是最优的提案、必需的国际议程、最优的国际制度安排及集体安全目标等重大国际问题达成一致同意原则时，为了实现国际关系或世界秩序中的稳健性，就需要少数成员国或某些反对的会员国们做出适当的妥协或让步。但在国际议程中应该先制定相关的能够普遍促进所有成员的权利平等和义务平等的补偿性制度或国际补偿法案，以此来积极促进那些持反对意见的少数成员国做出妥协的意愿，而非使用卑鄙无耻的手段来诱使或强制持反对意见的成员国率先做出改变或牺牲，再来议定相关的补偿性制度，这样显然会招致持反对意见的成员们的抗议。因为先做出改变或牺牲再来议定补偿的原则和标准可能是得不偿失的，或者只是一张国际议会开出的无法及时兑换的"空头支票"，更重要的是改变自己来适应他人或他国也普遍被人们当作是一件严重损害主权和尊严的卑微行为。另外，即使是对共主性因素而言，只要立法和政治上的决议规则是民主的，权力分配制度是平等的，任何团体或公共组织的非领导性成员改变和控制共主性因素的权力将是非常有限的，起码是受集体和相关制度制约的，而公共组织的立法与决议规则和权力分配模式将既影响公共组织的规模，又影响集体成员和公共组织的命运。也就是说，如果一个国家的人民不想做出任何具有进步意义的改变，那么即使另一个国家即使是出于善意的动机来热心改善这个国家的贫穷落后也是枉然的，更何况被试图改善的国家的文化传统、宗教信仰、风俗习惯、国家制度及政治信仰可能非常抵制这种基于善意的国际援助或改良运动，甚至还可能被贴上恶意或蓄意破坏的标签。这就是为什么自主性因素对国际关系的脆弱性、稳健性及不确定性的影响对每个独立自主的国际行为体比较具有主导性，还可通过选择性释放某些有价值的信息来促进与某些国家间的合作和战略互信。

由于他主性因素和共主性因素对局外人或某成员而言可控性比较弱，所以对促进国际关系中的稳健性而言始终比较被动，除非某国能率先或及时释放某些善意的或有利于促进彼此合作的动态信息。由于受他人或他国控制和改变的他主性因素对行为主体的己方来说纯粹是一种自主性因素，所以我们不难发现：我们可以改变和控制的自主性因素对局外的他人或他国而言是一种他主性因素，而他主性因素对作为己方的行为主体而言却是一种自主性因素。也就是说，无论是自主性因素，还是他主性因素，一般具有相对主义的性质和色彩，这要取

171

决于我们看待事物的角度。举个例子，只有 B 国才能改变和控制的自主性因素对 A 国或其他国家而言纯属是一种局外人难以改变和控制的他主性因素，而 A 国或其他国家才能改变和控制的自主性因素对作为局外人的 B 国而言却是一种难以改变或控制的他主性因素。共主性因素与自主性因素和他主性因素相对，一般共主性因素是不完全独自为公共组织或某集体中的某成员可以随意改变和控制，除非该成员是实质的领导性成员或主导性成员。因为共主性因素大多数或一般是集体或组织才能改变和控制的，如权力分配、选举制度、国际制度、国际法案、议会议程、立法决议及政治决议等等，公共组织或某国际团体的独立成员可以改变和控制共主性因素的权力往往非常有限，除非该组织或团体在政治上是专制独裁的。当然，国际关系中的稳健性不可能在忽略或轻视他主性因素和共主性因素的情况下实现，因为无视或忽略他主性因素和共主性因素也可视为一种草率或盲目的，没有计划和依据的策略。所以我为了实现国际关系中的稳健性而侧重改变和控制自主性因素的目的和初衷并不是在忽略或轻视他主性因素和共主性因素的情况下进行的，而是任何国家或政府改变可控的自主性因素（包括消除或抑制不利的自主性因素）来促进国际关系中的稳健性是重要的，不迈出此步就难以实现利益的协调。

而共主性因素之所以在实现国际关系或世界秩序中可以与自主性因素和他主性因素相提并论，那是因为共主性因素本质上可以看成是自主性因素和他主性因素相互作用和彼此影响的历史结果或公共变量。道理很简单，因为国际关系或世界秩序中的稳健性是世界各国共同努力的结果，而非单独某个国家可以自己实现的。而共主性因素其实就是成员国们可以一起改变和控制的自主性因素或他主性因素的相互作用的那些变量或变量关系，比如权力分配、选举制度、国际制度、国际法案、议会议程、立法决议及政治决议等共主性因素基本是由公共组织或全体成员改变和控制的，其中的各成员可以改变和控制自主性因素，对作为局外人的其他国家而言其实是一种相对意义上的只有他国才能改变和控制的他主性因素，所以共主性因素可以看成是人们改变和控制的自主性因素或他主性因素之间的相互作用和彼此影响的历史产物。而且很多重要的共主性因素往往可以成为一种统一和权威地用来检验和判断某成员国的政府行为或某成员国政府制定的对外政策是否存在破坏这个国际体系或世界秩序的稳健性的可能的一种标准。

那么决定国家之间的国际关系的脆弱性、稳定性及不确定性的主要因素或重要原因是什么？首先造成国家之间的国际关系充满不确定性的因素有很多，如各种受自然规律或宇宙规律决定或影响的不确定性因素、不稳定的偶然因素、不断变化的世界发展需要、国际分工合作的历史变迁及世界工业和科学技术变革等等。所以，如果导致国际关系充满脆弱性和不确定性的主要因素是那些发生在人类力所能及的范围之内的可控性较强的自主性因素、他主性因素及共主性因素，那么不利于实现国际关系或世界秩序的稳健性的各种自主性因素、他主性因素及共主性因素是可以通过人类不断完善的人性、智识水平、教育制度、国家制度及制度安排来逐渐消除的，但问题是世界文明进程是非线性的，所以历史上仍有较突出的质量飞跃，如古希腊古罗马的文艺复兴、中世纪的文艺复兴、欧洲的启蒙运动及起源于英国的现代工业革命，这些历史成就都告诉我们人类文明总体是进步的，但人类文明进程依旧有低谷，如中世纪欧洲的宗教战争，亚欧大陆君主国之间的战争，第一次世界大战及第二次世界大战等等，且现在还有严重的全球气候危机和世界安全危机迫切需要解决。而决定国家之间的国际关系的脆弱性或世界秩序趋向混乱无序的最主要原因，我认为主要有六：一是国家间的共识领域的不断减少或分歧加剧。而且即使是政治信仰、政治体制、宗教信仰及文化传统相同，也不足以使两个以上的国家之间构建的国际关系变得牢不可破或稳定不变，如政治信仰相同的社会主义国家之间，信奉三权分立的政治体制相同的民主国家之间，如宗教信仰相同的佛教国家之间、基督教国家之间及伊斯兰教国家之间，如文化传统相同的英美国家之间、苏联国家之间、英语国家之间及俄语国家之间等都发生过国际冲突或侵略战争。所以可以从以上历史经验得出以下结论：国家或政府间的共识领域的不断扩张和长期稳定及持续深化确实可以起到巩固或强化国际关系中的稳健性的作用和价值，但这些共识却不足以决定和影响国际关系或世界秩序中的稳健性，毕竟国家或政府之间的共识领域的不断扩张和长期稳定及持续深化受因时因势制宜性、利益关系的变化及安全威胁的变化的影响比较大。二是国家或政府之间的共需领域的不是不断减少，就是缺少长期稳定性，或不具备多元化合作的前景。我们都知道在一个国家之间相互依存，严重依赖通过专业化的国际分工来实现各国所取的现实世界，无论是共需领域的不断减少，还是某些共需领域缺少长期稳定性，或缺乏多元化合作都会导致国际关系或世界秩序变得脆弱紧张。而国家或政府之间的共需领域的不断扩增，或存在长期稳定性，或具备多元化合作显然又比国家或政府之间的共识领域的不断扩张和长期稳定及持续深化与多国通过全力协作解决和处理一国或少数国家无力解决和处理的某些国际危机或全球性问题，如气候问题、贸易壁垒及世界安全困境等更能决定国际关系或世界秩序中的稳健性，或者说此因素的影响更具有决定性。三是当弱小国家无力解决和处理的国际危机或全球性问题，如气候问题、贸易壁垒及世界安全困境等被多国通力协作成功解决和处理之后。或者是当弱小国家无力解决和处理的国际危机或全球性问题时，许多与此事没有任何利益关系或损失较小的主权国家选择坐视不管而非携手合作。我们都知道只要合作的成本小于单干的或单干的成本大于合作的，那么在受利益关系的影响下，面对一国或弱小国家无力解决和处理的国际危机或全球性问题，如气候问题、贸易壁垒及世界安全困境等国际难题的情况下，必然会促使受这些问题严重影响的国家或政府进行携手合作。尽管这种互惠互利的国际合作非常有利于解决和处理一国或弱小国家无力解决和处理的国际危机或全球性问题，如气候问题、贸易壁垒及世界安全困境等国际难题，且有促进或巩固国际关系或世界秩序中的稳健性的特殊作用，但多国通过全力协作解决国际危机或全球性问题之后也容易因没有合作必要而面临解体。这就是因危机或威胁而发起的国际合作，也会因为这些危机或威胁的成功解决而面临分手的局面，（如二战后的美苏关系和苏英关系的恶化），除非这些国际危机或全球性问题具有影响深远、损失严重及不断恶化的性质和特点，促使该危机或威胁影响的国家无法在短时间内解决。这意味着一国或弱小国家无力解决和处理的国际危机或全球性问题，如气候问题、贸易壁垒及世界安全困境等国际难题可以促使国家利益受此严重影响的政府间团结或联合起来共同应对，但因此危机或威胁建立的国际联盟或国际组织并不足以决定国际关系或世界秩序的稳健性。道理很简单，如果只要受这些国际危机或安全威胁严重影响的国家联合起来共同应对就能够实现解决，那么当这些国际危机或安全威胁被共同解决之后，该国际联盟或国际组织存续下去的合作前景或国际价值必然是大打折扣，接着这些国家之间的关系大多又会复归原状。相反，如果单干的成本或代价要小于合作的，但一国或弱小国家又无力解决和处理的国际危机或全球性问题，如气候问题、贸易壁垒及世界安全困境等，而与此危机或威胁无关或不存在利益关系的强大国家又置身事外或需要与受此危机或威胁严重影响的国家进行交换所需的资源才提供相关援助，那么一旦交换成本太过高昂，就会使与此危机或事件无关的国家袖手旁观，而这些国际性的危机或威胁必然会直接或间接破坏国际关系或世界秩序的稳健性，从而加剧国际局势的分歧或紧张，令国际关系更脆弱。四是国际制衡不足和道德不作为；每个正义的主权国家无法联合起来对抗任何侵略他国的侵略国，而且没有对抗任何侵略国的决心和毅力，或者不是对侵略国做出妥协或让步，就是大国为了自我利益牺牲小国的利益和安全。国际社会上的道德不作为包括一个主权国家对侵略他国的侵略国不是选择置身事外和冷眼旁观的态度和立场，就是采取劝说和议和的态度和立场（这不是在伸张正义或维护正义，而是在向对破坏世界正义的侵略国妥协）或者是说服被侵略的受害国对侵略国做出某些妥协或让步。如很多主权国家为了自私的国家利益，或者为了追求国家利益或国家权力的最大化而不愿意牺牲自我利益或倾向于选择舍弃世界正义的国家行为或政府行为。又如不愿意参与任何正义联盟发起的国际制裁是因为这些国家与侵略国存在密切或特殊的合作关系和利益关系，而这仅是为了保全或赢得从与侵略国的贸易合作或军事合作中所获得的国家利益或某些好处，或者因为他们与侵略国不是盟友关系就是关系密切的合作伙伴，所以他们反对参加国际正义联盟发起的任何制裁或可以有效削弱侵略国的实力的国际行动，而制衡不足或制裁低效就是由道德不作为所导致的。

当然，国际制衡不足也可能是由于正义联盟缺乏一个有实力和有责任的大国导致的，毕竟为了自我利益着想不愿做"出头鸟"是常有之事，因为这可能遭到强大的侵略国的军事报复，让胆怯的弱小国家不敢卷入这些纷争，或不敢与其他安全受到威胁的主权国家参加正义的国际制裁。当然，正义的国际制裁的有效性是既与世界各国的正义程度有关，也与国际制裁是否全面、有力、严厉及封闭有关，更与世界社会是否处于无政府秩序状态有关，如果世界上的大多数主权国家为了自私的国家利益倾向于舍弃世界正义，如果国际制裁并不全面、有力、严厉及封闭，而且还被自由流动的国际资本和贸易削弱；如果世界社会处于无政府秩序状态，没有更高的世界权威来惩罚国际社会上的道德不作为，那么就无法达到全世界的所有正义的主权国家联合起来孤立任何侵略他国的侵略国的道德目的。也就是说，只有任何侵略他国的侵略国（无论是谁）必然成为世界上所有国家联合制裁的对象，必然成为群起而攻之的世界公敌，只有使任何侵略他国的侵略国付出得不偿失的国家代价，只有制定对世界各国具有平等的强制力、约束力及权威性的世界宪法时才能最大程度上避免野心勃勃的国家发动侵略他国的战争。尽管"实力决定正义"、"实力是实现正义的基本条件"及"真理在大炮的射程之内"很符合现实世界的发展规律或描述了这个现实世界的残酷一面，但是我们应该知道现在导致国际关系变得脆弱和世界秩序变得混乱的主要原因之一是某些自私自利的主权国家在国际社会上的道德不作为导致国际制衡不足和正义的国际制裁变得低效或失灵，无法达到一起惩罚侵略国的目的。归根结底，这都是大多数主权国家抱着事不关己的态度和立场，各怀私心，不愿为了维护世界和平和伸张正义牺牲自我利益的结果所致。这些国家因为与侵略国建立或保持密切的合作关系或贸易关系就置受害国而不顾，就拒绝参与国际社会对侵略国发起的各种国际制裁，就反对在经济或军事上援助被侵略的受害国，或者对这种非正义的侵略战争采取保持中立和互不干涉或互不得罪的态度和立场，或者在国际社会上做起了毫无道德价值的"和事佬"和"议和家"。我认为为了保全自我利益为目的而对 A 国向 B 国发动非正义的侵略战争行为采取暧昧、消极、保守、中立、劝说、议和、回避、旁观的态度和立场的对外政策的国家们无疑等同在道德和法理层面上宽纵侵略战争而非严惩非正义的侵略行为。这让我想起了某个道德哲学家说过的一句话，他说："一个不能真正恨恶的人，也不可能真正爱善。"我认为这句话完全适用于说明和解释国家层面和国际层面上的各种道德不作为的中立行为或自私的国家行为。由于人们对 A 国向 B 国发动非正义的侵略战争行为采取保持中立和互不干涉或互不得罪的态度和立场的对外政策属于道德不作为的经典表现，所以这种为了自私的国家利益而舍弃世界正义或置世界正义不顾的道德不作为，绝对是世界秩序动荡的根本原因之一，也是人类和平发展的悲哀。这意味着在国际社会上支持、帮助及赞同侵略国的国家不可能是正义之国，反之，以各种有效方式在经济军事支持和援助被他国侵略的受害国的国家在满足不求回报的道德条件下必然是一个十分正义之国。所以俄乌战争应该成为正义与邪恶的分水岭，如果让侵略国取得最终胜利，那不仅是人类的悲哀，也是国际关系或世界秩序因道德不作为而变得脆弱的结果。在这种情况下，我认为并不是乌克兰败了，而是人类战败了，输给了自己。是大多数国家纵容侵略，是大多数国家袖手旁观，是大多数国家自私自利，所以邪恶才战胜了正义，是自私战胜了道义，是霸权战胜了法律。并不是乌克兰的实力过于弱小或俄罗斯过于强大，而是人类的道德发展水平过于落后（低于

176

了我们的预期或者对善的认识不够），又或许是我们全然忘记了雅斯贝尔斯的忠告："凡人通常漠不关心与麻木不仁。我们四周可能就正在发生最恐怖的事，人类相互之间可能做出最邪恶的罪行，我们心中充满怜悯，同时也担心这样的事可能发生在自己身上。但是，时过境迁之后我们又陷入日常的俗务，忘记了自己的同情感受，含含糊糊地继续过日子。对那些无名之辈与遥远之地受苦的人，我们甚至激不起一丝同情之心。"最后就是我们别忘了：人类宽纵或放任侵略战争的最终结果绝对不是通向和平或者能够换取长久和平，而是侵略者的得寸进尺或不断扩张，所以人类对侵略做出妥协或让步绝对不是可供选择的出路。

至于由"实力决定正义"和"真理在大炮的射程之内"的命题显然属于一种认可"强权即公理"的病态信念，尽管实力是人们实现正义的基本条件。其实只要 A 国在军事上发动侵略 B 国的侵略战争，而侵略战争在道德与法理学上属于犯"战争罪"，那么只有促进侵略国付出罪罚相应的侵略代价的制裁行为和军事援助才算是正义的或善的，而对此采取保持中立、互不干涉及互不得罪的对外政策的主权国家在这种情况下通常属于一种道德不作为而非热爱世界和平的经典表现。所以判断一个国家是否正义，是否真正在维护和伸张世界正义，在道德上是否有所作为，从一个主权国家对待侵略国的态度和立场，以及对侵略国所采取的对外政策的属性和特征就可以看出。埃德蒙·伯克对道德不作为的解析可谓是一针见血和入木三分，他说："恶人得胜的条件就是好人袖手旁观；邪恶盛行的条件，是善良者的沉默。"所以我认为："正义之所以会缺席，是因为好人袖手旁观"；从国际层面上来讲，世界正义之所以无法得到维护和伸张，那是因为世界上大多数主权国家都各怀私利，包庇侵略国，或因为与侵略国存在或建立密切的合作关系和利益关系，就拒绝参与任何正义联盟或反侵联盟发起和实施的各种国际制裁，导致制裁或制衡的效果被削弱，无法达到预期效果，或者导致很多国家之间因为利益冲突或因害怕失去从侵略国那里获得的某些好处或利益而无法联合起来制裁侵略国，所以他们选择袖手旁观和互不得罪，并且出于从侵略国所能获得的某些好处或利益考虑，拒绝在军事和经济上援助受害国，这些为了自我利益而舍弃世界正义或把国家利益凌驾于世界正义的国家行为在道德和法理学上不可能是正义之举。五是国家之间各怀私利；我认为最少有三种自私自利的国家行为模式让国家之间构筑的国际关系变得脆弱或令世界秩序趋

177

向混乱无序。①是任何主权国家在面对一个国家侵略另一个国家，因为事不关己（没有威胁到自身安全）都倾向于选择冷眼旁观或坐视不管的态度和立场，只会导致当这个国家的安全面临某个国家的军事威胁时，其他国家也会选择置身事外和冷眼旁观作为同等回应。②是很多主权国家为了自私的国家利益，或者为了追求国家利益或国家权力的最大化而不惜牺牲或倾向于选择舍弃世界正义，而这样做是为了保全自我利益。③是大多数主权国家追求的是国家利益或国家权力的最大化而非仅满足于国际均势或权力平衡，但是无论是权力斗争，还是利益冲突，或是军备竞赛都会不同程度地破坏世界社会的安定与和谐，并不断使国际竞争和国际冲突的恶化。六是国际社会或世界社会处于无政府秩序状态。世界社会处于无政府秩序状态的结果必然是世界各国自行其是，不受约束，各国放任自由的结果必然不是促进普世自由而是没有一个主权国家能够真正取得最大化的国家自由，而在一个没有合法的世界权威凌驾于各国政府之上的非法治世界状态，必然无法保障各国的合法权益，所以在这个自助世界体系，各国只能通过自己或联合他国来捍卫自己的权益。于是，不管是不平等或非等价的国际交换，还是强大国家制定的不公平的国际竞争规则，或是面对非正义的侵略战争或是各种国际侵权行为，弱小国家不是束手无策，就是要寻求帮助。也就是说，在一个缺乏合法的世界权威凌驾于各国政府之上的非法治世界状态，无论是非正义的侵略战争，还是各种国际侵权行为，或是各种不平等或非等价的国际交换都不可能获得应有的惩罚，而在这个奉行弱肉强食的丛林法则的自助世界则不可能有利于世界各国构筑更稳健或友善的国际关系来让世界的发展变得稳定有序。当然，国际关系或世界秩序中的脆弱性和不确定性可能不纯粹是上述其中的一种原因导致的，可能是其中的两种原因相互作用和彼此影响，的结果，也可能多种原因相互作用和彼此影响的结果，所以我们要采用动态分析方法来研究这些因果关系的逻辑联结。第二个问题是国家之间的国际关系的脆弱性、稳定性及不确定性如何影响彼此制定的对外政策的？首先我们需要先理解"对外政策"的性质和类型，我认为对外政策有三种性质不同或相反的类型，一种是传统或保守的趋向于中立或"旁观"的外交政策，（其实谋求国际均势的对外政策在大多数情况下很难当作是消极性的、被动性的或保守性的）。另一种是积极或主动的趋向于先发制人或具有进攻性现实主义性质的外交政策，再一种是采取被动或消极的趋向于依附和妥协及服从的外交政策。但在此文需要说明的是我所谓的"进攻性现实主义外交政策"这个概念的定义与传统理解具有很大差异。进攻性现实主义认为:"大国在面对另一个实力不断膨胀的国家时,第一反应不是寻求建立针对该国的均势同盟,而是倾向于采取推卸责任的政策。即把遏制实力不断膨胀的国家的责任推卸给他国,让他国充当责任承担者,自己则坐山观虎斗,冷眼旁观。"我认为,事实上这样理解和定义"进攻性现实主义"是错误的,因为这种性质上较保守或消极的定义完全与现实中的进攻性完全不符,所以无论是推卸责任,还是坐收渔利,或是置身事外在很多现实情况中不一定具有进攻的意义和价值及条件,甚至说这种进攻性现实主义是相对保守或中立的,我们称它为保守性或折中性的国际现实主义反而会更合理。

不过历史教训告诉我们:并非只有强国或大国才会主动或积极采取比较激进的进攻性现实主义政策,即使是硬实力和软实力较弱的弱小国家也可能积极或主动采取激进的进攻性现实主义政策,但他往往针对势均力敌或实力比本国弱小的国家(主要是具有安全威胁性的邻国),但对强大的国家却很难产生想要的预期效果,除非这种比较激进的进攻性现实主义政策具有与其结盟的性质或具有依附拉拢的关系,以凭借国外力量来压制敌对的势力或国家。如朝鲜的亲俄政策,韩国的亲美政策,菲律宾的亲美政策,以色列的亲美政策等等。而相对弱小的国家之所以有底气采取进攻性现实主义政策,这在很多时候都离不开这些弱小国家有强硬的后台,即能获得超级大国或某些军事实力和经济实力强的大国们的鼎力支持。所以只有强国或大国才会主动或积极采取比较激进的进攻性现实主义政策并非具有普遍性和必然性的世界通则或历史规律。反之,即使是世界上的强国或大国也可能消极或被动地采取比较保守的防御性现实主义政策,如改革开放后的新中国就倾向于比较保守的现实主义政策,英国、法国、德国及日本的对外政策也被动地受到美国的对外政策的左右和影响,或者需要先参考后者。但无论如何,国家实力始终是决定或影响对外政策的激进性、保守性及消极性的最重要因素或决定性力量,而且在这个不断变化的现实世界,各国的对外政策受因时因势制宜性的影响往往比较大,这意味着各国政府需要根据国家内部情况和国际形势不断调整针对不同国家制定的外交政策来适应那些已知的世界变化。当然,除了国家实力,其他作为自主性因素的内生变量也足以决定或影响对外政策的激进性、保守性及消极性等属性和特征,国内发展需要和政权政局变动,除了国家实力，其他作为自主性因素的内生变量也足以决定或影响对外政策的激进性、保守性及消极性等属性和特征，国内发展需要和政权政局变动，国家意识形态和国家元首偏好及国家实力长期的增减趋势变化等等。而且影响和决定对外政策的激进性、保守性及消极性等属性和特征的除了那些重要的作为内生变量的自主性因素之外，还有作为客观变量的各种不确定性因素、某些偶然因素，及不断变化的世界情势或自然环境，以及同样能够决定或影响对外政策的属性和特征的作为外生变量的那些重要的共主性因素，如权力范围与势力范围的扩缩，对称或不对称的国际均势，国家间关系的不确定变化，国际分工合作的稳定与变化及国际制度和国际交换规则的历史变迁等。当然，影响和决定对外政策的激进性、保守性及消极性等属性和特征的因素不可能是单方面的，有时也应该看作是由不同却相互作用和彼此影响的内生变量和外生变量及公共变量之间的函数关系建立的联立方程组，直白地说，就是各国的对外政策的调整和变化在很多情况下是根据不同的相互作用和彼此影响的内生变量和外生变量及公共变量之间的函数关系进行的。如果说即使是硬实力和软实力较弱的弱小国家也可能积极或主动采取比较激进的进攻性现实主义政策，那么超级大国或强大国家倾向于采取先发制人或具有进攻性现实主义性质的外交政策也同样不具有普遍性和必然性，这意味着即使是软硬实力兼具的超级大国既善于攻取，又善于防守，他也未必在任何时候和任何情况下都对弱小国家采取激进的进攻性现实主义政策，向弱小国家做出妥协或让步仍然是可能的。但发展中国家依赖或依附发达国家，弱小国家依赖或依附强大国家，成员国依赖或服从宗主国的领导都会迫使他们只能采取比较被动或消极的趋向于依附和妥协及服从的对外政策。一国具备能够独立自主满足内部发展需要的综合实力，确实可以减少依赖或依附，从而针对性或有目标地改变或调整对外政策的属性和特征，但是弱小国家要想改变对外政策的消极性或被动性绝非易事，因为决定或影响对外政策的属性和特征的最重要因素是国家实力的增减趋势。不过国内政治对国际政治的影响并不微妙，如政权更迭、元首换届、国内政变等都会直接影响该国与其他国家的对外政策与国际关系层次和属性，而被改变的国际关系层次和性质又会反向性地影响国际关系自身的稳健性或脆弱性。

那么国家之间的国际关系的脆弱性、稳定性及不确定性如何影响彼此制定的对外政策的？我们都知道对外政策是不完全根据自主性因素和决策性主权来决定的，所以在相互依存和依赖通过专业化的国际分工合作来实现各国所需的现实世界忽略或轻视共主性因素就一定是非常愚蠢无知的，这会使该国发展受到某些不利的限制。也就是说，对外政策的调整和变化主要取决于重要的内生变量和外生变量及公共变量（如共主性因素）之间的函数关系。而各国政府制定的对外政策能否成为一种有效解决国际冲突、处理国际问题、协调利益冲突，化解国际矛盾及调理权力冲突的"单边政策"，往往由相互作用和彼此影响的共主性因素决定。而不受任何外生变量影响的纯粹的单边政策似乎只存在于绝对封闭，从不对外开放的闭关锁国之国，但恐怕即使是现在的朝鲜也无法做到能够完全实现自产自足和满足发展需要。但是，任何纯粹的完全忽略他主性因素或共主性因素的单边政策不可能是一种真正意义上的对外政策，它只能算是对国家内部和该国社会有效的对内政策，而不能算作能对其他国家产生互动意义和沟通价值及合作意义的外交政策。这意味着对外政策具有多边性、协调性、互惠性、互补性及正义性才有解决国际冲突、处理国际问题、协调利益冲突，化解国际矛盾、调理权力冲突及实施正义的国际制裁等的实际价值，这也是实现国际关系或世界秩序的稳健性的关键。如果是这样的话，在这个国家间相互依存和彼此影响的讲究通过专业化的国际分工合作和国际交换来实现各国所需的现实世界，各国政府制定的对外政策不仅具有针对性和战略性，还必然存在相互影响的作用和关系。依此逻辑，国家之间构建的国际关系中的脆弱性、稳健性及不确定性必然会影响彼此制定的具有针对性和战略性及灵活性的对外政策，起码会促使各国政府调整制定的对外政策以符合其实力。道理很简单，国家间构建的国际关系的脆弱性和稳健性受利益关系、权力关系、安全需要、发展需要、军事威胁及贸易关系的影响，所以国家间利益关系、权力关系、安全需要及发展需要的变化会促使彼此调整最有利于自身的对外政策。而对于国际关系分析，我们可理解为：在世界社会的无政府秩序状态，国际关系的历史变迁的轴心在于国家之间贯彻和系统分析"三点一线"：即由国家实力决定的权力范围和势力范围、国际关系的层次和属性及对外政策的属性和特征这三个相互作用的变量关系所决定的一种国际政治上的层次分析。

现在我们可以总结或归纳出那些影响国际关系或世界秩序的脆弱性的最主要原因或因素：一是国家或政府之间的共识领域的不断减少或分歧加剧。二是国家或政府之间的共需领域的不是不断减少，就是缺少长期稳定性，或缺乏多元化合作。三是出现了弱小国家无力解决和处理的国际危机或全球性问题，如军事威胁、气候问题、贸易壁垒及世界安全困境，或这些国际危机或全球性问题被多国通力协作成功解决和处理之后又复归原状。四是各国政府间制定和实施对外政策明显不具有多边性、协调性、互惠性、互补性及正义性。五是很多国家的政府倾向于侧重自私的国家利益着想，促使自私的国家利益完全凌驾于世界正义之上，而直接轻视或忽略对外政策是否有利于促进世界永久和平与是否有利于维护世界正义。六是某些国家政府制定和实施的对外政策明显具有帝国主义、殖民主义或霸权主义倾向，以及该国的政治体制趋向于专制和独裁，而且通过军政分离控制政变。七是在权力、安全及财富等方面或领域通过专业化的国际分工合作来实现各取所需的世界社会中的国际制度是不平等的或国际交换是非等价的。八是制定国家利益凌驾于世界利益的对外政策，或国家制度与国际制度相矛盾或冲突。九是国家制度和国内政治具有强权主义、极权主义、威权主义及霸权主义的倾向或性质。十是世界社会处于无政府秩序状态，所以缺少一个具有强制力、约束力及权威性的世界性政府来约束各国政府行为，比如侵略战争、恐怖主义活动及违约行为。

如果说这些不利因素是导致国际关系和世界秩序变得极具脆弱性的最重要原因，那么相应的化解之道自然是反其道而行之，所以实现国际关系或世界秩序的稳健性的主要原因变成：一是国家或政府之间的共识领域的不断扩增、持续深化或长期稳定。二是国家或政府之间的共需领域的不是不断扩增，就是具备长期稳定性，或是趋向于多元化合作。三是出现了弱小国家无力解决和处理的国际危机或全球性问题，如气候问题、贸易壁垒及世界安全困境，促使受这些国际危机或军事威胁严重影响的国家在单干成本大于合作成本的情况下选择或倾向于建立互惠互利的合作关系来解决问题。四是各国政府间制定和实施的对外政策明显具有多边性、协调性、互惠性、互补性及正义性。五是很多国家的政府不再侧重于自私的国家利益，不会再把国家利益凌驾于世界正义之上而选择轻视或忽略对外政策是否有利于促进世界永久和平与是否有利于维护世界正义。六是某些国家政府制定和实施的对外政策明显具有促进各国主权平等、国际地位平等化、国际政治权力平衡发展，国际经济权力平衡发展、国际经济利益协调及世界永久和平的性质和内容。七是国家之间所追求的安全、财富及权力在国际上的交换是非等价的或不平等的，那么在国际上财富、权力及安全的非等价交换就是存在"差价"或"顺差"和"逆差"的强权规则已经被更文明和道德的国际制度和国际法所禁止，所以在权力、安全及财富等方面或领域通过专业化的国际分工合作来实现各取所需的世界社会中的国际制度是平等的或国际交换是等价的。八是制定符合世界利益和人类发展需要的对外政策，使国家制度与国际制度相协调。九是国家制度和国内政治具有反对极权主义、威权主义及霸权主义的宪法精神，以民主为基础的政治体制才体现人民主权。十是世界社会处于无政府状态已成过去，世界各国已冰释前嫌，并建立一个具有平等的强制力、约束力及权威性的世界政府来约束各成员国、各国政府及各国元首，人类已进入具有权威性的法治世界状态。

而国际关系或世界秩序的脆弱性、稳健性及不确定性之所以影响各国政府制定的对外政策，那是因为国际关系或世界秩序的脆弱性和稳健性既受一些重要的自主性因素影响，也受一些重要的他主性因素影响，更受一些重要的共主性因素的影响。换句话说，就是对外政策的调整与变化可以视为相互作用和彼此影响的自主性因素和他主性因素之间的函数关系，或自主性因素和共主性因素之间的函数关系，或他主性因素和共主性因素之间的函数关系的结果或依据。或者说正是这些不同的函数关系和由那些重要的不同的内生变量和外生变量建立的联立方程组决定了对外政策的属性与特征。这意味着对各国政府而言，对外政策的属性与特征和对外政策的战略调整主要取决于那些重要的不同的内生变量和外生变量所建立的联立方程组与那些重要的由不同的自主性因素、他主性因素及共主性因素之间建立的函数关系式。最后是国际关系或世界秩序的脆弱性也受对外政府的属性和特征及战略的影响，如当利益、安全或权力与善无法同时兼得时，各国政府往往倾向于舍弃道德和正义，要不倾向于选择保守中立的对外政策，要不倾向于选择利益、安全或权力，而非是在世界秩序中信奉广义公共善。当然了，也有不少主权国家出于国家安全考虑宁愿舍弃与侵略国的经济利益和贸易合作，也要加入孤立或制裁该侵略国的联盟或阵营中来，如在俄乌战争中，受俄罗斯军事威胁的东欧各国，毕竟国家安全要比经济利益重要得多，一个没有安全保障的国家，又谈何安定与发展。那些在俄乌战争中，国家安全没有受到俄罗斯的军事威胁的主权国家则会为了保全自身的经济利益或经贸合作，而做出舍弃世界正义的外交策略。无论如何，这种中立政策在道德和法理学上都是一种不利于维护世界正义和促进世界和平的国家不作为表现。所以无论是道德上的不作为，还是国际社会在一国对另一国的侵略战争中，或是为了自私的国家利益选择舍弃世界正义，某些主权国家采取互不得罪和保持中立的外交策略都是一种促使国际关系或世界秩序变得脆弱的国际行为。有句古语说：不能真正恨"恶"的人，也不可能真正爱"善"。说的就是，其他对一国向另一国发动的侵略战争，选择熟视无睹、置身事外、冷眼旁观及保持中立的外交策略的主权国家，他们名为不援助受害国或被侵国是为了尽可能避免拱火和冲突升级，实则是为了自私的国家利益而选择抛弃世界正义。那么说明或促使国际关系或世界秩序变得脆弱的国家表现和国际表现主要有哪些呢？我认为有：一是每个主权国家和各国政府在国际社会或世界社会中的道德不作为，如拒绝各种人道主义援助，不愿意或没有在政治、经济或军事上援助任何被他国侵略的主权国家（指受害国或被侵国），或者说对人道主义援助进行讨价还价。二是不愿意或没有在政治、经济或军事上援助任何被他国侵略的主权国家，一些主权国家以避免拱火、冲突升级及事态扩大为由拒绝加入参与制裁任何侵略国的国际联盟或防御联盟，实则是不肯在正义和强有力的国际制裁中做出自我牺牲，或者不想牺牲国家利益来与侵略国为敌。三是对一国侵略另一国的军事行动采取置身事外、互不得罪或保持中立的绥靖政策。四是基于自私自利的国家政治本性或出于为了自私的国家利益考虑，联合国的每个成员国无法联合或团结起来对抗世界上的任何侵略国，导致维护和伸张世界正义的联合国已名存实亡。五是作为侵略国的盟友或密切和特殊合作伙伴关系明里暗里支持侵略国对他国发起的军事入侵，这是一种道德败坏的行为。六是因为与侵略国存在密切的利益关系或经贸合作而拒绝从政治、经济或军事上援助被该国侵略的受害国或被侵国，或者拒绝加入正义的国际制裁联盟和参与发起国际制裁。七是因为国家安全或国家主权没有受到侵略国的军事行动威胁，便采取置身事外、互不得罪、保持中立及忽视他国诉求的旁观者策略。八是世界上的大部分主权国家的国家政府和国家元首倾向于把自私的国家利益完全凌驾于全球利益或世界正义之上。九是国家间构建的国际关系容易随国家实力的增减、利益关系和贸易关系的改变、国际政治权力的重新分配、安全危机和军事威胁及权力范围和势力范围的扩缩而发生显著变化。十是世界上某些强国或大国的对外扩张不是具有侵略性威胁，就是制定实施的对外政策具有霸权主义、帝国主义及殖民主义的倾向，或军事扩张对邻国或其他国家产生安全威胁。最后是某些国际关系学者所认为的观点："随着各国之间相互依存的经济关系和贸易关系的增强，或者是各取所需的国际分工和国际交换体系的发展，国家之间发动战争的经济代价不断变得高昂，所以国家间发动战争的可能性在不断减小。"但事实是：国家之间发动战争的经济代价不断变得高昂确实可以减小国家间发动战争的可能性或概率，但是，各取所需的国际分工和国际交换体系的发展程度与国家间的经济关系和贸易关系的相互依存强度不足以抑制或消除国家之间的战争，所以即使是相互依存的世界经济在以下情况下仍然难以满足或实现国际关系或世界秩序的稳健性：一是在国际安全困境没解决或世界永久和平没有实现的前提下。二是在国际均势或国际权力平衡被严重打破的情况下，恶性的国际竞争促使国家间的经济实力和军事实力出现此消彼长的情况下。三是国家间陷入恶性循环的军备竞赛的情况下，特别是一些敌对国家之间开展和进行的军备竞赛。四是在国家之间存在影响深远的永久性历史问题没有成功或圆满解决的情况下，如有侵略史、领土争端、主权纠纷及种族冲突。五是在各国仍旧拥有一支强大的对邻国或其他国家具有威慑力的常备军的不断准备状态。六是各取所需的国家间在安全、财富及权力等方面或领域的国际交换是不平等或非等价的，强大国家在贸易方面存在掠夺弱小国家的资本的情况，导致弱小国家长期出现贸易逆差。七是国际制度的不民主、等级化及不平等导致各国主权并不真正平等、国际政治权力和国际经济权力的分配不平等及国际法律地位的不平等化的情况下。八是在世界社会处于无政府秩序状态，所以缺乏一个具有强制力、约束力及权威性的能够平等约束各国政府和国家元首及跨国组织或企业的世界性政府。

另外，如果国际关系或世界秩序的脆弱性是由于与侵略国为伍的盟友或合作伙伴关系选择互不得罪和保持中立的道德不作为行为或为了自私的国家利益而舍弃世界正义的行为造成的，那么要想通过改变某些与侵略国为伍的盟友或合作伙伴关系的态度和立场及他们采取的对外政策的策略和属性，以促进国际关系或世界秩序的稳健性并不是不可能的。但只有以下情况才可能促使该目的实现：一是侵略国与其盟友和作为关系密切或特殊的合作伙伴正存在某些政治歧义或利益冲突，甚至对其盟友具有霸权主义倾向。二是侵略国与其盟友和作为关系密切或特殊的合作伙伴之间在经贸合作和军事合作等重要领域的替代性很强（即其盟友和作为关系密切或特殊的合作伙伴的其他国家从侵略国处所获得的经济利益或安全保障也容易从其他强大的国家那里获取，而且付出的代价和交易成本并不比侵略国的高，甚至可以说相差无几），而且违约成本很低，甚至不存在违约成本。三是侵略国与其盟友和作为关系密切或特殊的合作伙伴的其他国家间的共识领域不是不断减少，就是分歧加剧，或缺乏持续深化。四是侵略国与其盟友和作为关系密切或特殊的合作伙伴的其他国家间的共需领域的不是不断减少，就是缺少长期稳定性，或已缺乏多元化合作。五是侵略国与其盟友和其他合作伙伴的密切关系或特殊关系是在彼此间面对各自独立无法解决和处理的国际危机或国际问题时临时建构的，但是需要共同应对的国际危机或国际问题目前已经被成功解决了或到了最尾声了。六是与侵略国（A 国）作为盟友或关系密切和特殊的合作伙伴的其他国家与被该侵略国入侵的 B 国同样存在相互依存的经贸合作或军事合作，而且他们与 B 国在这些合作领域的替代性很弱，远比与 A 国的替代性要弱得多，并且违约成本或资产抵押很高。在这些情况下改变作为与此事件无关的局外人或旁观者的盟友或合作伙伴关系的态度和立场及他们采取的对外政策的策略和属性时就需要弄清：作为侵略国的 A 国的盟友和作为关系密切或特殊的合作伙伴的其他国家与此事件无关，并不代表或者并不意味着 A 国的盟友或合作伙伴关系与 A 国的经济利益、权力关系及安全关系不会受到 A 国入侵 B 国的国际事件影响，虽然此时 A 国的盟友和作为关系密切或特殊的其他国家（如"准盟友"或"候选盟友"）并未参与入侵 B 国的军事行动，或帮助 A 国。既然在上述六种情况中，可能可以通过改变某些与侵略国为伍的盟友或密切和特殊的合作伙伴关系的态度和立场及他们采取的对外政策的策略和属性，那么也要在 A 国和其盟友与作为关系密切或特殊的合作伙伴的其他国家在政治依存、经贸合作、军事交易及安全合作等重要领域的替代性增强（指 A 国给予其盟友或合作伙伴关系的政治权力、经济利益、发展需要、安全保障及军事交易，其他强国或大国也能给予）且违约成本较低，或者在 A 国和其盟友与作为关系密切或特殊的合作伙伴的其他国家与正义的援助国们在政治权力、经济利益、发展需要、安全保障及军事交易等重要领域的替代性要比 A 国的强（指 A 国的盟友与作为关系密切或特殊的合作伙伴的其他国家在 A 国那里获取的东西或好处，作为援助国的强大国家也能够或容易提供，而且他们付出的成本或代价要比给予 A 的更少或更小）的情况下秘密地进行，而且只有世界上某些正义的援助国（指在政治、经济或军事上援助 B 国的强国或大国）承诺给予 A 国的盟友与作为关系密切或特殊的合作伙伴的其他国家要比 A 国的更多更好，而且代价也更小或者成本也更低，才可能让他们动心，让脱离 A 国的盟友或伙伴关系一起与那些由正义国家或安全受到威胁的国家们组建的国际联盟做出孤立和制裁 A 国的外交策略。还有一种情况可能可以迫使某些与侵略国为伍的盟友或作为关系密切或特殊的合作伙伴的其他国家改变他们的态度和立场及采取的对外政策的策略和属性，以促进国际关系或世界秩序的稳健性，如某些正义的援助国向 A 国的盟友或作为关系密切的合作伙伴的其他国家提供的某套政治秩序、某些经济利益或某种程度的安全保障不仅是 A 国无法廉价提供或满足的，即使 A 国可以提供也要比 A 国的廉价多，而且还是他们必需的。那么只要这种只有援助国中的某些强大的国家才能比较廉价提供的某套政治秩序、某些经济利益或某种程度的安全保障与 A 国的盟友或作为关系密切的合作伙伴的其他国家在互惠合作中产生的替代性最弱，而且还是他们必需的，或者是 A 国无法比援助国更廉价提供的，在国际社会中针对 A 国入侵 B 国的军事行动建立的国际制裁联盟和国际防御联盟就可以通过作为联盟成员的领导国对 A 国的盟友或作为关系密切的合作伙伴的其他国家采取软硬兼施的政策向他们施压，迫使他们站到正义的国际联盟这边，从而令他们采取孤立和制裁 A 国的策略。最后对在一些国家向另一些国家提供政治保护、能源出口、发展需要、安全保障及军事合作等重要领域进行交易中而产生的替代性强弱需要作出补充或说明的是在这些重要领域的互惠合作所产生的替代性越强或越大，则说明这些交易越具有弹性，进行垄断某些国际供给（如军事援助或政治秩序等）的可能性则会越小，成本也会相对较低。在这些重要领域的互惠合作中所产生的替代性越小或越弱，则说明这些交易越具有刚性，而进行垄断某些国际供给（如所提供的某种安全保障或政治秩序等）的可能性则会越大，成本也会相对较高。

我们都知道当 A 国受到 B 国侵略时，明智之举是该地区志同道合或安全受到威胁的邻国们团结起来，并建立一个具有制约性和强有力的防御联盟共同应对该国的军事威胁，然后是尽可能利用一系列强有力的国际制裁不断削弱侵略国的经济实力和军事实力（但现实是随着全球经济的开放性和流动性及依赖性，正义的国际联盟想通过国际经济制裁来达到削弱敌对国家或共同敌人的军事实力的效果已经不再变得显著）。是在这种情况下，那些国家安全或国家主权没有受到 B 国的军事入侵威胁的主权国家并不会不假思索或毫不犹豫地加入该防御联盟，并积极加入该防御联盟和其他正义的国家发起的国际制裁行列。起码那些与 B 国结为同盟关系或与 B 国建立密切和特殊的合作伙伴关系的其他国家不会在 B 国没有败迹显露的情况下撇清或切断与 B 国的同盟关系或合作伙伴关系，他们既有很大的可能在政治、经济及军事上增援 B 国的军事入侵行动，也有可能因为与 A 国存在某些经济关系或贸易关系的情况下选择置身事外或采取互不得罪的中立政策，甚至为了自身利益着想需要充当 A 国和 B 国的"和事佬"，以免蒙受损失。这时候，B 国的盟友或与其建立密切或特殊的合作伙伴关系的其他国家都知道：尽管 B 国是侵略国，B 国的入侵 A 国的军事行动是不道德行为。但碍于与 B 国的同盟关系或特殊关系，他们一般不会与作为侵略国的 B 国为敌，因为这样做就等于彻底切断与侵略国相互依存的同盟关系或密切和特殊的合作伙伴关系，变成军事上的对抗。这意味着那些为了安全需要、发展需要及贸易合作与侵略国建立同盟关系或密切和特殊的合作伙伴关系的主权国家们，会因为与侵略国存在相互依存的利益关系，如能源合作或贸易合作及军事合作等，而选择为了国家利益而舍弃世界正义的保持中立和互不得罪的外交策略。这就是为什么某些国家在世界社会的道德不作为导致的世界正义危机和世界和平危机严重影响了国际关系和世界秩序的脆弱性，或者说国际关系和世界秩序之所以变得脆弱是深受某些国家在世界社会的道德不作为影响的根本原因，如在国家安全或国家主权没有受到侵略国的军事入侵行动威胁时，这些国家倾向于选择冷眼旁观和置身事外的态度和立场，不愿加入正义的国际制裁行列，而其中缘由是因为这样做会使该国付出一定的经济代价或牺牲该国福利，而且未来还可能无法得到受侵国的补偿。另一种道德不作为是：由于与侵略国存在相互依存的利益关系或权力关系，如能源合作或贸易合作及军事合作等，所以促使那些国家安全没有受到 B 国的军事入侵威胁的其他国家为了保全自身的国家利益而忽视或舍弃世界正义，最终采取保持中立，互不得罪的外交策略来应对。最后一种现象则直接破坏国际关系或世界秩序的稳健性，就是与侵略国结为同盟关系或与侵略国建立密切或特殊的合作伙伴关系，然后与侵略国狼狈为奸，在政治、经济及军事上援助世界上的任何侵略国，甚至派遣国家军队参与侵略他国的军事行动。而每个正义的主权国家无法联合或团结起来制裁世界上的任何侵略国而导致国际关系或世界秩序变得脆弱的根本原因是追权逐利和自私自利是每个主权国家的国家政治本性，所以无论是信奉国家利益至上原则，还是为了自私的国家利益而舍弃世界正义，或者让国家利益完全凌驾于世界正义之上在现实世界都是异常盛行的，特别是那些国家安全没受侵略国的军事威胁的其他国家，他们一般不会为了世界正义而真正做到舍弃重要的国家利益、牺牲重要的国际权力及牺牲发展机会等重要资源。尽管世界上也有在国家安全或国家主权没有受到侵略国的军事入侵行动威胁的情况下慷慨表示愿意从政治、经济或军事上支持被侵国或受害国，（如英法德在俄乌战争中对乌克兰提供的经济或军事援助）并愿意加入所有正义和受侵略国的军事威胁的主权国家发起的国际制裁的行列，但有此正义感的国家在世界毕竟太少。为了自私的国家利益而舍弃或忽略世界正义选择保持中立的做法在文明越进步的世界必然是不受欢迎的，因为不良结果或负面影响可能是将来这个国家需要世界正义时，会直接遭到每个正义的主权国家的冷眼旁观和拒绝，因为他们也有同样的理由以为了保全国家利益为由拒绝援助这个被他国侵略的自私自利之国。

国际关系的政略调整与战略调整所依赖的国际政治分析的科学性和实证研究主要取决于一种具有普遍性和必然性的逻辑关系或因果关系，而各种不确定性因素和偶然因素显然只会加剧国际关系的不确定性，或者令国家间的国际关系变得更加高深莫测。这对于世界各国需要根据国家间构建的国际关系的层次与属性来制定具有针对性和灵活性但又符合国家利益的对外政策和国家行动来说可是不小的挑战和困难，而且我们应该知道国家间构建的国际关系的层次与属性与对外政策的属性和策略是相互取决和彼此影响的，对外政策的属性和策略同样会影响国家间构建的国际关系的层次与属性。而国际关系的层次与属性，我认为可以划分为五种：一是盟友关系，二是准盟友或候选盟友关系，三是正常的合作伙伴关系，三是正常合作伙伴关系，四是非暴力对抗的冷战关系，五是具有军事对抗性的冲突关系。六是进行大规模军事攻击的战争关系。现在我们必须解答以下几个重要的关键问题：一是决定或影响国际关系的层次与属性的主要因素是什么？二是国际关系的政略调整与战略调整所依赖的国际政治分析是决定或影响国际关系的层次与属性的主要因素？三是国际政治分析的方法论与实证过程中的科学局限性是什么？四是国际政治分析是如何影响具有针对性和灵活性的对外政策？五是我们如何证明国家间构建的国际关系的层次与属性与对外政策的属性和策略是相互取决和彼此影响的？第一个问题是决定或影响国家间构筑的国际关系的层次与属性的主要因素是什么？首先我们应该知道不管过去、现在或未来，国家间建构的国际关系的层次与属性是什么，它都是可变的，以及可以通过对外政策进行改变或调整的，而战略调整通常需要做出政略调整来适应。我认为决定或影响国家间构筑的国际关系的层次与属性的主要因素包括①现代经济学上的成本与收益分析，这是政治经济计算的核心观念，所以国际关系一般被是否有利可图的国家动机所支配，没有稳定的利益关系或安全关系绑定的国际关系必然脆弱，而且在合作中，成本高于收益也会促使人们寻找新的合作伙伴，或者谋取体系变革。②追权逐利是每个主权国家的政治本性，所以国家在决策时，权力与利益的考量要高于理想或道德，另外就是，由国家间的国家实力决定的权力范围与势力范围的扩缩通常是决定或影响对外政策的属性和特征的最关键因素，而对外政策的属性和特征同样会影响国际关系的层次和合作特征。③国家间共识领域的不断减少和缺乏稳定性及缺乏多元化发展，又或是国家间共识领域的不断增加，持续深化以及长期稳定。④国家间共需领域的不断扩张、长期稳定及具备多元化合作，或者是国家间共需领域的不断减少、长期缺乏稳定性，也可能是缺乏多元化合作，让合作变得太单一化。⑤一国或某些国家面对无力解决和处理的国际公共危机或全球性问题，（如安全威胁、核问题及全球气候变化等）而需要寻求其他国家帮助，以及这些国际公共危机或全球性问题被成功解决之后，一些在此携手合作的国家之间的敌对关系又复归原状。⑥国家间在财富、权力及安全等重要领域或方面各取所需的国际分工和国际交换的替代性的强弱，这种替代性的强弱和国际分工的专业性变化是相互作用的，同样会影响国家间构建的国际关系的层次和属性。⑦国际制度的历史变迁，如在国际社会或世界社会的无政府秩序状态，安全是稀缺的和缺乏保障的，所以国际关系仍旧被丛林法则所支配，而且各取所需的国际交换规则仍是是非等价的和国际制度是不平等的。又或者世界社会已脱离无政府秩序状态，成功进入了具有强制力和约束力及权威性的法治世界状态，所以国际交换规则对各成员国而言一律是等价的或平等的。⑧国家间的国际竞争的竞争模式或性质，国际竞争是恶性的，还是良性的，是一种零和博弈，还是一种负和博弈，又或者是一种正和博弈都可能会影响国家间构建的国际关系，而且无论哪国在国际竞争中遭受巨大损失，都可能引蓄谋已久的报复。由此可见，决定国家间建构的国际关系的层次与属性的主要因素既有不利的一面，也有一些有利的因素在影响国际关系变化。

第二是国际关系的政略调整与战略调整所依赖的国际政治分析是决定或影响国际关系的层次与属性的主要因素？答案显然是肯定的。虽然上述主要的因素或情况决定或影响了国家间构建的国际关系的层次和属性，但是国际政治分析并不限于所枚举的这些主要因素，因为国际政治分析既是多元的，也是取决于这些因素或情况之间相互作用和彼此影响的逻辑关系，所以单凭某种因素或情况可能不足以决定或影响国家间构建的国际关系的层次和属性，除非这种因素或情况在世界发展中占据主流地位。由于这些主要因素并不是决定国际关系的层次与属性的充分理由，所以决定或影响国际关系的政略调整与战略调整的国际政治分析不应该是特定的或固定的，应该讲究整体性或系统性。三是如何证明国家间构建的国际关系的层次与属性与对外政策的属性和策略是相互取决和彼此影响的？如中国对美国与中国对俄罗斯采取的外交策略是不同的，这主要是因为三者的国家实力存在差异，中美的国际关系层次和属性与中俄的国际关系层次和属性不相同，所以不能采取相同的外交策略来应对。同理，俄罗斯对美国与中国对采取的外交策略也是不同的，这主要是因为中俄实力，以及两者的国际关系层次和属性与美俄的国际关系层次和属性不相同，所以不能够采取相同的外交策略来应对两国。同理，美国对中国与俄罗斯采取的外交策略是不同的，这主要是因为中美两国的实力，以及两者的国际关系层次和属性与美俄的国际关系层次和属性不相同，所以不能够采取相同的外交策略来应对两国。反过来也可以说，中美俄三国分别对彼此采取什么性质和特征的外交策略也同样会影响美中俄三国之间的国际关系层次和属性。如果国家间建构的国际关系总体上既没有得到改善或升级，又基本没变坏或恶化，那又说明什么？我认为这种情况极大可能是有利的自主性因素与不利的自主性因素之间，有利的他主性因素之间与不利的他主性因素之间，有利的共主性因素之间与不利的共主性因素之间，或者是有利的自主性因素与不利的他主性因素之间，有利的自主性因素与不利的共主性因素之间，不利的他主性因素与有利的共主性因素之间在发生相互抵消，使总体的结果不变或变化较小。也就是法国数学家米歇尔·塔拉格兰德所表达的：当许多因素的贡献经常发生相互抵消——使总体结果的变化更小，而不是更大。五是这些国际政治分析是如何影响具有针对性和灵活性的对外政策？由于国家间构建的国际关系的层次与属性与对外政策的属性和策略是相互取决和彼此影响的，所以任何能决定或影响国际关系的层次与属性的主

191

要因素都必然会不同程度上影响对外政策的属性，而做出"同等回应"就是一种既讲究平等又具有针对性的国际战略平衡策略。不过，由于不同因素之间具有相互作用和彼此影响的逻辑关系或因果关系，所以不同因素之间的逻辑关系或因果关系对国际关系的层次与属性产生的影响必然不同。六是国际政治分析的方法论与实证过程中的科学局限性是什么？国际政治分析是宏观的还是微观的，是广义的还是狭义的，是动态的还是静态的，是系统的还是局部的，在社科领域的实证研究中都必然会影响推理和分析的科学性。而且在实证过程中，国际政治分析必然存在某些统一或相对的科学局限性，相对的科学局限性就包括不同的研究分析者的智识水平和思维方式及认知水平是不同的，所以看待问题的深度和广度，以及解决和处理问题的能力都有所不同。而统一的科学局限性一般都是本质上的，不是具有普遍性、就是具有必然性，或是不确定性的。如人类自身不完全完善的人性和不完全完备的智识就是一种既具有普遍又具有必然性的客观事实，所以国际政治分析在人类力所能及的范围外是无效的，或者说再科学的国际政治分析在无法实现集体理性和集体道德的现实世界也会变得脆弱或无效。比如任何再完美无缺的国际制度或世界制度也无法在任何时候和任何情况下满足所有国家的政治偏好序列和国家利益及发展需要就具有必然性，以及国家间不断准备和追求军事实力的军备竞赛只会加剧各国政府解决世界安全困境的难度。而各种不确定性因素或偶然因素及不断变化的世界发展情势在现实中就因为计划赶不上变化而决定着历史决定论的贫困。

既然国际关系的政略调整与战略调整所依赖的国际政治分析的科学性和实证研究主要取决于一种具有普遍性和必然性的逻辑关系或因果关系，那么本质上统一的科学局限性就不利于实现科学的国际政治分析，或者说这些科学局限性必然会加大实证研究的难度和复杂性。那么在所有国际政治分析中，对国家间建构国际关系做出政略调整与战略调整的依据是什么？该规律或依据是否本质上属于一种具有普遍性和必然性的经得起历史考验的因果关系。首先任何能够决定或影响国家间建构的国际关系层次和属性的主要因素或逻辑关系都能成为国家间做出政略调整与战略调整的有力依据。但这些规律、法则及依据是否属于一种具有普遍性和必然性的经得起历史考验的因果关系，就需要历史和时间来证明，人类实在难以预料。如国家间在权力、财富及安全等重要领域或方面的国际分工和国际交换实现等价交换或平等交易具有普遍性、必然性及权威性的情况下，各国经济利益和发展需要可以协调。但前提是必须有一个世界最权威的世界性政府有权力对国际交换制度进行监督、管理及执行惩罚，否则国际关系的属性和特征将继续以"权力"和"利益"为轴心。然而问题是在满足这一前提条件后，该结论在人类历史进程中就没有意外，必然具有普遍性？举个例子，随着全球经济的相互依存性的强化，发动侵略战争的经济代价将比以往的要高昂得多，但即使如此也不足以能够或完全避免战争。这意味着只要国际政治分析的科学性在实证研究中取决于一种具有普遍性和必然性的逻辑关系或因果关系，那么根据从并不具有普遍性和必然性的逻辑关系或因果关系的国际政治分析得出的结论实质上就并不具有绝对性，因为它是相对性的（无论是因对象而异的，还是因时空关系而异的，或是因情势发展与变化而异的）或一种建立在脆弱的逻辑关系基础上的偶然性。既然决定国际政治分析的科学性的因果关系必须是一种具有普遍性和客观性的逻辑必然性，那么促使国家间做出政略调整与战略调整所依据的国际政治分析有哪些规律或规则是符合的？显然并没有一条世界通律必然促使任何主权国家在固定或同一的时间和场合及情况都做无一例外地做出相同的政略调整与战略调整，如对侵略国采取制裁，如果有，那么这种逻辑联结中的因果关系在国际政治分析中就一定具有普遍性和必然性。

那么国家间做出对内性的政略调整与外部性的战略调整主要是根据哪些国际政治分析进行的，国家间建构的国际关系层次和属性与对外政策的属性和特征是根据上述八大因素之间的逻辑关系或因果关系来决定的，还是根据由国家实力决定的权力范围与势力范围的扩缩情况决定的（大国或强国倾向于此），或是根据共同制定的国际规则、国际协议或国际制度决定的？我认为这些国际政治分析既决定或影响着国家间建构的国际关系层次和属性，也决定或影响着国家间所制定的对外政策的属性和特征，更决定着各国政府的战略目的和终极目的是什么，尽管这些国际政治分析并非源自一种比较系统的具有普遍性和必然性的因果关系或逻辑关系，但在世界发展中还是有一定借鉴意义和警诫价值的历史材料。比如在国际政治分析中，根据上述八大因素之间的逻辑关系或因果关系所决定的国际关系层次和属性来决定对外政策的属性和特征，根据国家实力的大小决定的权力范围与势力范围的扩缩情况来决定对外政策的属性和特征或战略目的，以及根据共同制定的国际规则、国际协议或国际制度（尽管在世界社会的无政府状态，强国倾向于反其道而行之）来决定对外政策的属性和特征虽然不具有普遍性和必然性，但在很多情况下却适用。那么在实证研究中是否存在具有普遍性和必然性的国际政治分析，约翰·米尔斯海默认为在一个没有国际权威统治他国的世界里，大国一律损人利己，追逐权力，并成为支配性国家，在此过程中大国间必然产生冲突，这就是国家的悲剧。但是，我认为即使世界上大多数主权国家都进入了具有强制力和约束力的法治世界状态，理想主义希望的民主政治与道义原则及永久和平在这种法治世界状态下也未必享有平等的保障。尽管法治世界体系能够最大程度上消除和避免国家之间产生的国际冲突、国际矛盾及侵略战争，但法治世界体系也无法在任何时候和情况下平等满足或充分保障各成员国的政治权力、经济权利及发展需要，只要各国仍旧保留一支常备军和各种军事组织及武器装备，那么世界政府对各成员国的约束必然会被大大削弱，对抗机会始终存在，即使世界政府有一支凌驾于所有成员国的军事实力之上的联合国军队，且有合法使用暴力来维护世界正义的正当权力。

国际关系的发展从国家间构建的原初关系到现今关系，再到未来关系，历史皆证明国家间的原初关系是什么并不重要，哪怕是原先敌对或发生过战争的两个国家在未来也可能做到冰释前嫌，抛弃怨恨，走到一起，如以前发生军事上的对抗，但现在很密切的英美关系，法德关系及美日关系。而且我认为国际政治分析主要服务"5W 模式"或实现以下目的，即：在什么时候和情况？根据什么事件？哪个国家对哪个国家？应该制定什么样的对外政策或做出什么样的政略调整与战略调整来应对？它起到什么样的作用或效果又如何？在战争时期或在和平年代，根据上述八大因素之间的逻辑关系或因果关系来决定和影响国家间建构的国际关系层次和属性，或根据由国家实力决定的权力范围与势力范围，又或根据共同制定的国际规则、国际协议或国际制度，美国对中国、中国对俄罗斯或美国对俄罗斯等，应该制定实现国际均势，还是实施遏制政策，或是实施具有制裁意义的对外策略，或者做出最符合国家利益的政略调整与战略调整来应对各种不利于自身的国际关系的结构性变化，结果是国家间构建的国际关系层次和属性因为受到某种国际事件的影响或刺激而发生了怎样的是否可以预料的变化。由于国际合作条件主要是解释和分析受此影响的国际关系层次和属性的历史变迁对外交战略的影响，如国际行为体根据国家实力的增减态势、权力范围与势力范围、现代成本收益分析、合作前景与合

194

作成本、使用价值与交换价值、安全战略与安全保障、权力平衡与利益协调、国际权力的分配制度及国际秩序交换的价值等之间相互作用的逻辑关系所共同决定的合作条件来决定符合各自利益的战略目标，国际行为体之间再根据被合作条件和战略目标所影响的国际关系的层次和属性来决定对外政策的属性和特征，结果是被对外政策的属性改变了的一种国际关系或新世界秩序，所以这种逻辑联结可用公式表示为："C-BM-R-F-W"。其中 C 代表国际行为体的合作条件，BM 代表国际行为体和他的战略目标，R 代表国际关系的层次和属性，F 代表对外政策的属性和特征，W 代表被 F 改变了的国际关系层次或一种新的世界秩序。

第十二章 大国政治的命运

在封建文明，帝国主义的对外侵略或军事扩张的主要目的通常是为了实现拓疆扩土、掠夺资源、征服或殖民他国。然而自古至今，不管是罗马帝国，还是大元帝国，或是大汉帝国，帝国主义穷兵黩武的军事扩张在过度透支国家经济和资源储备及劳动人口的情况下，国力和军力都会直线下降，长期萎靡不振，导致帝国日薄西山。尽管途中可能会出现英明睿智和才能卓越的中兴之主和贤臣良将，力图振兴，但也难复昔日之辉煌。而在帝国衰落之际，往往会招致崛起的新兴强国的乘虚入侵或被串谋的列强瓜分，极少以军事扩张建立的帝国或王朝的寿终正寝纯粹是不利的自然因素造成的，大多数是在衰弱之际被崛起的邻邦或新兴强国趁虚而入导致帝国分崩离析的。所以在古代文明，"趁你病要你命"在弱肉强食的丛林法则中永远是一条能够满足封建王朝之间实现复辟、侵略、霸权、复仇、瓜分、征服、掠夺的有效途径。也就是说，在封建社会，一个帝国在衰落之际能否出现一位英明睿智和才能超群的中兴之主的确很重要，因为若没有出现中兴之主或能臣良将拯救帝国，帝国的衰落就会招致崛起的邻邦或新兴强国的趁虚而入和瓜分，若衰落的帝国出现起中流砥柱作用的中兴之主和能臣良将，则可以有力抵御或打击崛起的邻邦或新兴强国的入侵和瓜分。因此从大国的兴衰论述大国政治的命运是必要的，但验证某条历史规律是否具有普遍性和必然性，则可能是一种超验的先天综合判断。在古代，很多帝国都会经历兴衰交替的现象，尽管也有短命的王朝在严重衰落之际转瞬被侵占或瓜分，但是对崛起的新兴强国的乘虚入侵和瓜分庞大帝国而能够出现中兴之主的多数兴衰交替的帝国却并不普遍适用。

王朝或帝国之所以短命，主要是在衰落之际到解体或灭亡一直没有产生一位或多位能够起中流砥柱作用，扶大厦之倾斜的中兴之主和能臣武将振兴国家，或者说一干忠良被昏庸无道的君王和奸臣诬陷冤杀，这才加速了帝国的衰落和灭亡。因此用"你在强大时期获取的权

196

力、资源、地位、利益会在你严重衰弱之际逐渐丧失殆尽"来描述盛衰更替的帝国命运是再合适不过的了，落后就要挨打和遭受欺凌，在被弱肉强食的丛林法则支配的古代文明和现代文明中都是普遍有效的生存战略。至于大国兴衰的历史规律，我认为主要是指：以军事扩张建立的王朝，其间的盛衰交替会形成期限结构不同的帝国周期，这完全取决于盛衰的时间和发展情势，以及在帝国衰弱之际是否能出现延长帝国的生命周期的中兴之主和文臣武将和国内改革。也就是说，出现盛衰交替的帝国的发展和衰亡是非线性过程，若途中不曾出现任何中兴阶段，该帝国的衰亡过程就是线性的。我认为导致大国的盛衰的原因并不止一种，尽管某种要因的影响力和破坏力可能比其他原因更突出，但其他原因可能是在衰亡过程中起加速度的作用的。但是这些导致大国衰亡的不利因素与这些推动大国兴盛的有利因素一样都是交互作用和相互影响的，我们找出导致大国衰亡的不利因素其实就等于从反面上找到了推动大国兴盛的有利因素。

不管是有利因素，还是不利因素，它们都可归纳为个人因素、自然因素、国内因素及国际因素。但是，即使作出这种区分是有意义的，我们却很难严格分清彼此影响和相互作用的个人因素、自然因素、国内因素及国际因素。有利的个人因素指主要指君主、国家元首、政府领袖拥有卓越的政治才能和军事才能及良好的道德素养，不利的个人因素指君主、国家元首、政府领袖的暴虐无道、贪污腐败、违法乱纪、侵略野心及骄奢淫逸。不利的自然因素指某个帝国或王朝面临着破坏力规模和危害深远的自然灾难。不利的国内因素指国家内部存在贵族阶层无限制剥削和压榨无产阶级、政府暴政、宗教歧视、恶劣或病态的风俗习惯、迷信之风盛行、吏治腐败、公民素质低下、人力资本劣势、资源匮乏、不利的地理条件、知识和技术落后、社会的资源配置低效、政治和经济的效率低下、权力失衡的政治制度、错漏百出的社会制度、不公正的法律法规、穷兵黩武的军事扩张等。有利的国内因素则相反，指国家内部能够实现阶段和谐、化解阶级社会的权力冲突和利益冲突、国家的政治权力相互制约、能够建立有效防范吏治腐败和政府暴政的国家制度、公民的智慧和美德的普遍进步、尊重知识，优待知识分子和科学人才、知识和技术进步、教育制度的改良，优越的地理环境、社会资源的高效配置、提高政治和经济的效率、不断完善的社会制度、公正无私的法律体系、自然资源相当丰富等等。有利的国际因素指国家之间能够实现互惠互利的国家互助、公平自由的国

197

际贸易、各取所需的国际分工和国际交换、国际地位的平等化、国际政治的平衡发展、国际政治权力的平衡发展、国际经济的平衡发展、国际经济权力的平衡发展、各国统一和同时永远废除常备军、各国进入具有了强制力和约束力的法治世界状态、建立解决国际冲突、纠纷及侵权的国际司法体系等等。与之相反的不利的国际因素指国家之间无法实现互惠互利的国家互助、世界仍被弱肉强食的丛林法则支配、国际贸易不自由和不公平、帝国主义扩张、霸权主义行动、国家之间的政治歧义、利益冲突、贸易壁垒、关税壁垒、文化冲突会影响各取所需的国际分工和国际交换、国际地位等级化、国际政治的不平衡发展、国际政治权力的不平衡发展、国际经济的不平衡发展、国际经济权力的不平衡发展、敌对国家或势力之间陷入无法自拔的军事竞争、世界社会仍处无政府秩序状态、国际法庭缺乏具有权威性的司法权力来解决、处理、裁决、惩罚各种国家间的国际纠纷、国际冲突及国际侵权案件等。不证自明的是不利的个人因素、国内因素及国际因素皆会不同程度上遏制或抑制国家的发展,由不利的个人因素,或国内因素,或国际因素促成的由某些敌对国家制订的遏制政策也如此,它们抑制国家发展的阻力完全取决于它们的影响力和破坏力。所以在相互作用的个人因素、自然因素、国内因素及国际因素的夹击之下会加快帝国衰亡。完全由不利的国际因素引发的由某些敌对国家制订的敌对政策则会不同程度破坏国家发展,如果不利的个人因素、自然因素、国内因素及国际因素彼此影响和相互作用,那么由此促成的敌对政策往往更具破坏力和影响力。乔治·凯南的遏制政策若非苏联在二战后元气大伤和由于内部因不利的政治和经济变革而引发民族主义危机,损失较轻的美国未必能够在冷战中击败硬实力超强大的苏联同盟。如果在二战中损失惨重的是美国而不是苏联,同样的遏制政策最终可能是苏联在冷战中击败美国而告一段落。另外,遏制政策在世界经济相互依存的全球化时代或贸易自由的开放世界,它的效力显然已经大打折扣。还有,冷战的结束并不意味着大国关系的永长改善,或者大国间将实现"永久和平",因为处于敌对状态的新兴大国和守成大国之间追权逐利的"恶性竞争"都极易恶化成军事冲突和局部战争。这种处于新兴大国与守成大国之间的恶性竞争就包括前者把追求国际均势和权力平衡作为最高政治目标,后者则通过破坏国际均势和权力平衡来追求国家权力最大化、国家利益最大化及地区性或世界性的霸权地位,而不是敌对双方均把国际均势和权力平衡及利益协调作为最高的目标。

其实在任何时候和任何情况，大国或强国不管是把实现权力最大化和利益最大化作为最高的政治目标，还是把实现国际均势和权力平衡作为次要目标，或者大国或强国把实现国际均势和权力平衡作为最高的政治目标，还是把权力最大化和利益最大化作为次要目标，都是讲究经济实力和军事实力，以他的综合国力作为后盾的。若没有人力资本优势、丰富的资源储备、高效的资源配置、优越的社会制度，公正无私的法律体系，优良的教育制度，知识和科学技术的进步，政治经济上的高效率，及经济规模增长等有利的制度优势和政治因素推动综合国力或国家实力的增长是不可能实现上述目标的，可见并不是所有主权国家都有实力实现国富民强这个最高的社会目标的。而且主要目标和次要目标分别在战争时期或和平时期的排序可能不同，比较现实的目标序列是在战争向和平过渡或转变时期，强国或大国把实现权力最大化和利益最大化作为主要目标，把实现国际均势和权力平衡作为次要目标。比较理性的目标序列是在和平向战争过渡或转变时期，敌对大国或强国之间把实现制衡具有侵略性的大国的国际均势和权力平衡作为平息或化解战争的主要目标，把实现国家的权力最大化和利益最大化作为次要目标。但是并非所有国家都有经济实力追求国际均势或权力平衡，支配丛林法则的弱肉强食注定形成或产生大国支配小国，强国支配弱国及富国支配穷国的不平等的国际等级秩序。在国际社会的无政府状态，追权逐利的大国之间彼此处于恶性竞争状态，或者把彼此视为损害本国权利和威胁安全的敌手，也是大国之间明争暗斗难以和谐共处与互不侵犯的主要原因之一，而且大国之间追求国家权力最大化和国家利益最大化及霸权地位的国家目标总是与有利于促进世界和平和地区安定的国际均势和权力平衡及利益协调或发展平衡的对外政策相矛盾或冲突的。也就是说，大国之间追求权力最大化和利益最大化及稳定的霸权地位可能与不利于大国之间通过实现发展平衡、权力平衡、利益协调及国际地位平等来促进世界和平与地区安定，因为大国之间追求权力最大化和利益最大化及稳定的霸权地位的国家目标不仅会破坏发展平衡、权力平衡及利益协调，如大国之间追求军事优势或核优势，它往往也是与国家之间力图实现或维护国际均势和权力平衡及公共安全的对外政策冲突的。敌对大国或强国之间的国际竞争，不仅是为了追权逐利那么简单，还包括挑战等级制度支配的世界政治经济体系中的主导地位或霸权地位。就像每个国家的军事武装力量并不保证只限于防御他国入侵和保家卫国，如果是这样，那么世界就不会产生任何侵略战争。事实上，这不符合世界各国政府那种对内追求国家权力最大化和对外追求国际权力最大化的国家政治本性。我们都知道国家实力相当的大国之间之所以难以占据服从对方的霸权、领导、统治、主导的支配地位，这意味着被等级制度支配的国际关系并不适合处于对抗状态的大国关系，仅适合大国或强国与弱小国家之间的国际关系。因为大国之间很难形成统一的权力意识、共同的利益观念、共同的价值观念及道德共识，这意味着只有一种大国共同认可的国际权威才能够约束彼此的国家行为。当大国之间随着共识领域或共需领域的不断减少时，这就可能对通过大国协作来共同创造和维持一个稳定的国际秩序的目标相冲突，政治分歧和利益冲突也可能逐渐恶化成一种军事对抗，但这种情况并不具有普遍性或必然性。

　　另外是否存在崛起的新兴准大国或候选大国挑战正宗大国或超级大国的国际支配地位或霸权地位的情况，主要取决于正宗大国或超级大国的实力增减程度，以及衰落程度和态势。其实对正在严重衰落或加速衰落的大国或超级大国而言，是不存在严格意义上的崛起的新兴准大国或候选大国正在挑战大国或超级大国的支配地位和或霸权地位之说的，除非大国或超级大国的衰弱完全是或主要是由正在崛起的新兴大国造成的。因为在世界社会的无政府状态中，国家权力的转移和世界领导地位的更替是符合优胜劣汰，适者生存，不适淘汰的国际社会达尔文主义的发展规律。至于衰落大国的综合国力和国际支配地位是保持非线性下降，还是保持线性下降的趋势，主要取决于该国实力的增减情势，以及衰落之际是否出现可以实现逆转的中兴之期。新兴大国是保持直线崛起，还是非线性崛起的趋势，也取决于该国实力的增减情势，以及国家高度发展之际是否会中途出现动摇国本或严重破坏国家发展的衰落期，使崛起国暂时无法与主导国竞争，从而不得不做出妥协或让步。当大国或超级大国迅速衰落，无法再保持霸权地位，崛起的新兴大国便会乘虚上位，取代业已严重衰弱的守成大国，在被等级制度支配的世界体系发挥作用，从而成为主导世界政治经济格局的支配性大国和"世界新秀"。也就是说，在国际社会的无政府状态，大国政治的悲剧不仅在于处于敌对状态的新兴大国与守成大国之间无法避免因追权逐利产生的恶性竞争，或超越兴衰更替造成的霸权榜落，也在于新兴大国和守成大国之间可能会因为缺乏自我控制和错误判断及共识领域或共需领域的不断减少而陷入"修昔底德陷阱"。但崛起的新兴大国未必具备充分的国家实力挑战轻微衰弱的守成大国的

200

国际权力和国际地位，即使崛起的新兴大国成功"替代"守成的霸权大国，也不代表他就有能力和经验解决复杂的国际事务和令原先服从守成大国的盟国甘愿服从他的霸权地位及得到其他国家的拥护，除非取得霸权地位的新兴大国承诺给予严重衰弱的守成大国的盟国们的政治权力、经济利益及安全保障要比原先未衰弱的守成大国给予其盟国们的政治权力、经济利益及安全保障更优厚可信，也比原先未衰落的守成大国更有能力或更小代价实现这些福利目标，不过并不排除崛起国的敌对国家或主导国的盟国们会想方设法在途中阻碍崛起的崛起国取得威胁他们国家利益和国家安全的世界霸权地位，如美国在亚太地区的盟友在地缘政治上就视中国的崛起为一种利益威胁。

至于为什么国家之间共需领域的不断减少和缺乏多元化合作比共识领域的不断减少给国际秩序或世界社会带来更大的不稳定性，使国家之间构筑的国际关系变得更加脆弱、敏感及紧张呢？要证明这点根本不难，首先不管是社会主义国家之间，还是资本主义国家之间，或是民主国家之间，很多这些存在某些政治共识、经济共识、安全共识及文化背景相同的国家之间都曾发生过权力冲突、利益冲突、贸易矛盾、军事摩擦及军事冲突。如在社会主义国家阵营中，华约组织和前苏联就因霸权主义倾向而导致内部矛盾激化，在美国施加的强大压力下而发生解体，与新中国的军事摩擦就发生在度完"中苏蜜月期"后的"珍宝岛事件"中。资本主义国家之间的矛盾或冲突也不乏，比如在经济方面，国际收支失衡和国际贸易逆差及比较成本劣势都会刺激失利的资本主义国家制订保护主义政策来维护国家利益，而这又会刺激其他失利的资本主义国家建立贸易壁垒和关税壁垒来平衡国际收支或纠正国际贸易逆差，这就很大程度上抑制了国际贸易自由和国际资本流动，根据比较优势理论建立的贸易体系可能还会导致国际分工朝有利于国际成本最小化的方向发生转型，直到恢复各国间所需的国际贸易平衡。在政治方面，资本主义国家之间既会争夺某国际地区或所属之洲的领导权和支配权，也会在势力范围和权力范围受到敌对资本主义国家严重威胁的情况下做出必需或最有利的战略调整与政略调整，更会为国际政治权力和国际经济权力分配不平等及国际地位的等级化制度而"大打出手"和"相互攻击"，甚至明争暗斗。在军事方面，在历史上存在旧恨新仇的资本主义国家之间也往往会因为"潜在对手"或认为会对自己构成安全威胁的资本主义国家进行扩充军备和军员大增而做出同样的准备来回应，而这种让彼此感到不安全的军备竞赛无疑会让双方在军事上处于不断准备的防御状态，并加重彼此间的经济负担和心理负担。民主国家之间的矛盾或冲突也会不少，比如由不同民主国家组建的欧盟组织也会存在不一致的政治歧义、国际观点、权力冲突、利益冲突、地位差异及安全挑战等。比如在政治方面，法国和德国的国际影响力和话事权显然都比其他欧盟成员国的要大，而且这两个强国的权力范围和势力范围也比其他欧盟成员国的要大很多，一旦这些权力范围和势力范围的对外扩张威胁到其他欧盟成员国的权力和利益及安全，那么敌对关系就会在欧盟内部升级为战争。尽管在奉行民主政治的欧盟里，所有成员国的主权和地位一律平等，但各自在欧盟外面谋求的国际权力、经济利益及军事利益却始终会影响欧盟内部的稳健性和各自的国际地位与影响力，特别是当欧盟成员国外部的各自盟国之间发生严重损害对方利益或权力的国际行为时，发生在欧盟外部的国际矛盾或国际冲突就会转移到欧盟内部。对待各种国际问题，欧盟成员国之间也通常会存在不同或对立的政治歧义和国际观念，如对待俄乌战争，匈牙利和土耳其为了国家利益就采取比较保守的对俄政策，而其他欧盟成员国和出于国家安全考虑的东欧国家则因为俄罗斯的军事威胁而采取了比较激进的现实主义政策。又如尽管在欧盟内部，各国主权平等和所有成员国的国际地位平等，但不管是在欧盟外部，还是在联合国，或是在其他国际组织，法国、德国及英国的国际政治地位、国际经济地位及国际军事地位都远比其他欧盟成员国的都要高，而且这种国家实力的差异与国际影响力根本无法让其他欧盟成员国忽略，或者天真地认为可与他们平起平坐。如在经济方面，尽管欧盟成员国之间有自由流动的公共货币及各种最惠国待遇，但欧盟成员国在欧盟外部与其他国家开展的国际贸易却可能存在利益冲突。其中就包括欧盟成员国之间对欧盟外部的各自盟友制订各种保护主义政策，如法国对德国的外部盟友或德国对法国的外部盟友建立阻碍国际自由贸易和国际资本流动的贸易壁垒或关税壁垒及对各自的外部盟国的驻国外企外资课高税，从而把外部的经济矛盾点燃的"国际战火"引到欧盟内部。又如在军事方面，欧盟只是欧洲最大的政治经济共同体，不过还不是一个严格的国际安全共同体，强调共同防御和相互军援的北约组织是一个命运相连的安全共同体，而北约组织的成员国大多来自欧盟成员国。这就弥补了面对任何可能来自欧盟外部的安全挑战和安全威胁的不足和缺陷，使欧盟在北约组织的保护下变得更安全，可以说很多来自欧盟外部的安全挑战和安全威胁一般都能够在强大的北约组织的军事庇护下解除。但这种北约组织给欧盟提供的"安全保障"并不是绝对性的，因为欧盟并不是北约组织的领导国，美国才是北约组织的权力中心。如果欧盟给予美国主导欧洲的政治权力太小，或美国对欧盟给予的经济利益或关税政策很不满意，那么美国在得不偿失的情况下就可能不太愿再花大力气来保障欧盟和北约成员的安全。

当然，为了应对俄罗斯的军事威胁，促使美国提供更稳定有力的安全保障，欧盟会尽量满足美国的利益需要和权力需要，因为当今世界上只有美国才有实力制约俄罗斯，毕竟俄罗斯坐大必然威胁到美国主导世界的领导地位，而欧盟即使为了自己的安全着想也需要利用这点与美国深化合作。不过，如果欧盟给予美国的权力和利益无可替代或非常诱人，而俄罗斯插手和干涉欧盟事务，会直接损害欧盟给予美国的各种政治权力和经济利益，那么给欧盟提供安全保障就符合彼此的需求，这是欧盟与美国在政治权力、经济利益及安全保障实现各取所需的一种国际交换。不过，美国和欧洲必然有一个共识：在与俄罗斯的合作中，俄罗斯不会成为负责任的利益相关者，甚至别指望他会停止对领土的扩张。即使欧盟在美国的牵制下，不用担心俄罗斯会对欧盟成员国的国家安全、集体安全、权力范围及势力范围构成致命威胁，但欧盟组织也必须吸取国际联盟失败和解体的历史教训，因为安全挑战可能源自欧盟内部而不是欧盟外面，毕竟谁也无法永远保证欧盟所有成员国都没有霸权主义倾向和帝国主义野心。而且欧盟的大国或强国为了争夺长期的"领导权"或"主导权"可能出现明争暗斗和相互攻伐的恶性竞争。或者说欧盟的安全挑战和稳定威胁可能来自内部激化的政治矛盾和利益冲突及外部施加的军事威胁，如欧盟里的大国或强国为了欧盟外部的盟国利益或海外利益可能做出损害某些弱小欧盟成员国的合法权利的卑鄙行径，或者说有些自私自利的欧盟成员国为了自我利益勾结他国而做出背叛欧盟、破坏内部团结及损害欧盟的共同利益的事情。而欧盟的制度安排可能存在既无法防止和惩罚强大的成员国损害弱小成员国的政治经济机会主义行为，也没有制止内部争斗和内部矛盾激化的补救措施，更没有防范重要的成员国在"危难时刻"退出欧盟，导致欧盟面临分化和解体的挽救措施。如在现今的俄乌战争中，一旦乌克兰战败，东欧的门户就会大开，这势必会威胁到东欧国家的安全，所以乌克兰的国土安全关系到整个欧洲的安全和命运。但是并不排除"欧盟危机"，在未来的某天发生像神圣同盟、国际联盟及苏联那样解体。当然了，欧盟解体的可能性因素是多样的和复杂的，如果对发生解体的各种可能性威胁进行评估，那么以下三种情况是最可能导致欧盟解体的。第一种情况是欧盟完全或彻底脱离了美国的"领导"或"控制"，但在未来某天，欧盟的个别大国像前苏联一样在政治经济上具有霸权主义倾向或帝国主义倾向。第二种情况是世界发生一场严重的席卷欧盟内部的金融危机，或者欧盟内部发生一场严重的金融危机，导致欧元大幅度贬值，遭遇了像美国大萧时那样的经济困境，导致欧盟大量抛售欧元，而这时欧盟在政治经济上已经与美国脱钩。第三种情况是欧盟与美国已经决裂，美国不再向欧盟提供安全保障，或者说北约组织已然解体，美国与北约和欧盟之间不再是"领导关系"，美国对欧关系转为坚守强意义上的门罗主义。但在未来某天，实力骤降或已经衰落的欧盟在面对俄罗斯的强大军事威胁时却没有了当时强大的抵抗力，于是欧盟较强大的成员国开始像国际联盟那样牺牲小国的合法权益和国家安全，或者在发生战争时选择推卸责任而不是共同携手应对，又或者暗地与入侵者狼狈为奸。当然了，这些猜想都是没有充分的事实依据的一些预测，但这并不代表它们没有警示价值。最后一个欧盟所关心的"民主危机"可能来自内部，如某些强大的成员国具有霸权主义倾向，直接挑战欧盟的民主议程，改为由大国领导制度。不过，欧盟的"民主危机"可能来自其外部，来自世界最强大的美国，如欧盟长期无法脱离美国的"领导"或"控制"，甚至在权力、安全及财富等重要领域的国际交换中严重依赖美国，欧盟的军事行动、贸易政策及实施的国际制裁等重大问题被美国左右而无法自由行动。

　　总而言之，即使社会主义国家之间、资本主义国家之间及民主国家之间存在某些相同的政治共识、政治信仰、权力观念、道德观念、经济共识、宗教信仰及文化背景等等，共需领域产生的相互依赖也会比共识领域产生的相互依赖更可靠可信，而最主要的原因莫过于事实已经证明共识再多或共识再相同的社会主义国家之间、资本主义国家之间及民主国家之间也难以完全拥有一致性的政治观念、权力观念、道德观念、经济目标及安全观念，并且诸多历史经验已经告诉我们共识再多或共识再相同的社会主义国家之间、资本主义国家之间及民主国家之间同样存在一些不同程度的权力冲突、政治歧义、利益冲突、经济矛盾、安全威胁及地位差异。这意味着即使是敌对的资本主义国家与社会主义国家之间，敌对的民主国家与非民主国家之间，敌对的发达国家与发展中国家之间也会因为在面对力所不及的全球性威胁，自身无力解决的气候变化，破坏力和规模的自然灾害，决定生死存亡的核威胁或核战争，存在共同的安全需要、存在共同的安全威胁、存在共同的军事威胁等情况下存在互惠互利的合作前景，只要合作前景大于对抗所失，都会激励彼此对抗或敌对的资本主义国家与社会主义国家之间，民主国家与非民主国家之间及发达国家与发展中国家之间携手合作。不管是从中日战争到中日关系改善再到中日关系正常化，还是从剑拔弩张的古巴导弹危机和美苏冷战结束到美俄关系正常化，或是从朝鲜战争到中美关系改善再到中美关系正常化的过渡，或是在二战中从苏俄与纳粹德国瓜分波兰的狼狈为奸行为，再到美英苏三国携手共抗纳粹德国都无一例外地证明缺乏共识的敌对国家之间也会因为共需领域的不断扩增、长期稳定性及多元化合作，或者在面对一国难以解决和处理的公共危机或国际问题的情况下出现可观的合作前景。

接下来我们要回答以下两个问题：一个是国家之间是如何建构最有利于自身或最符合国家利益的国际战略关系？另一个是各取所需的安全、财富及权力的国际分工和国际交换是如何影响国家之间建构的国际战略关系的？现在我们先来回答第一个问题，首先我们应该知道任何主权国家选择哪个国家作为盟友，还是选择与哪个国家建立合作伙伴关系，或者是选择加入某个国际组织或国际同盟，以及是否需要与哪个主权国家建立正式的外交关系，对任何明智和掌权的国家元首来说都不可能是一件任意的事情，这些选择必然是双方或多方经过慎重考虑和权衡利弊做出的。而且受不同国情和政治体制及国家元首的政治信仰影响，每个主权国家的"择友标准"必然都不尽相同的，唯一共同之处是国家之间都希望建构最有利于自身或最符合国家利益的那种国际战略关系。这意味着掌权的国家元首会选择性地疏远最不利于自身或最不符合国家利益及会对该国构成威胁的帝国主义国家或具有霸权主义倾向的大国。同时也会选择性亲近那些最有利于自身或最符合国家利益及诚意帮助该国与能够在互惠互利的情况下满足各取所需的国际分工和国际交换的主权国家。因此各国构建最有利于自身或最符合国家利益的国际战略关系可视为根据不同"择友标准"而建立的"朋友圈"。由于敌对的战争关系，竞争性冷战关系，非正式的外交关系、国家间关系正常化，合作伙伴关系，潜在或候选盟友关系及真正的盟友关系这七种不同性质由坏到好的国际关系层次之间是有区别的，所以国家之间不仅需要考虑影响对外政策有效性的由国家实力决定的权力范围和势力范围的扩缩状况，还需要区别不同层次的国际关

205

系并制订与之相应或促进深化合作的一些对外政策，更需要明白哪种层次的国际关系有助于彼此之间花费最小代价便可以实现各取所需的国际分工和国际交换。这就是为什么对每个主权国家而言，在国际互动和国际竞争中，倾向于建构最有利于自身、符合自身利益及促进国家利益最大化和国家权力最大化的国际战略关系是国家外交战略的核心的原因。每个主权国家由处于不同国际关系层次的某些主权国家加入和建立的"朋友圈"必然是复杂多变的。因为每个主权国家构建的国际战略关系，可能有存在发生冷战关系的个别国家，有建立非正式的外交关系的某些国家，有国家间关系正常化的某些国家，有建立合作伙伴关系的某些国家，有潜在或候选盟友关系的某些国家、有建立真正的盟国关系的个别国家，而要处理好"朋友圈"之间的关系绝非易事，更何况这些处于不同国际关系层次的"朋友"之间可能存在难以解决的权力冲突、政治歧义、利益冲突、贸易壁垒、关税壁垒及安全威胁等重大问题或国际争端。但有一点是可以肯定的，即国家之间建立真正的盟国关系的择友标准是最高的，而国家之间发生敌对的战争关系则说明两国的关系已经降到了"历史冰点"。我认为国家之间建立真正的盟国关系所需达到的要求或"择友标准"之所以是最高的，主要是彼此能否经得起时间和历史的考验，在面对危难时能否携手共进。而国家之间建立真正的盟友关系所需达到的要求或必要标准主要是它们很大程度上决定了国际关系的稳定有序性，这些要求或必要的行为标准主要有三：一是共识领域的不断扩增和不断深化，或具有长期稳定性。二是共需领域的不断扩增，具备长期稳定性和存在多元化合作的发展前景。三是彼此存在共同解决和应对一系列公共危机和全球性问题的决心和需要及合作前景。国家之间要选取候选盟友来建立"准盟友关系"则至少满足三个必要标准中的其中两个，可以是第一和第二，也可以是第二和第三，或第一和第三，国家之间的关系正常化或者建立密切的合作伙伴关系则至少要满足三个必要标准中的任意一个，否则将没有动力来维持。尽管如此，在残酷的现实世界，国家之间所建构的最有利于自身或最符合国家利益的国际战略关系也并非铜墙铁壁，没有缺陷或不足。而且国家之间建构最有利于自身或最符合国家利益的关系的难度之所以有所增加，主要是因为以下国际问题或国际冲突无法被人们有效解决：一是国家之间建构最有利于自身或最符合国家利益的国际战略关系的局限性就包括会因国际竞争中的负和博弈或零和博弈而变得脆弱、敏感及紧张。尽管在国际竞争中，国家之间通过正和博弈来实现自我利益是最理想的，但每个主权国家或各国政府并不满足为需求而生产，所以各国不可能摆脱自私自利和追权逐利的国家政治本性。二是受各种不确定性因素和偶然因素的消极影响，只要国际战略关系的变迁总体上是不可准确预测的，国家之间具体并不知道与哪个国家建立哪种层次的国际关系最符合国家利益，与哪个国家建立哪种层次的国际关系会损害国家利益，那么"交友风险"就始终客观存在，以致现在很好的朋友在未来可能成为敌人，昔日的敌人可能在未来某天握手言和，成为新的朋友。三是只要极少数综合实力强大的国家才能不依赖任何国家实现自力更生，但大多数发展中国家却需要和依赖一种自由开放的国际环境来通过专业化的国际分工和国际交换来满足各取所需，或有为赚取更大的利润而进行更大规模的专业化生产。这意味着建立最有利于自身或最符合国家利益的国际战略关系不仅难度很大，还受制于根据比较优势决定的国际分工和各取所需的国际交换机制。四是建构最有利于自身或最符合国家利益的国际战略关系可能是传统的国家理论、狭隘的民族主义及极端的国家主义的结果，而不是超国家理论发展的历史产物。五是国家之间共识领域的不断减少或缺乏稳定性都不利于彼此建构最有利于自身或最符合国家利益的国际战略关系。六是国家之间共需领域的不断减少、缺乏稳定性及多元化合作都不利于彼此建构最有利于自身或最符合国家利益的国际战略关系。七是国家之间缺乏共同解决和应对一系列公共危机和全球性问题的决心和需要及合作前景都不利于彼此建构最有利于自身或最符合国家利益的国际战略关系。八是国际政治权力的不平衡发展、国际经济权力的不平衡发展及国际地位等级化都不利于国家之间建构最有利于自身或最符合国家利益的国际战略关系。九是共识领域、共需领域及公共危机直接影响国家之间建构最有利于自身或最符合国家利益的国际战略关系。十是由于国际战略关系的稳定性是国家之间相互作用和彼此影响的结果，所以在一个对外政策相互作用和彼此影响的世界，国家间各取所需的安全、财富及权力在国际分工和国际交换机制中必然影响彼此所建构的国际关系层次和属性。

第二个问题是：各取所需的安全、财富及权力的国际分工和国际交换是如何影响国家之间建构的国际战略关系的？众所周知，从二十世纪初开始，美国和苏联强大的军事实力和经济实力让其他发达国家和发展中国家甘愿放弃一些次要的政治主权或来换取经济利益或安全保障（这些甘愿放弃一些次要的国家主权或政治主权的来换取经济利益或安全保障的国家通常是经济普遍落后的发展中国家和弱小国家），或者使用部分国家财富向军事大国购买各种所需军事武器来提高防御能力和军事实力（这是不用转让或牺牲部分国家主权作为代价的最理想方式，但对经济普遍落后的发展中国家和弱小国家显然不易实现）或者在国际贸易领域牺牲某些经济利益来（比如低价出售原材料、降低关税及外企税收等等）换取某个军事大国承诺提供某种程度的安全保障）。这个事实告诉我们政治权力或政治秩序、国家财富或经济利益及安全保障或军事合作在国家间一直存在各取所需的国际分工和国际交换。希望与能促进本国利益或与能推动国家发展的其他国家进行交往和建立互惠互利的合作伙伴关系可以说是各国政府的外交战略所奉行的国际常规。各取所需的安全、财富及权力的国际分工和国际交换之所以影响国家之间建构的国际战略关系，主要原因有三：一是安全、财富及权力的专业化的国际分工和国际交换需要不断根据比较优势理论和成本收益分析做出“政略调整”和“战略调整”，但这些一系列调整主要是根据不断扩增，或长期稳定，或多元化的共需领域与国家之间共同解决和应对一系列公共危机和全球性问题的决心和需要及合作前景，而不是国家之间达成的某些共识领域所能够轻易决定的。因为历史经验证明即使是存在某些政治共识、经济共识、权力共识、道德共识、义务共识及政治信仰相同的社会主义国家之间、资本主义国家之间及民主国家之间的国际关系也会因为共需领域的不断减少，或缺乏稳定性及不具备多元化合作前景或国家之间缺乏共同解决和应对一系列公共危机和全球性问题的决心和需要及合作前景而让彼此之间的国际关系变得淡薄、脆弱、敏感及紧张，甚至决裂。需要补充的是：其实并不是国家之间存在某些共识不重要，而是这些共识产生的使用价值和交换价值能否对彼此起到稳定国家之间所建构的国际战略关系的积极作用，如若不能，某些共识就容易随国家偏见、民族情感、政治分歧、历史矛盾、利益冲突、观念转变及不断变化的国内局势或国际情势而发生改变。二是对在安全、财富及权力等方面严重依赖专业化的国际分工和国际交换来实现各取所需的每个主权国家而言，不管是国际地位和贸易地位（包括各自所扮演的角色与角色的历史转变），还是国家之间迫切的公共需求和发展需要，或是该国面对力所不及的公共危机和全球性问题都是直接影响一个主权国家与同样受不同程度影响的其他国家应该建立和发展某种性质的国际关系层次才是最合适的主要因素。三是国家之间相互依存的依赖程度将证明：对越需要在安全、财富及权力等重要领域通过专业化的国际分工和国际交换才能实现各取所需的主权国家而言，这些专业化的国际分工和国际交换不仅越影响该国所构建的国际战略关系，还直接影响该国应该与其他参与国家建立和发展某种性质的国际关系层次才最合适或最符合国家的利益，在这种国际分工和国际交换体系中该国是占据领导地位，还是被支配地位，是长期掌握主动权，还是长期处于被动，是国际供应者，还是国际需求者，更严重影响该国建构的国际战略关系是否最有利于自身发展。总而言之，使互惠互利的国际合作维系下去的原因主要是国家间的共需领域不断扩增，长期稳定，或具备多元化发展，而非某些使用价值低下或脆弱的政治共识、经济共识、权力共识、义务共识、道德共识及相同的文化背景或政治信仰。也就是说，国家之间互惠互利的国家战略关系的稳定性更多是依靠不断扩增，或长期稳定，或多元化的共需领域与国家之间缺乏共同解决和应对一系列公共危机和全球性问题的决心和信念及合作前景实现的，理性的国家政府根本不会把国家命运完全寄托于国家之间存在的某些使用价值和交换价值皆低下的政治共识、经济共识、权力共识、义务共识、道德共识及相同的文化背景或政治信仰身上等。既然国家间各取所需的安全、财富及权力的国际分工和国际交换直接影响彼此所构建的国际战略关系，那么在相互依存的国际社会促使国家之间构建的国际战略关系不断进行调整和发生历史变迁的主要原因归咎于国家间根据比较优势理论、成本收益分析、公共需要或发展需要及国际危机所决定的国际分工变化就没有不妥之处。

不过对一个在侵略史和外交史上占据大部分篇幅的硬实力不断增长的具有侵略性威胁的大国而言，进攻性对外扩张无疑会威胁到邻国或该地区其他国家的主权和领土完整及安全，此时这个具有侵略性威胁的大国对周边国家或敌对国家而言往往更具有强烈的征服企图，这也是各国对霸权主义或帝国主义如此恐惧和厌恨的原因。从历史性经验客观评估侵略性威胁的可置信程度，国家之间再根据具有侵略性的大国的可置信威胁指数来制订对外政策、决定是否共同构建符合彼此安全需要的军事防御联盟或国际制衡联盟，决定是否根据共同的安全威胁一起制衡或制裁这个最具有侵略性的大国，以及调整国家之间的国际关系及政略和战略是非常有必要的。我认为客观评估一个具有侵略性威胁的大国的可置信威胁指数的主要标准有：发动战争的次数或频率，使用的武器类型，杀害的军民数量，吞并的土地面积，殖民他国的范围，干涉他国的内政，颠覆他国的政权，掠夺的资源价值。另外崛起的新兴大国之所以能够"替代"守成大国，可能并不是他已经取得了超越未衰弱的守成大国或与守成大国势均力敌的国家实力，而是守成大国的严重衰弱导致被趁虚而入的其他正在迅速崛起的新兴大国取而代之。但崛起的新兴大国追求霸权地位必然在政治、经济及军事上挑战想要稳定霸权地位的守成大国却是国际关系的铁律。大国之间的长期对抗或恶性竞争导致实力此消彼长也是不可避免的。格雷厄姆·艾利森认为："雅典的崛起给斯巴达带来恐惧，使战争变得不可避免。一个崛起的新兴大国必然会挑战守成大国的地位，而守成国也必然会采取措施进行遏制和打压崛起国，两者的冲突甚至战争在所难免。"事实上千变万化的世界形势和国家体系之间的政治变革可能会朝有利于避免敌对的新兴大国和守成大国陷入修昔底德陷阱的那一面发展，如相互依存的经济关系，共识领域的不断扩增和深化、共需领域的不断扩充和长期稳定及多元化发展以及个别国家所面临的力所不及的国际危机和全球性威胁等。而化解敌对新兴大国和守成大国之间陷入修昔底德陷阱，避免冲突和战争的关键在于在和平时期或和平向战争过渡或转变之际，守成大国和新兴大国之间能不能把实现国际权力平衡、国际利益协调、世界发展平衡及国际地位平等化作为主要目标和外交原则。我认为，"修昔底德陷阱"未必在任何情况下皆能形成，从而成为崛起的新兴大国必然挑战守成大国的权力、利益及地位的铁律。如守成大国的迅速衰弱和新兴大国的迅速崛起就可能成功使两者快速避免陷入或绕过"修昔底德陷阱"。如没有守成大国衰落，但也没有新兴强国或候选大国崛起成新兴大国。如有守成大国轻微衰落，但没有任何新兴强国或候选大国崛起成新兴大国。与之相反，另外两种悲观情况则会导致崛起的新兴大国挑战轻微衰弱的守成大国的权力、利益、地位及势力，如没有守成大国衰落，但也有地区强国崛起成新兴大国；或者是有守成大国轻微衰落，但也有地区强国崛起成新兴大国。

那么中美竞争如何避免陷入"修昔底德陷阱"？中美双方能否理性看待大国博弈，建立一种对彼此有利的能够实现"良性竞争"或"理性竞争"的国际规则，以改变恶性竞争的性质和结果，这完全取决于双方的战略目的和战略互动是什么，以及对待大国竞争的政略调整和战略调整是否朝有利于双方实现关系正常化和深化合作的方向和目的发展？由于中美双方在核武器不扩散、应对气候变化、调整国际贸易等方面存在合作的前景和好处，所以中美竞争可以排除负和博弈。那么现在中美竞争的发展路径就剩下零和博弈和正和博弈了，也就是说，中美竞争不是一种零和博弈，就是一种正和博弈。但现在更关键的问题是：中美竞争在什么情况下会恶化成一种零和博弈，中美竞争在什么情况下会发展成一种正和博弈？对于第一个问题，我认为以下几种情况皆有很多可能使中美之间的大国竞争走上或演化成零和博弈的道路：一是在国际社会的无政府状态，而大国之间又彼此不服从谁的支配，却有一方试图取得支配另一方的国际权力和影响力来左右这个国家的政府行动和对外政策。二是大国可以自行其是不受联合国约束或可以摆脱联合国约束，而联合国又缺乏平等约束各成员国所必需的强制力和权威性的情况下。三是作为大国的中美双方或单方可以操纵联合国的情况下，且享有一票否决权。四是中美竞争不存在实施监督、负责协调、可以约束、有效制约及执行惩罚的世界最高权威或第三方的情况下，双方都可能会铤而走险，通过损害对方来达到利己目的。五是在中美竞争处于难分难舍的胶着状态下，国际上又没有任何力量强大到足以阻止或让作为大国的中美双方停止"掰手腕"。六是在维系和巩固中美关系正常化所必需的共识领域或共需领域的不断减少或缺乏稳定性，以及缺乏减少摩擦所需要的有效沟通的情况下。七是在一方能够在某些对实现战略目的存在决定性影响的重要领域占据绝对优势或双方的实力存在此消彼长的情况下。八是双方或一方的战略手段或外交政策明确而又现实地威胁到对方的发展需要、国家安全、国家利益及国家主权的情况下。九是在不完全信息条件下的战略互动或竞争过程中，双方或一方误估或错误理解对方的战争手段或误判当下国际情势导致产生非本意的结果，而又缺乏有效的方法补救或没有及时进行有效沟通的情况下。十是彼此的行动空间在各取所需的国际分工和国际交换中受到对方不断扩张的权力范围和势力范围的挤压，导致一方难以在"夹缝"中生存，或者一方出现"越界"的情况下。当然，我所枚举的部分情况并不足以完全解释中美竞争为什么会走上或演化成损人利己的零和博弈，毕竟相互作用和彼此影响的国内情势与国际情势错综复杂，且受到各种不确定性的个人因素、自然因素、社会因素及国际因素的影响，这就增加了双方在决策过程中发生误估和误判的风险与可能。但上述情况也并非没有依据的无稽之谈，我们只能说它没有穷尽中美竞争恶化成零和博弈的情况和因素。对于中美竞争在什么情况下会发展成一种正和博弈这个问题，我认为中美竞争之所以能够发展成互惠互利或不至于一方的利益的增加而导致另一方的利益有所减损的正和博弈，正是上述不利情况或因素得到有效或系统改善的结果，而最主要的莫过于在中美竞争中，双方的共识领域和共需领域（其中也包括共同利益）能够不断扩增，或促进长期稳定，或实现多元化合作，这才令双方的合作前景变得有利可图而不至于因为无利可图导致关系破损或竞争恶化。如果是这样，那么大国之间的竞争若能向正和博弈的道路发展，就能够有效避免彼此陷入"修昔底德陷阱"中。也就是说，在不可避免的大国竞争中，特别是对中美竞争而言，彼此的战略目的和战略手段永远是直接决定竞争模式是否理性或进一步恶化成对抗或冷战，然后再进一步恶化成冲突和战争的关键因素。当然了，如果中美竞争是一种要素禀赋优劣各异或实力不对等的非对称博弈，那么仅能够维持"脆弱的平衡"中美竞争就很大可能无法激励双方在任何时候和任何情况下都能够遵守互惠互利的竞争规则或国际制度，促使中美竞争能够理性走上促进总收益最大化的正和博弈的道路。因为不管是占优一方，还是任何一方的短视行为都可能会破坏互惠互利与和平发展的国际竞争秩序，特别是中美双方的共识领域或共需方面的不断减少、缺乏稳定性或缺乏多元化发展的情况下更是如此。道理很简单，不管是对于国家之间的竞争，还是大国竞争或大国博弈而言，如果竞争参与者之间的共识领域或共需领域的不断减少或缺乏稳定性，或缺乏多元化，那么彼此之间能够深化互惠互利的合作前景就会更小，对抗前景或冲突前景就会越大。也就是说，不管是国家之间的竞争，还是大国竞争或大国博弈，在各自追求的是权力最大化和利益最大化及霸权地位或竞争的目标区间都是小至维系自身的生存和发展需要，大至国家利益最大化和权力最大化及霸权地位，而彼此进行竞争的战略目标并不是追求适可而止的国际均势和权力平衡及利益协调的情况下，竞争参与者之间的共识领域或共需领域（包括共同利益）的不断减少或缺乏稳定性，或缺乏多元化合作都是最容易引发国家之间的对抗或冲突，甚至是战争的。美俄竞争或美俄争霸之所以会恶化成零和博弈或负和博弈的局面，我认为主要原因有：一是双方在国际竞争中同样追求的都是权力最大化和国家利益最大化，甚至是一种主导世界的霸权地位，而不是国际权力平衡、全球利益的协调、世界发展平衡及国际地位平等化等等。二是双方都不断把扩大自身或该阵营的权力范围和势力范围当作实现自我利益最大化的首要之务。三是在竞争过程中双方的战略目的和战略手段或外交政策已经威胁到对方的生存、发展、安全、权力及利益。四是双方在竞争过程中都采取进攻性对外政策或进攻性现实主义政策来应对挑战和竞争，这就可能刺激双方进行路途漫长而又代价高昂的军备竞赛，从而陷入世界安全困境。五是世界上不存在可以对美俄竞争或美俄争霸实施监督、负责协调、执行惩罚、可以约束及有效制约的世界最高权威或第三方，所以缺乏强制力和约束力的联合国对此也是束手无策。六是双方除了在《不扩散核武器条约》有短期合作外或在气候变化可能存在合作前景外，双方的共识领域或共需方面不是不断减少，就是缺乏长期稳定性，或是缺乏多元化合作，这就导致双方的合作前景基本为零，也就是几乎不存在有利可图的合作前景，或者说彼此的对抗前景远大于平等互惠的合作前景。七是国际社会的无政府状态使彼此陷入被弱肉强食的丛林法则支配的生存、发展、安全及权利需要靠自身来维护的境地，而被动或落后则意味着要挨打。八是在不完全信息条件下，政府决策高层缺乏有效沟通或互动会导致双方在受到各种不确定性因素的影响下增加彼此对国内外情势错判和误估的风险或可能。

最后需要补充的是关于裁军事宜与军备控制的谈判问题。其实国家之间签订的一切关于裁军事宜与军备控制的协约来促进和维系国际军事均势的做法，与各国为控制气候恶化签订条款和内容笼统的《巴黎协定》《京都议定书》及《联合国气候变化框架公约》等旨在减少温室气体排放的政治举措一样，其实只不过是一种政治形式上严格缺乏实践意义的表面文章或缺乏约束力和强制力的一纸空文罢了。因为它根本无法严格约束和高效阻止各国暗地里进行的军事扩张活动与温室气体的排放。毕竟严格控制温室气体的排放，以阻止气候恶化，对世界的经济发展或人类的可持续生存和发展有利，但同样会阻碍或抑制一国依赖工业规模发展带动的经济增长，从而对该国的经济发展不利。前者容易损害该国在国际政治上政治利益和削减该国在国际军事上的政治权威和外交威望及政治地位，后者处理不当则会阻碍或抑制成员国的经济发展和增长，造成国民生活水平下降。如果各成员国严格遵守协定的内容和条款，统一按协定标准来减少气体排放，那么这意味着要牺牲一定的经济利益或经济增长来玉成此事，问题是哪国愿意先这样做，如果英国这样做了，其他国家不这样做怎么办？英国不是吃亏了吗？再者，即使成员国们严格遵循《巴黎协定》《京都议定书》《联合国气候变化框架公约》的条款和内容，它也是治标不治本的政治措施，更何况协约或公约里面很多笼统的条款和内容就足以使执行国无从下手。就拿美俄 1991 年签订的 2009 年业已过期失效的《削减和限制进攻性战略武器条约》和 2010 年双方签订的《核裁军协议》来说，它从根本上遏制或阻止了这两个超级大国的军事扩张和武器研发？即使两国一致遵循了上述军事协约，两个超级大国依旧存在在"协约外面"谋求军事扩张和武器研发的极大可能。因为问题的关键在于双方都没有完全强制或约束对方严格遵循协约的综合能力的情况下，谁来监督和管治及惩罚他们的违约行为呢？哪个国家或哪个国际组织有足够的权力和能力迫使两国严格遵循协约？谁来惩罚美国或俄罗斯的违约行为？谁有权力和能力惩罚美国或俄罗斯的违约行为？如何成功实施惩罚？违约国愿意接受第三方作为公平的正义惩罚？违背协约的协约国拒绝接受协约规定的惩罚条款怎么办？惩罚的效果如何？遭受惩罚的违约国的反应如何，够期后还会续约？又拿各国为改善气候变化而控制气体排放签订的《巴黎协定》或《京都议定书》来说，关键的问题在于一国或多国都没有完全强制或约束对方严格遵循协定的综合能力的情况下，谁来监督和管治及检查协约国们是否严格遵循协定的内部和条款？谁来监督和管治及检查协约国们的气体排放量？谁来惩罚违背协定的协约国？谁有权力和能力惩罚违背协定的协约国？如果成功实施惩罚？违背协定的协约国愿意接受全体协约国或第三方按协定规定实施的惩罚条款？如果违背协定的协约国拒绝接受协定的惩罚条款怎么办？惩罚的效果如何？遭受惩罚的违背协定的协约国的反应如何，够期后还会续约？我认为要想高效约束协约国的行为，令其严格遵循协约规定的内容和条款行事，就要使违约变得不划算，即把合约或协约设计使得"违约成本大于违约所得"，且还要附有由全体协约国共同执行或共同委托指定的由第三方执行的"便捷的惩罚和制裁方式"，它主要是：罚款和没收一切违约所得。而针对协约国的违约惩罚，我认为应当分为两部分：一是共同交付一笔针对任何协约国中途退群，但没有违反相关协约内容和条款的协约国的中途退群惩罚，这笔协约规定交付给全体协约国或委托第三方保管和执行惩罚的抵押金可叫"事后赔偿金"；二是同时针对任何协约国违反协约规定的内容和条款而要事前共同交付给由全体协约国保管或全体协约国委托第三方保管和执行惩罚及代扣的一笔"犯罪保押金"，也可叫"预押赔偿金"。只要任何协约国违反了协约的相关内部和条款，即可直接根据惩罚条款从中扣除相应的"预扣赔偿金"或"犯罪抵押金"，或者强制没收一切违约所得。当然了，这笔由全体协约国共同按协约规定同时交付的

"事前补偿押金"应该等于或高于最高惩罚金额，而且惩罚实施后，违反协约的违约协约国应该及时补全这笔"预押赔偿金"或"犯罪抵押金"，以权全后续威慑，这样才能继续约束协约国的军事扩张活动和温室气体排放。协约到期后，任何没有违约的协约国皆可在退出该公共组织后如数取回这笔预付抵押金。

言归正传，如果中美双方的目标区间都是小至维系自身的生存和发展需要，大至国家利益最大化和权力最大化，并成为大国战略竞争的国际不动点，那么只有双方的竞争属于正和博弈模式或合作多于竞争（起码合作不减少）才能维持最低限度的和平。这种情况是比较符合中美双方在竞争过程中都采取最有利于促进自身利益，但又最不利于对方促进自身利益的战略手段来实现彼此的战略目的或预期结果。不过一旦双方或一方的竞争成本大于竞争收益或竞争收益小于竞争成本的情况下，双方或一方都会寻求变革、并试图通过修改、破坏及不遵守对自身不利的竞争规则和国际制度实现预期的战略目的或结果，那么中美竞争在不存在实施监督、负责协调、执行惩罚、可以约束及有效制约的世界最高权威或第三方的情况下，双方或一方都可能会冒险通过损人利己来达到利己目的，因为这样做通常不会受到来自第三方或世界最高权威发起和执行的那种得不偿失的正义惩罚，尽管会遭受对方的谴责和国际舆论施加的压力可能无法避免。但从古至今，世界上又有哪个瞩目耀眼的强国或大国自古以来都是个光明磊落的"好好先生"？无论是溯往侵略史，还是外交史，在战略互动中，都不乏不为人知的政治内幕。我并非鼓励各国用卑鄙手段来对待国家间的竞争或冲突，不过追权逐利却是每个国家的政治本性。

最后，不管是崛起的新兴大国，还是轻度衰落的守成大国，如果在战争中取得世界霸权之后国力大降，战后再也没有实力维系霸权，使霸权地位永固，那么霸权地位就可能会榜落其他敌对的正在坐山观虎斗的新兴强国或候选大国手中，结果就不是国力大损正在追求世界霸权的新兴大国或想要稳定霸权地位的守成大国取得霸权地位，这显然与各自进行战争的目的背道而驰。另外，如果充当世界警察的支配性大国无法代表世界正义，徇私枉法，亲疏有别，偏袒损国利己的盟国，无法阻止和惩罚盟国损害其他弱小的成员国，也会丧失令人信服的道德地位，因为若阻止和惩罚盟国就会招致盟国的不满或对抗，不阻止和惩罚损国利己的盟友则会招致其他国家或敌对同盟的对抗或反击。如果追求世界霸权的新兴大国和想要稳定霸权地位的守成大国均

215

在战争中元气大伤，那么各自在战后国力大减之际，其他候选大国或新兴强国就可能会趁虚而入，给他国可乘之机，所谓的"螳螂捕蝉，黄雀在后，鹬蚌相争，渔翁得利"，就是这个道理。处于敌对状态的新兴大国与守成大国之所以不敢妄自开战，主要在于双方都必须理性看待进行战争的代价是否可承受，战败的代价是否可接受，战后所能取得的收益是否足以弥补进行战争所造成的全部损失，战后重建家园的复苏能力是否远优于对方，进行战争能否达到预期或想要的结果，以及必须慎重考虑两败俱伤后，其他敌对的候选大国或新兴强国是否会趁虚而入，从而导致彼此争夺霸权的企图落空。毕竟这个充满各种不确定性因素的世界并不保证付出必有收获，即使是对外发动侵略战争而言，当你打算这样做时，也要做好可能取得得不偿失的结果的心理准备和防范措施。除非敌对双方实力悬殊，否则在现代文明中，大国进行的对抗或战争的结果通常是以双方都付出惨重的代价收场。也就是说，对于两个势均力敌的大国之间进行的对抗或战争而言，即使一国取得胜利也会付出元气大伤的惨重代价，然而更糟糕的结果必然是两败俱伤，令他国趁虚而入，而不是一方取得胜利。所以也不见得野心勃勃发动侵略战争的德意日轴心国在世界二战结束后捞到什么可以真正促进该国繁荣的好处和资本，并实现帝国主义的扩张，反而是战败的教训也让他们付出损失惨重的代价，而且轴心国战败需要承担的代价是由战胜国决定的。若交战两方均无力在首次实现毁灭性打击而取得压倒性胜利，对方获得喘息之机后就会进行更毁灭性的军事报复。

一旦进行战争的代价高昂到即使在这场战争中取得胜利，之后也无法弥补其进行战争所造成的全部经济损失，那么发动战争就是得不偿失或弊大于利的，而战败的代价可能高昂到国家灭亡与人民永远惨遭对方的奴役和殖民的境地。如果战胜和战败的代价同样高昂，那么进行代价如此之大的侵略战争就会促使人们小心谨慎，但却未必足以使人们对战争望而却步，不惜犯险。不过国家间在经济方面的相互依赖的增长确实会提高彼此之间发动战争的代价和降低彼此之间进行战争的风险或可能，但这并不是通律，除非这种相互依存的经济关系是其他国家无可替代的，且受到军事威胁的国家还有强大的军事实力来捍卫自身利益，否则相互依赖的经济关系可能会因为政治歧义、权力冲突、文化冲突及面临舆论压力而发生断裂或战争。若中美陷入修昔底德陷阱，注定开战，那么对中国而言，由于是否进行对外战争的决定权掌握在国家元首手中，而美国是否进行对外战争的决定权则掌握

216

在国会手中。这意味着在决策上中国享有先发制人的军事优势，而美国则相对处于被动挨打的军事劣势。如果是这样，那么作为新兴大国的中国是否有能力首次对美国实施毁灭性打击，从而取得压倒性的胜利？若没有，经过中国的首次打击后取得喘息之机的美国又是否还有能力进行毁灭性的军事反击呢？这就需要系统比较和客观评价进行战争的优劣势和战略。

我个人认为：美国用遏制前苏联的方法来应对中国的崛起，其实并不理性，也不合适，理由有八：一是不喜欢结盟的中国一直保持安分守己的以世界和平为主，走和平发展主义路线，主张和奉行通过和平的外交手段来解决国际纠纷和国际冲突的对外原则，这与具有霸权主义倾向的苏联和俄罗斯明显有所不同。二是通过结盟方式建构的苏联不能与虽同是社会主义国家现在却以主张和强调"不结盟，不称霸，不侵略"为对外导向政策的新中国同日而语和相提并论，中共也不是苏共，前苏联具有"赤化世界"向东欧西扩的霸权主义倾向，但现代化中国却始终坚持和平发展，互不侵犯、平等互惠的外交方针。三是现代化中国并没有进行对外扩张的帝国主义野心，也没有对外进行军事扩张的企图和目标。四是因为中美关系正常化得到的收益可能高于彼此处于对抗状态所付出的代价，虽然两国之间的政治歧义和文化冲突及经济相互依存的减弱始终都是实现中美关系正常化的主要障碍，但中美需要合作的地方也不少，如国际贸易、核扩散、核威胁、全球恐怖主义、气候变化、知识技术进出口等等。五是美国敌视中国比中国敌视美国，对美国更加不利，一旦敌视加深，演变成对抗或冷战，那么美国让中国感到不安全的"敌对行动"，就会迫使中国和俄罗斯结成共同对抗美国的"铁杆盟友"，所以多一敌不如多一友，起码美国的对华政策应该争取或采取足以促使中国有充分理由在"美俄争霸"中保持中立和互不干涉的温和态度和国家立场，而不是选择去挑衅中国的主权问题。六是对美国而言，俄罗斯对美国的威胁远大于中国对美国的威胁，所以美国与中国的合作前景又大于美国与俄罗斯的合作前景，不与中国为敌或对抗才能使欧美体系更好地集中力量遏制俄罗斯向东欧西扩，若美国把中国也作为遏制目标，那么美国即使联合欧盟遏制中俄联盟，力量也会比较分散，实力也会大大削弱，且不论是否成功。七是中美双方能否正确认识和客观对待"中国威胁论"和美国阴谋论，对彼此都很重要，所以任何一方相信这些没有充分依据的阴谋论和威胁论只会加剧彼此的政治歧义与冲突。八是中美关系正常化不管是对整个亚太地区的和平发展还是全球稳定都是不小的和平贡献，美方应该有此认识。所以人们认为：中国的崛起会威胁美国的霸权地位，损害美国在全球的权力范围和势力范围之内的权力、利益及安全的"中国威胁论"，我认为此时并不具备成立的必要条件。同样认为美国是导致世界动荡和使世界变得不安全的根源，世界上的大多坏事都是美国干的，即使美国援助他国，也被人们看作是另有目的和不怀好意的"美国阴谋论"，目前也不具备成立的必要条件。美国阴谋论者显然有一种自视甚高的"众生皆醉，我独醒"的旨趣，但很遗憾的是这种"仇美情结"多半是一种个人偏见的产物，而不是历史事实的客观反映。事实上如果美国政府真像大家所想象的那么邪恶，那么现在的世界秩序应该陷入最糟糕的世界大乱和战争不断的境地，就像世界一战和世界二战那样，而不像现在这样需要美国扮演"世界警察"的角色来维护世界的安定和繁荣，况且世界大乱和战争不断并不符合美国的利益，美国政府完全可以从很多国家撤回那些主权国家同意驻守的军队和建立的军事组织，毕竟这些在他国留守的美国军队和军事组织也占据美国的国防开支和国防预算的绝大部分，尽管同意驻守的主权国家可能也分担部分军费。也完全可以凭压倒性的军事力量和经济实力征服美洲各国建立地区性的美洲霸权或者把自愿接受其管辖的某些主权国家的领土纳入美国的版图，以美国的综合实力而论这是绰绰有余的，但赢得冷战后，处于巅峰期的美国政府并没有选择这样做。认可或支持美国阴谋论的无非两种人，一种是不懂历史，被虚假信息和社会舆论误导，接受的教育和知识很有限的平民，另一种是认为美国政府一直把中国当作敌手，对华奉行"进攻性对外政策"或"进攻性现实主义政策"或认为美国的霸权主义行动对华具有侵略性威胁的知识分子和部分官员。其实中美双方这种不信任关系之所以会形成一种"敌对情结"与对方触碰彼此的"底线"是密切相关的，如"南海问题""台湾问题""对华遏制政策""贸易壁垒""关税壁垒"、刻意捏造和散布"中国威胁论"、刻意捏造和散布"美国阴谋论"、放任反华势力活动、放任反美势力活动都是导致中美关系变得敏感、脆弱及紧张的重要原因。这些问题对北京和华盛顿而言显然不能长期束之高阁，悬而不决，因为这是下策，它非常不利于中美关系的健康发展，以及在现在或未来所需的多元化的深化合作。也就是说对美国政府而言，改善中美关系更有利于美国遏制俄罗斯向东欧西扩的帝国主义野心，反之多了中国这么一个敌人，就会削弱欧美阵营遏制俄罗斯扩张的效力或者削弱美国成功遏制俄罗斯的效果。七是中美关系正常化是有效防止中俄结成铁杆盟友共同对抗美国的基础，尽管这样做未必有效，但对美国而言也总比双方处于敌视的"关系瘫痪"状态，或与中国进行冷战更有利于打消中国保持中立，加入俄罗斯阵营的念头。关系瘫痪是指：国家间虽没有召回大使，宣布断交，但因为受政治歧义、权力冲突、利益冲突及共识领域的不断减少的不利影响，两国政府在很多重要的领域难以通过外交手段解决或达成各种互惠互利的国际合作，在很多重要的国际问题上双方难以达成一致意见，分歧已到了无法管控的地步，两国已滋生敌对情绪或进入冷战状态。

其实中美双方通过妥协做出让步并不是懦弱无能的表现，而是为了实现中美关系正常化，就像在战争中实现诱敌深入的撤退并不意味着败逃、畏敌及畏战，有时为了长远利益和世界大局着想也需要大国之间具备自我牺牲的风范和修养，针尖对麦芒解决不了任何问题，只会加深彼此之间的敌意。但目前世界局势对当下中国产生的影响，我认为对目前正处于敌对或对抗状态的"美俄争霸"而言，还在茁壮成长的中国应该采取"保持中立，和平共处，互不侵犯"的对外政策，来避免卷入分别以俄美为首的敌对阵营的纠纷和冲突之中仍然不失为一种最理想，同时也是最明智的战略选择。如果中美要想长期实现和维持中美关系正常化，现在的大国又没有压倒性的实力成为碾压各国的全球霸主，那么两国扮演"离岸平衡手"角色最有利于达到这一战略平衡的目的。因为中国既没有义务与俄国结盟共同对抗美国，也没有必要与美国结盟共同对抗俄国，这样做既对中国不利，也对相对处于均势却彼此对抗的美俄双方不利，正在茁壮成长的中国卷入大国之间的对抗，必然会出现实力此消彼长或两败俱伤的情况，从而不利于中国经济的稳定发展和实力积累。"不结盟，不称霸，不扩张"的外交战略可以为目前的中国解决好多冲突或矛盾的国际问题，也能够避免中国不陷入其他国家制造的纠纷和冲突之中去，长久下去也能够有效打消不友好国家对中国的"敌视"，从而达到转移攻击目标的战略目的。中国作为一个潜在大国或正在崛起的新兴大国应该避免陷入彼此处于对抗状态的分别以美国和俄罗斯为首的势力范围和权力范围的"美俄对抗"中去，在这场"美俄争霸"未彻底结束之前，中国政府明确表示不参与"美俄争霸"，既不选择加入俄阵营，也不选择加入美阵营，对"美俄对抗"采取"保持中立，和平共处，互不侵犯"的外交宗旨与采取"不结盟，不称霸，不扩张"的外交战略。即使这样做无法终止美俄因为忧虑两败俱伤而让中国坐收渔利而停止对抗，起码也不会刺激或加剧美俄之间的军事对抗或军备竞赛，这种三足鼎立的大国平衡不仅对维护中国的经济发展意义重大，也能够对世界和平做出不小的贡献。

中国不选择加入彼此处于对抗状态的"美俄争霸"当然是最明智的外交战略，但美俄可能通过施加压力来迫使未来衰弱的中国做出"站队选择"，而我们却无法保证未来的中国领导人不会迫于霸权压力就范，从而做出卷入或参与既不符合中国发展需要的"美俄争霸"，也不利促进世界和平，又会标志性成为敌对大国或敌对阵营的攻击目标的"站队选择"。如果中国领导人在未来的某天迫于各种国际压力和危急情况下不得不做出关乎该国生死存亡的"战略性站队选择"，那么是加入俄阵营共同对抗美阵营更符合中国的利益，还是加入美阵营共同对抗俄阵营更符合中国的利益，或是加入美阵营好过加入俄阵营，还是加入俄阵营好过加入美阵营，这对未来的中国领导人而言显然是个极大的考验，也会使中国陷入是加入美阵营好，还是加入俄阵营好的两难选择困境。如果中国加入与俄阵营对抗的美阵营，那么当欧盟成为支持美阵营的铁杆盟国，俄阵营在地缘战略上就会处于在东面受中美日、韩、澳、台和在西面被欧盟夹击或同时分别被这两股军事力量包抄的劣势，除非俄阵营能够得到中东地区和东欧国家的支持，并具备"中心开花"的军事优势，否则俄阵营必然是孤掌难敌双拳。反之，若中国加入俄阵营，与俄阵营共同对抗欧美阵营，只要中俄阵营能够在亚洲获得社会主义国家和发展中国家的支持，那么在敌对双方的经济实力和军事实力旗鼓相当的情况下中俄阵营在地缘战略就能够牵制美日，比欧美阵营就会相对处于优势，因为欧美阵营不管是在陆地，还是跨海，都要进行远距离投送兵力、武器、补给，而中俄阵营却可以在本土为保家卫国而战。其实中美俄形成互不结盟和互不侵犯的三足鼎立关系对彼此而言是最理想的，如果彼此处于对抗状态，冲突升级成战争，那么发生在大国之间的核战争中不可能出现赢家。如果说与太平洋相隔的美国不希望中国崛起成新兴大国，那么领土毗邻的俄罗斯同样更不希望中国成为实力赶超俄罗斯的正宗大国或超级大国，新中国成立初苏联从中国撤走所有专家和撕毁合作协议就是个例子。所以对中国而言下策是以某种方式支持俄罗斯的扩张政策，这样做的不利后果必然使中国受欧美孤立俄罗斯的遏制政策所影响，甚至失去在欧美的利益。况且历史教训告诉我们：俄罗斯从一个地区性的小公

220

国发展成世界超级大国的漫长过程中对周边邻国都极具侵略性威胁，特别是所热衷的领土吞并和军事扩张（这在彼得大帝时达到了巅峰）。野心勃勃的俄罗斯帝国对中华领土（主要是新疆、内蒙古及东北地区一带）的虎视和吞并其实一直都在，只不过是这种加以掩饰的野心通常只有在中国衰弱之际才会原形毕露，让我们看清这头狼的本性，这也是为什么在中国强盛之时或与其势均力敌的实力和情况下我国才能避免其对周边领土和国家主权所构成的军事威胁。所以俄弱中强比俄强中弱对中国而言更安全有利。而保守之策是中国不卷入美俄争霸的旋涡中，依旧采取互不得罪和保持中立的对外政策，激进之策是帮助美国削弱俄罗斯的经济实力和军事实力，使其在很长时间内难以与中国进行军事对抗，因为来自邻国的军事威胁显然更大。道理很简单，中国作为俄罗斯的邻国，而且鉴于俄罗斯在侵略史上的篇章如此丰功伟绩，所以俄罗斯变弱对中国来说只有好处没有坏处，好过中国衰弱之际，东北地区会被俄罗斯所吞并。也可以那么说，俄罗斯比美国强大对中国构成的安全威胁远比美国比俄罗斯强大对中国所构成的安全威胁要大。因为从 16 世纪开始，不管是溯往侵略史，还是外交史，俄罗斯一直都属于具有侵略性威胁的霸权主义国家，特别是对其周围邻国在历史都构成安全威胁，且一直企图向东欧西扩，这与比较温的美国霸权可谓差异显著，无论人们认为美国多坏，但从美墨战争之后，他并没有再吞并其他国家领土的野心。

在电视剧《外交风云》中周恩来所说的："中苏矛盾不小于中美矛盾，但美苏矛盾又大于中苏矛盾。"就准确地描述了当时在权力、利益及安全充满矛盾和冲突的三边关系，所以照此推论，是不是可以说苏对中威胁不亚于美对中威胁呢？现在若以此为据，认为加入俄阵营好过加入美阵营，或者认为加入美阵营好过加入俄阵营的观点和想法显然还经不起历史的考验和推敲。但对中国而言，比起美国，俄罗斯与中国确实有比较相似的政治信仰或政治意识形态偏好，因为两国原是信奉马列主义的社会主义国家。尽管时过境迁，物是人非，苏联解体后独立的俄罗斯已无力成为领导不断崛起的中国的宗主国，中国从改革开放后也逐渐获得与俄平起平坐的国际地位，但这种在权力、利益及安全存在冲突或矛盾的三边关系本质上并没有多大改善。而且有一点是明确的，对大国博弈而言，不管是中俄对抗，还是中美对抗，或是美俄对抗，对第三方总是有利的或吸引人的，因为长期的对抗或敌对会损耗彼此的国力或实力，而第三方则可坐收渔人之利，潜在大国或候选大国则可以因为置身事外而在阻力或代价最小的情况下崛起成新兴大国。而聪明的新兴强国往往会利用守成大国之间的对抗或守成大国与新兴大国之间的对抗谋取最大化的自我利益。也就是说在国际竞争中，不管哪个大国严重衰落，都会产生以下某些负面影响：一是国际地位和国际影响力及国际威望下降。二是其权力范围和势力范围出现严重萎缩。三是无法实现所欲达到的战略目标和外交战略或外交政策无法有效施展，使其达到预期效果。四是在国际上追权逐利的能力和实力已经大减，导致维护该国主权和领土完整及安全与利益的可能性降低。五是话事权被削弱，在国际上处于被强国或大国支配的被动地位。六是由于议价筹码的使用价值已减，在进行谈判和协商时讨价还价可能会失败或讨不到期望的好处。七是实力大减或能力大降都可能会破坏原本朝有利于自身安全的国际政治权力平衡，国际经济权力平衡，国际军事权力平衡，使其朝不利于自身安全的那边倾斜。八是不管是对权力，还是利益，或是安全而言，严重或长期衰落的大国或强国在此期间可能无法正常从国际分工和国际交换中实现各取所需。九是作为某个国际体系或国际同盟的领导国的强国或大国如果严重衰落，或者面临长期衰落，那么该体系或同盟可能会因为其他会员国或成员国无力胜任和接替该国的领导地位而面临分化或瓦解。十是不管是在国际竞争，还是在战略互动中，都会影响各国政府对该国政府制订外交政策时所采取的态度和立场。但还有最重要的一点需要补充，即国家间共识领域的不断增长、持续深化及长期稳定并不是决定国际关系或世界秩序的稳健性的唯一要素或最重要因素，所以即使中俄的政治体制、政治制度、政治信仰及政治意识形态偏好相同也难以构建一种绝对稳定的盟友关系，因为"中苏交恶"在历史上证明了此结论的科学性，而大国之间必然谁也不愿服从谁的支配，无论是中俄之间，还是美俄之间，或是中美之间，毕竟大争之世，争于实力。

中华古代三国时期，吴国智囊人物鲁肃提出的"联弱抗强"的三国战略平衡理论是否适用于现代的中俄美的三边关系的改善？首先可以看出这种谋取生存和安全的三国战略平衡思想属于早期的一种均势理论。虽然这种均势理论虽然是发生在国内诸侯王之间，但也同样适用于国际政治，因为均势的本质就是彼此通过平衡各方实力来谋取生存和安全，而不想任何一方或一国独自坐大。那么为什么古代三国和现代的中俄美没有采取这种联弱抗强的战略平衡理论来实现均势呢？我认为靠这种"联弱抗强"的战略平衡来改善美中俄的三边关系或促进三国实力的平衡发展非常困难，实现此目的需要满足的条件非常苛刻或实现此目的需要解决的问题非常困难。第一个是元首偏好或智识问题。首先需要面对的是这三国的元首偏好或智识层次对政治意识形态和公共意志的影响，如这些元首或君主的偏好序列或价值序列能否实现联弱抗强的排列，或者他们的智识层次能否产生一种坚决信赖联弱抗强的战略平衡共识，又或者说他们的智识层次能否足以使他们放弃不利的个人野心、政治偏好及私人情感。以及他们是否享有一种建立制度或法规的最高权力来让该国政府和人民信奉和遵守联弱抗强的战略平衡共识，让人民认识到这种联弱抗强的均势实践对国家的生存和安全来说是最有利的，而且是必不可少的，所以绝对值得中美俄三个国家一如既往坚持下去。第二是公共舆论影响，如果说美中俄三国元首认识到了建立和实施联弱抗强的战略平衡的作用和价值及共识，那么该国政府其他官员又是否理解和支持，该国人民又是否也产生了这种联弱抗强的战略平衡共识，或者说在后觉中完全支持该战略，并建立一种关于联弱抗强的国家战略平衡共识。再者是这三国元首的意志和权力是否受议会或公共舆论的影响，如果会受影响，那么议会和人民赞同和支持这种联弱抗强的战略平衡付诸实践？若支持，人民和议会又能够坚持多久而不改变这种联弱抗强的战略平衡共识而另谋他路？他们甘愿牺牲个人利益来无条件支持这种国家认可和实施的联弱抗强的世界战略平衡法则？如果人民和各行各业的企业反对，那么三国政府还可能实现联弱抗强的世界战略平衡吗？第三是统一认识的困难。即使美中俄三国元首对联弱抗强的世界战略平衡已经潜默化或明确达成了统一的国际共识，那么各国政府的其他官员是否也赞同和支持这种联弱抗强的世界战略平衡？即使各国政府的其他官员是否也赞同和支持这种联弱抗强的世界战略平衡，那么该国人民和各行各业又是否也支持联弱抗强的世界战略平衡，他们的权利或利益不会在此过程中受影响？若会受到不利影响，人民和各行各业又怎么可能会无条件地支持这种联弱抗强的世界战略平衡？第四是历史恩怨问题，即使以上困难或问题能够成功解决，过去的历史事实和产生的历史恩怨及君侯间的私人恩怨也恐怕难以一笔勾销，彻底做到冰释前嫌，而这些历史恩怨显然不利于三国之间义无反顾地支持和遵守这种联弱抗强的世界战略平衡法则。除非美中俄之间过去存在或发生过严重的历史恩怨或历史纠纷全部一笔勾销，不再追究，且三国元首、三国人民和国民议会及三国政府的其他官员对这种联弱抗强的世界战略平衡思想已达成了共识，并成功建立了一种共识性制度或战略平衡文化。

如果说过去存在和发生的历史怨恨业已在这种三国元首、三国人民和国民议会及三国政府的其他官员对这种联弱抗强的世界战略平衡思想达成了共识，并成功建立了一种共识性制度的背景下灰飞烟灭了，那么三国未来发生的历史恩怨会不会促使美中俄中的一国或两国，甚至共同彻底放弃这种联弱抗强的世界战略平衡呢？如果未来发生的历史恩怨远比之前三国放弃的要重大的话，或者说未来在三国的竞争和斗争及战争中付出的代价、献出的生命及损失的经济利益要比之前的要高、要多、要大，那么三国人民和国民议会还会继续无条件支持联弱抗强的世界战略平衡？第五是共需问题。我们都知道国际关系或世界秩序中的稳健性和脆弱性及不确定性主要取决于国家间共识领域、共需领域及公共危机的变化，而国家间共需领域的不断扩增、长期稳定及具备多元化合作和国家间面临共同的国际危机或公共危机（特别是安全威胁和军事威胁）又远比国家间共识领域的不断扩增、持续深化及长期稳定更能决定或影响国际关系或世界秩序中的稳健性和脆弱性及不确定性，所以即使是美中俄三国元首、三国人民和国民议会及三国政府的其他官员对这种三国元首、三国人民和国民议会及各国政府的其他官员对这种联弱抗强的世界战略平衡思想已经达成了共识，并成功建立了一种共识性制度，三国关系既不会完全由强弱关系决定，也不会完全由三国元首、三国人民和国民议会及各国政府的其他官员所达成的联弱抗强的世界战略平衡共识决定的方向和目的发展，更不会被这种由三国元首、三国人民和国民议会及各国政府的其他官员所达成的联弱抗强的世界战略平衡共识所主导和支配。换句话来说，国家实力的增减和强弱关系的改变本质上主要由国家间共需领域的不断扩增、长期稳定及具备多元化合作和国家间面临共同的国际危机或公共危机（特别是安全威胁和军事威胁）决定，也比国家间共识领域的不断扩增、持续深化及长期稳定的影响要大。这意味着共需问题或公共危机会不同程度上影响着国家间采取联弱抗强的世界战略平衡法则的有效性和可靠性，而不会让美中俄三国再完全根据自身实力或强弱比较来决定国际关系层次的特征和属性。

举个例子，当今美国最强大，根据联弱抗强的世界战略平衡法则的核心观点，中俄应该联合起来抗击美国，起码要通力合作削弱美国的实力至与中俄两国平衡的状态，但是共需问题或公共危机很大可能会促使人们不得不放弃或违背这种联弱抗强的世界战略平衡法则，如当中国和美国同时受到另一个强国（非俄罗，举个例子，如日本）的侵略和突袭，并且造成了很大的损失，如军事设施和军工制造破坏严重和平民伤亡很大，那么中国就很大可能放弃与俄罗斯的达成的联弱抗强的战略共识。同样的道理和同样的情况，也适用于俄罗斯和美国，如此类推。如俄罗斯和美国同时受到另一个强国（非中国，举个例子，如日本）的侵略和突袭，并且造成了很大的损失，如军事设施和军工制造破坏严重和平民伤亡很大，那么俄罗斯就很大可能放弃与中国的达成联弱抗强的战略共识。又举个例子，如果俄罗斯是世界上最强大的国家，实力排比依次是美国和中国，那么根据联弱抗强的世界战略平衡法则的核心观点，中美应该联合起来抗击俄罗斯，起码要通力合作削弱俄罗斯的实力至与中美两国实力相对平衡的状态，但是共需问题或公共危机很大可能会促使两国不得不放弃或违背这种联弱抗强的世界战略平衡法则，但是共需问题或公共危机很大可能会促使人们不得不放弃或违背这种联弱抗强的世界战略平衡法则，如当美国和俄罗斯同时受到另一个强国（非中国，举个例子，如日本）的侵略和突袭，并且造成了很大的损失，如军事设施和军工制造破坏严重和平民伤亡很大，那么美国就很大可能放弃与中国的达成的联弱抗强的战略共识。又如当俄罗斯和中国同时受到另一个强国（非美国，举个例子，如日本）的侵略和突袭，并且造成了很大的损失，如军事设施和军工制造破坏严重和平民伤亡很大，那么中国就很大可能放弃与美国的达成的联弱抗强的世界战略平衡共识。同样的道理，联弱抗强的世界战略平衡共识在共需问题面前也可能失灵或变得无效。无论美国是世界最强大的国家，还是俄罗斯是世界上最强大的国家，对世界最强大的俄罗斯而言，中俄两国在共需领域的不断扩增、长期稳定及具备多元化合作都可能诱使中国放弃与美国达成的联弱抗强的世界战略平衡共识，但根据联弱抗强的世界战略平衡法则中国是必须与美国联合起来抗击俄国独大的，起码应该把俄罗斯削弱到实力与中美两国平衡的状态，使其不对两国的生存与安全构成致命的威胁。又如对世界最强大的美国而言，美俄两国在共需领域的不断扩增、长期稳定及具备多元化合作都可能诱使俄罗斯放弃与中国达成的联弱抗强的世界战略平衡共识，但根据联弱抗强的世界战略平衡法则俄罗斯是必须与中国联合起来抗击美国独大的，起码应该把美国削弱到实力与中俄两国平衡的状态，使其不对两国的生存与安全构成致命的威胁。所以我的结论是并不是其他两国或三国之间没有达成或缺乏一种联弱抗强的世界战略平衡共识，而是有更重要或更有价值的替代性弱的公共需要或较严重的公共危机和国际问题以各种方式在削弱、影响、改变、替代、主导、支配、控制及决定联弱抗强的世界战略平衡的有效性和可靠性。第六是自发性的公共危机或国际问题，如军事威胁、国际制裁及战略安全等。我们都知道除了共需问题，共同面临的国际危机或全球性问题也可能促使本应通力合作的国家之间放弃或违背联弱抗强的世界战略平衡法则，特别是两个国家共同面临的安全威胁和军事威胁之时。正是因为国家间面临共同的国际危机或公共危机（特别是安全威胁和军事威胁）要比国家间共识领域的不断扩增、持续深化及长期稳定更能决定或影响国际关系或世界秩序中的稳健性和脆弱性及不确定性，所以即使两个较弱的国家达成抗击和削弱最强大国家的联弱抗强的世界战略平衡共识，也不足以在一强一弱的两个国家面临共同的国际危机或公共危机的情况下坚持该共识，这点在上面我们已经举过例子了。这意味着美中俄三国之间的强弱关系和实力比较并不足以成为三国必然采取或坚持联弱抗强的世界战略平衡法则的充分理由或最重要理由，因为共需问题或公共危机显然要比达成联弱抗强的世界战略平衡共识，以及根据三国之间的强弱关系和实力比较来决定联弱抗强的世界战略平衡法则重要，事实这点在二战中从苏联与之前敌对的美英两国建立联盟来对抗法西斯阵容已经被证明。当然，也不排除强弱关系或实力大小的倾斜天秤已经被其他强国所平衡或改变，导致弱国无需再联合起来，因为世界上最强大的国家的实力已经与其他强国趋于平衡，所以无须再采取或坚守联弱抗强的世界战略平衡法则。第七是一个现实的问题，即使联弱抗强的世界战略平衡可行可靠，它也是建立在严重损害三国军民的个人权利或经济利益的基础上的，难听点来说这种三国关系的反复无常和冷热交替只会加重各国军民的负担，而付出的众多生命和牺牲的经济利益足以让人们对此恐惧。第八是也是个现实难题，联弱抗强的世界战略平衡法则的核心是无论最强大的国家是谁，其他国家都必须联合起来抗击和削弱他至与彼此实力平衡的状态。对美中俄三国而言，无论世界最强大的国家是美国，还是俄罗斯，或是中国，其他两个国家都必须暂时联合起来抗击这个最强大的国家，把他的削弱至与其他两国实力平衡的状态，这样才不会对彼此的生存构成威胁。而各种国际体系建立的均势秩序（无论是神圣同盟，还是国际联盟）之所以容易打破，那是因为：一是在世界社会的无政府秩序状态，实力是决定权力的基础，规则是由强者制定的，所以权力和利益的分配仍旧遵循不平等的强权法则；二是国际体系内部和外部之间的战略竞争和竞争规则是一种实力此消彼长的零和博弈而非平等互惠的正和博弈。三是国际体系或国际联盟的内部均势秩序并非是建立在一种平等互惠的民主政治体制的基础上的，导致内部成员容易因为权力冲突、利益冲突、安全冲突及权力分配问题而矛盾激化，比如体系内的主导国对成员具有霸权主义或帝国主义倾向，这个国际体系或国际联盟的外部世界却仍旧奉行弱肉强食的丛林法则，导致外部压力的干涉或渗透无法让自私自利的成员继续维持和支持这种均势秩序，或者是利用这种均势秩序来谋取国家私利。

最后一个问题是"联弱抗强"的三国战略平衡理论在什么时候和情况下才有效或可行呢？我认为：一是对现在的美中俄三边关系而言，若世界上最强大的国家是美国，那么只有分别在中国与美国，以及俄罗斯与美国的共需领域不断减少、就是缺乏稳定性，或是缺少多元化合作（主要是在共需方面的替代性必须持续走弱），以及中国与美国和俄罗斯与美国不存在任何共同面临的严重的公共危机或国际难题的挑战的情况下才可能促使中国和俄罗斯积极达成通力合作的联弱抗强的世界战略平衡共识，起码要把美国的实力削弱至与其他两国平衡的状态。同样的道理和情况，如果世界上最强大的国家是俄罗斯，那么只有分别在中国与俄罗斯，以及俄罗斯与美国的共需领域不断减少、就是缺乏稳定性，或是缺少多元化合作，以及中国与俄国和俄国与美国不存在任何共同面临的严重的公共危机或国际难题的挑战的情况下才可能促使中国和美国积极达成通力合作的联弱抗强的世界战略平衡共识，以共同抗击俄罗斯，起码要把俄国的实力削弱至与其他两国平衡的状态。二是在联弱抗强的世界战略平衡法则只要在必须联合的弱国之间既没有重大的可能或足以引发仇恨或复仇的历史恩怨、历史纠纷、领土纠纷等历史问题，国内社会也没有公共舆论反对联弱抗强的世界战略平衡法则，必须联合的国家之间更没有严重的政治分歧和利益冲突及权力冲突的情况下才可能促使美中俄三国之中的其他两国联合起来对抗最强一国，所以采取联弱抗强的世界战略平衡法则抗击世界上最强大的俄国或美国，把俄国或美国的实力削弱至与其他两个国家平衡的状态明显才能实现战略平衡。三是无论世界上最强大的国家是美国，还是俄罗斯，中国与其中一个同样相对软弱的国家都必须联合起来抗击这个世界上最强大的国家，起码把这个国家的实力削弱至与其他两国相对平衡的状态，这是联弱抗强的世界战略平衡法则的核心。

总之对其他两个较弱的国家（无论是中美，还是中俄）而言，这两国的军民在心理和制度都必须随时做出牺牲和为国家的生存和安全慷慨就义的长期准备，无论在联合抗击世界上最强的国家中需要付出多少条生命和牺牲多大的经济利益都依然能够忍受（尽管这是不现实或难以接受的），哪怕现在与之合作的国家将来成为世界最强大的国家，在未来需要与这个曾经和现在这个世界上最强大的国家联合起来抗击过的国家合作，联弱抗强的战略平衡法则才会有效。

其实中国的"置身事外"未必意味着"推卸责任"，在战略互动中把"置身事外"或"消极回避"无差别地当作软弱可欺绝对是错误的。当一个国家的对外政策足以直接影响国际均势和权力平衡，或可以通过影响另一个国家的对外政策间接影响国际均势或权力平衡时，大国的推卸责任或不作为就可能会瓦解国际制衡联盟，破坏制衡行动的有效性或国家权力的平衡发展，从而引发破坏世界和平或地区安定的安全危机，如纳粹德国崛起时，英法俄采取绥靖政策就因为没有及时有效阻止和制衡德国的军事扩张而具有相互推卸责任的历史事实，最终却无法避免被纳粹德国入侵的命运，所以为了长久和平，人类应该吸取历史教训，对侵略战争应采取"零容忍立场"。当无法推卸责任时，有些国家总是采取选择最后承担与入侵者对抗的策略和责任，当推卸责任的策略有效时，列入侵略目标的国家之间总会争先恐后推卸责任，因为先承担责任意味着要第一个与入侵者对抗，在实力悬殊的情况下这往往是以卵击石，自取灭亡的下策。推卸责任有时在得到入侵国信服时确实可以起到避免成为攻击目标或转移攻击目标的作用，但推卸责任并不总是有效的或可行的，因为当入侵国征服先承担与之抗衡的责任的国家依旧野心未泯，那么就不排除他会转过身来吞并或对付推卸责任的国家，这意味着当某些国家面对共同的军事威胁和安全威胁时，通过推卸责任来或委曲求全来避免被侵略，可能会导致入侵国各个击破，从而使没有哪个推卸责仟的国家能够逃过此劫，尽管被侵略的时间序列有所不同，所以追求集体安全的目标与采取推卸责任的策略往往是冲突或矛盾的。一旦所有被某个大国或强国列为攻击目标的国家都推卸责任来应付入侵国的帝国主义野心，最终都要有一个国家先来承担与之对抗的责任。即约翰·米尔斯海默所说的："当入侵者出现时，至少有一个国家最终承担直接的责任来制衡它，抗衡几乎总是会发生，尽管它并不总会成功。"

如果在列为攻击目标的国家之中，弱小国家不堪一击，那么军事实力较强的国家是否有道义来承担与侵略国对抗的责任呢？此时列为攻击目标的弱小国家为了生存需要把责任推卸给同样作为攻击目标的军事实力较强的国家又是否正当的？我认为当推卸责任的策略无法保证起效时，弱小国家把与侵略国对抗的责任推卸给军事实力较强但却不足以与之对抗的被列为攻击目标或侵略国企图入侵的强国未必总是有效和完全可以避免该国被侵略国吞并的命运，面对共同的安全威胁和安全需要的最有效的策略既不是推卸责任，也不是逃避责任，更不是委曲求全，而是与彼此被列为攻击目标或与侵略国企图入侵的国家结成众志成城的军事同盟共同御敌，尽管推卸责任有时可以缓解敌对国家之间的紧张局势或避免成为首个侵略国入侵的目标。也就是说，如果被列入攻击目标的国家们无法保证推卸责任的策略有效，就有必要做好随时可能被敌国入侵的防御措施。也因为当入侵的目标只有一个或敌国的入侵目标明确时，推卸责任往往是徒劳之举。其实当侵略意图未暴露出来之前，侵略国的攻击目标的意图不明确和攻击目标的不确定性不仅会影响暗地列为攻击目标的国家先后推卸责任的策略的有效性，还会影响暗地列为攻击目标的国家先后承担对抗责任的策略的可行性，更会影响或瓦解共同承担对抗责任的策略的可能性和决心。若根据以往的历史经验和历史教训，中国给美国政府的提示或暗示是中国很大可能会或者是意向于加入以俄罗斯为中心的俄阵营，地位上成为与俄罗斯并肩作战，共同领导中俄阵营对抗欧美阵营的两个领导国。因为理由是中俄两国的政治信仰、政治教条、政治制度、经济观念、经济制度、法律制度有很多相似之处，两国同是信奉马列主义的社会主义国家。那么中国加入俄阵营会打破美俄两极均势和国际权力平衡的天平吗？这就需要系统比较和客观评估美俄两国的综合实力，根据诸多数据，哪怕先撇开各自阵营的盟国，两国单独对抗，无论是潜在实力，或是经济实力，还是军事实力，现在的美国明显更胜俄罗斯一筹。如果两国算上各自的盟友，那么美国加上以发达国家为主的欧盟的鼎力相助更是如虎添翼，俄罗斯虽有伊朗、朝鲜、白俄罗斯、哈萨克斯坦等盟友，但由这些发展中国家组成的联盟无论是硬实力还是软实力仍逊北约组织和欧盟一筹，而且在俄乌战争中已证明这些所谓的盟友其实并不靠谱。

如果中国加入俄阵营，成为主导中俄阵营的两个大国之一的俄罗斯的"铁杆盟国"，那么这确实有利于形成一种与欧美阵营比较势均力敌的世界两极均势，但是，即使英国、日本、加拿大及欧盟等发达国家加入美阵营，成为美国的"铁杆盟国"，中国政府目前也没有明确其"站队选择"的意图，更无意卷入彼此对抗的"美俄争霸"之中。所以即使中国加入俄阵营，有利于世界两极均势的形成，但也可能是不符合中国的长远利益和发展需要的，还会陷入长期损耗国力的"美俄争霸"之中，损害中国在欧美的经济利益，甚至成为敌对欧美阵营主要攻击的战略目标。多数人都是主观而非客观地看待问题的，这在认识方法论上就容易犯相对主义的错误，于是就产生大多数人从道德相对论看待爱国主义精神问题和不是从全球视角而是从狭隘的国家利益看待国际问题的习惯或倾向。出自主观视角的威胁相对论和安全相对论不完全是没有意义的，只不过由此产生的观点和结论对某国而言局限于特定情势和某些前提条件。由于现在美俄处于对抗状态，中美又相互敌视，于是根据"敌人的敌人是我的朋友，敌人的朋友是我的敌人"的外交逻辑，中俄存在有携手对抗美国的共同利益和安全需要，起码存在一种对双方都有利的合作前景。美国一旦坐实俄罗斯和中国将结成相互支持的铁杆盟国的消息，那么欧美阵营就会把遏制目标对准中俄，这种对抗或敌对局势对正在茁壮成长的中国所产生的负面影响或危害要大于作为守成大国的俄罗斯。于是从"中国视角"看待大国竞争和威胁相对论就会得出：俄罗斯是中国现实中的潜在盟友，美国既是俄罗斯现实中的敌人，也是中国现实中的潜在敌人，美国对中国的安全威胁远大于俄罗斯对中国的安全威胁，尽管美俄之间的安全威胁又远大于对中国的安全威胁。从"俄罗斯视角"看待大国竞争和威胁相对论，就会得出：中国是俄罗斯现实中的潜在盟友，美国既是俄罗斯现实中的敌人，也是中国现实中的潜在敌人，美国对俄罗斯的安全威胁远大于中国对俄罗斯的安全威胁，尽管美俄之间的安全威胁又远大于中国对俄罗斯的安全威胁。从"美国视角"看待大国竞争和威胁相对论则会得出：中国是美国现实中的潜在敌人，俄罗斯是美国现实中的敌人，俄罗斯对美国的安全威胁远大于中国对美国的安全威胁，尽管美俄之间的安全威胁又远大于中国对美国的安全威胁。从"中国视角"看待三边关系和安全相对论就会得出：美国为了保障自身安全而采取的军事扩张，反而会分别给中国和俄罗斯增加安全压力，由此引发的军备竞赛反而导致该国自身更加不安全。由于俄罗斯是中国现实中的潜在盟国，美国的军事扩张对中国产生的安全威胁显然远大于俄罗斯的军事扩张对中国产生的安全威胁，所以中国与俄罗斯的合作前景大于中国与美国的，而且与俄罗斯结盟明显有利于粉碎美国针对中俄的"分而治之"的遏制政策。美国即使是出于防御目的增强军备，也会被中国视为需要作出反应的安全威胁。从"俄罗斯视角"看待三边关系和安全相对论就会得出：美国为了保障自身安全而采取的军事扩张，反而会分别给中国和俄罗斯增加安全压力，由此引发的军备竞赛反而导致该国自身更加不安全。由于中国是俄罗斯现实中的潜在盟国，美国的军事扩张对俄罗斯产生的安全威胁显然远大于中国的军事扩张对俄罗斯产生的安全威胁，所以俄罗斯与中国合作前景又大于俄罗斯与美国的，而且与中国结盟明显有利于粉碎美国针对中俄"分而治之"的遏制政策。美国即使是出于防御目的增强或扩充军备，也会被俄罗斯视为需要作出反应的安全威胁。从"美国视角"看待三边关系和安全相对论则会得出：俄罗斯为了保障自身安全而采取的军事扩张，反而会分别给美国和中国增加安全压力，特别是美国，由此引发的军备竞赛反而导致该国自身更加不安全。由于中国是美国现实中的潜在敌人，俄罗斯的军事扩张对美国产生的安全威胁显然远大于中国的军事扩张对美国产生的安全威胁，所以美国与中国的合作前景又大于美国与俄罗斯的合作前景，俄罗斯即使是出于防御目的增强军备，也会被美国视为需要作出反应的安全威胁，为了贯彻针对中俄"分而治之"战略，美国政府高层有可能在适当时候需要对中国采取安抚政策或做出让步，避免中国与俄罗斯结盟，但对俄罗斯则必须采取遏制政策。

大国政治在全球战略中始终占据主导地位，但在现实情况下，有两个国际关系问题仍旧令人困惑和不解？一是，为什么美国政府没有采取"抚中抑俄"的战略和政略，以更有效地遏制和孤立俄罗斯的对外扩张？二是，为什么美国政府似乎不惧中国与俄罗斯结盟，共同对抗美国？我认为理由有：一是对正在茁壮成长的中国而言，卷入大国对抗或美俄争霸是"伤不起"的表现，起码这会破坏正在稳定发展的中国经济体系，而历史给中国的教训是俄罗斯在地缘政治中对中国的国土安全始终构成威胁，只不过现在中国走向强大，能够威慑其扩张。二是即使最坏的结果是中国与俄罗斯结盟共同对抗美国，美国认为只要有欧盟的鼎力相助，那么欧美阵营的综合实力就仍会强于中俄阵营，起码两大阵营的综合实力也是不相上下，除核战争外，即使双方开战，重建和复苏能力较强的欧美阵营也会比较自信。三是欧美阵营显然比中俄阵营更具有人力资本优势，待遇优厚使欧美阵营在全球范围内比中俄阵营更能吸引他国人才加入该阵营。四是欧美阵营大多数是工业生产实力强悍的老牌工业强国，而中俄阵营除了自身外都是经济落后的发展中国家，所以中俄阵营的工业实力要略逊欧美阵营。五是占据人力资本优势的欧美阵营多数都是经济和科学发达的"知识和技术输出国"，特别是美、英、德、法、日、加，而中俄阵营的盟国大部分都是经济落后的依赖知识和技术进口的发展中国家，所以由人力资本优势决定的创新能力也会强于中俄阵营。六是欧美阵营由创新能力开辟的高新技术领域仍旧处于主导或支配地位，尽管近年来中俄阵营在高新技术领域取得很大的突破和发展，但在很多方面仍旧落后于经济和科学技术发达的欧美国家。七是由于欧美阵营集人力资本优势、创新能力优势及工业生产实力优势于一身，这就使它的军事技术比中俄阵营相较处于优势，这种军事技术主要指各种毁灭性的高端军用武器的生产和研发方面胜中俄阵营一筹，如航天技术、侦测技术、卫星技术、航空母舰、核潜艇、激光武器、生化武器、超级战机及反坦克火箭等。八是由于战争是一种既损耗国力又劳民伤财的消极手段，而在持久战中经不起损耗的一方极大可能会落败，所以比较双方的资源储备情况，以及处于劣势的一方能否取得联盟或所属阵营外围国家的资源援助或购买权，特别是石油、天然气、生产武器所需的金属矿与核燃料在持久的常规战争中就显得尤为重要，在这方面中俄阵营显然比欧美阵营更享有资源储备优势，在核武器数量上也比欧美更有优势。

　　总而言之，如果中美合作可以抑制中俄结盟，那么对华盛顿而言中美合作显然比中俄结盟共同对抗美国更有利。但问题的关键是，根据威胁相对论和安全相对论，对中国而言，中俄合作显然比中美合作更有利可图，所以即使美国有与中国合作的愿望，中国也未必愿意与美国握手言和，除非中美合作产生的既得利益足以补偿不与俄合作之所失或超过中俄合作之所得。不过，对美国而言，最坏的情况莫过于中俄结盟，但由于美国有欧盟的鼎力相助，所以即使中俄结盟，欧美体系与中俄体系也会相对处于势均力敌的平衡状态。除非一方的经济实力或军事实力严重衰退，另一方趁虚采取"进攻性现实主义政策"，否则中俄体系和欧美体系的对抗或冷战必然以两败俱伤收场。另外，为什么说冷战结束前，德、日、苏对全球安全的威胁远大于美国？因为美国在 20 世纪初就已具备成为西半球的霸主或称霸美洲的霸权地位的实力，但迄今为止，它一直都没有通过战争手段来证明自己已经取得控制美洲地区的霸权地位，他看来这是多此一举的。他一直想置身事外，却因为日本偷袭珍珠港而被迫参加世界二战，事实证明这很符合美国的利益和安全需要。后来野心不断膨胀的德、日、苏则与之相反，他们一直有通过战争来检验自己是否有称霸欧洲和亚洲的实力和企图，或者说他们要通过战争手段来向世界证明自己已经具备实力成为亚欧地区的霸主。但是这已成历史，现在不管是在联合国内部，还是在全球范围内，目前为止，根据美国的权力范围和势力范围划分的国际体系仍旧是世界上规模最大的一个由美国主导的"世界性组织"。虽然中国正在成长为一个正宗大国或超级大国，但无论是经济实力，还是军事技术，或是政治效率和人力资本优势，目前仍无法与美国匹敌。两国之所以有此差距主要在于中国缺乏人力资本优势，而不断吸纳世界各地人才，成为世界人才大本营的美国则一直占据人力资本优势。不同之处是美国有种文化优势和教育优势，俄罗斯与中国则有一种民族优越感，并尊崇各自的传统文化。

现今的世界政治经济格局显然是一种不平衡发展的多极体系，但不排除世界多极体系将发展为世界三极体系，或从世界三极体系发展成分别由而且超级大国主导和支配的世界两极体系，甚至从世界两极体系变成世界各国只有一个超级大国主导和支配的世界单极体系。世界三极体系将形成三股实力不等的国际势力，一股是与欧美势力对抗的中俄势力，一股是与欧美势力对抗的中俄势力，另一股是既不加入欧美阵营，也不加入中俄阵营，既不与中俄势力为敌，也不与欧美势力对抗的中立势力或中立阵营。那么问题来了，即中立势力或中立阵营的国家如何向中俄势力保证不加入欧美势力，并永远保持中立吗？反之，中立势力或中立阵营如何向欧美势力保证不加入中俄势力，并永远保持中立？中立势力或中立阵营所做出的"永远保持中立"的承诺是否可置信？以及中俄势力和欧美势力能否保证永远尊重中立势力或中立阵营秉承的"中立政策"？若三股势力都不能做出令人信服的"确定相互保证"，那么不可置信的口头承诺和笔下之盟未必可以分别或同时促使中俄势力和欧美势力与中立势力或中立阵营达成"尊重中立，和平共处，互不侵犯"，以及中立势力或中立阵营同时或分别向中俄势力和欧美势力达成不加入彼此的敌对势力的协约或郑重声明。

如果全部由中立国家组成的第三股势力或中立联盟将因为无法实现"确定相互保证"而面临两难选择困境，但这并不意味着全部中立国家不是选择加入中俄阵营，就是选择加入欧美阵营，全部中立国家在面临两难选择困境时未必有这么团结一致，除非他们被一个有实力且好的大国领导，如崛起的中国，（我认为这比较符合中国不结盟、不争霸、不扩张的外交战略，这样做既可以避免卷入两个超级大国之间的对抗，也可以消除欧美阵营的敌视）或者该体系建立一个类似欧盟的权力平衡的均势结构，否则处于无领导状态的中立势力或中立体系必然是散沙一盘。中立国家是选择加入中俄阵营，还是选择加入欧美阵营，主要取决于谁更符合他们的国家利益和发展需要，以及谁更能保障该国的主权和领土完整及国家安全，这就会导致一些中立国家加入中俄阵营，另一些中立国家则加入欧美阵营，结果是原先和谐共处和保持中立的中立国们因为选择了站队，而使彼此处于敌对或对抗的状态。我们应该知道一旦其中的两股国际势力联合吞并另一股国际势力，那世界三极体系将发展成分别由两个超级大国主导和支配的世界两极体系，比如中立势力与欧美势力联手吞并和瓦解中俄势力，或者中立势力与中俄势力联手吞并和瓦解欧美势力，又或者彼此对抗的欧美势力和中俄势力有朝一日因为共同的利益和目标而暂停兵戈，双方联手吞并中立势力，然后又因为争夺胜利的果实而又使彼此复归敌对状态。不管是哪种结果却会导致世界三极体系发展成分别由两股势力主导的世界两极体系。如果世界两极体系吞并或消灭第三股势力后，又彼此处于敌对状态，企图吞并或消灭对方，成为主宰全球的世界帝国，那么在双方均不使用毁灭性和杀伤力强的核武器和生化武器的情况下，不管谁取得最终胜利，结果只有两个：世界两极体系不是发展成世界单极体系，就是变成多元的实力不平衡的世界多极体系。

当然也不排除在生死存亡关头之际敌对双方都无法控制使用毁灭性和杀伤力最强的核武器、生化武器及超智能武器的情况下达到"确保相互摧毁"的目的，使世界仅存的两大敌对势力或敌对阵营同时灰飞烟灭，使被死寂笼罩的地球永远成为没有人类活动的坟场。大国之间"确保相互摧毁"的安全战略，本质上就是一种极端的为了保障自身安全而让他国变得同等不安全的军备竞赛。事实上，即使大国之间发生核战争，胜利的天秤也可能倾向占据核优势的大国，况且一个被动的大国在遭受另一个先发制人地占据核优势的大国的毁灭性核打击之后，未必还有毁灭性地报复或还击能力，所以确保相互摧毁一般只对两个综合实力完全势均力敌的大国有效。因为"MAD 机制"对核大国之间而言，它必须满足：一个被动的核大国在遭受另一个先发制人的核大国的"毁灭性打击"之后不仅还能存在，并有同等的核力量毁灭对方。这意味着如果两个或多个核大国之间在足以决定胜败的军事决策、军事技术、武器装备数量、战略部署、防御战略、地理环境、军事情报及侦测技术存在优劣或差异的情况下，那么核大国之间就难以实现"确保相互摧毁"的核均势。约翰·米尔斯海默认为：实力不平衡的两极体系根本无法避免冲突和战争发生的可能，只有平衡的两极体系才是最稳定的，不平衡的多极体系则是最不稳定的。如果是这样，那么对彼此处于敌视状态的三边关系而言，中国与俄罗斯结盟将打破美俄争霸的实力平衡的天平，使世界实力平衡或世界权力转移的天平向中俄体系倾斜，除非欧盟和美洲国家成为美国的铁杆盟友。

那么我们又如何理性看待美俄关系的未来？尽管前苏联在冷战中败给美国既与自身忽略各种残酷的现实问题（即效率低下的中央计划经济体制和专制独裁的极权政治主义所导致的民族主义危机）而导致的内部矛盾激化而引发"东欧剧变"有关，又与在二战所遭受的重创有关，但重建后和强盛时期的前苏联仍然不是"朋友圈"阵容强大（发达国家的支持）的二战后的美国的对手，更何况是现在身处比较"孤立"且盟国实力又弱的俄罗斯。事实上自从苏联解体后，世界两极均势已发展为一种由美国主导的多元化的世界单极体系，苏联解体后的俄罗斯无论是军事实力，还是经济实力，或是软实力资源都已无法与硬实力和软实力兼在世界竞争中占优的美国匹敌，俄罗斯不再是经济实力和军事技术能够与美国匹敌的超级大国，尽管俄罗斯仍是核大国。到目前为止，还没有一个国家具备同美国分庭抗礼的综合实力。所以俄罗斯最大的错误是不惜代价与比自身强大或综合实力比较强的美国直接或间接发生类似冷战的敌对或冲突，如 2022 年俄罗斯入侵乌克兰，卷入以欧美阵营为首的所谓的"代理人战争"中。俄罗斯军民和普京应该清楚：在这场战争中，他们战败的代价与胜利的收获几乎是相等的，如果俄罗斯战败或被拖垮，俄罗斯的一些卫星国或盟友及寻求俄罗斯庇护的国家的"亲俄立场或态度"很大可能会发生颠覆性改变。俄罗斯的国际地位和国际影响力将大幅度下降，由美俄两个超级大国形成的世界两极均势将会变成一个由美国长期主导的世界单极体系，美国霸权地位也将更稳定，当然美国的霸权地位在国际竞争中也同样会面临新兴大国的挑战，而且迫于各种国际压力和国内压力的"美国规则"也不可能轻易成为各国政府需要长期服从或进行妥协的国际铁律，除非"美国规则"作为一种国际制度安排，它能够促使各国政府花费最小代价就可以在政治权力、经济利益及安全保障等重要领域实现各取所需的国际分工和国际交换，且服从或遵守"美国规则"比不遵守或反对它更能实现在成本最小化的情况下取得最大化的利益和安全，所以美国规则将彻底取代原先的"俄罗斯规则"。

　　代价是牺牲部分可以接受或容忍的国家主权：承认以美国为中心的世界领导地位，所有俄罗斯主导的或与俄罗斯关系密切的国际集团或国际组织，如政治同盟、经济同盟、集安组织及军事同盟都可能面临分化或瓦解，认为俄罗斯已经没有能力领导他们和保障他们的权利与安全，起码战败的负面影响会直接损害俄罗斯在同盟国之间的主导地位，动摇继续与俄罗斯为伍的信念，最终影响其他盟国对俄罗斯的态度和立场。而且无论俄罗斯在俄乌冲突中是否取得胜利，作为联合国五个常任理事国的俄罗斯来说，从他发动侵略战争那刻起正义形象就已受到贬损。因为按照联合国的宪章和宗旨，五个常任理事国应该肩负伸张世界正义的使命和扮演维护世界和平的角色，但俄罗斯和普京却反其道而行之，这就使其他国家无法信任，未来的俄罗斯会是一个能够伸张世界正义和维护世界和平的超级大国，从而还有其他国家愿意支持他的霸权事业。俄罗斯对乌克兰所采取的"特别军事行动"并非只是为了实现领土扩张，他的终极目的是为了重建苏联。根据俄罗斯卫星社 2022 年 12 月 31 日的报道，据全俄舆论研究中心的一项民调结果显示，大约一半的俄罗斯人此刻希望重建苏联，58%的俄罗斯人对苏联解体表示遗憾。报道称，48%的受访者表示，此刻很希望重建苏联，37%的人不希望，15%的人表示难以回答。58%的俄罗斯公民对苏联解体表示遗憾，20%的人没有遗憾，13%的人表示，他们无所谓。9%的人表示难以回答。这意味着俄罗斯不会停止通过军事手段向东欧西扩或通过各种卑鄙的军事手段吞并较弱小的东欧国家。反之，如果俄罗斯对乌克兰所采取的"特别军事行动"是因为北约组织不断向东欧扩张，甚至已经明确威胁到俄罗斯的主权和安全所做出的一种"战略上的应激性反应"，那么这种极端危险或冒险的战略互动就会使现在的战争变成现实的原因，而俄罗斯入侵乌克兰显然已经让欧洲各国（特别是东欧国家）感到很不安全，这样做反而不会使俄罗斯变得更安全，因为这样做会刺激北约和欧盟与其展开军备竞赛。况且北约组织成员国并没有通过任何军事武装活动入侵俄罗斯本土或其关系密切的盟国，所以无论出于何种目的或企图，一个国家都没有干涉他国内政和政权的正当理由或任何借口，以及在一国未先对他国发动军事攻击之前，任何国家都没有以任何借口或理由侵略任何国家的权利，以及发动侵略战争而不用受到任何正义的制裁和惩罚。如果国家之间无论他国是否愿意就多管闲事，随意通过各种手段干涉他国的内政或政权，那么和平共处，互不侵犯就只是一句永远不会实现的空话，如果说每个主权国家各自为政和安分守己有利于促进世界稳定与和平发展，那么一个国家为了实现自我利益多管闲事和损人利己或无论他国是否愿意干涉他国的内政或政权就是世界动荡不安的主要原因之一。但是不分亲疏和利害关系援助遭到他国侵略的受害国却是一种人道主义精神，这并不能算是干涉他国的内政或政权，任何无私的人道主义援助也不能算是一种干涉他国内政或政权的卑鄙行为。道理很简单，正义在道德上是绝对的和统一而不是相对的或主观的，俄罗斯采取的"特别军事行动"之所以属于一种非正义的侵略行为，主要是俄罗斯在未经乌克兰政府或其多数人民同意的情况下干涉乌克兰的内政和政权，通过军事手段分裂和吞并其国土，所以对世界广义统一的正义而言，道德绝对论支持：一个国家之所以不正义并不是因为他是俄罗斯或者是美国，而是该国未经他国政府同意或大多数人民授权的情况下通过军事手段干涉他国内政或政权，侵犯他国的主权和领土完整，俄罗斯之所以是一个非正义的国家是因为在未经他国政府同意或大多数人民授权的情况下通过军事手段干涉他国的内政或政权，吞并他国领土，因为侵略任何国家的军事行动都是非正义的，无论这个侵略他国的国家是俄罗斯，还是美国，或是其他国家。

言归正传，如果俄罗斯在俄乌冲突中胜利了，并达到了预期的战略目标，那么俄罗斯的国际地位和国际影响力就会上升，由美俄两个超级大国形成的世界两极均势将会继续对峙下去，所有俄罗斯主导的或与俄罗斯关系密切的国际集团或国际组织，如政治同盟、经济同盟、安全组织及军事同盟就会得到巩固，甚至会吸纳中东地区和东欧地区的更多国家加入该集团或阵营，俄罗斯的主导地位自然会更牢固，俄罗斯的国际权威也会随权力范围和势力范围的扩张而变得更大，这就会使其他盟国更加信赖的俄罗斯，愿意追随和服从他，继续与其为伍。由于取得胜利对彼此来说都非常吸引人，而战败的代价对彼此来说又如此高昂，所以根据彼此的战略目的，双方通过外交手段和谈判来和平解决俄乌冲突的可能性或余地都是比较小的，除非双方都长期处于难以取胜或无法在短期内取得压倒性胜利的代价又不断高攀的胶着状态，造成了双方压力倍增。如果是这样，那么谁也不服输或谁也输不起就会增加彼此取得胜利的信念和决心，使俄乌冲突变得更持久和更剧烈，这也是为什么欧美同盟仍不计代价援助乌克兰，俄罗斯的终极目的是为了重建苏联，这是普京不惜代价取得俄乌冲突的胜利的重要原因。当然面对俄罗斯入侵，如果与俄罗斯和平谈判无法帮助乌克兰实现主权和领土完整，那么投降、妥协及做出让步就不是乌克兰的出路，只有不惜一切代价捍卫主权和领土完整，避免国家领土被俄罗斯分裂和吞并才是生存之本，因为妥协换来的往往不是和平，而是对方的得寸进尺，看看 1938 年 9 月英法与德意签订的《慕尼黑协定》后的结果吧！这就是为什么需要泽连斯基在这场卫国战争中具备丘吉尔面对德意日轴心国所表现出来的百折不挠的刚毅和气魄："我没有别的，只有热血、辛劳、眼泪和汗水献给大家。你们问：我们的目的是什么？我可以用一个词来答复：胜利，不惜一切代价去争取胜利，无论多么恐怖也要争取胜利，无论道路多么遥远艰难，也要争取胜利，因为没有胜利就无法生存。我们将在海上、陆地、天空决战。"其实俄罗斯如此狼子野心，即使乌克兰割让乌东四州也不可能换来两国之间的永久和平，普京会以此为根据地，在未来的某天伺机寻找理由或借口伺机吞并剩余的乌克兰领土，而且还不排除日后以占领地为跳板实现向东欧西扩的军事企图。也就是说，在面临要么生存，要么毁灭的选择境地，即使有一天乌克兰因战败而濒临灭国，也应该让侵略者付出惨重代价，而不能让其称心如意。在此境况美国政府和北约组织就应该对乌克兰提供所需的军事援助和经济援助，帮助乌克兰取得最终的胜利，以阻止俄罗斯继续向东欧推进，而正义之国放弃对乌克兰口的军事援助，主要是这些国家与俄罗斯建立或存在密切的利益关系和贸易关系。但选择保持中立和互不得罪的外交态度和国家立场则意味着任由俄罗斯吞并乌克兰，我认为正是这种道德不作为使国际关系或世界秩序变得更加脆弱、紧张及混乱的。以美国为首的北约和欧盟之所以不惜大代价援助乌克兰，这不仅是因为在道义上需要美国来伸张世界正义，更重要的是这样做符合他们的利益和安全需要。一旦俄罗斯在俄乌冲突中战败或被欧美阵营拖垮，那么世界两极均势将变成只有以美国为首和主导的世界单极体系，而美国的霸权地位将更加稳定，这个果实对美国政府高层而言是非常吸引人的，也是一种在道德上有正当理由来击垮俄罗斯，阻止其不断扩张的"天赐良机"。而对欧洲各国而言，俄罗斯西扩显然会直接威胁东欧各国的主权和领土完整及安全，毕竟谁也不想成为下一个乌克兰，一旦乌克兰战败，在地缘政治上东欧门户就会大开，历史上具有领土扩张倾向的俄罗斯就随时可以找任何理由和借口通过军事手段干涉东欧国家的主权和领土及政权，所以欧洲和东欧国家的公共安全危机能否成功解除，将取决于乌克兰在欧美阵营的军事和经济援助下能否击败或拖垮俄罗斯，而认为乌克兰战败的对欧洲安全的不利影响远大于对美国的不利影响无疑是正常的，但美国作为北约组织的领导国，他同样不能接受乌克兰战败，这会损害美国在北约组织的领导地位和世界威望及在欧利益，缩小美国在欧洲地区的权力范围和势力范围及国际影响力。其实只要权力范围与势力范围决定着美国规则、中国规则、俄罗斯规则、日本规则、德国规则、英国规则等的有效性和执行方式，那么在战争中，一方做出妥协或让步都意味着会不同程度缩小该国的权力范围和势力范围及国际影响力，这与各国追求国家权力和国家利益最大化，甚至是国际霸权地位的战略目的就是相冲突的。

那么美俄关系就无法实现正常化，就没有未来了？当然不是，美俄关系之所以恶化成对抗或敌视，使损人利己的对抗前景大于互惠互利的合作前景，不仅是因为双方在争夺霸权地位和全球主导权，更重要的是彼此之间的共识领域和共需方面不是已经不断减少、就是缺乏长期稳定性，或者缺乏多元化合作。如果双方只有竞争而没有互惠互利的多元化合作，那么竞争就很容易因为缺乏有利可图的合作前景而恶化成敌视或对抗，这才是双方从竞争关系恶化成具有零和博弈性质的敌对关系，当然了，这种解释对中美关系同样适用。同样的道理，不管是从美国视角得出中美关系的合作前景大于美俄关系的结论；还是从中国视角得出中俄关系的合作前景之所以大于中美关系的结论；或是从俄罗斯视角得出中俄关系的合作前景大于美俄关系的结论，这些结论对三边关系而言通常都是取决于彼此之间的共识领域和共需方面是否不断扩增或减少，是否长期稳定或缺乏稳定性，是否能够实现多元化发展的。也就是说，美俄关系的历史转折在于如果双方要想改善对抗或敌视的恶性竞争，彼此之间共识领域和共需领域就必须不断扩增和实现多元化发展，否则一旦双方缺乏互惠互利的合作前景和有效沟通，那么双方就容易关系破裂或者只能维持一种脆弱的国际战略平衡。另外，如果两国的领导人在对峙状态都态度强硬，任何一方都不肯做出妥协和让步，那么美俄关系正常化的历史转折就只能寄托于下任理性的美俄元首。当然，如果美俄竞争已经变得非常脆弱和敏感及紧张，甚至战略竞争已恶化成了剑拔弩张的新冷战思维，那么双方就需要有效沟通来调整彼此的政略和战略以改善这种对彼此不利的对峙状态。也就是说，原先彼此针对美俄争霸的"政略"与"战略"必须重新调整成有利于改善这种敌对状态却相互结合的"政略调整"和

"战略调整"。在这里，我所谓的战略调整是指：美俄双方已经不断减少、缺乏稳定性及缺乏多元化的共需领域或共识领域必须通过和平的外交手段来实现不断扩增、促进其长期稳定及满足其多元化发展。双方不再把通过损害彼此来满足国家利益最大化和权力最大化及霸权地位与不再把会威胁对方生存、发展、安全、利益、政权及主权完整的权力范围和势力范围的对外扩张当作制订对俄政策和对美政策的政治方针，双方都改为把追求国际均势、权力平衡、利益协调、主权平等及国际地位平等当作制订对美政策和对俄政策的政治方针与战略目标作为解决和处理这种敌对状态的首要之务。当然了，如果双方不肯妥协和做出让步，那么这种敌对的僵局就不可能打破。其实我所谓的"政略调整"主要是指政府解决和应对国家内部事务的策略考量或战略部署，它的内容有很多，其中有政党组织的对内扩张、政治权力的对内扩张、发动战争的国内动员与资源控制、制订符合社会情势的对内政策、社会制度的变迁、宪法和法律的修订、官员和职权的分配与调整、控制重要的稀缺资源、税务和税率调整、控制某社会行业的发展、改变选举制度、改变国家体制、改变教育制度、改变官僚制度、政府利用一切所掌控的权力和官员达到某种所期望的社会目标等等。我所谓的"战略调整"主要是针对国际关系和特定的国际情势为满足某种战略目的或外交目的所采取的策略考量或战略部署，它的内容也很多，其中包括调整国家之间的国际关系、改善与敌对国家的不友好关系、改善与邻国的不友好关系、与某个主权国家结盟、与具有侵略性威胁的国家断交、与某个主权国家冷战、加入某个国际组织、退出某个国际组织、加入某个政治同盟、加入某个经济同盟、加入某个军事同盟、参加正义的国际制裁、组建国际制衡联盟、对受害国发起人道主义援助、调整可以满足国家安全需要的外交政策、参与遏制具有侵略性威胁的大国的对外扩张、参与符合安全需要或符合国家利益的国际制衡联盟、与其他国家发起某种制衡行动或遏制政策等等。其实不管是政略调整，还是战略调整都应该看作是一种体现在策略考量上主动或被动的"应激性反应"或"战略反应"。所以不管这些政略调整或战略调整是根据国内压力，还是根据外部威胁，或是根据公共危害，以及根据国内压力与外部威胁的相互影响所做出的一种策略考量和应激性反应都可视为需要做出策略调整的原因或理由。尽管纯粹或主要源自国力压力和国内需求的政略调整可能有时也不得不考虑做出需要或相应的战略调整来应对内部变革，或者把战略调整作为影响政略调整的外部变量考虑进去。同样的道理，国家之间进行的战略互动或面对的国际竞争所促使的战略调整通常也需要各国政府做出需要或相应的政略调整来应对不断变化的国际情势，而且政略调整和战略调整在多数情况下往往是相互作用和彼此影响的，不管两者之间的因果关系是一种政略调整作为自变量，战略调整作为因变量，还是战略调整作为自变量，政略调整作为因变量，或是政略调整是作为原因，战略调整作为是结果，或者战略调整是作为原因，政略调整是作为结果存在的事件。当然了，影响政略调整和战略调整的有效性和优劣性的因果关系通常也是关联的，就像政略调整主要取决于政府能力、政治领导力、政治效率、国内情势的社会变化，战略调整主要取决于国家之间的战略互动或国际竞争、各取所需的国际分工和国际交换关系及国际发展情势等。

通常影响政略调整的有效性和优劣性总具有一定的科学局限性，并不是所有的政略调整都有效或能达到预期的效果，特别是国内社会受不确定性的个人因素、自然因素、政治因素、经济因素和不完全信息的影响的情况下更是如此。其中政略调整的有效性和优劣性及执行方式还包括受国内需求、工业能力、生产效率、供应能力、国家偏好、风俗习惯、文化传统、宗教信仰、政治信仰、经济制度、政治制度、政治体制、政府形式、元首才能等国家因素的影响和局限。一旦政略调整具有破坏社会安定和经济繁荣的性质，那么任何广泛却错误、恶劣、病态的政略调整都可能引发阶级矛盾、党派斗争、国家内战、颠覆政权、民族危机、损民利党、损民利国、祸国殃民等令人失望的政策。而且在政略调整与战略调整相互作用和彼此影响情况下，国家内部的政略调整的有效性和优劣性及执行方式也会直接战略调整的有效性和优劣性及执行方式，反之战略调整的有效性和优劣性及执行方式也会影响国家内部的政略调整的有效性和优劣性及执行方式。而且有一点是可以肯定的：如果需要做出政略调整的策略考量主要或纯粹是根据国内因素或国家因素做出的一种回应，而与国家外部的国外因素或国际因素及国际情势无关，那么政略调整对各国政府而言就是一个内生变量，也说明国家外部的国外因素或国际因素及国际情势不会影响政略调整的有效性、优劣性及执行方式。反之，如果政略调整与战略调整相互作用和彼此影响，那么即使战略调整主要是根据国家外部的国外因素或国际因素及国际情势做出的一种回应，战略调整的有效性、优劣性及执行方式也会不同程度影响战略调整，政略调整也会视为一种需要支持和控制某种战略调整的信号或依据。所以在政略调整与战略调整相互作用和彼此影响的情况下，即使政略调整是根据国内因素或国家因素所做出的一种符合国家情势的策略考量，它通常也会不同程度影响现在或未来需要做出调整的战略考量，只要国家外部的国外因素或国际因素及国际情势会不同程度影响国家内部的政略调整，特别是政略调整把战略调整当作自变量或战略调整把政略调整当作自变量的情况下更是如此。但是并不是所有的政略调整都是有效的或正确的，不被各种不确定性因素误导的，尽管它的动机或目的是推动经济发展、社会进步及国家安定。一旦具有针对性却广泛的政略调整产生令人们无法接受或忍受的负面影响，就会导致人们不是千方百计抵制这种政略调整，就是想方设法让它失灵或者在万般无奈之下采取尽可能免受其影响和损害的应对措施。另外，不管是政略调整，还是战略调整都不可能是无的放矢，没有针对性和目的性的一种策略考量，所以在什么情况下需要做出政略调整与战略调整？应该做出什么样的政略调整与战略调整？这种政略调整与战略调整能否达到预期的效果？对各国政府的决策高层和国家元首而言就变得尤为重要。这也决定了讲究因时因势因人制宜性的政略调整和战略调整，在什么时候和情况下对某对象应该以政略为主，战略为辅，在什么时候和情况下对某对象应该以战略为主，政略为辅的策略考量。当然了，这种政略调整与战略调整存在相互作用和彼此影响的因果关系的策略考量是应该采取宏观或动态的分析方法的。例如当国家的主权和领土完整及安全构成威胁时，当国际社会中的国家利益被其他国家损害时，当一个国家的经济增长严重衰弱或萧条时，当一个国家的权力范围或势力范围扩缩或受到国外势力的威胁和挑战时，当国家之间的竞争关系恶化成损国利己的零和博弈时，当一个国际体系或国际联盟的权力范围或势力范围扩缩或受到威胁和挑战时，当一个国家的对外贸易长期处于逆差时，当一个国家的合法政权被敌对国家恶意颠覆时都应该采取以战略为上，政略为辅的策略考量。又如当一个国家的经济增长严重衰弱或萧条时，当一个国家的内部经济不景气或出现严重衰退时，当错误的对内政策误导民生和经济误入歧途时，内部政权与外部势力相互勾结祸国殃民时都应该采取以政略为主，战略为辅的策略。

其实政略调整与战略调整是否存在相互作用和彼此影响的因果关系也决定了对它们应该采取什么样的研究方法来分析更正确合理。如果政略调整与战略调整存在相互作用和彼此影响的因果关系，那么应当采用动态方法来研究和分析政略调整与战略调整，以及两者相关联的历史变迁，反之，若政略调整与战略调整不存在相互作用和彼此影响的因果关系，那么就适合用静态方法研究和分析政略调整与战略调整。总而言之，一旦政略调整与不断变化的国内情势接轨，或者说必须考虑或参考不断变化的国内情势，那么在此情况下，采取动态方法来系统分析政略调整就比选择采取静态分析的方法优越，因为采取静态方法来分析政略调整必须假设某些国内因素或国内变量保持不变，才能得到正确合理的结论，或者说所进行的政略调整才有效。同样的道理，一旦战略调整与不断变化的国际情势接轨，或者说必须考虑或参考不断变化的国际情势，那么在此情况下，采取动态方法来系统分析战略调整就比选择采取静态分析的方法优越，因为采取静态方法来分析战略调整必须假设某些国际因素或国际变量保持不变，才能得到正确合理的结论，或者说所进行的政略调整才会高度有效。也就是说，不管是政略调整，还是战略调整，如果它是根据系统分析做出的，那么它采取的必然是动态分析的方法，若它是根据局部分析做出的，那么它采取的必然是静态分析的方法。我认为在现代文明，不管是新兴大国的崛起，还是守成大国的衰落，往往都是一种盛衰交替的非线性过程，而不是新兴大国一直保持线性崛起和守成大国一直保持线性衰弱的发展趋势。不过古代文明确实不乏某些帝国或王朝的盛衰保持线性运动的发展趋势。而导致大国盛衰的原因，不排除完全是个人因素，或国内因素，或国际因素所致的结果，也不排除是其中两种因素相互作用和彼此影响的结果，更不排除是个人因素、国内因素及国际因素三者相互作用和彼此影响的结果。事实上对大国兴衰而言，在国家起领导作用的个人因素产生的影响和价值在历史变迁中往往是很突出的，如由有利的个人因素推动国家兴盛和发展的代表人物不乏古罗马帝国的五贤帝、恺撒、屋大维及周武王等人物，反之由不利的个人因素导致国家衰亡的代表人物也不乏古罗马帝国的提比略、卡利古拉、克劳狄一世、尼禄、夏桀、纣王、秦二世及隋炀帝等。可以说很多通过军事手段来开疆拓土，建立强大帝国的国家在漫长的历史长河中几乎出现既有推动国家兴盛的英明君主或国家元首及贤臣良将，也有加速帝国衰落或国家衰亡的暴君奸臣，帝国的发展趋势和命运应该属于一种期限结构不同的盛衰交替的非线性过程。

最后是关于霸权的兴衰与世界权力转移的研究，这个主题的核心是崛起的新兴大国与衰落的守成大国围绕着国际主导权的获取、维持

243

及丧失展开一场主导世界事务的霸权争夺战。而发生在世界社会无政府秩序状态中的世界权力转移的发展规律必然是：崛起的新兴大国与已经衰落的霸权大国的世界权力转移在发展中是不断循环的，是一场永无休止的权力斗争。也就是说，罗伯特·吉尔平所认为的："世界历史是一个无休止的系列周期，一个霸权战争的结束就是另一个霸权周期的成长、扩展以及到最终衰退的开始。"那么世界权力的转移有可能和平进行吗？我认为在世界社会的无政府秩序状态，均势秩序不可能长期维系，取而代之的必然是遵守丛林法则的霸权秩序，所以世界权力的和平转移的可能性很小，除非主导国的衰弱是大幅度的或急速性的，崛起国的实力增长是势不可挡的，即崛起国的实力增长幅度和速度远超主导国实力的大幅度下降。反之，一旦世界各国政府进入具有平等的强制力、约束力及权威性的法治世界状态，那么霸权主义、帝国主义及殖民主义将迎来历史的终结，所以上述发展规律的有效性仅限于世界社会的无政府秩序。这意味着在世界社会的无政府状态，国家之间或国际体系之间在政治、经济及军事上不可能维持长久不变的均势秩序，取而代之的将是以谋取国家利益最大化、国家权力最大化及国际主导权为国家目的之霸权秩序。而且在霸权秩序和均势秩序中，国家之间的合作模式具有很大差异：比如在霸权秩序中，主导国或大国具有弱肉强食和损害弱小国的国际政治倾向，所以国家之间实现各取所需的国际秩序交换和国际交换机制将趋向不平等或非等价。而在均势秩序中，不仅国家之间的合作会趋向平等互惠和良性竞争，国家之间实现各取所需的国际秩序交换和国际交换机制也趋向平等。另外，我认为把霸权国的兴衰完全归因于单一的政治决定论、单一的经济决定论、单一的军事决定论及单一的制度决定论是过于武断的。比如阎学通说："政治领导力决定大国兴衰而非政治制度。"他还认为英、美、中及苏联等国家的政治制度或国家制度一直以来都没有发生多大的改变或历史转折，还是同样的制度，但在不同国家领导人主政的情况下，该国家的实力增减却有很大差异。但事实上，这些国家的政治制度和法律制度在世界发展中都发生了翻天覆地的转折性变化，只不过他没有审慎这些国家的历史，或者他的观察角度仅限于重点留意变化较小的非民主国家的专制体制。

首先我们来概括性地介绍英国、中国、苏联、美国及日本这几个国家的国家制度的历史变迁。首先是大英帝国，1689 年英国议会通过了限制王权的《权利法案》。奠定了国王统而不治的宪政基础，国家权力由君主逐渐转移到议会。第二个在制度变迁上的重大转折是英国在1832年通过的关于扩大下议院选民基础的法案，然后是从18世纪60年代起19世纪30年代世纪的工业革命和所进行的殖民扩张。第三个是二战后的马歇尔计划促使英国的经济制度向建设福利国家转型。然后是新中国，从邓小平复出前的中央计划经济向改革开放的以市场经济主义为导向的经济转型。沙俄从彼得大帝的开放政策到军事扩张，再到1861年废除农奴制。1917年2月，资产阶级革命推翻了专制制度。1917年11月7日，十月革命爆发，建立世界上第一个社会主义国家政权——俄罗斯苏维埃联邦社会主义共和国。1922年12月30日，成立苏维埃社会主义共和国联盟。1991年12月25日，苏联解体，俄罗斯联邦成为完全独立的国家，并成为苏联的唯一继承国。1993年12月12日，经过全民投票通过了俄罗斯独立后的第一部宪法，规定国家名称为"俄罗斯联邦"。这种从封建主义到专制的社会主义体制的转变，再向联邦制度转变，后逐渐摆脱了依赖发动政变和政治清洗来夺取国家政权的厄运，难道我们能说俄国的制度没发生重大改变吗？从美国的独立战争到建立一个自由和民主的联邦主义共和国，再到19世纪中期的内战和废除奴隶制，后到美国干预和主导世界的"天定命运"，难道美国建国后的制度都是一成不变吗？3世纪中叶，日本建立大和国。645年，日本向中国唐朝学习，进行大化改新。12世纪后期，进入幕府统治时代。19世纪50年代放弃闭关锁国政策，开始吸收新文化。1868年，日本向欧美列强学习，实行明治维新，建立大日本帝国，推行对外扩张的帝国主义政策，再到二战战败宣布无条件投降。然后战后实施新宪法，奉行"重经济、轻军备"的新和平主义路线和议会制民主。可见这些历史变革或制度变迁从立法、行政、司法上是支持国家建设和国家发展的，阎学通说这些国家的政治制度或国家制度一直以来都没发生多大的改变或历史转折的观点显然是站不住脚的。

当然了，如果像辛基格在《世界秩序》一书中的那种叙述方式，在时间序列上以国家元首或政治领导力为引线，那么在政治领导力对世界发展的影响必然更加显著，但如果从各国制度的历史变迁的宏观角度来看待该国或世界的发展，那么这种影响力就可能没有那么突出了。也就是说，没有人会否认查理曼大帝、彼得一世、李世民、成吉思汗、华盛顿、林肯、俾斯麦、丘吉尔、罗斯福及邓小平等风云人物的政治才能和领导力，（无论是好是坏）这些引领或影响世界发展的历史进程是少数政治精英或科学精英在国内或世界的历史发展中确实有很强的导向性和操作性，这点我也不否认，但不管他们多优秀，这种政治领导力所发挥的作用是有限的而非无限的，而且在决策层面上再优良或理想的政治改革、经济改革及军事改革也需要建立一种制度或制度化来达到更理想的效率目标。比如邓小平在关于废除国家官僚继承问题的政治决议也因为面临诸多国内阻止而不得不放弃。而且在决策层面上，国家元首或政府首脑不可能在任何时候和任何情况下都不受过去或现在的国家制度、法律制度、政治教条及政治惯例的影响或制约，或完全不用考虑大多数人的权益。当然了，如果阎学通的观察角度仅限于重点停留在变化较小的非民主国家的专制体制身上，那么我们就会发现这些非民主国家的政治制度、经济制度及法律制度的总体变化确实不大。那是因为在非民主政治条件下，是国家领导层在决策上控制着国家制度的纲领和国家的内部发展，国家制度对掌握军权而放任自如的国家元首或政府首脑的约束变小了，这时国家领导人的政治领导力对国家命运和国家实力的影响自然比较显著。但是在民主政治条件下，我们会发现是政治体制、政治制度、经济制度及法律制度在决定和制约着国家领导人的行政权，限制着他们在决策上的对外政策和战略选择。由于行政权受立法权和司法权的制约，所以国家元首或政府首脑改变国家制度的政治权力是非常有限的，只要国家元首或政府首脑改变国家制度需要获得立法议会或国民议会的大多数议员或代表的赞同，那么人们根本不用担心国家元首或政府首脑蓄意破坏任何优良的制度或法规。而且在强意义上的民主政治条件下，除了国家制度在制约和影响着各国的领导人外，他们的战略选择和对外政策也是受那些成文规定的国际制度或彼此签订的国际协约制约和影响。这意味着无论是在民主政治条件下，还是在非民主政治条件下，也无论是国家制度在制约或影响着国家领导人，还是国家领导人在决定着国家制度的纲领和发展，国家制度与政治领导力之间在现实中产生的那种相互作用和彼此影响的因果关系或结果就是一个事实命题。

霸权的兴衰是否有规律可循在历史发展中其实一直存在各种争议，其中就主要包括了政治决定论者、经济决定论者、制度决定论者及科学决定论者。我认为他们提供的依据都具有说服力，但并不完全，因为他们的论据缺乏整体的逻辑联贯性。首先我们都知道一个新兴大国崛起成霸权国或取代已经衰落的霸权国是一个实力增长过程，而在因果关系或逻辑联结上任何能够明显促进一个国家的综合实力不断增长或大幅度增长的那些变量和这些变量之间的因果关系或逻辑关系都应该全盘考虑，而非进行局部或静态分析。也就是说，只要这些重要的变量和变量之间的逻辑关系或因果关系在国家兴衰所起的作用是联贯的、是综合的、相作用的，在国内和国际社会存在一种密切的"路径依赖"，而非是独立的、单一性的或纯粹的，那么综合分析或调和分析就远比局部分析或静态分析就更具有说服力。比如主要由国家实力决定的新兴大国崛起成霸权国或取代已经衰落的霸权国的"崛起条件"，就包括领导优势、制度优势、政治优势、军事优势、法治优势及科技优势等，其中相互作用和彼此影响的逻辑关系或因果关系就包括（但不限）：经济实力是军事实力的后盾，而强大的军事实力在竞争中可以更好地发挥政治优势和领导优势；又如法律制度改良后的法治优势可以提供一种更加良好的社会秩序和分工合作环境，这就有利于促进科技的兴起与高度发展，而这种科技优势不仅可以促进经济规模发展和国家经济增长，还可以大幅度提高该国的军事实力等；又如领导优势可以实现或建立一种满足国家实力快速或大幅度增长的制度优势和政治优势，而这种制度优势和相辅相成的政治优势又可以促进法治优势和经济优势的实现；又如由政治优势、经济优势及科技优势共同决定的军事优势可以给国家带来更稳定的安全保障，而领导优势、制度优势及法治优势又可给科技优势、政治优势及经济优势创造更有利条件。由此可见，这些重要变量之间的综合作用或协调作用对增强国家实力的影响才显著或大。至于守成大国、主导国及霸权国的"衰落原因"，我认为也是联贯性的和相作用的，尽管不排除某个不利的重要变量是导致霸权国衰落和彻底丧失国际主导权的"诱因"或"导火索"，这些"衰落原因"主要包括（但不限）穷兵黩武、过度扩张、经济透支、资源匮乏、人力透支、霸权主义、极权政治及吏治腐败等。其中"衰弱原因"之间相互作用和彼此影响的逻辑关系或因果关系就包括（但不限）：如穷兵黩武带来的过度的军事扩张或领土扩张容易产生不良的经济透支、资源匮乏及人力透支。又如穷兵黩武引发的过度扩张导致的军事危机和安全威胁会导致该国成为世界公敌，最终因战败而面临政治动乱和经济崩溃的局面。又如极权政治导致的那种普遍性的吏治腐败将不断破坏政府的公信力和社会秩序，导致正义目标和效率目标的大幅度下降，而苏联解体正是从内部发展极权主义政治和霸权主义倾向开始的。又如由极权主义政治产生的霸权主义、穷兵黩武及过度扩张而导致的经济透支、资源匮乏及人力透支让其衰亡。可见国家实力的增减和由国家实力决定的权力范围和势力范围的扩缩是由这些政府可以控制的变量关系之间相互作用和彼此影响的结果。

可见在非民主政治条件下，政治领导力改变和控制国家制度的纲领和发展的作用比较突出，因为国家制度对掌握军权的国家元首或政府首脑的制约变小了，国家元首那种放任自如或过度自由的政治行动已经趋向了专制的极权政治，所以在情况下，必然是"人治重于法治"。这很大部分是因为在非民主国家或世界，合法性和道德完全沦为一种为专制的强权政治或独裁的极权政治的政党利益服务的政治工具，或者成为垄断国家政治和政治权力再分配的政党组织统治国民的社会工具而非政治目的，"合法性"也成为了极权政治、强权政治及专制意志的政治产物而被国家元首加以利用。所以福山认为："极权主义政府希望通过控制新闻媒体、公共教育、政治宣传来改变人们的信仰和价值，由此来重塑苏联人自身。这种控制由上向下扩展到每个最私人、最亲密的关系，比如家庭关系。"至于民众的行为是否"合法"或"道德"完全由垄断国家政治和政治权力再分配的政党组织说了算，即合法或道德成了掌权者专断意志的产物。比如，当国家掌权的政党组织制定的社会制度不是符合大多数公民的权益和发展需要的，而是以是否符合政党利益和巩固统治地位为目的，然后再根据这些法律制度来治理国家，我们能认为这些为自私的政党利益服务的法律制度符合法治原则吗？显然不能，因为这是人治而不是法治，这些制定的法律制度主要为政党利益服务，是一种为了巩固其统治地位的社会工具。作为正义或代表广义公共善的法律制度只能作为目的，而不能被任何政府或政党组织当作社会工具来利用，因为法律和政治的目的是正义而不是政党利益。在民主政治条件下，国家制度对国家元首或政府首脑的制约和影响是建立在三权分立制度的基础上的，所以政治领导力改变和控制国家制度的纲领和发展的作用比较有限，因为国家制度对国家元首或政府首脑的制约和影响比较大，所以在此情况下，必然是"法治优于人治"。这意味着，在政治民主的国家或世界是正义法至上，是法治原则支配人治原则；在非民主国家则是政党利益至上，是人治原则支配法治原则。为什么"法治优于人治"？我认为原因主要有三：一是法治原则是建立在民主政治的基础上的，是符合大多数人民或国家利益和发展需要的，在法律制度上能够为政府尽可能充分或平等考虑每个公民的权利提供一种解决和处理该问题的道德框架。二是无论是统治者，还是被统治者，也无论是平民或官员，根据正义的法治原则制定的任何法律制度都对他们具有平等的强制力和约束力。三是法治原则的权威性完全源自那些具有普遍性和必然性的道德法则，而不是任何政党组织的专断意志、强权政治及极权政治的政治产物。

制度主义中的"制度"可以理解和定义为各种行为规则体系的集合，其中就包括法律、协约、惯例、规则及程序等。这意味着只有符合正义的法治原则的制度安排才可以给国内社会或国际社会提供一种普遍性的行动逻辑和如何行动的道德框架，从而在道德和法理学上建立一种符合广义公共善原则的最低限度的行为秩序。而在优良或成熟的国家制度或国际制度里，任何行为体或政府官员的自由行动空间都是有限的，受这些制度的正义目标或支配性价值限制的而非放任自由的。正如盖伊·彼得斯引用行为主义者和理性选择者的观点：个体脱离制度约束，这种观点实在冒险，他们需要注意制度对个体行为的影响和制约。也就是说，马奇和奥尔森所认为的：当个人被制度的价值所激励的时候，行为是"有意但非全凭己意的"，就是说个人可以作出自觉选择，但是那些选择仍然不会超出制度的支配性价值的范围。道理很简单，在非民主国家或世界，人治重于或高于法治是非常危险的，这意味着独裁和专制的政治成分在该国社会将会更加浓烈，政府官员滥用职权的机会更大，而不受法治原则制约的那种放任自流的政治行动绝对不利于建立一个更加正义的法治社会，因为在这种情况下，人治将高于法治，制度只是工具，国家制度对国家元首的约束力是软弱的，是政治领导力在决定和控制着国家制度的纲领和发展，而不是国家制度在制约或影响着国家领导人。由于无论在任何国家，优秀的领导是稀缺的，不常有的，而掌权的国家元首或政府首脑又有好有坏，所以理性的国家制度必须做最坏的打算，建立一个筛选优者和合法淘汰劣者的政治机制和选举制度，而非民主国家那种人治高于法治的政治体制等于靠专断意志来决定国家命运。由于从坏制度里产生好领导的概率非常小，而坏领导也几乎不可能让制度变得更好，所以必须设计一种政治领导力与国家制度的相互作用和高效结合的竞争性政治制度，这种公平的竞争性政治制度不仅可以解决人治问题，即为什么在同一种制度中，不同的人进行操作和使用的效果有所不同，从而不断地淘汰低效、违法、昏庸及失德的政府官员，也可以通过不断改良和灵活的制度优势来建立一个更健全而又高效的社会行为规则体系，以维持一种最低限度的社会秩序，虽然国家制度在立法、行政、司法及决策层面上确实具有很强的操作性，从而依赖人治原则，但不受国家制度制约或不是建立在民主政治基础上的人治原则是弊大于利的，甚至会破坏法治原则的道德性，在此情况下，底层的民众将无法享有平等的权利保障，更无法规避政府官员或政党组织以权谋私的政治机会主义行为。而神圣同盟和国际联盟之所以解体，以及联合国为什么如此低效和软弱，完全可以归纳为一种人治取代或高于法治的结果，或者是法治原则对所有成员缺乏平等的强制力、约束力及权威性的结果。

第十三章 世界命运共同体

由比较开明和理性的现代国家体系所追求的注重国家利益与全球利益协调发展的超国家理论是支持建立一个具有强制力和约束力及凝聚力的能够代表世界公意的国际政府或世界政府的。因为这样做至少可以阻止赫德利·布尔所说的"大规模的侵略战争和内部暴力，也具有一系列和平解决冲突和纠纷的制度化程序，允许发生各国政府普遍认为具有合法性的变革。"但在世界社会的无政府秩序中，我并不认为在复杂多变的世界形势和历史长河之中存在"绝对安全"和"关系绝对稳定"的政治同盟、经济同盟、军事同盟、国际体系及政治共同体或经济共同体，我们只能说"多元安全共同体"是一种由多元化的国家体系之间建立在文化相同、共同利益、共同威胁、公共危害、生态平衡、道德共识等其中一种或多种共需领域的基础上的对其他国家而言"相对安全"的国际体系、政治同盟、经济同盟及军事同盟，如美英体系、欧美体系、中俄体系等。赫德利·布尔认为"国家体系可以维持最低限度的世界秩序，应当考虑到一种可能性，即国家将继续对核武器以及其他大规模毁灭性战争采取理性和谨慎的克制态度。"但事实上，不管是在一战，还是在二战，或是在近期，都证明被霸权主义或军国主义支配的国际体系理论既无法维持最低限度的和平与稳定，也无法维持最低限度的世界秩序，甚至连国家内部也是时常动荡不安和混乱丛生，其中包括该国家内部无法实现一系列的和平变革，导致具有破坏性或威胁性的政治歧义、政治压迫、中央计划经济、阶级矛盾、利益冲突、宗教歧视、宗教矛盾、种族歧视、政治专制、政治独裁等民族主义危机时常冲击国家内部秩序，使国家处于四分五裂的边缘。因为这种以自我为中心，把追求国家权力最大化和公共利益最大化作为国家的最高政治目标，与把国际均势和权力平衡作为次要目标来对待而无视国家利益与全球利益协调发展的国家体系是不可能证明自己能够维持和扩大使之能够继承成为通往维护世界秩序的有效途径。道理很简单，大国或强国制订追求权力最大化和利益最大化的对外政策与弱小国家制订实现或维系国际均势和权力平衡的国家政治目标是冲突或矛盾的，毕竟大国或强国制定追求权力最大化和利益最大化的对外政策可能是建立在破坏弱小国家所追求的国际均势或权力平衡的基础上的，我们很难想象大国之间追权逐利的扩张性对外政策不会破坏国际均势和权力平衡及损害弱小国家的合法权利，可以说大国之间的"脆弱平衡"是很常见的。也因为一些大国和强国把追求国家权力最大化和国际利益最大化作为最高的国家目标，把实现国际均势和权力平衡作为次要目标制订的对外政策与一些弱小国家和发展中国家及次等发达国家把追求国际均势和国际权力平衡作为主要目标，把实现权力最大化和利益最大化作为次要目标制订的对外政策冲突。更因为不管是大国之间，还是弱小国家之间，政府可能无法同时制订既能满足权力最大化和利益最大化，又能实现国际权力平衡和国际利益协调而行为与内容又不发生任何矛盾或冲突的对外政策和国家目标。因为追求权力最大化和利益最大化及霸权地位会促使大国或强国追求优势，而非满足于国际权力平衡、利益协调及发展平衡。不管是追求政治优势，还是经济优势，或是军事优势都可能会破坏权力分配本已相当脆弱或具有战略竞争性质的国际均势。

由大国领导建立的世界政治秩序即使不是最理想的，但在国际无政府状态或国际无领导状态中却可能是维护地区安定和稳定国际秩序所不可或缺的。如果现在美国从各地撤军和不愿在世界上担当主导国际事务的领导地位及履行更多本不必承担的国际义务，只安分守己满足于做一个地区性大国，那么没有"世界警察"来维护世界秩序，世界只会变得更混乱无序而不是变得更稳定有序。因为不管是在一战和二战，还是伊拉克战争，或是利比亚战争，美国对世界和平都做出不可磨灭的贡献，避免欧洲和亚洲及非洲惨遭德意日轴心国的奴役和殖民，所以即使是前苏联，也无法替代当时的美国，积极发挥这种力挽狂澜的世界作用。记住，在二战前期，斯大林还曾与纳粹德国密谋和结盟企图瓜分波兰、芬兰等东欧国家，后因分赃不均而导致"强盗关系"破裂，如果把维护世界和平的重任全权委托给苏联，完全孤立美国，让其完全置身事外，完全由历史上好战的苏联主导世界事务，那么后果恐怕是世界动荡、战乱不息或分裂加剧。我相信最有政治远见的英国首相丘吉尔和美国驻苏联和前南斯拉夫大使，普林斯顿大学高等研究院历史研究学院教授，遏制政策之父乔治·凯南是最先发现苏联是一个极其危险的具有赤化世界的霸权主义野心的联合国家的政治

252

家，内容详情可参考丘吉尔 1946 年 3 月 5 日在美国富尔顿城威斯敏斯特学院发布的"铁幕演说"和 1946 年 2 月 22 日乔治·凯南在美国驻苏联大使馆给华盛顿发的《八千字电文》及后来的《苏联行动的根源》一文。这意味着把维护世界和平与全球安全的重任委托给美国远好过寄托于以"战斗民族"著称的苏联或现在的俄罗斯。如果世界各国或大多数国家被一个暴虐无道和自私自利的大国统治，如威廉德国、纳粹德国、意大利法西斯、日本帝国、前苏联，那么即使各国政府完全处于自治性和自助性的国际无领导状态或国际无政府状态也会好过被一个暴虐无道和野心勃勃的大国统治，所以国际有领导状态之所以优于国际无领导状态或国际无政府状态，主要有一个好的大国领导其成员国走向民主、繁荣、富强，对平等保障成员国的主权和领土完整及安全，实现各国利益的协调发展起到突出作用。这意味着国际无政府状态和国际无领导状态可能不是最糟糕的境况，被一个暴虐无道和具有侵略野心的大国统治的国际有领导状态的境况或许会更糟糕，如苏联的极权统治。

很难想象把人类命运和世界和平及全球安全寄托给在政治、经济及军事上采取"进攻性对外扩张"来达到其帝国主义目的之威廉德国、纳粹德国、日本帝国主义、意大利法西斯、前苏联不是等于把人类置身于水深火热的地狱般。庆幸的是这些奉行"进攻性对外政策"的帝国主义国家最终都因为实力跟不上野心而惨遭失败。而美国之所以能够取得世界霸权地位显然是巧实力充分发挥的结果，不过美国与威廉德国、纳粹德国、日本帝国主义、意大利法西斯、前苏联所采取的对外扩张的战略手段是不同的，甚至是相反的，后者企图用军事手段取得属洲霸权，美国的战略目的主要是充当公认的"世界警察"，所以他善使的是"软刀子"。因为美国深知通过军事手段所取得的霸权地位并不能让其他国家心服，反而会激怒他国，引发无休止的对抗或战争，这样会不断消耗美国的实力。所以埃德蒙·伯克的话仍旧值得美国借鉴："单纯武力的作用是短暂的。它可以暂时使人屈服，却不能消除再度征服别人的需要：一个民族决不会永久接受征服者的统治。"我所谓的"进攻性对外政策"是指一个国家在国际社会上把追求国家权力最大化而非权力平衡和主权平等和国家利益最大化而非全球利益协调和世界发展平衡及主导地区的霸权地位而非国际地位平等化作为最高的国家政治目标。一个国家在国际社会上把追求国家利益最大化而非把彼此兼容的经济自由、经济机会平等、财富分配公平及各国利益的协调发展作为最高的经济目标。一个国家在国际社会上把追求军事优势和霸权地位而非国际均势和全球安全作为最高的军事目标。威廉德国、纳粹德国、日本帝国主义、前苏联在欧亚大陆谋取地区的国际霸权地位之所以失败，主要原因有四：一是该国没有充分的实力或国力贯彻地区性的另类"门罗主义"。二是该国的硬实力还跟不上扩张野心。三是世界上还存在一个经济优势和军事优势完全可以与之匹敌或有能力遏制该国的军事扩张的竞争性大国，并能在战争中起力挽狂澜的世界作用，如美国。四是遭到受害国持久和顽强地抵抗，并不断消耗其进行对外扩张的国家实力。与之相对的"防守性对外政策"则指一个国家在国际社会上把国际权力平衡和各国主权平等及全球利益协调而非把追求国家权力最大化、国家利益最大化及谋取主导世界的霸权地位作为该国的最高政治目标。一个国家在国际社会上把追求彼此兼容的经济自由、经济机会平等、财富分配公平及各国利益的协调发展而非把国家利益最大化作为该国最高的经济目标。而"防御性对外政策"则指一个国家在国际社会上把国际权力平衡和各国主权平等及全球利益协调而非把国家权力最大化、国家利益最大化及主导世界的霸权地位作为该国的最高政治目标。一个国家在国际社会上把追求彼此兼容的经济自由、经济机会平等、财富分配公平及各国利益的协调发展而非把国家利益最大化作为最高的经济目标。一个国家在国际社会上把国际均势和全球安全而非把追求军事优势和主导世界的霸权地位作为该高最高的军事目标。"进攻性对外政策"则指一个国家在国际社会上把追求国家权力最大化、国家利益最大化及主导世界或该地区的霸权地位而非把国际权力平衡和各国主权平等及世界永久和平作为最高的政治目标。一个国家在国际上把追求经济利益或国家利益最大化而非把彼此兼容的经济自由、经济机会平等、财富分配公平及各国利益的协调发展作为最高的经济目标。一个国家在国际社会上把追求军事优势和主导世界的霸权地位而非国际均势和世界永久和平作为该国最高的军事目标。一个在国际社会上把国际权力平衡和全球利益协调、世界发展平衡、世界永久和平及国际地位平等化而非把追求军事优势和主导世界的霸权地位作为最高的军事目标的主权国家不可能对其他国家的主权和领土完整及国家安全构成任何明确而现实的军事威胁。这意味着某个被国际等级制度支配的国际体系或国际联盟选举某个奉行"进攻性对外政策"或"进攻性现实主义政策"的野心勃勃的大国当作领导国最容易把成员国们带入对外扩张的侵略之路，而这可能是与建立该体系或联盟的目的相矛盾或冲突。虽然由一个好的大国领导其成员们走向民主、自由、平等及繁荣，并能够保障成员国的主权和领土完整及安全，实现各国利益协调发展的国际体系被等级制度支配的国际有领导状态在现实世界是有很多弊端的。因为建立一个法律制度健全，具有强制力和约束力及权威性的国际政府或世界政府可能优于完全由一个或一个以上的大国统治和支配的国际有领导秩序，即使这些大国是好的，能够领导其成员国走向繁荣和富强，并能保障成员国的主权和领土完整，实现各国利益的协调发展和国际权力平衡及主权平等，但国家代价可能也不小。但国际政府或世界政府却不宜采用不利于实现各国主权和国际地位平等的世界等级制度，因为被世界等级制度支配的国际政府或世界政府难以建立一种法治的世界政治经济秩序，也意味着国际政府或世界政府将由大国领导和进行统治，但受其支配的成员国又无法保证主导国际政府或世界政府的大国不是一个类似威廉德国、纳粹德国、日本帝国主义、前苏联、意大利法西斯那种暴虐无道和强制性权力泛滥成灾的极权主义国家，毕竟与虎谋皮和与狼为伍始终是危险的。尽管实力是成员国们评估某大国能否成为领导国的关键，但大国以往的道德作风和现在的政治信念对获得大多数国家支持依旧是最关键的。

　　然而需要补充的是人们对"霸权"的理解和定义，以及人们常挂在嘴边的"美国霸权"。"霸权"这个概念可以理解和定义为一个主权国家掌握了足以主导该地区或世界和支配性权力？如果可以，那么事实上即使是目前世界最强大的美国仍旧没有彻底掌握这种高至无上的支配性权力或无可撼动的世界最高权力，又哪来世界性或绝对性的美国霸权呢？如果这种定义不符合这个概念的真实含义或实际指谓，那么"霸权"就只能理解为一种与上述定义相反的具有侵略性威胁的强制性权力，或者是在某个区域或国际体系取得强迫其他国家服从其统治或支配的一种政治强权。尽管如此，世界最强大的美国所取得的美国霸权也顶多是一种美洲霸权或西半球霸权，因为再强大的美国也没有凭一己之力征服世界上的所有国家而成功取得世界霸权的国家实力。也就是说，世界霸权与地区霸权是有很大区别的，前者严格来说，要不意味着在群体对抗中取得世界霸权，即世界最强大的主权国已经成功征服世界各国和取得统治世界各国的最高权力，或者说在单体对抗中，世界上没有一个主权国家可以战胜这个世界上最强大的国家，如美国。后者通常指一个大国或强国成功取得支配周边邻国地区或所属之洲的霸权地位，或者说一个大国或强国已经成功征服周边邻国或所属之洲的全部国家。其实就算美国彻底从地球上消失，也还会有另外一个强大的国家来替代美国，补美国之缺，这个世界始终客观存在一个世界上最强大的国家，就像乞丐群里永远客观存在一个最有钱的乞丐，海洋里必定有一条最大最重的鱼，世界上会有一个最富有的人一样，难道我们都无一例外地把每个处于不同历史时期却世界上最强大的国家都看作是一个"霸权主义国家"或"帝国主义国家"吗？尽管自古至今，历史上的亚历山大帝国、罗马帝国、波斯帝国、奥斯曼帝国、蒙古帝国、奥匈帝国等在军事上都具有侵略性威胁，但近代美国与历史上这些霸权国家相比似乎是个例外，虽然美国早期也热衷领土扩张，但后期拯救世界于危难的各种自我救赎行为却使人们淡忘了他在南部的领土扩张中给墨西哥带来的前仇旧恨。我认为，不管是地区霸权，还是世界霸权，只要"霸权"属于一种具有侵害性威胁或破坏性影响的强制性权力，并且会对邻国或其他主权国家的主权和领土完整、国家安全及合法权益构成明确而现实之威胁的强权行为或极权行为，那么我们就应该根据这个主权国家的实际行动和对外扩张政策的属性，而不是这个国家的强弱程度来判断这个国家是否属于霸权主义国家，还是帝国主义国家的。道理很简单，任何真正具有霸权主义倾向或帝国主义野心的强大国家都必然会把这些不良的企图和动机付诸实际行动，并会制定对邻国或其他主权国家的主权和领土完整、国家安全及合法权益构成明确而现实之侵略性威胁的对外扩张政策。而且不一定所有强大的国家都是会对弱小国家的主权和领土完整、国家安全及合法权益构成明确而现实的侵略性威胁的霸权主义国家或帝国主义国家，尽管对某地区的弱小国家而言，最大的安全威胁往往来自周边或邻近之大国或强国。但这种认为"世界上最强大的国家都是真正的霸权国"的观念和设想并不是一个具有普遍性和必然性的真命题，所有设想和判断都应该具有充分的事实依据来证明其可靠性或科学性，而不能主观臆断或带有偏见去看待这个问题。其实人们对这个伪命题所产生的最大误解主要来自两种比较直观的认识或错觉：一是世界上最强大的国家是最有可能或最有能力取得地区霸权的；二是历史上那些强大的帝国多数都具有侵略性威胁的霸权国家，于是人们就直观认为现代世界最强大的国家也一样是个霸权国家。

我认为这需要对"霸权国"这个概念的定义说起，即任何霸权国都必然是会对邻国或其他弱小国家的主权和领土完整、国家安全及合法权益构成明确而现实之侵害性威胁的，因为霸权在国际社会上是一种真正具有侵害性威胁的经济强权，或政治强权，或军事强权。而霸权国家往往具有以下某些行为特征：一是奉行能够实现国家权力和国家利益最大化的进攻性对外扩张政策或进攻性现实主义政策。二是坚决反对国际经济权力和国际政治权力的平衡发展或分配平等。三是做不到严格遵守和平发展、互不侵犯及各国主权平等的国际规约或国际制度。四是坚持反对一国一票、国际民主政治及国际法律地位的平等化。五是不支持或反对有利于实现世界永久和平的世界各国之间处于无军事力量威胁状态和各国警备力量与装备统一规制的世界规约。六是在任何时候和情况下这个大国始终把国家利益凌驾于全球利益或全球利益协调之上。七是不择手段追求国家利益最大化和国家权力最大化及主导世界的霸权地位。八是通过军事强权来破坏或歪曲世界正义，反对任何可以促进普世自由和实现世界永久和平的国际规约。九是为了满足自私的国家发展需要无视世界发展需要或各国发展需要的协调性。十是反对把实现人类可持续生存与发展当作国家最高目标，甚至不愿意共同参与解决和应对全球性多样性威胁和国际公共危机。根据这些行为特征我们判断世界上最强大的国家到底是不是霸权国就会变得轻易多，只要世界上最强大的国家的实际行动符合上述行为特征越多和更加程度化，那么我们就可以断定他是个十分危险的具有侵略性威胁的"霸权国家"。而且我们会发现：根据这些行为特征和世界上最强大的国家的实际行动来评价他是否是霸权国家远比只纯粹根据某个国家的强大程度或强大与否要准确客观得多。最后是判断霸权衰落的标志，我认为这有助于了解某个大国是崛起还是衰落，这些特征或状况主要有四：一是硬实力大幅度走弱，且长期无法恢复。二是软实力大幅度降低，该国的文化、教育、科学、制度不再在全球范围内占据优势地位，吸引力不断下降。三是巧实力失去了能充分发挥作用的灵活性。四是该国的权力范围和势力范围出现不断萎缩，而且已经没有补救的政治措施。四是已经在某些影响巨大的国际组织或国际体系中丧失支配性的领导地位和世界话语权。

我并不是说国际政府或世界政府采用国际关系或国际体系中的等级制度是绝对不适用的，尽管它可能不是最理想的国际政治制度，而是一旦国际等级制度作为国际政府或世界政府的根本政治制度，那么就要制定相应的法律制度和民主的政治程序来制约领导国的行政权，以防止其滥用职权和以权谋私，还要建立一种公正的竞争性政治制度和政治考核制度来防止类似威廉德国、纳粹德国、日本帝国主义、前苏联、意大利法西斯那种具有侵略野心的极权主义大国成为主导和支配国际政府或世界政府的领导国掌握行政权。也就是说，国际等级制度可以结合选举制和考核制来决定把行政权赋予哪个最有资格、最得民心及实力出众的大国，但主导国际政府或世界政府的立法权和监督权及弹劾权必须交由该体系或联盟的最高议会的所有成员平等掌握，而且是否进行对外战争和进行任何军事活动的最高决定权必须掌握在国际政府或世界政府的最高议会手中，而不应该掌握在领导国手中。即为了防止领导国的侵略野心，有必要把政治权力和军事权力进行分开，由最高议会掌握是否进行战争的军事权力，由领导国掌握政治权力，至于司法权，为了避嫌和出于公平公正考虑，可以由最高议会赋予"第三方"，这意味着国际政府或世界政府的政治制度即使是一种等级制度，但它的内部却是由核心的三权分立的政治体制主导，国际等级制度并不是最高制度，领导国由成员国们通过程序公平和政治民主的选举制度投票产生，但日后也可通过三分之二以上的票数被成员国们所废除或罢免。这种政治模式的国际政府或世界政府显然要优于现今受传统的国际等级制度支配的国际关系或国际体系，因为受传统的等级制度支配的国际关系或国际体系并不存在一个法律和制度比较健全的具有强制力和约束力及权威性的信奉三权分立制度的国际政府或世界政府，它主要是一个在政治、经济及军事上通过实力来实现大国支配小国，强国支配弱国，富国支配穷国的国际体系，其中并不存在具有平等的强制力和约束力的国际制度，也不存在制约主导国权力的民主议会，或者说当主导国不得民心，成员们没有废立和选举之权，更不存在选举制度和考核制度来筛选更有资格的领导国，在国际关系中这些都是旧的和传统的国际等级制度所不具备的。也就是说，在世界社会的无政府状态，能够采取权力相互制约的政治体制的"新国际等级制度"，通常比任何处于无领导状态的国际体系或国际组织更稳定有序，更加理想，更能获得大多数成员国的支持。

最后，如果国际关系中传统的等级制度只能令小国服从大国，弱国服从强国，穷国服从富国，而难以令一些大国之间服从彼此，那么主要原因是大国之间很难形成统一或协调的权力意识、共同的利益观念、政治观念、地位共识及道德共识等等，大国之间随着共识领域或共需领域的不断减少，或政治分歧及利益冲突，那么经过国际地位经过重新洗牌的国际等级制度来团结大国或改善大国之间恶劣的竞争关系就是很困难的，也无法通过这种传统和过时的国际等级制度建立一种更文明稳定的世界政治经济秩序。因为大国之间必然继续能够追求支配彼此或能够令敌对大国无力威胁自身安全的经济优势、军事优势及霸权地位，毕竟让一个大国甘心服从敌对的大国支配尽管不是不可能的，也是极为困难的。这意味在国际关系中，欧盟的"均势政治"优于传统的国际等级制度，但在效率方面可能要低于通过"新国际等级制度"所建立的那种国际政治秩序，而奉行代议制民主的世界政府作为一个能够代表世界公意的世界政治经济共同体又优于欧盟的均势政治，所以只有国际政治经济权力的平衡发展和国际地位平等化才能够解决在国际关系中发展起来的那些不平等的等级制度和支配关系。

对于"新国际等级制度"，这一概念，我认为这是一种介于民主政治（即均势政治）与极权政治（即独裁政治）之间的"国际共和政治"。这种相对民主的国际政治体制有以下特征：（1）领导国由国际体系或国际联盟的所有成员在最高议会通过一国一票的民主程序定期选举，选举出的领导国享有解决和处理该体系或联盟内部事务的最高行政权。但领导国提名或任命任何司法官员和行政官员必须获得最高议会下辖的相关常设委员会的多数委员们确认。不过，当最高议会被多数成员垄断或非法操纵时，合法权益受到多数成员严重损害的少数成员可上诉至最高国际法院，经调查核实后，少数成员可凭司法裁决书向领导国书面申请解散最高议会，重新选举所有成员代表，此时领导国就享有无须经过最高议会同意而解散它的特权。（2）立法权和监督权及弹劾权必须交由该体系或联盟的最高议会的所有成员平等掌握，而且是否进行对外战争和进行任何军事活动的最高决定权也掌握在该体系或联盟最高议会手中，而且最高议会还享有罢免领导国的职权的最高决定权，但须获得三分之二以上成员同意。（3）为了避嫌和出于公平公正考虑，司法权由该体系或联盟的最高议会委托给"世界第三方"代理，司法部门有权否决最高议会通过的某些违反该体系或联盟的宪政原则的一般法案。但司法部门提名或任命任何司法官员需要获得最高议会下辖的相关常设委员会的多数委员确认。需要说明的是不难看出，在新国际等级制度里，由所有成员代表组成的最高议会才是该国际体系、该国际联盟或该国际组织才是实际领导，而最高议会选举出的领导国则是名义领导，但出于政治效率考虑，定期选举出的领导国是真实掌握解决和处理该体系或联盟的内部事务所必需的最高行政权的，所以只要领导国不违反该体系或联盟的宪政原则和最高议会成功

259

通过的一般法案，那么领导国在行政上是有自由裁量权的，而"世界第三方"（主要由来自该体系或叫联盟外部的其他国家的司法专家和法律专家共同组成）则在司法上享有一定的自由裁量权。由于新国际等级制度的核心是在国际体系或国际联盟的内部贯彻三权分立的政治体制，所以领导国不可能是至高无上的霸权大国，或者可以随便制定损害敌对成员或弱小成员的合法权益的国际政策，否则以权谋私或排除异己的政治行为必然会遭受敌对成员或弱小成员的弹劾。当然了，为了避免某些与领导国敌对（不友好）的成员无中生有，诽谤领导国，最高议会在制定宪政原则和法律制度时也需要赋予司法部门调查、审核及惩罚肇事者的职权。我所谓的宪政原则就是该国际体系或国际联盟的最高议会制定的一些基本宪政原则，其中就包括（但不限）：①立法部门和最高议会在立法过程中必须贯彻权利与义务相应的立法正义原则，没有权利就没有义务，没有义务就没有权利。②行政部门要贯彻作为彼此兼容的政治自由和政治机会平等的政治正义原则，以及在行政办公中遵守公平公正的服务原则，禁止任职期间以权谋私，排除异己及结党营私，尽管主导国与成员国和该国际体系外围的附属国之间是直接的领导关系。③司法部门要贯彻、落实及遵守罪罚相应的司法正义原则，在司法裁决中做到公正无私。④该国际体系或国际联盟采取的是三权分立的政治体制。⑤该国际体系或国际联盟的所有成员在最高议会仅有一个职权平等的合法席位，但领导国的国家代表可在立法决议或政治决议的票数相等的情况下投下关键或决定性的最后一票。⑥当领导国的合法权益与国际体系或国际联盟的其他成员的合法权益无法同时满足时，最高议会应该优先考虑领导国的合法权益，除非该体系有先例或宪政原则早已规定应该优先满足大多数成员国的合法权益或发展需要。

另外，我并不认为欧盟的均势政治是一种严格意义上的民主政治，尽管它有一个民主的政治程序和法律制度，但欧盟和联合国事实上依旧由大国或强国控制，如法国、德国及五大常任理事国，其他实力悬殊的弱小国家所发挥的作用往往比较有限，从而无法取得决定性的影响。代议制的世界共和制则是一种真正意义上民主的世界政治体制，它以确保各国主权和领土完整及安全、各国主权平等及法律地位平等为基础。也因为成立代议制的世界性政府不仅是对每个弱小的主权国家而言，对世界各国而言，也是花费最小代价就可以摆脱依附他国来实现利益协调和主权平等及国际地位平等，而又能最大程度实现成员国们的独立、自治、自由、民主及安全而不受彼此威胁和压迫的最好方法。由于世界合众国是每个主权国家授权组成和各国政府间彼此认可的世界政治经济共同体或人类命运共同体,它作为以法治世界为基础建立的世界性组织必须吸取神圣同盟失败、国际联盟解体及联合国低效或无能的历史教训,不断地完善其权力结构和政府功能,以免重蹈覆辙,走上败亡的老路。结合前人的历史总结和分析,我认为不得民心的神圣同盟解体的主要原因有:一是,神圣同盟由政治观、道德观、世界观相冲突或矛盾及自私自利的君主们组成。二是,追权逐利的君主们和贵族阶级从事无限制地剥削、掠夺、压迫、奴役、镇压及屠杀工农阶级。三是,当君主背叛人民时,和平变革无法成为可能,工农阶级只能诉诸暴力革命来维护个人权利和实现自我保存。四是,君主们巩固和维护的君主专制与人民主权和民主政治的革命思想冲突。我认为国际联盟失败的主要原因是:一是,国际联盟无法阻止成员国们的军事扩张和军备竞赛。二是,国际联盟未能起到实现裁军和制止侵略的作用,它允许一些战争并禁止另一些战争,而不是禁止和惩罚一切侵略战争。三是,国际联盟中各国的国际政治经济权力发展不平衡和国际地位的等级化,致使国际联盟沦为被大国或强国操纵的棋子。四是,帝国主义的崛起,由英、法控制的国际联盟竟以牺牲中小国家的领土和主权为代价,推行绥靖政策,使国际联盟陷于瘫痪。五是,各国政治和经济利益的不一致或不协调,导致国际联盟的内部矛盾激化,使国际联盟无法进行具有强制力和约束力的集体行动。六是,国际联盟缺乏强制力和约束力及权威性来依法仲裁各种国际冲突和领土纠纷及国际侵权案件。七是,国际联盟无法强有力地制裁违约、毁约及侵犯他国主权和领土完整及合法权益的成员国,国联盟约的某些部分可以被侵犯而不受到惩罚。八是,成员国之间与非成员国之间签订的协约存在冲突或矛盾的内容,以及符合各国长远利益或全球利益的协约缺乏强制力和约束力,得不到成员国的严格遵守和执行。九是国际联盟缺乏一个优秀的领导,而五个常任理事国之间本就存在一些遗留下来的历史问题和国际矛盾,所以没有美国的领导和参与则意味着上述国际问题不是无法解决,就是缺乏必需的能力。十是缺乏强制力、约束力及权威性的《国际联盟盟约》形同虚设,甚至作为领导国的常任理事国也自私自利,为谋取国家利益而不惜明目张胆地违反国际联盟盟约,牺牲弱小成员国的合法权益,甚至没有因为违反盟约规定而受到应有的法律惩罚,这就让其他成员对这种自私行为大失所望。

而联合国在政治和经济上低效率的主要原因包含以下：一是，联合国至今仍处于成员国可以各行其是，没有任何具有强制力和约束力及权威性的世界权威凌驾于各成员国家之上的无政府秩序状态。二是，政治结构松散和政治功能不全的联合国缺乏最高权力中心所需的具有强制力、约束力及权威性。三是，国际法庭缺乏具有强制力和约束力及权威的司法权力来依法仲裁各种国际冲突和纠纷及惩罚侵犯他国主权和领土完整及合法权益的国家行为或政府行为。四是，联合国下辖的诸机构或组织及官员在联合国宪章或国际法上缺乏职权与义务分明的界定。五是，联合国并未系统建立一个集立宪权、立法权、行政权、司法权及执法权于一身，却又彼此处于独立和相互制约的世界民主宪政体系。六是，联合国依旧被大国或强国操纵，各国主权平等仍旧是形式上的而非实质性的，它还未通过民主政治的程式实现世界共和与法治，致使国际政治权力和国际经济权力无法平衡发展或平等分配。七是，各国政府并未把联合国建立成一个完全由世界公仆和世界公民组成的不带国家偏见和不含国家私利的代议制世界性政府。八是，联合国缺乏一套不断完善和健全的世界宪政与法律体系来规制和约束及指导其下辖的国际机构或国际组织及其官员依法处理各种国际事务和全球性问题。九是，联合国对正义的国际制裁或军事援助及反侵战争可能采取旁观坐视的态度和立场，以及无法强制所有自我驱动的会员国加入或发起该国际行动。十是，联合国的会员国们对合法性并未形成一种普世统一和最权威的道德共识，关于合法与非法的争议不断仍是道德相对论的产物，且合法或正义的国际制裁或军事援助及反侵战争完全依赖会员国们的自愿参与，会员国保持中立的资格和条件并没有在立法、行政及司法上被联合国大会所剥夺。十一是，联合国在卢旺达种族大屠杀、伊拉克战争、俄乌战争、气候变化及核武器扩散等重大国际问题上没有起到应有的积极作用，也经常因为目标不一致无法发起有效的集休行动，这就降低了联合国的世界威望和公信力。十二是，各国主权实质并不平等，五大常任理事国享有某种特殊或不受世界公意制约的一票否决权，而其他成员国和非常任理事国则不享有否决权，这意味着大国与小国，强国与弱国在联合国的国际法律地位并不真正的平等，而各国主权的不平等显然令会员国们质疑联合国这一世界组织的合法性，尽管有不少会员国认可联合国是合法性组织。
　　我们都知道无论是国内社会，还是国际社会都需要一种有序和稳定的行为秩序，缺乏这种行为秩序则意味着无序、混乱、暴力，而除了受不利的自然因素的影响外，人类自身不够完满的人性和不够完备的智识始终是破坏或阻碍建立一种更有序、更稳定、更文明的行为秩序的根本因素，这并不是说世界所有行为体都在破坏国内社会或国际社会的行为秩序。而肯尼思·华尔兹所枚举的造成的国际社会冲突或战争不断的缘由：人性之恶（即人性诸弱点）和国内政治结构和社会制度不完善所导致的国家弊政及国际无政府状态，显得能够很好解释国际关系的发展所面临阻碍。但要想解决第三个问题，即人类要想建立一个具有强制力、约束力、凝聚力及权威性的国际政府或世界政府，就必须先解决人性之恶与国内政治结构和社会制度不完善这两个问题。第一个问题直接揭露了：只有普遍改善各国公民之不够完满的人性和不够完备的智识，该国才能通过大量德才兼备的政治精英来完善国内政治结构和创立更完善的社会制度。当然只有足够完备的智识和历史经验才可能有效改善人不够完满的人性，我们只有通过普及教育和接受教育的方式来消除人性之恶所产生或带来的各种祸害。在每个人的人性是不完全完满的有限道德假设和每个人的智识是不完全完备的有限理性假设都普遍成立的情况下，不管是国内社会系统，还是世界社会系统都不可能在缺乏正义的法治内容的情况下实现稳定有序。虽然有很多足够理性和足够道德的行为体、社会组织、地方政府、国家政府的行为方式或行为方法是不会破坏国内社会或国际社会的行为秩序使他人或他国蒙受损失，但在全世界范围内，良善之人和正义的政治行为还是太少。当然了，在人性不完全完满和智识不完全完备会产生相互作用的影响的情况下，想要明确区分破坏国内社会系统或国际社会系统的行为秩序到底是由人们的无知和愚蠢造成的，还是由人性的弱点造成的显然是非常困难的。也就是说，不管是破坏性行为，还是侵权性行为，它可能完全是由行为体的无知和愚蠢造成的，也可能完全是由人性的弱点造成的，或者是这两种因素相互作用或共同决定的结果。但是应该排除这种情况：如果人性的不完满除了足够完备的智识或不断完备的智识外再也没有其他更有效地改善之法，那么任何没有生理缺陷或精神疾病的正常之人足够完备的智识就应该能够自动改善人不够完满的人性，使人性变得更完满。这就意味着智识足够完备的正常之人的人性的不完满程度一般不至于会驱使他做出破坏性行为或侵权性行为，否则就反面证明足够完备的智识不可能有效改善人不完满的人性，可能是历史经验在起完满人性的特殊作用。也就是说，一个真正高度理性的智识足够完备的人不可能同时又是一个人性很不完满和道德败坏的人，如果两者可以兼容而不发生任何矛盾或冲突，那么就说明利用足够完备的智识无法有效改善人不完满的人性，并证明一个真正高度理性的智识足够完备的人可能同时也是一个人性很不完满和道德败坏之人，反之，如果两者无法兼容并存在自相矛盾之处，那么就说明利用足够完备的智识可以更有效地改善人不完满的人性，并证明一个真正高度理性的智识足够完备的人通常不可能同时又是一个人性很不完满和道德败坏的人。只要利用足够完备的智识可以有效地改善人不完满的人性，那么一个真正高度理性的智识足够完备的人可能同时不是一个人性很不完满和道德败坏的人，因为这说明人的认知和智识的进步与知识的增长无法有效改善人不完满的人性。不过普通人作恶与地位显赫和影响力很大之人作恶是有所不同的，比如希特勒式的国家元首或军政头目会把国家和人民引向侵略战争，但一个普通的工农阶级成员却通常没有这样的资源、能力、权力及机遇做成这种惊天动地的恶事。如果说人性之恶是秩序混乱和世界动荡之根源，那么人们拥有足够完备的智识就是有效改善人性之恶，使不完满的人性不断完满的药方。既然国内社会都由人性不完全完满和智识不完全完备的社会成员组成，那么我们就无法要求人们尽善尽美，但这并不代表由不完满的人性或由不完备的智识促使的破坏性行为和侵权利行为是可以无条件忍受与不用受到任何正义的惩罚的。只要不断完备的智识可以有效改善人不完满的人性，那么在教育机会普遍平等或分配平等的情况下，由不够完满的人性导致的人那些恶劣或病态的个人因素、家庭因素及企业因素在可以通过不断完备的智识改善，但人们却不肯通过接受教育的方法和自主积累知识来改善自身不够完满的人性的情况下就是不能忍受的。第二个问题则直接指向系统改良国家政府以适应世界发展需要和变化，也就是只有通过德才兼备的政治精英创立完善的国内政治结构和国家制度才会有希望建立一个既能满足国家发展需要，也能满足世界发展需要，又能够协调国家发展需要与世界发展需要，还能防范国内暴政和对外侵略的好政府。这个问题的有效解决对促进各国摆脱国际无政府状态是很关键的。因为对每个主权国家而言，一个理性又道德的好政府意味着他会一如既往遵守平等互惠和公平公正的国际制度和能够满足各取所需的国际分工和国际交换的国际规则，一个坏政府则相反。这意味着能否建立一个法治和求同存异的世界合众国与每个主权国家的政府好坏，以及是否全力支持这一世界创举是密切相关的，由此也可检验出为什么一个坏的政府或国家元首必然不同意或不支持建立一个互惠互利和求同存异的法治世界性的世界政府或国际政府。我认为矛盾或冲突的核心主要发生在自私自利和各自为政的追求国家利益最大化的主权国家与目光长远和关切人类命运的追求全球利益协调或国际权力平等的少数国家之间。世界政府追求的是既对每个成员国有益或既符合每个国家的发展需要又符合世界发展需要的集体利益，但有些自私自利或野心勃勃的不想被世界政府管制的强国大国却一心追求国家权力最大化和国家利益的最大化，而无视弱小国家的利益。因此肯尼思·华尔兹对第三个解决关于国际冲突和战争根源的方案进行了论述，他说："战争之所以会发生，是因为没有可以防止它的东西。至今世界上尚无一种能防止武力和战争的跨国权威组织，这是人类的悲剧。"因此华尔兹还敏锐地察觉到社会主义国家之间也会兵戎相见的可能性。所以他主张成立世界政府，而在这一目标实现之前，应尽力维持均势，因为权势不均对强国和弱国都是危险的，只有维持均势，各国的安全才有保障。所以他认为："无政府状态是根源，而建立世界政府则是药方。"当然这一概括性的论述是主要是国际层面上的，而不是个人层面或国家层面上的。但我认为在国际层面上需要作出补充是，所建立的世界政府必须能够实现以下目标：一是建立的世界政府必须是建立在民主政治的基础上的，而且具备直接领导和约束各成员国、各成员国政府、各成员国元首、各成员国跨国组织或企业及国际法人团体所必需的强制力、约束力及权威性。二是直接服从世界政府的所有成员国和成员国政府必须永远放弃该国的常备军，彻底解散各种军事组织和基地，把所有军事武器和装备统一交由世界政府管辖，世界政府为了保障成员国的主权和领土完整及国家安全则会建立一支装备精良、训练有素及战力强悍的世界联合军队，但规定所有军事的开支一律由所有成员国一起承担和分摊。三是在成员国之间通过专业化的分工合作和国际交换来实现各取所需的竞争过程中，世界政府必须在行政、司法及执法上承担起监督和惩罚各种不平等或非等价的国际交换行为和国际侵权行为的角色，而由各成员国代表组成的立法议会则必须确保制定和通过的各种国际交换规则和世界制度是公平公正的。四是世界政府的立法议会制定和通过的各种国际制度、法律制度及国际宪法必须能够普遍促进所有成员国的政治权力和经济权力及国际地位的平等化，并且在各种少数服从多数的立法决议或政治决议中也能遵守一种先前制定的多数成员国合理补偿少数成员国的救济法案或补偿制度，而非直接让处于劣势的少数成员国蒙受某些严重损失，或无视少数成员国的合法权益，随便制定和通过损害他们合法权益的法案或规则。

我们都知道一旦以是否愿意全力支持和共同授权组建代议制的世界政府作为一种评判一个主权国家是否野心勃勃和具有世界公德心的国际标准，那么世界政治体系就会划分为两大阵营，一个是独立自主、各自为政、自行其是，以追求国家权力和利益最大化为最高目标的自治性和自助性的世界政治经济体，另一个则是强调平等互惠、求同存异、法治世界，通过各取所需的分工合作和国际交换来协调各国发展需要和世界发展需要的共治性和共助性的世界政治经济命运共同体。如果这种一分为二的世界局面是每个主权国家之间的共识领域不是不断减少，就是缺乏稳定性，或是缺乏多元化合作的结果，那么一个独立自主、各自为政、自行其是，以追求国家权力和利益最大化为最高目标的自治性和自助性的世界政治经济体就应该是彼此能够自给自足，不存在任何依赖的独立自主的自助国家，但在一个全球经济存在交互作用和彼此影响，需要通过专业化的国际分工和国际交换来满足各取所需的现实世界，这可能吗？又有多少个国家能够做到呢？其实只要全球性多样性威胁会直接影响人类可持续生存与发展，那么各种一国或少数国家没有能力解决的全球性威胁如气候恶化、大气污染、海洋污染、土壤污染、淡水污染、公共安全困境、不安全的军备竞赛、进攻性军事扩张等等同样会直接影响每个国家的命运和发展。如果这些自治性和自助性的主权国家之所以不同意或不支持建立一个互惠互利、求同存异、法治世界，通过各取所需的分工合作和国际交换来协调各国发展需要和世界发展需要的共治性和共助性的世界政治经济命运共同体是认为或怀疑世界政府无法兼容性处理平等与效率问题，以及自身受制于极端的民族主义、狭隘的国家理论及自私的国家主义所形成的主权意识，那么世界政府的政治体制就应该是代议制和采取民主立宪的方法来建构世界政府，以确保每个主权国家通过共同让出部分相等的国家主权所组建的世界政府能够做到尊重各国主权平等，充分或平等考虑每个主权国家的权利、利益、安全及发展需要，不以牺牲小国、弱国、穷国的权利、利益、安全及发展需要来满足大国、强国、富国的权利、利益、安全及发展需要。由于各国政府共同授权组建一个命运相连的世界政治经济共同体则意味着国际社会或世界社会将结束以往每个主权国家各自为政和各行其是的国际无政府状态，所以为了避嫌需要，新建的世界政府在立法、行政、司法及执法上一律，既不能用"美国规则"，也不能用"德国规则"，更不能用"俄罗斯规则"来解释和裁决各种国际纠纷和国际冲突，把它们当作全世界通用无误的金科玉律，否则这样做将无法令其他成员信服和认可。按联合国的制度由大国（美、俄、中、英、法五个常任理事国）主导和控制世界政府是行不通的，它既不民主，这样做的结果是各国主权平等根本不能贯彻，每个主权国家在世界政府轮流当值和做庄也同样是不行的，这样既无法避免轮值主席国的以权谋私和不带国家偏见解决和处理各种复杂多变的国际事务和全球性问题，有些主权国家也可能不具备各国政府所期望的必需能力去解决和处理各种复杂多变的国际事务和全球性问题，除非除轮值主席国的全权代表或国家元首按期担当世界政府的最高行政长官外，世界政府其他各部门和机构的官员都由其他国家通过公平的政治考核制度来决定录取、任免、职权分配及惩罚，且有能制约轮值主席国的分权制度和国际宪法。

最后是关于世界发展的战略架构的论述，未来世界的发展趋势虽然一直都充满令人匪夷所思的不确定性，但是未来世界的发展趋势是怎么样的？它会走向何方？以及这种由人类导向的世界发展趋势是如何影响世界各国的自身命运和社会生活的？人类能够真正主宰自身命运而不受自身那些不利的有害因素影响而发生偏离正确轨道？这个困扰各国领导人和学者的世界迷思不仅是他们想解开和关心的，也是与人们的日常生活息息相关的世界格局。我认为如果世界发展趋势完全是由人类导向的历史产物，那么影响人类发展趋势的操作性、可控性、规范性及目标性在最私人的领域也会变得非常显著和普遍，而且社会上许多人为的后果或危害应该是可以通过最科学的方法进行准确预测和规避的。但卡尔·波普尔在《历史决定论的贫困》一书却得出相反的观点和结论，他认为：（1）人类历史的进程受人类知识增长的强烈影响。（2）人们不可能用合理的或科学的方法来预测人们的科学知识的增长。（3）所以，人们不能预测人类的历史的未来进程。（4）这就是说，人们必须摈弃理论历史学的可能性，即抛弃与理论物理学相当的历史社会科学的可能性。没有一种科学的历史发展理论能作为预测历史的根据。（5）所以历史决定论方法的基本目的是错误的，历史决定论不能成立。[1] 这个结论显然是正确的或令人信服的，道理很简单，支持这个观点的事实或条件可以归纳为：一是人类的知觉功能、认知能力及思维能力存在生理和心理上的科学局限性，以及智识不完备或智识不够完备的人类不可能建立任何非常健全和系统化的知识体系。

二是理性有限的人类不可能通过任何不够健全和系统化的知识体系来准确预测历史的进程。三是任何不具备普遍性和必然性及忽略现实问题的经验事实或历史事件皆不能作为预测历史发展的充分依据。四是由于人们所掌握的各种知识和信息在世界或社会上都是分散性的，所以集中化管理是不可能的，因为人们为了追求自我利益的最大化在信息传递过程中会发生选择性隐藏和选择性显示的高效交流困境，所以不可计划的另一部分是人们为了自我利益最大化而选择性隐藏某些重要信息或选择性显示某些虚假信息的社会结果。

上述几个问题的关键在于这个问题能否完美解决：人类能够真正主宰自身命运而不受自身那些不利的有害因素影响而发生偏离正确轨道吗？答案显然是否定的。道理很简单，如果人类能够完全消除人性的弱点（包括恶劣或病态的本能、习性、情感、偏好、自私、贪婪及歧视等），那么这个世界就不会有那么多矛盾、冲突及战争等破坏世界安定和人类文明的行为，全球性气候恶化、海洋污染、核泄漏、土壤污染、淡水污染、空气污染及大规模的战争就是一种典型的人类为了最大限度满足社会生活的物质条件而建立自毁可持续发展与生存的工业规模发展的创造性破坏思维。这反而更证明智识不够完备的人类目前还远不具备必要条件来消除或克服自身的不足和缺陷，特别是人性的弱点和背离民主政治的国家制度及世界社会的无政府秩序。而这种"始于人类，败于自身"的命宿，不正是人类无法主宰自身命运主要是因为无法自我消除和克服那些不利的有害因素的影响的结果之最有力证明。既然，人类无法完全实现真正的自我主宰是因为自身无法克服或实现自我消除那些必然会影响世界命运的有害因素和人为威胁，那么世界发展趋势就可能是一种完全被各种不确定因素或偶然因素主导的随机过程吗？我认为不是，我们不能认为历史决定论是错误的，就全盘否决社会科学的可靠性和客观性可能会发展成一种具有普遍性和必然性的社会规律或世界规律。因为在任何讲究通过专业化的社会分工和社会交换来实现各取所需的社会成员之间相互依存的法治社会，操作性、可控性、规范性及目标性确实扩张到了最私人的领域，而且也确实变得更加显著和普遍。也因为在国家内部或国际社会的企业之间各取所需的分工合作和生产交换，操作性、可控性、规范性及目标性也因为利益关系和亲缘关系扩张到了最底层的员工，而且也确实变得更加显著和普遍。更因为在这个国家之间在经济相互依存的现实世界，互惠互利的国际分工合作变得更加专业化和多元化，国家之间在政治、经济、军事、安全、文化、医疗、教育、移民等领域的多元化合作主要是操作性、可控性、规范性及目标性不断扩张到最弱小的国家的历史结果，而且也确实变得更加显著和普遍。我的意思是说，随着操作性、可控性、规范性及目标性在社会各行各业的渗透和建设，不确定性范围会出现不断萎缩，而确定性范围则将不断扩张至最私人的领域。或者说这些根据实际情况、分散信息、流动知识及科学技术决定的操作性、可控性、规范性及目标性可以消除很多由某些不确定性因素或偶然因素产生的消极影响，把这些不利影响所带来的损失降至最低，或者使"风险社会"朝着有利于社会安定和文明进步的方向与目的发展。但是这些操作性、可控性、规范性及目标性被政府或人们误用的可能性也很大，结果就是本可以人力克服的不确定因素或偶然因素非但没有消除或做好防范措施，还把不确定性的范围延伸到了最私人的领域，或者是造成的危害和损失远比之前还要大。当然了，这些操作性、可控性、规范性及目标性的建设和涉透既不能是任何国家的中央计划经济的社会工具，也不能当作专制和独裁的极权政治发展的必要条件，它们必须是一种人们基于自愿同意原则和自由选择的正义的法治社会体系影响的结果，否则必将证明是有违初衷和适得其反的。这意味着操作性并不是指政府替代或指导私人和企业应该如何行动最符合他们自身的利益，或者政府替私人或企业制订相应的规章制度。可控性也不是单纯指政府必须千方百计阻止私人和企业发生违法性的越轨或出格的行为，而是政府可以通过正义的法治社会体系来让所有社会成员们都明白做什么可以增进自由和利益，做什么会减损自由或权利。规范性是指政府应该在人民主权的基础上通过民主政治和民主立宪来建立一个正义的法治社会体系，以贯彻政府必须充分或平等考虑所有公民的合法权利和政治权利，使这些正义法无论对官员还是对平民都具有真正平等的强制力和约束力及权威性，而不是政府说的什么就是法，发布什么就是令，讲的什么就是理，任何被统治者皆不能反对它，甚至连提出有益或合理的社会改革意见的言论自由和政治参与机会都会被残酷地剥夺和限制。目标性也不应该理解为指政府应该替私人和企业做出决策或制订计划，也不是指所有共同的利益目标应该由政府设定或只允许在政府授权的情况下做出更改，更不是指政府需要统一指挥私人和企业的产售计划，以及把社会资源集中起来通过更公平的方式统一分配，而是人们可以结合自身需求和实际情况及所掌握的信息与他人或企业建立符合各自利益目标的合作伙伴关系，或者人们完全可以根据自身需求和实际情况及所掌握的最新信息来及时调整产售计划。

既然世界发展趋势也不是一种完全被各种不确定因素或偶然因素主导的随机过程，那么除人力不可改变和控制的不利因素外，世界发展趋势就很大程度上由人类自身的导向性、内驱力、牵引力、离心力、凝聚力及修正力所决定的一种世界格局。而人类自身具有导向性的因果关系就有人性、本能、习性、智识、欲望、需求、信仰合法及道德等等，它们既可以作为一种内驱力存在，也可以作为一种需要实现或满足的发展要素而直接影响人自身的命运。内驱力作为一种驱使人们行动的内在动力，必然是理性和善意而非是轻率的或盲目的。而人类的各种需求和目的及欲望通常是最直接影响行为秩序的主要原因，这同时也赋予了人类更多实现自我主宰的内导性。人类的文明进程一直都不是一种自生自发的行为秩序的结果，如果文明进步意味着道德进步，那么缺乏正义法的约束，人性不够完满和智识不够完备的人类就不可能在没有任何行为规范约束的情况下通过代价最小的"自觉道德"来维护必需的生活秩序，因为我一直坚信"人人放任自由的最终结果必然是无人自由而不是取得最大化的个人自由"，所以人类对合法性的追求不仅在于保障基本人权，更在于维护国家的安定、自由、民主及繁荣。法律与道德之所以具有影响世界发展趋势的导向性和使人类命运的自我主宰变得更加触手可及，从现代社会的立法、行政、司法及执法就可以体现出受道德发展影响的各国法律所具有的导向性，不仅是为了起到规范和约束人们的行为方式的社会作用，以及如何让整个法治社会体具有操作性、可控性、规范性及目标性，使之能够为保障基本人权，平衡社会发展，维护社会安定，尊重文明秩序服务，更重要的是相互作用和彼此影响的道德进步与法律发展的协调发展会促使人类建立一个更文明有序的世界社会，但要满足这一宏伟目标还需满足三个必要条件：一是法律制度的发展必须与民主政治相结合，或者说法律发展必须建立在人民主权和民主立宪的基础上，不然无法实现相互制约的三权分立。二是道德进步应该与社会舆论及公共教育相结合，如果道德进步没有起到教化世人的作用，又谈何进步？这就是为什么人类不够完满的人性只能通过各种教育手段和足够完备的智识体系来消除或克服的重要原因，而通过对道德哲学的探索与公共教育相结合明显可以产生一种纠正错误或病态的政治发展和约束政府行为的强大力量。三是如果法律是道德的最低底线，那么各国法律制度的道德性将直接决定这些法律自身是否正义，这意味着不断提高各国法律体系的道德标准将有助于各国政府建立一个更文明有序的国内社会和国际社会。对人类社会而言还具有导向性的内驱力当然也包括具有建设性和影响力的社会制度、文化背景、风俗习惯、宗教信仰及政治信仰，但国内社会和国际社会那种根据工人的各种专长和企业的技术优势及国家地理优势建立一种由社会比较优势决定的社会交换和国际贸易来满足各取所需，以及人们懂得如何通过国际比较优势来实现更专业化的国际分工和国际交换来最大限度上满足各国所必需的物质条件也属于一种为了满足需求和欲望而生的内驱力。如果把牵引力可以视为一种天然和人为的阻力，那么天然的阻力就包括人类不够完满的人性和不够完备的智识，以及各种人类力所不及或无法改变和控制的自然因素。所谓的影响人们自由行动的那种人为的"阻力"则包括由人类自身推动的法律发展和道德进步这两种有效规制和约束人类行为的力量。但后者无法视为一种具有阻滞人类进步的牵引力或消极力量，相反，它是一种有利于推动人类社会发展的积极力量，所以它们并不具有任何破坏性。那些恶劣或病态的人性才是一种天然或后生的阻滞或破坏文明进步的阻力。可见由道德进步与法律发展及民主政治相结合产生的强大牵引力不仅具有修正主义特色，还具有影响世界发展趋势的导向性的，如果这种牵引力能够把世界各国政府导向正途，人类将获益不浅。我们都知道离心力与向心力是两种方向和目的相反的作用力，而凝聚力与向心力是含义非常相似的两个概念，不过前者比较常用于社会科学，而后者则比较常用于物理学领域。所以在影响世界发展趋势的国际关系领域，我们会发现各种体现离心力的国际变革是如何影响世界发展趋势的，如理性行为体会根据成本收益分析来调整自身的行为和计划，以实现最大化的自我利益，当成本大于收益时，人们不是谋求变革，就是退出所加入的国际团体或国际组织。其二是基于共识领域结盟的同盟国之间或联盟内部之间也会因为共识领域的不断减少或缺乏长期稳定性而使国际关系变得脆弱和紧张，甚至该联盟还会面临解体的结局，这主要是因为争权夺利的成员国之间内部矛盾不断激化，也因为野心勃勃的地区大国谋求损人利己的国家权力最大化或国家利益最大化而无视是否有损其他成员国的合法权益的对外政策往往具有霸权主义或帝国主义倾向。更因为成员国之间某些政治意识形态的隔阂和要求制订经济保护主义政策的诉求削弱了彼此之间建立的信任关系。其三是国家之间任何依赖共需领域建立国际联盟、军事同盟、经济联盟、国际集团及国际体系在共需领域不断减少，缺乏稳定性，及不具备多元化合作的情况下也会使成员国之间关系变得敏感、脆弱及紧张，最终也难免落下解体的帷幕。其四是在某个国家的单边行动力所不及，无法凭己之力解决某些国际公共危机或全球性问题的情况下，国家或政府之间不管是临时建立，还是计划长期存在的国际联盟、军事同盟、经济联盟、国际集团及国际体系，也会随着国际公共危机的成功解除或全球性问题的成功解决而缺乏继续下去的实际价值。在国际关系领域国家或政府之间的凝聚力是如何影响世界发展趋势的，以及这些凝聚力为什么具备影响世界发展趋势的导向性呢？我认为以下答案与造成影响世界发展趋势所体现出的那些离心力显然相反，一是理性行为体会根据成本收益分析来调整自身的行为和计划，以实现最大化的自我利益，当收益远大于成本时，成员国不是保持现状，就是想方设法巩固所加入的国际体系或国际联盟。其二是基于共识领域结盟的同盟国之间或联盟内部之间会因为共识领域的不断扩增或具备长期稳定性而使国际关系变得更加巩固，甚至还可能结成国家命运相连的"铁杆盟友"。其三是国家之间任何依赖共需领域建立国际联盟、军事同盟、经济联盟、国际集团及国际体系在共需领域不断扩增，具备长期稳定性及不乏多元化合作的情况下会促使成员国之间关系更加牢固和团结，好通过更加专业化的国际分工和国际交换体系来满足各取所需。其四是在某个国家的单边行动力所不及，无法凭借一己之力解决某些国际公共危机或全球性问题的情况下，国家或政府之间不管是临时或是计划建立长期存在的国际联盟、军事同盟、经济联盟、国际集团及国际体系，只要国际公共危机没有解除或全球性问题还没有解决会影响世界安危，它就会有存续下去的必要，毕竟这种互惠互利的合作前景不容小觑，除非这些国际公共危机或全球性威胁给人类带来的损失和危害可以接受，而且国家之间不愿组团的单边行动之所以远比集体行动更有效率是因为前者付出的代价或所需的成本远比后者要小。修正力是一种可以直接影响世界发展趋势的导向性力量，这种源自改良主义的修正力已经成为消除国家弊政和世界弊端所不可或缺的积极力量，而社会改良主义者一般都是德才兼备的学者，尽管民间呼吁的社会改良运动会触及掌权政府敏感的神经，自私自利的政治压力集团和掌权者也不希望这种社会改良运动损害或威胁到自己的政治权力和政治利益及统治地位。但一旦到了大势所趋的境地，理性的智者和知识分子在历史发展中绝不会坐以待毙，就像当人

272

类文明走向毁灭的深渊，仍然会有睿智和警醒的学者抨击极权政府的各种暴政和强权政治所带来的各种危害。

如果世界改良主义的最终目的是实现人类的可持续生存与发展，把人类引向此道，那么任何给世界社会制造混乱、错误、病态、恶劣的行为都会成为他们革除的弊端，因为不管是改良主义，还是修正主义都不能是不作为的或被动的，这显然与他们的道德精神很不相符。如果人民肯授予他们相应的政治权力，他们所欲实现的社会目标或世界目标显然会直接影响世界发展趋势，反之，这条成功之路就会千难万险。道理很简单，因为他们不是掌权的政府人员，所以他们没有发号施令的政治权力。其实善于针砭时政的社会改良主义者的工作范围非常广泛，改良驯化人性的教育方式，完善政治民主的社会制度，约束不受人民控制的政府，实现相互制约的三权分立，制衡经济的不平等化发展，教化世人从善行善的精神，惩罚损人利己的卑鄙行为等等只是其中一部分。我认为能够影响世界发展趋势的最重要的修正主义路线有四条，这四条相互作用和彼此影响的修正主义路线不仅符合世界改良主义者所欲实现的终极目标，即使为了满足国家需求、出于解决所涉及的国际公共危机及无法避免的全球性威胁考虑，它们也具有很强的导向性。第一条是由经济平等和法律发展及道德进步相结合形成的修正主义路线。第二条是由民主政治和法律发展及道德进步相结合形成的修正主义路线。第三条是由经济平等和民主政治及法律发展相结合形成的修正主义路线。第四条是由代议制民主和世界联邦制及法治世界体系结合形成的世界终极路线。前三条路线都普遍适用于每个独立自由的主权国家，只有第四条路线才普遍适用于建立在三条修正主义路线的政治基础上，能够积极参与构建人类命运共同体的所有主权国家。

对世界发展的战略架构是否是一种可行性计划的质疑之声当然不会少，正如：如果计划真的赶不上变化，那么谈论世界发展的战略架构又有何意义和价值可言？由于各种不确定性因素，不稳定性的偶然因素及不断变化的社会情势或世界情势确实在使世界发展趋势变得更高深莫测和匪夷所思，所以在直观思维的作用之下，我们很快就会发现这个观点是正确的。但是世界发展趋势的内导性确实是从人类实现自我主宰的那一步开始的，而且影响世界发展趋势的不确定性范围确实也不断随着操作性、可控性、规范性及目标性普遍发生在最私人的领域而不断萎缩，这意味着人类的自主程度的平均水平确实有所提高，尽管世界再精密周全的计划之所以无法取代世界变化是因为世界广义分散性的知识和信息即使能够进行集中化管理，也难以适应需要时刻结合人们自身的实际情况和不断变化的社会情势或世界情势做出的各种决策和行动。更何况人们所掌握的各种知识和信息是广义分散性的，且还会为了追求自私的自我利益而变得更具有选择性隐藏动机，所以不可计划的另一部分完全是为了自我利益而选择性隐藏某些重要信息的社会结果。也就是说，如果人类自身完全缺乏自我控制任何事物的能力和命运是不可逆转之事实，那么无疑意味着人类将无法改变和控制任何事物的发展与结果，世界发展趋势将完全陷入由不确定性范围决定的历史决定论的贫困之中。但事实是在知识高效集中和信息自由更新的确定性条件或范围之内，人类是可以改变和控制及预测某些事物的发展与结果的。而历史决定论的贫困与世界的任何事情皆可由人改变和控制这两个极端的命题显然是不完全的，因为事实是人类可以改变和控制及预测某些发生在确定性条件或范围之内的事物的发展与结果，我们无法准确预测历史的未来进程也是事实，这两个综合命题自身是具有科学局限性的，后者不等于人类对世界存在和发生的任何事物都失去控制或改变，前者不等于我们可以准确无误地预测历史的未来进程或具体情况，所以结合这两个事实命题，我们可以得出介乎历史决定论的贫困与世界的任何事物皆可由人改变和控制及预测这两个矛盾的绝对性命题之间的一种调和分析：人类自身具有某些决定世界发展趋势的导向性和操作性，促使人们可以改变和控制及预测某些发生在确定性条件或确定性范围之内的事物的发展与结果，或者说发生在确定性条件或确定性范围之内的预期目标和各类计划是可以被人们所改变和控制及预测的。

现在我们可以开始回答下面的两个问题了计划赶不上变化吗？计划可以替代变化？我认为这两个问题分别有两个答案：否定回答是计划可以决定和控制局部变化，以及计划可以替代或预料某些局部变化；确定回答则是计划总体赶不上变化，也无法替代或预料宏观世界的动态变化。而且，有一点是可以肯定的：如果这两个问题的正确答案是确定回答，那么则说明在社会科学领域的实证研究中，静态分析方法是完全无效的，而动态分析方法是高度有效的；如果这两个问题的正确答案是否定回答，那么则说明不仅动态分析方法高度有效，静态分析方法在特定情况也是有效的。也就是说，在广义的不确定性范围，计划确实赶不上变化，总体上也无法替代变化，因为世界再精密周全的计划也无法替代变化是因为世界广义分散的知识和信息即使能够进行集中化管理，也难以适应需要时刻结合人们自身的实际情况和不断变化的社会情势或世界情势做出的各种决策和行动，毕竟各种不确定性因素和偶然因素不断影响着世界发展情势。但在狭义的"确定性范围"，（使用静态分析方法，假设某些变量固定不变）计划确实可以改变和控制局部变化，也可以准确预料或替代局部的变化。因为这时所有变化都是人们精密计划的发展结果，或者说由精密的计划安排产生或导致的相关变化是可以被与之相辅相成的计划替代或预料的。要想建立一个适合静态分析方法或令静态分析方法有效的"确定性范围"则需要满足以下影响人类行为秩序或行为组合的必要条件：一是专业化知识的高效集中，二是专用化信息的自由流动，三是身处变化缓慢的局部情势，四是（操作性）高效合理的社会机制，五是（可控性）对公共组织的渗透力，六是（规范性）规避可能出现的违规行为，七是（目标性）人们存在共同的利益目标，八是高度协调的分工合作制，九是贯彻协调互补的岗位职责，十是惩罚传递弄虚信息的卑鄙行为。而且，我们会发现要想建立更广泛或越精准的"确定性范围"，它所要满足的科学条件也将更苛刻。总而言之，在社会科学领域的实证研究中，如果静态分析方法完全无效直接说明了计划确实赶不上变化，也无法替代或预料变化，那么就会出现很多与此结论或观点属实之况：如计划无效，决策失灵，预测不准，行动失败，目标不达及预期不果等等，反之，静态分析方法就只能因势定效，那么就说明计划确实可以改变和控制局部变化，也可以准确预料或替代局部变化，而且不会出现上述这些不如人愿的糟糕情况。也就是说，如果计划确实赶不上变化，也无法替代变化是原因，那么计划无效，决策失灵，预测不准，行动失败，目标不达及预期不果就是证据，而静态分析方法完全无效，动态分析方法高度有效则是结果。反之，如果计划确实可以改变和控制局部变化，也可以准确预料或替代局部变化是原因，那么计划有效，决策灵验，预测准确，行动成功，目标必达及预期效果就是证据，而动态分析方法高度有效，静态分析方法只能根据相对稳定的特定情势来决定效果则是结果。如果世界发展趋势之所以具有导向性是因为人类自身具有实现自我主宰的发展倾向，以及人类自身具有某些决定世界发展趋势的导向性，促使人们可以改变和控制及预测某些发生在确定性范围之内的事物的发展与结果，或者说发生在确定性范围之内的预期目标和各类计划是可以被人们所改变和控制及预测的，那么在不确定性范围必须通过动态分析方法与在确定性范围必须通过静态分析方法来此目标的情况下，世界发展趋势作为一种科学求导的数学过程，就需要把各种影响世界发展趋势的主要的内生变量和外生变量及公共变量之间的逻辑关系建立系统化的联立方程组作为评估依据。可以说世界发展的战略架构正是建立在人类自身具有某些决定世界发展趋势的导向性，促使人们可以改变和控制及预测某些发生在确定性范围之内的事物的发展与结果，或者说发生在确定性范围之内的预期目标和各类计划是可以被人们所改变和控制及预测的这个事实命题的基础上的。我们既否定了历史决定论的贫困的不完全性，也否决了世界的任何事物皆可由人改变和控制这个太过绝对的假命题，所以我走的是介乎两者之间的"第三条路"。国际关系学者设想未来的世界格局或世界发展趋势是一种很正常的业内工作，但是受各种不确定性因素和偶然因素的影响，许多学者都放弃了被认为是徒劳无益的猜想：我们根本无法准确预测世界历史的未来进程如何？但也有不少学者跃跃欲试，所以这个困扰怀疑主义的"世界迷思"，在未来仍然是一个具有吸引力的话题。

由于古往今来没有任何大国能够在政治、经济及军事上取得支配世界各国的那种绝对性或压倒性的全球霸权，并长期维持这种至高无上的世界霸权地位，所以世界单极体系在未来的历史进程中基本可以避免。但是又不排除这种可能：一旦俄罗斯在俄乌战争中战败或被拖垮，那么俄罗斯的权力范围和势力范围必然发生一定程度和规模的萎缩，他的国际地位、国际威望及国际影响力就会大幅度下降，而软实力和硬实力处于劣势还正在茁壮成长的中国目前又没有充分实力与美国展开完全竞争，只要在俄乌战争中，俄罗斯战败，那么未来的世界格局将是一个长期由美国主导的世界单极体系，就像 1870 年的普法战争，让战败后的法国彻底丧失欧洲大陆的霸主地位，让工业崛起的德国，一跃成为欧洲大陆的新霸主，而俄乌战争看似是一场俄乌之争，实际上是美俄在暗地里在较真劲。反之，一旦俄罗斯在俄罗斯战争中取得胜利，并成功吞并乌克兰，那么俄罗斯的权力范围和势力范围必然发生一定程度和规模的扩张，他的国际地位、国际威望及国际影响力也会大幅度上升，（而这势必威胁美国在欧洲和中东的权力和利益）许多北亚、中亚及西亚的国家就会继续追随他，其中也包括白俄罗斯、朝鲜、古巴、伊朗、土耳其及匈牙利等国家，那么只要中国保持中立，不与俄罗斯结盟，那么世界格局就会演化成敌对显著的两极体系，一极是不甘心的欧美体系及俄罗斯的敌对国家，另一极是追随俄罗斯，以其为中心与欧美国家敌对的其他国家。还有一种可能的世界两极体系，那就是俄罗斯在俄乌战争中战败或被拖垮，中国感到"唇亡齿寒"的危机，而且出于地缘政治战略的安全与平衡考虑，表示愿意与俄罗斯结盟，并共同领导其他社会主义国家和第三世界的国家以对抗强大欧美阵营，以及那些追随或团结在该阵营的国家。中俄阵营这样做的风险其实要大于欧美阵营的，因为追随或团结在中俄阵营的主权国家大多数是经济比较落后的发展中国家，他们严重依赖发达国家的知识技术、资金资本及管理经验等，一旦他们与欧美阵营决裂，就会彻底断了欧美发达国家提供的知识技术、外资外汇及管理经验等比较稀缺的重要资源，包括贸易、教育、医疗及移民将被严格限制。这意味着他们只能自力更生或者依赖中国和俄罗斯提供的知识技术、资金资本及管理经验来满足国内社会的发展需要，以改善经济普遍落后的局面，但这种相互依存的依赖关系的政治代价往往要大于依附所得的经济收益，命运相连的附庸关系将使他们必须服从中俄两个主导国的领导地位，在政治、经济及军事上须统一听从中俄两国的支配、号令及调遣。

接下来是可能出现的世界三极体系，第一种可能是：一旦俄罗斯在俄罗斯战争中取得胜利，并成功吞并乌克兰，那么许多欧洲和中东国家就会继续追随他，其中也包括白俄罗斯、朝鲜、古巴及伊朗等社会主义国家，由此构成与欧美阵营敌对的一极，而另一极则是不甘心的欧美体系及与俄罗斯的敌对国家，第三极则是不与俄罗斯结盟，而在美俄对抗选择保持中立的追随和支持中国的一些中亚国家、南亚国家及第三世界的非洲国家，而无论中国是否愿意领导他们。第二种可能是：一极以美国为中心，由追随和支持美国的其他国家构成，如英国、日本、加拿大、韩国及菲律宾等国。另一极由俄罗斯在俄乌战争中战败或被拖垮后，中国感到"唇亡齿寒"的危机，而且出于地缘政治战略的安全与平衡考虑，表示愿意与俄罗斯结盟，并共同领导其他社会主义国家和第三世界的国家以对美英阵营，以及那些追随或团结在该阵营的国家的构成，第三极则是已经真正实现欧洲一体化的欧盟组成，事实上只有欧盟发展到了 40 个成员国以上，才能说已经真正实现欧洲一体化，成为一个独立自主的不受美英阵营影响或支配的"超级国家"或"世界一极"。美国在欧盟的国际影响力和国际地位很大程度上是受北约组织的影响，因为美国是北约组织的领导国，而很多北约组织成员都是欧盟成员国，所以美国与欧盟不管是出于安全需要考虑，还是出于经济需要考虑，或是出于解决国际公共危机和全球性问题的发展需要考虑，双方都不会在短时间内选择提出"分手"。再者是可能出现的世界四极体系，第一种可能是：一旦俄罗斯在俄罗斯战争中取得胜利，并成功吞并乌克兰，那么许多北亚和西亚及中亚的国家就会继续追随他，其中也包括白俄罗斯、朝鲜、古巴、伊朗及哈萨克斯坦等国家，由此构成与欧美阵营敌对的一极。另一极则由不甘心的美国体系及与俄罗斯的敌对国家构成，其中包括英国、日本、澳大利亚、加拿大、韩国及菲律宾等国。第三极则是秉承不与俄罗斯结盟的外交原则，而在美俄对抗选择保持中立的追随和支持中国的一些中亚国家、南亚国家及第三世界的非洲国家，而无论中国是否愿意领导他们。第四极由成员国发展到 40 个以上，已经真正实现欧洲一体化，成为一个独立自主的不受美英阵营影响或支配的"超级国家"或"国际体系"。但由于俄罗斯对东欧的安全威胁，欧盟与以美国为中心的其他追随国结盟制衡俄罗斯的侵略性威胁的可能性是非常之大的，毕竟乌克兰已经落入俄罗斯的手中，以此为跳板定会持续威胁其他东欧各国的国土安全。第二种可能是：一极以美国为中心，由追随和支持美国的其他国家构成，如英国、日本、澳大利亚、加拿大、韩国及菲律宾等国。一极由成员国发展到 40 个以上，已经真正实现欧洲一体化，成为一个独立自主的不受美英阵营影响或支配的"超级国家"或"国际体系"。一极由俄罗斯在俄罗斯战争中取得胜利，并成功吞并乌克兰，许多北亚和西亚及中亚的国家继续追随和支持他，其中也包括白俄罗斯、朝鲜、古巴、伊朗及哈萨克斯坦等社会主义国家组成。第四极是中俄两国争夺最高的领导地位，彼此都不服从对方的领导和支配，所以中国始终秉承不与俄罗斯结盟的外交原则，但愿意做"第三世界"的领导，如果第三世界及中亚和南亚的国家也愿意接受中国领导的话。弱意义上的世界一元政治经济结构体系就是一种世界多极化发展的模式，这种多元的世界发展模式里，独立自由的国家之间既享有和平共处与互不干涉内政的国家主权，也有为了通过专业化的国际分工和国际交换来满足各国内需所不可或缺的交流、沟通、互动及合作。就像英国尽管已经脱欧，但欧洲命运与英国命运不管在历史上，还是在经贸合作上，或是地理位置上都是始终相连的。按道理来说，国际社会上，国家或政府之间那种既有自治，又有互助，既有独立，又有联合，既有自由，又有法治的世界发展趋势是比较理想的，但是自私自利和追权逐利才是每个主权国家的政治本性，所以不管是国际体系之间的冲突，或是同盟国之间的内部矛盾激化，或是国家之间的战争都会不断加剧世界格局的分化和重组，从而破坏世界政治和全球经济的稳定性，以及真正有利于实现人类可持续生存与发展的全球主义增长。尽管国际联盟或国际体系的分化和重组是一种很正常的世界变革运动，但影响世界变革的国际因素却是共识领域、共需领域及解决国际公共危机或全球性问题的需要这三个合作基础，而权力分配问题和成本收益分析及军事与安全合作则决定了国家或政府之间是否存在可期的合作前景。不管是苏联，还是华约组织，即使分化成独立的邦国，原先从这个国际联盟或国际体系分化出来的成员国之间也并不排斥或反对互惠互利的国际合作，但加入其他国际联盟所付出的替代成本可能非常高昂，因为不被其他国家信任的那种反复无常的追随或附庸所产生的"嫌疑"必须洗掉，否则将难以获得其他成员国的信任。但所谓的"世界多极化"并不是指每个主权国家自成一极或自成一派，也不是一种强意义上的世界一元政治经济结构体系，而是不同国家之间建构的由权力范围和势力范围共同决定的不同的国际体系、政治同盟、经济组织及军事同盟所构成的多极世界。

维持地缘政治的战略平衡必须考虑的是：如果一个国家明确而现实地威胁到了另一国家的政治权力、经济利益及国土安全，那么后者就会做出符合该国利益的战略回应，这种"应激性反应"会迅速传递到与该国在政治、经济、军事、教育及医疗等存在互惠互利的国际合作的其他国家和同盟国。由于刺激和反应是连续性的，所以其他国家和同盟国对前者所做出的回应对该国来说是非常重要的，这关系到该国是否面临孤军奋战的局面，还是其他国家和同盟国与该国一道，建立一个专门针对这个国家的具有战略目标的制衡联盟和制衡行动。这都取决于受害国与同盟国和其他在政治、经济、军事、教育及医疗等存在互惠互利的国家合作的国家之间的关系如何？如是否亲密或形成依赖，以及同盟国的忠诚都会影响受害国做出的战略反应能否挽回其损失或起到惩罚和慑服来犯之国的作用。由于其他国家和同盟国对前者所做出的回应是否符合受害国的期望或预期决定了后者的战略选择和前者的战略反击，而受害国的同盟国和其他合作伙伴关系又遵循成本收益分析来权衡或决定是否尽力支持这个国家的战略目标和制裁行动，那么同盟国与其他合作伙伴关系是否愿意与受害国建立制衡联盟和采取某种正义的国际制裁行动或军事行动就直接受成本收益分析的影响。也就是说，基于只有永远的利益，而没有永远的朋友考虑，若受害国与同盟国和其他友好的合作伙伴关系在缺乏一种"套牢彼此"的依赖关系或战略上的替代关系的情况下，那么受害国将很难说服其他国家和同盟国尽力援助他。

其实即使是国家或政府之间根据共识领域的不断扩增和具备长期稳定性，共需领域的不断扩增、具备长期稳定性及多元化合作，以及当一个国家面临力所不及的国际公共危机或全球性威胁，且单边行动的成本要高于集体行动时所建立的国际合作关系也并非是牢不可破的，只要国家之间的需求之物与合作项目及所得利益在世界社会上具有很多的替代性选择，且替代成本又足够低廉。所以要想这三个建立合作基础的"必要条件"成为同盟国或其他国家尽力援助这个受害国的"充分理由"，显然还需要满足两个条件：一是同盟国和其他要好的合作伙伴关系与受害国建立制衡联盟和采取某种制裁行动或军事行动所得收益或好处远大于建立制衡联盟和采取某种制裁行动或军事行动所付出的全部代价和支付的一切成本的总价值。二是一旦这个国家被那个国家侵略和吞并，与这个国家在政治、经济、军事、能源、医药及教育存在亲密合作的其他国家将彻底丧失所能获取的既得利益，而这种利益或好处如果又是其他国家无法替代或廉价提供给他们的话。可见国家之间的合作前景主要取决于既得利益或预期利益的替代性，如果同盟国或其他国家所需的能源、原料、权力、利益及安全保障是很多国家都能提供或给予的，那么选择空间越大或可供选择越多，那么就说明既得利益或预期利益的替代性越大，而同盟国或其他国家在得不偿失的情况下援助这个受害国的可能性就会越小。这也是国家之间建立的国际关系会变得如此脆弱、敏感及紧张的主要原因，如果只此受害国一家或只此这一选项，那么就容易迫使同盟国或其他国家援助这个国家。可见盟友关系是否靠谱不能因为与该国在政治、经济、军事、能源、原材料及医药等方面或领域有互惠互利的国际合作就放松警惕，就断定这个盟友绝对值得信赖和倚重。道理很简单，如果同盟国或其他国家所需的能源、原料、权力、利益及安全保障是很多国家都能提供或给予的，那么越多的选择性或替代性就无法防止那些反复无常的追随者（个别盟友）转投其他阵营，而无论这些阵营是俄罗斯建立的反美联盟，还是欧美建立的反俄联盟，或是美国建立的反华联盟。国家或政府之间为了满足自身的权力需要、经济需要及安全需要而不惜相互利用或联合起来都是一种很常见的国际手段，但并非任何主权国家都愿意成为他国随意支配的棋子，因为真正的棋子是死的，而每个主权国家是活的，所以任何主权国家不可能成为其他国家可以随意支配的棋子。再说了既没有通用不变和绝对公平的游戏规则和棋理用于解释国家之间的博弈或竞争，也没有那种棋盘布局能够适应或符合瞬息万变的世界发展情势和世界政治经济格局，尽管做此比喻具有某种特殊的意义。既然人类可以在确定性范围之内主导世界发展的战略架构，那么世界多极化发展的历史终结可能是现在的联合国吗？我认为答案是否定的，因为上述枚举了很多联合国在政治和经济上低效率的主要原因说明了现在的世界状态总体上依旧是一种国家自助和国家自治为主导的世界格局，尽管不管是一战，还是二战，或是其他联合的反侵战争和制衡联盟都证明了世界互助的程度和规模虽然比之前有大幅度增加，也正在迈向世界共治的全球化时代。但是作为后起之秀的联合国在维护和伸张世界正义，促进普世自由，促进世界永久和平，促进对全体人类的人权和基本自由的尊重，保障各国的主权和领土完整及安全，促进国际政治经济权力的平衡发展，协调各国发展需要与世界发展需要，落实各国主权和世界法律地位的平等化发展等方面却没有多大建树。且联合国还缺乏平等约束各成员国、各成员国政府、各成员国家元首及跨国组织或企业所应具备的强制力、约束力及权威性，所以不经全面变革的旧联合国模式不可能成为世界发展的顶端或人类文明的灯塔。

为什么联合国还缺乏约束各国政府行为和国家元首所必需的强制力、约束力及权威性？因为国家之间的权力转移进行得并不彻底，每个会员国或成员国依旧保留了过多解决和处理国家内部事务的国家自治权和民族自决权，导致联合国缺乏平等约束所有会员国所必需的强制力、约束力及权威性，无法对这些会员国进行集中化的国际管理，其中最主要原因就是五大常任理事国把持着最高的"立法权、行政权及司法权"，而其他成员国却没有平等的一票否决权和国家豁免权，所以其他成员国必然不放心中央集权化或被五大常任理事国操纵的联合国。要想使联合国成功向世界合众国或世界联邦过渡就必须进行一系列大刀阔斧的政治改革，以吸引更多主权国家加入联合国。那么以下这些必要条件显然就决定了联合国在世界发展中能否完成向强有力的"新联合国模式"过渡：

一是为了实现真正意义的各国主权平等，作为创始会员国的五大常任理事国必须放弃在联合国的一切国际特权及常任理事国的永久席位。

二是联合国必须建立一个代议制民主与合众国制度及内阁制紧密结合的法治世界体系，并成立由成员国平等掌握立宪与立法权的联合国政府。

三是为了避嫌和出于公正考虑，联合国政府的政治制度在行政上应该是一个委托－代理模式，而不是各国政府官员或各国元首直接参与解决和处理联合国各部门的事务和工作，即委托方由全体平等掌握着立宪权和立法权的成员国组成，而代理人则由从世界各地通过公平的职前政治会考和职后政治考核被证明合格后根据相应才能分配于行政部门、司法部门、执法部门及检察部门等。

四是代议制的联合国政府必须使用竞争性的政治制度来选拔和筛选除立法部门和内阁官员之外的其他中低级官员，以最大程度提高联合国的政治效率，更好降低各成员国承担和分摊的各种费用（这是一种经济成本）高级官员则应该由联合国的内阁首脑任命，但需经过立法议会的确认。

五是联合国立宪议会与联合国立法议会应该分离，前者由联合国各成员国政府选举或委派的全权代表组成，全权代表们享有平等的立宪权、修宪权、废宪权、投票权、选举权、被选举权及审议宪法通过之最高权力。后者由联合国的各成员国政府选举或委任的常驻代表组成，常驻代表们享有平等的立法权、修法权、废法权、投票权、选举权、弹劾权及审议国际法律通过的最高权力。

六是联合国政府的最高行政长官，即内阁首脑应该世界各大洲议会内选出一位支持率最高的洲候选人，后进入由联合国立法议会主持的初选，得票最高的候选人，将进入在联合国立宪议会主持的终选，得票最多者当选，但任期是有限的。

七是联合国的每个成员国在所属之洲的洲议会应该享有平等地提名参选联合国内阁首脑之权。

八是联合国宪章确保所有成员国在联合国立宪议会享有平等的立宪权、修宪权、废宪权、立法权、修法权、投票权、选举权及弹劾权等职权。

九是确保联合国每个成员在联合国大会和联合国宪章中享有平等的国家主权和国家豁免权。

十是联合国宪章须确保联合国的所有成员国享有与其他成员国一样，享有平等地解决和处理国家内部事务所必需的国家自治权和民族自决权。

十一是联合国确保所有成员国的国家主权与联合国的联邦权力界限分明和处于相互制约状态。

十二是确保联合国享有平等约束各成员国政府和国家元首所必需的强制力、约束力及权威性。

十三是确保联合国所有成员国的世界地位和法律地位在联合国宪法和法律面前一律平等无殊。

十四是必须确保每个主权国家同意和成功加入联合国后意味着将愿意转让出部分平等的国家主权来成立代议制的联合国政府是不可分割的。

十五是联合国必须充分或平等考虑每个成员国的主权需要、发展需要及安全需要等合法诉求。

十六是联合国宪章必须确保国家权力与联邦权力的界限分明，它既可以防止联合国侵犯成员国的合法权利，又可以防止成员国违反联邦权力。

十七是必须确保联合国的所有成员国皆没有凌驾于其他成员国之上的一切国际特权或职权。

十八是联合国宪章和联合国政府必须确保联合国所有成员国的合法席位和世界地位及国家主权不会随该国的政权变迭、政治变革、元首更换、经济变化及发展变化而发生任何不平等的变化。

十九是联合国的所有成员国可以保留维护该国社会安定所必须的警备力量和装备，但维护各国治安的警备力量和装备必须由联合国的行政部门、检察部门及军事部门统一规制和共同管理，以防止其暗地里发展成威胁他国安全的国家军队。

二十是联合国的所有成员国政府必然逐渐和永远地放弃该国的常备军和各种军事武器与装备，使联合国成为唯一合法拥有军队的世界政府，以防范成员国与联合国发生军事对抗，或者以此作为威胁手段而拒绝服从联合国政府的直接领导。

显然，联合国在面对侵略战争时不能采取道德不作为的态度和立场，因为一个对所有成员缺乏必需的强制力、约束力及权威性的联合国，根本没有存在的意义和价值，联合国实际上也是形同虚设的。而追究其原因，主要是联合国的发展没有达到实现世界政治经济一体化的地步，没有建立一个对所有会员具有平等的强制力、约束力及权威性的世界政府，各国政府依旧自行其是，甚至因成员们自私的国家政治本性而引发逆全球化的趋势。当然了，世界各国对侵略战争能否坚守"零容忍原则"是讲究策略或方法的，而不是毫无底线的，因为侵略国可能是一个十分危险的核大国（如俄罗斯），这时就不能够使用最强硬和放纵性的军事打击为主。因为由每个正义国家建立的世界反侵军事联盟对侵略国（如果他是个核大国）的过度打击可能会促使侵略国"狗急跳墙"，使用核武器，发生核战争，所以无论是联合国或世界反侵军事联盟都必须保持克制，但是这不代表宽纵发动非正义的侵略战争的任何侵略国。这意味着联合国进行重大改革迫在眉睫，需要在政治、经济、军事及安全等方面重新修订或增补《联合国宪章》，促使联合国在政治、经济及军事上建立一个对所有成员国具有平等的强制力和约束力及权威性的"世界反侵联盟"，且此规定应该是强制性的，还必须成为任何主权国家申请加入联合国的前提条件之一。联合国建立世界反侵联盟的目的和宗旨必须明确，所有条款必须写入《联合国宪章》中。我认为联合国在政治、经济及军事上建立一个对所有成员国具有平等的强制力和约束力及权威性的"世界反侵联盟"的主要目的和宗旨是：制裁和惩罚世界上的任何侵略国（无论是联合国的会员国，还是常任理事国，或是联合国的非会员国），以达到最有效制止和惩罚任何发动的侵略战争的主权国家的正义目标，促使任何发动侵略战争的主权国家在政治、经济或军事上付出的国家代价远大于侵略所得，只有这样才能达到尽可能抑止战争发生的和平目的。

上述我说过世界各国对侵略战争能否做到"零容忍"是讲究策略或方法的，而不是毫无底线的，因为侵略国可能是一个十分危险的核大国，所以为了避免核战争，联合国和世界反侵联盟必须保持克制和理性，在既不引发核战争，又能惩罚侵略国的情况下遵守"零容忍原则"，如需最大程度上援助受害国进行的常规反侵，而且这些议定的原则应该写入联合国宪章中。我所谓的贯彻和遵守"零容忍原则"是指：联合国和世界反侵联盟在政治、经济、军事及安全等重要领域或方面对任何侵略他国的侵略国（无论是联合国的会员国，还是常任理事国，或是联合国的非会员国）能够建立一套系统化的集合舆论压力、统一战线、反侵联盟、国际制裁、正义惩罚及战后重建等具体事宜和重要工作的国际应对措施和世界安全法案来应对侵略战争。这意味着联合国在世界社会中必须扮演"一只看得见的正义之手"，惩罚任何发动和援助侵略战争的国家行为，只要这些国家是联合国的成员。比如在政治方面上就包括（但不限）：联合国必须建立一个强有力的安全共同体和世界反侵联盟，以实现集体防御、确保集体安全、促进世界和平及维护世界正义。在这种强有力的世界反侵体制下，所有成员的安全是相互依存和彼此影响的，联合国的任何成员国若发动侵略非成员国的战争，那么联合国大会和国际法庭将享有永远剥夺作为侵略国的联合国会员国的成员身份和合法席位及相关权利的最高权力，可能还涉及联合国所有成员与其断交的惩罚。若联合国的成员国发动侵略其他成员国的战争，那么不仅会面临永远剥夺作为侵略国的联合国会员国或成员国的会员身份和合法席位及相关权利的惩罚，随之而来的还有世界反侵联盟发起的一系列相应的国际军事制裁和国际经济制裁。当然了，若是联合国的非会员对联合国的任何成员国发动侵略战争，那么必将视为对整个联合国的攻击，此时集体防御措施必将启动，而且世界反侵联盟还会发起一系列的所有会员国必须同时参与的一系列相应的国际军事制裁和国际经济制裁，以最大程度上削弱该国的实力。不仅如此，任何对联合国的会员国发动侵略战争的非会员国不仅面临联合国在政治、经济及军事上的集体还击，还会被联合国大会和国际法庭彻底和永远剥夺申请加入联合国的资格，上述惩罚可能还包括各种孤立侵略国的世界政策。当然了，为了约束联合国的所有成员国，以达到制裁和惩罚世界上任何侵略国的道德目的，任何拒绝或反对参加世界反侵联盟发起的国际军事制裁和国际经济制裁，以及联合国大会制定和通过的孤立侵略国的世界政策的联合国的会员国必将依法受到永远剥夺会员身份和合法席位及相关权利的惩罚与制裁等，无论违反者是联合国的会员国，还是常任理事国，或是轮值主席国。从经济方面上包括（但不限于）：联合国和世界反侵联盟对任何发动侵略战争的侵略国采取和实施一系列强硬、全面、广泛及深入的国际经济制裁和全球经济封锁，以最大程度上削弱侵略国的经济实力，以达到通过削弱侵略国的经济实力来最大程度上削弱其军事实力和后勤保障。这些国际经济制裁和全球经济封锁就包括（但不限）：向侵略国征收高额的进出口关税，让其开展的贸易无利可图，限制某些商品或服务的进出口，联合国所有成员断绝与其建立或开展的经贸合作，断绝一切知识和技术向侵略国出口及扣押侵略国的所有海外资产用于世界反侵联盟发起的一切反侵事宜所需的资金等。如联合国的会员国对非会员国发动侵略战争，那么必将依法受到永远剥夺会员国身份和合法席位及相关权利的惩罚，情节严重的话可能还包括被联合国的所有成员国孤立，或者受到参与某些国际组织和国际活动的政治或外交限制。若联合国的会员国发起侵略其他会员国的战争，那么作为侵略国的会员国，不仅会依法受到永远剥夺会员国身份和合法席位及相关权利的惩罚，还包括联合国所有成员断绝与其建立或开展的经贸合作，断绝一切知识和技术向侵略国出口及扣押侵略国在联合国所有会员国的海外资产，用于世界反侵联盟的一切反侵事宜所需的资金或者是用于受害国的反侵活动等。若联合国的非会员国侵略联合国的任何会员国，那么后果会更加严重，联合国大会和国际法院不仅会彻底和永远剥夺这个侵略国申请加入联合国的资格，还会在军事上受到联合国和世界反侵联盟的集体还击，在经济上则要受到最严厉的国际经济制裁，包括联合国的所有成员国同时向侵略国征收高额的进出口关税，让其开展的贸易无利可图，并且严格限制侵略国的某些商品或服务的进出口，联合国所有成员断绝与其建立或开展的经贸合作，断绝一切知识和技术向侵略国出口及扣押侵略国在联合国所有会员国的海外资产用于世界反侵联盟发起的一切反侵事宜所需的资金或给予受害国等。而拒绝或反对参加世界反侵联盟发起的国际经济制裁或全球经济封锁活动的联合国会员国将会受到剥夺会员身份和合法席位及相关权利的惩罚，暗地里援助侵略国还会受到更严厉的制裁，如对以任何方式援助侵略国的联合国的会员国将视为侵略国的"帮凶"或"盟友"，联合国和世界反侵联盟将对待侵略国那样对待该国。但是，就拿俄乌战争而言，正义的欧美国家发起的一系列的国际经济制裁和国际军事制裁之所以无法发挥应有或预期的作用，那是因为有些欧洲国家（如土耳其和匈牙利）或对抗俄罗斯的欧美阵营的盟国，以及世界上的中立国家依旧继续与俄罗斯在石油和天然气上开展贸易合作，联合国并没有彻底切断俄罗斯所有的财富来源，也没有阻止和制裁任何与俄罗斯继续开展贸易的国家，更没有全面关闭世界上任何可能援助俄罗斯的"绿色通道"与"合作途径"，这就极大地削弱了国际正义联盟的制裁效果。

从军事方面上联合国和世界反侵联盟对任何发动侵略战争的侵略国采取和实施一系列强硬、全面、广泛及深入的国际军事制裁，以最大程度削弱其军事实力和对受害国造成的伤害。这里的国际军事制裁包括严禁和惩罚武器禁运，联合国的所有成员国断绝与侵略国的一切军事合作，联合国的所有成员国马上终止与侵略国进行的任何武器装备研发和产售及拦截和制裁任何向侵略国运输武器和物资的国家们。若联合国的会员国对非会员国发动侵略战争，那么将受到剥夺会员身份和合法席位及相关权利的惩罚，而且联合国的其他成员国还必须终止与作为侵略国的会员国的一切军事合作和军事交易及武器研发，以及禁止其他成员国援助或向作为侵略国的会员国运输任何武器装备或物资，而且联合国安全理事会还有权力扣押作为侵略国的会员国在其他成员国的海外资产或者是武器装备和物资等不利于促进世界和平的助长侵略的物质资源、经济来源及军事武器等。若是联合国的会员国对其他会员国发动侵略战争，那么无论是制裁和惩罚都会是最严重的，联合国大会和国际法院不仅会剥夺作为侵略国的成员国的会员身份和合法席位及相关权利，还会遭受上面所枚举的由联合国和世界反侵联盟共同发起的国际经济制裁和现在所枚举的国际军事制裁，更会被联合国视其为"世界公敌"。若非会员国对联合国的任何会员国发动侵略战争，那么第一时间联合国大会或国际法院会向其下达彻底和永远剥夺这个侵略国申请加入联合国的资格的通知书，然后是集体还击的宣战书（但可能不是直接军事介入，因为这个发动侵略战争的非会员国可能是个十分危险的核大国），接着是各种接踵而至的由联合国和世界反侵联盟共同发起的一系列强硬、全面、广泛及深入的国际经济制裁和国际军事制裁等等，而任何拒绝或反对参加世界反侵联盟发起的国际军事制裁的联合国的会员国不仅会面临永远剥夺其在联合国的会员身份和合法席位及相关权利的惩罚，还极大可能遭受某些由联合国大会或世界反侵联盟对其采取的国家发展限制措施，如禁止参加某些国际组织和国际活动，以及在国际合作上被联合国的所有成员所孤立等。如联合国的任何会员国在政治、经济及军事上以任何方式援助侵略国，那么将受到联合国和世界反侵联盟发起的更严厉的一系列国际制裁，如对以任何方式援助侵略国的联合国的会员国将视为侵略国的"帮凶"，联合国和世界反侵联盟有权力像对待侵略国那样对待该国，这样做主要是为了关闭一切任何可能援助侵略国或从经过中立国来援助侵略国的"绿色通道"，以最大程度发挥军事制裁和经济制裁的作用。但是，无论是与俄罗斯对抗的反抗侵略战争的欧美阵营的个别国家，还是欧美阵营的盟国，或是世界上的中立国家，欧美国家和联合国都没有使用具有强制力和约束力的强制性手段切断任何国家与俄罗斯的军事合作和武器进出口及任何来自中立国或欧美阵营的个别国家和盟国与俄罗斯的军事合作。

从安全方面上来说，联合国和世界反侵联盟的最终目的是建立一个在军事上足以维护集体安全、实现集体防御与集体制裁，同时又能够促进世界和平发展和伸张世界正义的世界安全共同体，在面对任何侵略战争时遵守零容忍原则。这种世界反侵体制对联合国所有会员国

287

而言明显已经是包括了对非正义的侵略战争任何成员采取道德不作为的国家态度和立场，以及会员国以任何方式援助侵略国所须受到的惩罚和制裁。联合国之所以必须彻底和永远剥夺所有成员国面对任何非正义的侵略战争保持中立的条件和资格，不仅因为只有这样才能建立一个强有力的团结一致的世界反侵联盟，只有这样才能达到最大程度上从政治、经济及军事上削弱侵略国的国家实力和确保各种国际制裁的高效性，也只有这样才能达到不纵容侵略战争和让侵略国付出得不偿失的国家代价的正义目标。所以改革后的新联合国在军事和安全上必须吸取国际联盟失败的教训，建立一个强大和权威的对所有成员普遍具有强制力和约束力的法治世界体系，并强制要求各成员国履行，其中包括共同对抗和制裁任何攻击其任何成员的侵略国，贯彻和落实集体防御、集体还击及集体制裁的集体安全方针，并制定成明确的法律规定。当然改革后的联合国在坚守对侵略战争的零容忍原则时必须是平等对待的，否则合法性将受质疑。由于无论是从政治方面，还是经济方面，或是军事方面，也无论对联合国的成员国，还是对非成员国发动的侵略战争所遭受的惩罚和制裁都是相对平等的，已经包括了对联合国的任何成员国对非成员国发动侵略战争的惩罚和制裁的，所以可以看出联合国对成员国和非成员国对发动侵略战争这种不道德的战争罪上并没有区别对待或进行包庇，联合国的成员国对非成员国发动侵略战争依旧要受到相应的制裁和惩罚。由此可说明联合国在反侵略战争方面实现集体安全和集体防御及集体制裁的同时也可以起到促进世界和平和伸张世界正义的作用。当然，上述所说到的永远剥夺作为侵略国的联合国会员国或成员国的会员身份和合法席位及一切权利的惩罚中的"会员身份"是包括常任理事国的身份和职权的。也就是说，无论是联合国的普通会员国，还是五大常任理事国，任何对其他非会员国发动侵略战争的联合国成员第一时间都会面临永远剥夺侵略国在联合国的会员身份（包括常任理事国身份）和合法席位及一切权利的惩罚，接踵而至的则是其他国际制裁。

前面说过一个对所有成员缺乏必需的强制力、约束力及权威性的联合国，根本没有存在的意义和价值，联合国实际上也是形同虚设的。追究其原因，主要是联合国的发展还没有到世界政治经济一体化的地步，没有建立一个对所有成员具有平等的强制力、约束力及权威性的世界政府，各会员国政府依旧自行其是，甚至因自私的国家政治本性而引发逆全球化的趋势。既然软弱无能和旧的联合国已经不再符合世界发展需要，无法提供安全保障，联合国在政治、经济、军事及安全上就必须进行全面改革，建立一个三权分立和民主平等的代议制世界政府。而一个"新联合国模式"，是从非民主的世界寡头政体或世界政治等级制度向代议制的世界民主政体转型，是从建立一个三权分立和民主平等的世界性政府，是从采取代议制世界民主政体和消除质疑联合国的合法性的声音开始的，其中采取三权分立制是为了促使联合国的立法权、行政权及司法权处于相互制约和彼此独立的平衡状态，而民主平等条件则必须确保联合国的所有会员的国家主权、国际地位及对世界议程的掌控处于平等的实质民主状态。

在这个"新联合国模式"里，立法权和立宪权皆平等掌握在由联合国所有会员国的国家代表们所组成的联合国大会手中，这是一种最高的立法与立宪的决议权，所以联合国所有会员国的国家代表们并不直接参与任何具体的立法和立宪工作，并禁止干涉任何会员国和国家代表干涉联合国立法委员会的立法工作和联合国立宪委员会的立宪工作。所有立法工作皆由其下辖的由一定名额的国际法专家组成的联合国立法委员会直接负责和完成，所有立宪工作皆由其下辖的由一定名额的国际宪法专家组成的联合国立宪委员会直接负责和完成。联合国大会只能分别行使赞同或反对联合国立法委员会制定和修改的法律与联合国立宪委员会制定和修改的联合国宪法通过与否的最高决议权（即所有国家代表们通过投票决定联合国法律和联合国宪法是否通过的一国一票制的平等职权），但大会没有直接参与制定和修改联合国法律和联合国宪法的职权，因为此职权分别归联合国立法委员会与联合国立宪委员会所专有，这样才能避免多数会员国制定对少数会员国不利的联合国法律和联合国宪法，以避免多数人的暴政。除此之外，联合国大会还享有决定和控制及审议联合国的会员国之间，会员国与非会员国之间缔结的任何国际协约或国际条约是否损害其他会员国的合法权益，以及审议和批准联合国的军事预算和军事合作、国际经济制裁、国际政治制裁及国际军事制裁及联合国的任何军事行动等重大国际问题和国际草案的最高决定权。也就是说，联合国政府的最高行政部门起草或发起的任何关于军费开支预算、与非会员国开展的军事合作或贸易、国际经济制裁、国际政治制裁及国际军事制裁及联合国的任何军事行动等涉及成员国的切身利益和集体安全的重大国际问题和国际草案必须交由联合国大会审议和批准后才能实施，严禁最高行政部门绕过联合国大会擅作主张，否则将不具有任何合法性，最高行政部门的内阁成员国还会受到法律的惩罚，如剥夺其行政权和会员身份及内阁席位等。这意味着联合国大会才是唯一有权采取军事行动的最高组织，而联合国安全理事会只能负责解决和处理比较具体的军事问题和安全问题，且没有常任理事国，只有规定名额和定期由联合国大会通过多数原则选举的会员国来充任。但在联合国大会通过建立一支共同的联合国军队的情况下，联合国安全理事会就只能成为联合国最高军事委员会的附属部门或下辖机构。另外，就是联合国的任何会员国都平等享有监督和弹劾联合国政府的最高行政部门的任何内阁成员国的职权，且不受任何宪法修正案影响。不过，联合国政府的最高行政部门的多数内阁成员（要求必须有内阁首辅国）也有否决联合国大会所通过的联合国法律（但不包括联合国宪法），联合国大会可以凭三分之二以上的多数优势通过多数内阁成员国所否决的法案或提案。因此，我建议新联合国模式中的联合国大会采取美国和英国的两院制，建立众议院和参议院，但不同的是这里的众议院和参议院的职权分工，众议院负责审议联合国宪法，而参议院则负责审议联合国的一般法律，众议院的任何会员国代表有监督权，参议院则有弹劾内阁成员权。参议院的会员代表应该由众议院定期选举产生，而且世界各大洲的名额和席位是固定的，如在参议院里亚洲有 5 或 6 个固定的名额和席位，不过参议院的会员国代表需要从世界各大洲定期选举产生，所以参议院由哪些会员国的国家代表组成是不确定的，得票最高的五名才当选。与旧联合国模式不同的最大区别是："新联合国模式"为了充分满足三权分立制度和民主平等条件及尽可能消除某些成员国质疑联合国的合法性的声音，必须彻底废除五大常任理事国的所有政治特权，特别是一票否决权，让常任理事国的权力与所有会员国享有的权利和义务平等，而非让常任理事国的权力大于后者的。

在新联合国模式里，联合国政府的最高行政部门采取的是行政权相互制约的内阁成员国制度。内阁成员国的名额和席位由联合国宪法加以规定，但具体由哪个会员国担任联合国政府的最高行政部门的内阁成员国则由联合国大会定期通过民主平等的一国一票制度选举产生，但所有内阁成员国的任期不得超过两届，一届的任期规定为五年，而且不得延长，若延长则需要在联合国大会上获得三分之二以上的会员国代表们赞同，这点联合国宪法必须明确规定。至于选举类似五大常任理事国的内阁成员国的评选标准，我认为有五：一是政治能力，即该国是否有足够的政治领导力解决和处理各种复杂的国际事务或全球性问题。二是行政经验，即该国是否拥有解决和处理国际事务或全球性问题的政治经验。三是国际信誉，即是否有违反国际法或国际协约及损害他国合法权益的国家行为。四是道德素质，即是否发动侵略战争或援助侵略国及具有侵略性威胁等。五是多数支持，即能否获得世界上大多数成员国支持的多数优势。假设，联合国宪法明确规定联合国政府的最高行政部门的内阁成员国的名额和席位为五个，那么这五个联合国政府的内阁成员国将共同掌握联合国政府的最高行政权，而联合国政府最高行政部门的职权和义务是负责解决和处理联合国的所有行政事务和公共事务及集体安全问题。不过内阁首辅国的职权一般大于每个内阁成员国，但为了制约内阁首辅国，作为内阁成员的其他四国在占据多数的情况下将享有否决作为内阁首辅国的职权。也就是说，在五个固定的内阁成员名额的情况下，持反对意见的内阁成员国则必须占据多数优势才有效，比如在政治决议结果是 4：1。另外，把内阁首辅国荣誉性地称为"联合国第一会员国"是无伤大雅，这样做也是符合其在联合国的身份和地位的。再者，就是联合国政府的最高行政部门起草或发起的任何关于军费开支预算、与非会员国开展的军事合作或贸易、国际经济制裁、国际政治制裁及国际军事制裁及联合国的任何军事行动等涉及成员国的切身利益和集体安全的重大国际问题和国际草案必须先由多数内阁成员国共同签署才有效，而且多数内阁成员国必须已包含内阁首辅国，这意味着只有内阁首辅国在各种政治决议或行政决议中才享有一票否决权，其他内阁成员国则没有，联合国政府的最高行政部门的其他内阁成员国起草或发起的任何关于军费开支预算、与非会员国开展的军事合作或贸易、国际经济制裁、国际政治制裁及国际军事制裁及联合国的任何军事行动等涉及成员国的切身利益和集体安全的重大国际问题和国际草案在没有获得内阁首辅国的首肯和署名同意后可视无效，联合国大会有权力搁置。在新联合国模式中最复杂的行政权力分配和制约问题就是：联合国宪法需要规定在什么时候和什么情况下持反对意见的多数内阁成员国享有否决内阁首辅国的职权与在什么时候和情况下内阁首辅国有一票否决持反对意见的多数内阁成员国发起的某些国际制裁或提案的特权。我认为这主要取决于从各自所否决或赞同的国际制裁或提案属于什么类型，具有什么性质，会产生什么后果及内阁成员国与内阁首辅国是否牵涉其中来评估。很明显，在行政权的分配问题和相互制约中，让其他内阁成员国享有共同否决内阁首辅国的专制权力或专断意志，不让其一方独大不受制约在新联合国模式中是不可或缺的，否则必然破坏联合国的世界民主政体。另一方面，为了让少数服从多数的政治决议规则有效和合法，让内阁首辅国在不破坏少数服从多数的政治决议规则的情况下享有一票否决（在多数内阁成员国中，内阁首辅国必占一席，比如决议结果是 3：2，那么无论是赞同还是反对，三个内阁成员国必须有一个内阁首辅国）其他成员的政治决议的特权，显然又可以防止多数内阁成员国抱团串谋和实施暴政。在立法决议或政治决议上，这种既可预防内阁首辅国的专断意志和专制权力，又可防范多数内阁成员国抱团串谋的方法叫"复合多数决议规则"。

"复合多数决议规则"的纲领是全体成员遵守少数服从多数的立法或政治决议原则。在行政或政治决议中，它的特征有二：一是多数内阁成员国从多数角度反对内阁首辅国，以避免后者独断专行和滥用职权来谋私利。二是内阁首辅国又从占据多数的角度（即无论是赞同还是反对，在多数内阁成员国中必须有内阁首辅国的赞同和支持，所讨论和起草的提案才能通过）反对特征一所遭遇的那种多数内阁成员国长期垄断最高的行政或政治决议权，从而等于从少数人的角度避免多数人的暴政。最后，无论是联合国大会，还是联合国政府的行政部门和执法部门，或是司法部门，联合国的所有国际性组织或机构必须按需求程度进行增减，它们的权力和职责必须由《联合国宪章》统一界定分明，并且根据各自的管辖权进行分类。在新联合国模式里，联合国和联合国必须成立一个强有力的专门解释和执使联合国宪法的联合国最高法院，联合国最高法院的最高司法长官是首席大法官，联合国最高法院大法官的名额由联合国宪法规定，大法官任期为终身制，但首席大法官定期由联合国政府的最高行政部门的内阁成员国们联名推举，但需要获得联合国司法委员会的确认，然后由联合国大会通过表决产生，获得大多数会员国代表赞同通过。联合国政府的最高行政部门的内阁首辅国有提名联合国最高法院首席大法官和联合国最高检察院检察总长的职权，但提名首先须获得大多数内阁成员的同意，然后再交由联合国大会下辖的联合国司法委员会进行资格和背景等方面的审核和确认，且获得三分之二的联合国司法委员会委员的署名同意后才能交由大会表决。同样，联合国最高法院首席大法官和联合国最高检察院检察总长及高级官员任命和提拔下级司法官员和检察官员也需要获得联合国最高法院大多数大法官和联合国最高检察院大多数检察官的署名同意之后，才能上交联合国大会下辖的联合国司法委员会进行资格和背景等方面的审核和确认，且获得三分之二的联合国司法委员会委员的署名同意后才能上交大会表决。联合国最高法院有权责令和裁定联合国任何会员国内部制定和通过的国家法律、国家宪法、对外政策及与其他非会员签订的国际协约违反联合国宪法而进行修正或废弃，因为当联合国任何会员国内部制定和通过的国家法律、国家宪法、对外政策及与其他非会员签订的国际协约与联合国宪法和联合国法律及联合国政策发生矛盾和冲突的内容和条款时，联合国最高法院和国际法庭将以后者当作世界最高裁决标准。不仅如此，联合国最高法院享有宣布联合国政府的最高行政部门起草或发起的任何关于军费开支预算、与非会员国开展的军事合作或贸易、国际经济制裁、国际政治制裁及国际军事制裁及联合国的任何军事行动等涉及会成员国的切身利益和集体安全等国际草案为违宪的职权。联合国最高法院还享有调查和审判联合国任何会员国所上诉和提交的关于弹劾内阁首辅国和内阁成员国的弹劾案，比如起诉联合国政府的最高行政部门的行政决议、提名任命、贪污受贿、结党营私、绕开联合国大会行事及滥用职权等违宪问题。

最后是关于司法权和立法权相互制约的问题，在新联合国模式里，联合国最高法院和联合国最高检察院提名和任命下级官员必须由联合国大会下辖的联合国司法委员会进行资格确认，通过后交由联合国大会进行表决，通过后上任。同样，联合国最高法院也有权宣布联合国大会通过的联合国法律不符合联合国宪法。那么在新联合国模式里，执法权是应该统一移交给联合国政府的行政部门，还是应该赋予除所有联合国会员国之外的世界第三方呢？我认为，如果出于加强联合国政府的中央权力，避免权力过度分散带来的政治效率低下，而联合国政府的行政与政治效率低下又会普遍加重联合国所有会员国的经济负担考虑，那么执法权就应该统一移交给联合国政府的行政部门，但若是联合国政府的行政部门与立法部门及司法部门之间没有真正处于彼此独立和相互制约的平衡状态，那么无论是为了公平公正考虑，还是出于所有内阁成员国必须避嫌的需要，执法权都应该赋予联合国之外的世界第三方。在这种情况下，我认为无论是把执法权赋予除联合国之外的世界第三方，还是把执法权移交给联合国政府的行政部门都既有利又有弊。首先，把执法权移交给联合国政府的行政部门的弊端是内阁成员国们在行政和执法中可能无法做到公平公正，会为了国家利益而徇私枉法。把执法权都应该赋予联合国之外的世界第三方的弊端是：我们都知道世界第三方是指联合国的某些值得联合国大多数会员国信任的非会员国，而在新联合国模式里必须建立一个在政治、经济、军事及安全上命运相连的世界命运共同体的，那么来自联合国外部的世界第三方势力对新联合国的渗透可能不利于实现集体防御、集体安全、集体反击及集体制裁等政治目标。如果把执法权移交给联合国之外的世界第三方与把执法权统一移交联合国政府的行政部门同样无法避免世界第三方以权谋私的世界政治机会主义行为，那么就只能两利相权从其重，两害相权从其轻，毕竟把执法权移交给联合国之外的世界第三方的风险系数大于把执法权统一移交联合国政府的行政部门，只要把执法权统一移交联合国政府的行政部门通过机制设计和制度安排来避免内阁成员国们的以权谋私行为，（比如内阁成员国们参与的行政和执法必须接受联合国的国际法庭和联合国最高检察院等司法部门的监督），那么把执法权统一移交联合国政府的行政部门就远优于把执法权移交给联合国之外世界第三方，毕竟把执法权移交给联合国之外的世界第三方极大可能不利于新联合国和联合国政府实现集体防御、集体安全、集体反击及建立一个世界性的反侵联盟或国际组织。或者说如果把执法权移交给联合国之外的世界第三方，新联合国和联合国政府可能会担忧在照顾世界第三方的执法权的正常行使过程中受制于世界第三方，而且还无法惩罚世界第三方以权谋私的世界政治机会主义行为。又或者说世界第三方为了实现自我利益最大化可能会利用手中的执法权阻碍新联合国和联合国政府实现集体防御、集体安全、集体反击，以及削弱新联合国发起的各种国际制裁的效果，如果新联合国攻击或制裁的对象是世界第三方的非会员国或是他们盟友的话。

由于新联合国模式的终极目的是通过联合国政府建立一个在政治、经济、军事及安全上命运相连的世界命运共同体，所以新联合国模式的终极版本是联合国所有会员国在政治、经济、军事及安全上已经建立了一种命运相连的世界联盟关系，并且已完成了世界政治经济一体化进程。这意味着共助原则、共治原则及法治原则将贯穿新联合国模式，以达到彻底改头换面的目的。与旧联合国模式不同的是，在新联合国模式里，联合国的所有会员国的外交活动、对外政策及与其他会员国或非会员国缔结任何国际协议是需要报备和受联合国的法治原则限制和约束。最后需补充的是由于联合国和世界反侵联盟的最终目的是建立一个在军事上足以维护集体安全、实现集体防御与集体制裁，同时又能够促进世界和平发展和伸张世界正义的世界安全共同体，在面对任何侵略战争时遵守零容忍原则。这种世界反侵体制对联合国所有会员国而言明显已经是包括了对非正义的侵略战争任何成员采取道德不作为的国家态度和立场，以及会员国以任何方式援助侵略国所须受到的惩罚和制裁的。联合国之所以必须彻底和永远剥夺所有成员国面对任何非正义的侵略战争保持中立的条件和资格，不仅因为只有这样才能建立一个强有力的团结一致的世界反侵联盟，只有这样才能达到最大程度上从政治、经济及军事上削弱侵略国的国家实力和确保各种国际制裁的高效性，也只有这样才能达到不纵容侵略战争和让侵略国付出得不偿失的国家代价的正义目标。而道德力量在国际社会或面对非正义的侵略战争时之所以表现得如此脆弱，那是因为每个主权国家都被自私自利的国家政治本性所支配，以及世界社会并未建立一个对世界各国政府皆具有平等的强制力和约束力的法治世界体系。而在新联合国模式里，为了让所有成员国之间在相处之中真正感到安全和让所有成员国的主权和领土完整获得更稳定的安全保障，为了实现所有成员国齐心协力应对来自任何侵犯联合国外部的军事威胁，为了惩罚侵略战争、伸张世界正义及促进世界永久和平，任何申请加入联合国的成员国或会员国就必须彻底和永远放弃该国的常备军，解散各种军事组织或机构，把各种武器装备和核武器统一交由联合国最高军事委员会管辖（在这种情况下，任何成员国在面对来自联合国外部的安全威胁和军事入侵时就只能选择团结起来一致对外）并且还必须建立一支统一训练有素、装备精良及战力强悍的直接受命于联合国大会决议的联合国军队（无论是联合国军队的军事预算案，还是联合国政府行政部门发起的军事制裁案，或是联合国政府行政部门和最高军事委员会共同发起的军事行动案在对提案进行表决的过程中都必须获得联合国大会三分之二的成员国代表们的书面赞同才能实行，否则将视为越权违法，从严处理）但联合国军队的日常事务由联合国最高军事委员会负责，只有这样才能实现上述政治目的和安全目标。这样做政治目的还包括必须剥夺任何成员国在军事上与联合国发生军事对抗的政治主权和军事权力，以及彻底解除成员国之间发生构成其安全和主权威胁的军事冲突和侵略战争，这是一种确保集体安全和解决公共安全困境的方案。所以，要想新联合国政府对所有成员国政府和国家元首具有平等的强制力、约束力及权威性就必须贯彻该提案，将其制度化。

第十四章 世界领导力之争

在世界社会无政府状态的国际竞争过程中，无论是军备竞赛，还是权力争夺，或是经济竞争，国家实力悬殊的弱小国家很难获得制定国际竞争规则或国际制度的话事权、领导权及立法权，只有国家实力追赶的主导国的崛起国才有可能威胁到主导国的霸权地位，我认为即使如此，在国家权力的此消彼长的过程中，即使崛起国的硬实力超过主导国，也不见得崛起国有能力和经验主导世界，有效解决各种国际争端和事务，再者从民意调查角度，现在的国际社会或世界社会又是否支持或赞同崛起国取代之前的现在已经衰弱的主导国，并服从这个崛起国的领导？也就是说，任何崛起国想要真正取代主导国，就必须满足以下几个必要条件，否则未来的崛起国也同样会取代这个在世界站不稳的主导国。一是崛起国必须有远超过主导国的硬实力。二是崛起国还必须拥有在国际竞争中绝对占优的软实力（起码不会比之前的主导国逊色太多），比如制度优势、文化优势及教育优势等足够吸引世界各地人才汇聚的社会环境。三是崛起国在国际竞争中必须拥有长期占优的软实力，并且在制定任何外交政策时能充分掌握软实力和硬实力在巧实力中的最佳比例和协调分配。四是这个崛起国在政治、经济及军事上是否有足够的才能和经验解决和处理各种错综复杂的国际事务或国际争端，能否做好"世界警察"将是一项重大考验？五是在国际社区或世界社会能否获得大多数主权国家的支持和认可，以及更多的善意的国际援助。六是取代主导国的崛起国的权力范围和势力范围是否不会因其盟友的变节或倒戈而受到严重影响，毕竟国际关系的不稳定或脆弱性不会影响到世界安定，还会增加主导国的治理困难。六是崛起国取代主导国之后采取怎样的权力分配制度，以及是否能长期占据道德优势，对崛起国而言，对能否提高"世界支持率"的影响是决定性的关键因素。

肯尼思·奥根斯基认为："国家权力的此消彼长会带来国际体系的动态演变，"主导国"与"崛起国"构成国际体系的主体，两者权力相互作用形成国际体系的变迁"的观点是正确的。他在与亚采克·库格勒合著的《战争总账》一书中，奥根斯基是这样界定权力转移的临界点的：当一个崛起国的国家实力增长至主导国经济总量的 80%以上，则该崛起国有可能成为"挑战者"。随着挑战者相对能力的增加，它将寻求重新分配全球利益。在权力过渡时期，战争可能在新近崛起的势力和原有霸权势力之间爆发。当国际权力完成新一轮由主导国向崛起国转移让渡的周期后，原有国际体系的主导规则就会被改变，进而产生新的国际秩序。当不满意的国家认为有机会通过战争赢得秩序主导权的时候，他们就会毫不犹豫地通过战争来争取改变现状"。但是我认为主导国与崛起国之间未必只能以冲突和战争的结局收场，尽管两者并不排除苏联和美国所进行的那种"冷战"或战略竞争。因为任何崛起国想要真正取代主导国，就必须满足上面提出的几个必要条件，否则未来的崛起国也同样会取代这个在世界上站不稳的主导国，所以任何理性的崛起国想以军事手段取代主导国时就不得不在硬实力这些方面做出考量和权衡。美国波士顿大学帕迪全球研究学院副教授约书亚·西弗林森就认为奥根斯基对于崛起国与主导国以冲突和战争结局收场的判断过于片面，他认为："新兴大国与衰落霸权大国之间的权力转移有可能以一种和平的方式实现，对二者的关系走向应持乐观态度。新兴国家不一定总是寻求与霸权大国发生冲突，反而有足够的动机避免冲突。在很多情况下，新兴国家愿意支持霸权大国并与之合作，二者之间的"修昔底德陷阱"可以避免"。我认为这是可能的，但是在世界社会的无政府秩序状态或恶性竞争中，新兴大国与已经衰落的霸权大国以和平方式或外交手段实现权力转移或霸权交接的可能性较小，除非两者处于以下几种状况之一，或者两者能够满足以下几个条件之一（或者以上）：一是崛起国与主导国一直都是盟友或者是特殊和密切的合作伙伴关系，比如英美关系。二是崛起国追求的是国际均势或权力平衡而非国家利益或国家权力的最大化或霸权地位，而强大或崛起是国家发展的使然。三是崛起国与主导国在权力、财富及安全等重要领域或方面在各取所需的国际交换机制中的替代性很小，其他强国无法取代主导国给予崛起国的好处，如给予一套更有价值的国际政治秩序，或者也可以理解为，崛起国与主导国在通过专业化的国际分工和国际交换来实现各取所需的共需领域存在长期的稳定性或具备多元化合作。四是崛起国与主导国的共识领域并没有因为战略竞争而不断减少，两国之间也没有出现严重的政治歧义，在军事上也一直没有对抗动机或可能对彼此安全构成威胁的军事企图，两国间的共识领域或共需领域及战略互信仍旧处于长期稳定发展、不断深化及积极互动的理想态势。五是崛起国的国家实力碾压已经严重衰落的主导国，主导国没有能够与之对抗的国家实力。

维斯娜·达尼洛维奇在其文章《权力平衡与权力转移：利害攸关的全球利益》中表示，权力转移论与均势理论都是国际关系领域的独特理论，但二者在如何确保权力分布的稳定性方面存在很大差异。权力转移论认为，保持主导国与崛起国之间权力分配的巨大落差有利于国际政治格局的稳定。然而，均势理论的观点与此相反。该理论认为，世界处于无政府秩序之中，各个国家都寻求权力的最大化以维持实力并提高自身在国际体系中的安全指数，而权力在各国间包括大国间的均衡分配恰恰能够有效地制衡各国力量，从而约束冲突的发生，维持稳定的国际政治环境。我认为权力转移论所认为的："保持主导国与崛起国之间权力分配的巨大落差有利于国际政治格局的稳定"的观点存在一定的科学局限性。只要新兴大国与已经衰落的霸权大国的权力转移在世界社会的无政府秩序是不断循环的，是一场场永无休止的权力斗争，是因为崛起国与主导国在权力分配中保持巨大落差导致崛起国与主导国之间的频繁更换或霸权更替的结果，那么保持崛起国和主导国权力分配的巨大落差就不利于促进国际政治格局的稳定。主导国长期欺压或压制崛起国的举措只会适得其反，让崛起国的反抗情绪更高涨，而那些本可以通过良性竞争或公平竞争避免的各种国际冲突或矛盾，就会像堵不住的洪流在顷刻之间全部爆发出来。所以我认为奥根斯基的观点和论断存在很多漏洞或错误的地方，也可以说有自相矛盾的嫌隙。首先只要崛起的新兴大国与已经衰落的霸权大国的权力转移在世界社会的无政府状态是不断循环的，是一场永无休止的权力斗争，那么让主导国与崛起国之间权力分配保持巨大落差是无上困难的。二是即使让主导国与崛起国之间权力分配保持巨大落差的战略目标得以实现，主导国长期欺压或压制崛起国的举措只会适得其反，让崛起国的反抗情绪更高涨，而那些本可以通过良性竞争或公平竞争避免的各种冲突，就会像堵不住的洪流在顷刻之间爆发出来，何来稳定可言？也就是说，只要新兴大国与已经衰落的霸权大国的权力转移在世界的历史发展中是不断循环的，永无休止的权力斗争，保持主导国与崛起国之间权力分配的巨大落差有利于国际政治格局稳定就是暂时的或短视的。所以奥根斯基不能说在一般情况下崛起国与主导国之间的冲突不可避免，然后又说保持主导国与崛起国之间权力分配的巨大落差有利于国际政治格局的稳定，除非新兴大国与已经衰落的霸权大国的权力转移在世界社会的无政府状态中是不断循环的，是一场永无休止的权力斗争的发展规律不成立，但这等于假设了崛起国和主导国的国家实力保持某种固定状态，增减趋势是静态的，而非动态的，但这种假设显然过于主观，而非事实。总而言之，我认为即使新兴大国与已经衰落的霸权大国的权力转移在世界的历史发展中是循环的，是一场永无休止的权力斗争的世界发展规律不成立，国家实力不断增长或已经超过主导国的崛起国也不可能长期忍受主导国的压制和遏制政策及各种不公平的国际对待。

　　我把奥根斯基的两种存在矛盾或冲突的观点和结论称之为弱意义上的"奥根斯基悖论"。这个悖论之所以是弱意义上的是因为他在另一种反对观点上用了比较保守的"保持"一词来强化。他说在一般情况下崛起国与主导国之间的冲突不可避免，这意味着在世界社会的无政府状态中，新兴大国与已经衰落的霸权大国的权力转移在世界发展中是不断循环的，是一场永无休止的权力斗争。这是他在权力转移理论中所阐述的最基本观点。然后他又说出另一种观点或结论："保持主导国与崛起国之间权力分配的巨大落差有利于国际政治格局的稳定。"这意味着新兴大国与已经衰落的霸权大国的权力转移在世界社会的无政府状态是不断循环的，是一场永无休止的权力斗争的历史发展规律可能不成立的，因为这等于假设了崛起国和主导国的国家实力保持某种固定不变状态，实力增减是静态的，而非动态的。但是我们不能正面承认新兴大国与已经衰落的霸权大国在权力转移在世界社会的无政府秩序中是不断循环，是一场永无休止的权力斗争，又从反面上说主导国与崛起国在权力分配上保持巨大落差有利于国际政治格局的稳定，因为主导国与崛起国在权力分配上保持巨大落差必然导致更频繁的霸权更迭，更何况在世界社会的无政府状态，权力分配是由不断变化的实力决定的。所以新兴大国与已经衰落的霸权大国的权力转移在世界的历史发展中是不断循环的，是永无休止的一场权力斗争的历史发展规律可能不成立。对此，我对奥根斯基的："保持主导国与崛起国之间权力分配的巨大落差有利于国际政治格局的稳定"观点，有以下三个疑点。疑点一：由于在世界社会的无政府状态，国家实力的强弱或大小是决定权力分配规则的基本条件或决定性因素，我们是如何保持主导国与崛起国之间的国家实力增长是静态的？事实上主导国与崛起国之间的国家实力的增长态势不可能是固定的或长期不变的，因为在世界社会的无政府秩序或恶性竞争中，主导国与崛起国的国家实力通常是此消彼长的，最起码这些国家实力的增长是一种非线性的动态发展过程，比如中国和美国的国家实力在世界发展中不可能处于长期稳定不变的状态，所以我认为主导国与崛起国之间的权力分配不可能在国家实力此消彼长或国际社会的恶性竞争的情况下能保持权力分配的巨大落差。疑点二：保持主导国与崛起国之间权力分配的巨大落差中的权力分配比例应该多少才合适或才有利于国际政治格局稳定？我们都知道在权力分配中，无论是主导国，还是崛起国，一方分配的太多一方分配的太少，一方太强一方太弱，一方太大一方太小，（比如崛起国在权力分配中占有 70%或 80%的权力，而主导国仅占 30%或 20%，那么在这种不平等的权利分配的巨大落差中，必然加剧两者之间的矛盾和冲突，此时崛起国极大可能挑战主导国）都极大可能导致强大的一方吞并、挑衅及征服弱小的另一方，在这种权力和实力并非势均力敌的情况下，必然导致崛起国在短时间内频繁地取代主导国，那么崛起国与主导国之间的频繁更换或霸权更替就不可能有利于国际政治格局的稳定，所以崛起的新兴大国与已经衰落的霸权大国的权力转移在世界社会的无政府状态必然是不断循环的，是一场永无休止的权力斗争。如果保持主导国与崛起国之间权力分配的巨大落差有利于国际政治格局稳定，那么严重衰落的主导国与崛起国在霸权争夺战中就可能避免冲突或战争，而不是在世界发展中陷入不断循环的为权力而斗争的"修昔底德陷阱"中，这时就不会像奥根斯基的正题所说的那样，主导国与崛起国之间只能以冲突和战争的结局收场。也就是说，保持权力分配的巨大落差或国家实力的差距悬殊并不仅不是世界政局稳定的根源，反而是世界动荡的原因之一，所以保持主导国与崛起国之间权力分配的巨大落差不可能在世界社会的无政府状态或恶性竞争中有利于促进世界政治格局稳定，只有双方势均力敌或国家实力不相上下之时才能够避免双方轻举妄动或者兵戎相见。疑点三：既然主导国与崛起国之间的权力分配的巨大落差无法保持在某种稳定或固定不变的静止状态（由于各国实力增减程度受世界发展情势和国际竞争规则及国内因素的影响等），而主导国与崛起国之间权力分配的巨大落差又会导致崛起国与主导国之间更加频繁的霸权更迭，那么崛起国与主导国之间的频繁发生的霸权更替就不可能有利于国际政治格局的稳定。两者矛盾的地方有二：一是主导国与崛起国之间保持权力分配的巨大落差将导致权力分配的巨大落差又会导致崛起国与主导国之间更加频繁的霸权更迭而非国际政治格局的稳定。二是如果主导国与崛起国之间保持权力分配的巨大落差有利于国际政治格局稳定，那么奥根斯基就不能又说在一般情况下崛起国与主导国之间的冲突将不可避免。

我认为解决弱意义上的"奥根斯基悖论"的关键在于我们需要寻找更充分的证据来去证明：在世界社会的无政府状态和人类的历史发展进程中，崛起的新兴大国与已经衰落的霸权大国之间发生的权力转移在历史发展中是否是不断循环的，是否是一场永无休止的权力斗争？这个问题，我们稍后再来做尝试性解决，现在我们来看看与之相反的均势理论者的反对观点，均势理论者认为："世界社会处于无政府秩序之中，各个国家都寻求权力的最大化以维持实力并提高自身在国际体系中的安全指数，而权力在各国间包括大国间的均衡分配恰恰能够有效地制衡各国力量，从而约束冲突的发生，维持稳定的国际环境。"我认为这种均势理论者的反对观点是出于一种基于追求长远利益的战略目标，不过在这个残酷的现实世界太过理想化，毕竟世界社会仍处于弱肉强食的无政府状态。首先均势理论者的反对观点也存在一些科学局限性，即使这种反对观点比较理性和正确，且照此推行还可以实现长期的国际稳定，但在奉行肉弱肉强食的丛林法则的现实世界也易破产。因为以下科学局限性让这种观点遭受了诘难：一是无论是经济实力，还是军事实力，或是政治才能的比拼，国家之间或各种敌对的国际体系之间的实力比拼都不可能存在严格意义或真正意义上的国际均势，但是核均势或核威慑是例外。二是在世界社会的无政府秩序状态，均势秩序是脆弱的，实现国际权力平衡和国际利益平衡主要依赖于世界政治的民主化发展，而无论是反对民主政体的非民主国家，还是野心勃勃的具有霸权主义倾向或帝国主义倾向的强大国家显然都还没有跟上这一引领世界文明的节奏或步伐，而这显然不利于彼此共同实现国家权力的平等分配、无军事力量威胁的集体安全及利益协调，这意味着弱肉强食的丛林法则依旧影响着世界秩序。三是均势理论者的观点太过理想化，与真实的现实世界的状况并不相符，或者说世界社会还没有进步或发展到他们所期望的那种理想状态。四是如果世界各国或崛起的新兴大国一致性追求的仅是国际均势或权力平衡而非国家权力或国家利益的最大化，那么奥根斯基的权力转移必然导致冲突的基本论点显然不成立，但事实是无论是崛起的新兴大国，还是世界上其他强大的主权国家都不可能皆仅于满足国际均势或权力平衡，毕竟追权逐利是每个主权国家的政治本性，特别是对崛起的新兴大国而言。这意味着，如果崛起的新兴大国追求的仅是满足于国际均势或权力平衡这个战略目标，而且这点已经向国际社会或主导国表明，那么崛起的新兴大国就有很大的可能避免与已经衰落的霸权大国陷入"修昔底德陷阱"之中，反之，如果崛起的新兴大国追求的是国家权力或国家利益的最大化，而非仅满足于国际均势或权力平衡，那么崛起国与主导国在争夺霸权或权力转移的过程中发生军事对抗的可能性就会很大。我认为在世界社会的无政府秩序状态，国家实力不断增长的有潜力的大国或强国不满超级大国（主导国）的领导，于是对不公平或不平等的国际旧秩序提出挑战和变革，而不断衰弱的超级大国则面临权力转移的挑战性威胁的现象已经是常态。其实在弱肉强食的奉行"丛林法则"的现实世界，即使国际竞争规则或国际制度是公平的或平等的，对两个经济实力和军事实力悬殊的国家而言，也难以产生平等互惠或绝对公正的结果，因为大争之势争于实力，不久之后，原初的公平公正也会被现实中的实力悬殊或国力差异打破，更何况强国或大国才是国际规则或世界制度的制定者，除非世界政治体制被民主化，这样权力分配的落差和不平等才可能被解决，毕竟只有实现国际权力平衡的权力转移的手段是民主的和平等的才能实现这一目的。总之，保持崛起国和主导国在权力分配上的巨大落差只会产生崛起国与主导国之间的频繁更换或霸权不断更替的历史结果而国际政治格局稳定，因为在世界社会的无政府秩序状态，国际权力通常是由国家实力决定，权力分配是根据各国实力增减趋势而非完全由脆弱的国际法来统一界定的，这种情况怎么可能有利于促进国际政治格局的稳定，毕竟在世界社会的无政府秩序状态中不可能只有这两个崛起国和主导国，取代主导国的崛起国在衰弱时，也会被另一崛起国取代。也就是说，保持崛起国和主导国在权力分配上的巨大落差的结果是导致主导国与崛起国之间更加频繁的霸权更迭而非是一种稳定的世界秩序。只要在世界社会的无政府秩序状态，国际政治权力和国际权力分配在现实世界是由强者和国家实力决定的，而国家实力的增减又是波动的或边际性的，那么崛起国和主导国在权力分配上就不可能保持巨大落差，这不仅是因为国家实力的增减趋势在决定着国际权力分配，也因为保持崛起国和主导国在权力分配上的巨大落差，不仅不会促进国际政治格局的稳定，反而是两国发生冲突或者战争的根源之一，反之若崛起国和主导国在国际权力分配制度上是平等化的，两个竞争者的国家实力又是势均力敌的，那么崛起国通过军事手段取代主导国或主导国通过军事手段击败崛起国的可能性就会比较小，只要势均力敌的双方没有压倒一方的绝对优势，那么双方一般不会轻举妄动，刻意挑起事端，这意味着崛起国和主导国在权力分配平等与国家实力差异最小化情况下才能促进世界稳定。

那么言归正传，在世界社会的无政府状态和人类的历史发展进程中，崛起的新兴大国与已经衰落的霸权大国之间发生的权力转移在世界的历史发展中是否是不断循环的，是否是一场永无休止的权力斗争？我认为只要世界社会没有终结无政府秩序状态，世界各国没有进入一种对所有成员国具有平等的强制力、约束力及权威性的法治世界状态，那么崛起的新兴大国与已经衰落的霸权大国之间发生的权力转移在世界的历史发展中就是不断循环的，如历史序列中的 19 世纪初的法国霸权，19 世纪中后期的英国霸权，20 世纪初中期的德国霸权，20 世纪初中期的日本霸权，20 世纪中期的苏联霸权，20 世纪后期至今的美国霸权都具有不断循环的更替性，但这种不断循环的权力转移是否都会发展成一场永无休止的具有普遍性和必然性的权力斗争或军事对抗则是不确定的，因为即使世界社会处于无政府秩序状态，崛起的新兴大国与已经衰落的霸权大国之间的权力转移在满足我提出的那些情况或条件下很大可能通过和平方式和外交手段来完成"世界霸权"的交接。另外，奥根斯基在其著作中称，一般情况下崛起国与主导国之间的冲突不可避免，但英国与美国在历史上的霸权转移则成为"权力和平转移"的唯一案例。不少学者对此提出质疑。一些学者认为，英美之间虽没有发生过直接的大规模的霸权争夺战争，但并不代表两国权力转移的进程是和平的。我认为直接接手与已经衰弱的霸权大国（英国）的权力转移的新兴大国并不是逐渐崛起的美国而是快速崛起的纳粹德国，是纳粹德国通过军事手段夺取欧洲霸权，让英国感到主权和安全受到德国的军事力量威胁，才让英国不惜一切代价与之抗争到底的，这就造成英国与美国在历史上的霸权转移则成为"权力和平转移"的错觉或假象，其实此时与英国争夺霸权地位的是野心勃勃的纳粹德国，接着是纳粹德国与崛起的苏联进行军事较量。当然，除了纳粹德国，或者假设纳粹德国安分守己，快速崛起的苏联作为新兴超级大国也同样会挑战已经严重衰落的大英帝国的欧洲霸权，而且衰弱的英国也可能同样无法避免与苏联在欧洲大陆上发生军事对抗，只不过在那时期快速崛起的纳粹德国取代了相继崛起的苏联与英国的对抗，最后让纳粹德国成为对苏联和英国的国家安全构成威胁的共同敌人，后面才有了英国愿和苏联共同对抗纳粹德国。也就是说，如果当时没有纳粹德国这个共同的敌人，那么英国与苏联进行对抗的可能性很大，因为当时丘吉尔与斯大林在政治上都是强硬派，而且民主国家对社会主义国家的政治歧义很深，丘吉尔的"铁幕演说"和美国驻苏大使乔治·凯南1946年2月22日向美国国务院发送的一份长达8000字名为《苏联行动的根源》的电报就揭露和分析了苏联企图称霸欧洲和赤化世界的野心。这意味着在世界社会的无政府秩序状态，崛起的新兴大国与严重衰落的霸权大国之间通过和平的手段或方式实现霸权交接或权力转移的可能性很小，除非崛起的新兴大国和已经严重衰落的霸权大国处于以下几种状况之一，或者两国能够满足以下几个条件之一（或两个以上）：一是崛起的新兴大国与已经严重衰弱的霸权大国一直是盟友或是特殊和密切的合作伙伴关系，或者霸权大国已无实力与崛起的新兴大国进行有力的对抗。二是崛起国追求的是国际均势或权力平衡而非国家利益或国家权力的最大化，而且这点已经向已经严重衰弱的霸权大国声明。三是崛起国与主导国在权力、财富及安全等重要领域或方面在各取所需的国际交换机制中的替代性很弱，其他强国无法取代主导国给予崛起国的好处，如给予一套更有价值的国际政治秩序，或者也可以理解为，崛起国与主导国在通过专业化的国际分工和国际交换来实现各取所需的共需领域的具有长期稳定性或具备多元化合作。四是崛起国与主导国的共识领域并没有因为国际竞争而不断减少，两国之间也没有出现严重的政治歧义，在军事上也一直没有对抗动机或可能对彼此安全构成威胁的军事企图，两国之间的共需领域仍旧处于长期稳定发展、有增无减及积极互动的态势，而且崛起国取得霸权地位对已经严重衰落的主导国的不利影响相对较小。

那么崛起的新兴大国所需面对的国际挑战主要有哪些呢？这些挑战是如何影响崛起的新兴大国成功取代已经严重衰落的霸权大国的？在世界社会的无政府秩序状态，对任何崛起的追求国家权力或国家利益最大化的新兴大国而言，他想要在全球范围内获得大多数主权国家的支持和认可，首先要面对或者不能轻视的挑战就有：（1）崛起国的敌对国家对自己取代霸权大国的态度和立场。如果崛起的新兴大国的敌对国家们联合起来，千方百计阻止这个崛起的新兴大国取代已经严重衰落的霸权大国，那么这种敌对的国际势力对崛起国取得霸权地位的成功性将是不小的阻碍或威胁，一旦崛起国成功取得霸权，那么将对崛起国的敌对国家很不利。有些国家之所以一直与崛起的新兴大国为敌，通常不是两国之间存在影响深远的历史恩怨，就是两国在过去或现在存在无法解决和释怀的领土争端或军事冲突，或是这种崛起威胁到了对方的国家利益或国家安全，导致两国很难做出让步或者让一方妥协。（2）已经严重衰弱的霸权大国的盟友或密切的合作伙伴关系的态度和立场。如果崛起的新兴大国将在国家实力增长超过严重衰落的世界主导国之际必然取代他的霸权地位，那么只要这个严重衰弱的霸权大国的盟友和准盟友们提供的安全保障、关税优惠及一套很有价值的国际政治秩序的替代性很小或很弱，是其他国家或者是这个与已经衰落的霸权大国为敌的崛起的新兴大国无法提供或满足的，这个严重衰弱的霸权大国的盟友和准盟友挽救这个衰落的霸权大国的可能性就会很大，当然这等同于与崛起的新兴大国为敌的可能性，或者说是他们联合起来共同阻止这个新兴大国的崛起，以及千方百计阻止这个崛起的新兴大国的国家实力完全超过那个他们之前所依赖的但已经衰弱的霸权大国，从而取代其霸权地位的可能性也是很大的。除非这个霸权大国的衰落趋势到了他的盟友和准盟友们尽最大力也无法挽救的地步，而且这个严重衰弱的霸权大国已没有实力或能力再给他的盟友或准盟友们提供的安全保障、关税优惠及一套很有价值的国际政治秩序。或者已经到了挽救成本远超过从这个曾经的霸权大国所获得的各种好处的总价值的状态，又或者崛起的新兴大国承诺给予这个严重衰弱的霸权大国的盟友和准盟友们的各种好处的国际价值高于这个严重衰弱的霸权大国曾经所承诺给予他们的好处。（3）国家实力与崛起的新兴大国相差无几或不相上下的大国或强国的态度和立场。我们都知道与已经衰弱或严重衰弱的霸权大国的国家实力最为接近的崛起的新兴大国在未来是最有可能取代这个已经衰弱或严重衰弱的霸权大国的，但是在世界崛起的新兴大国可能不止一个。在此情况下，两个或两个以上的国家实力不相上下或半斤八两的新兴大国是有可能为了争夺霸权地位而大打出手的，无论在明里还是暗里。（首先，我们应该明白如果已经衰弱或严重衰弱的霸权大国的国家实力已经被世界次强的崛起的新兴大国赶超了，那么这个世界次强的崛起的新兴大国实际上就已变成了世界最强之国）这意味着留给崛起的新兴大国们的路只有三条：一条是各凭本事，共同竞争这个霸权地位（但结果可能是崛起的新兴大国们斗个鱼死网破或两败俱伤，谁也无法取得霸权，然后还是由这个已经衰落的霸权大国继续主导这个世界），另一条路是其他崛起的新兴大国给这个"世界次强"（实际上最强）的新兴大国做出妥协或让步，或者选择服从这个最强大国的领导。第三条路则是比较折中的，即其他理性的但国家实力较小的新兴大国既不与这个世界最强的新兴大国明争暗斗，争夺世界事务的主导权和领导地位，也不会选择依附或服从这个最强国家的领导，而是选择避免纷争，走独立自主的中立之路。

（4）与崛起的新兴大国缺乏共识或共需的存在文化隔阂、制度歧视、种族歧视、政治歧义及文化习俗不相同的其他主权国家的态度和立场。我认为有些主权国家或民族对崛起的新兴大国的"敌意"并非他们也觊觎主导世界的霸权地位，而是他们与这个崛起的新兴大国存在文化隔阂、制度歧视、种族歧视、政治歧义及利益冲突等问题，有些主权国家则因为缺乏共识或共需而选择独立自主的中立之路，不愿卷入争夺霸权之纷争。与这个崛起的新兴大国存在宗教隔阂或宗教歧视，比如佛教、伊斯兰教及基督教之间的文化、教义、教条、教理、仪式及信仰等方面的差异或冲突，或许弱小国家对崛起的新兴大国们而言，他们是信仰佛教，还是信仰基督教，或者是信仰伊斯兰教对他们而言并没有多大的重要性，但是对这些信仰不同宗教的弱小国家而言，主导世界的霸权大国是信仰佛教的主权国家，还是信仰伊斯兰教的主权国家，或是信仰基督教的主权国家对他们而言却比他们信仰何教更重要，或者更值得重视。同样的道理，对崛起的新兴大国们而言，本国人民和盟国信仰什么宗教，对他们主导世界和夺取霸权而言也相当重要，（尽管这可能不是一种决定性影响的必要条件）如信仰基督教的崛起的新兴大国在夺取主导世界的霸权过程中很大可能比信仰佛教的崛起的新兴大国或比信仰伊斯兰教的崛起的新兴大国更容易获得信仰基督教的其他国家的支持和认可，或者说崛起的新兴大国们在夺取主导世界的霸权中所必需的"世界支持率"可能与他们信仰什么宗教或奉行什么样的政治体制是相关联的，当然这不是定律，如同样信奉基督教的英国与法国、德国与法国及德国与英国也有过战争。同样的道理，信仰佛教的崛起的新兴大国在夺取主导世界的霸权过程中很大可能比信基督教的崛起的新兴大国或比信仰伊斯兰教的崛起的新兴大国更容易获得信仰佛教的其他国家的支持和认可，或者说崛起的新兴大国们在夺取主导世界的霸权中所必需的"世界支持率"可能与他们信仰什么宗教或奉行什么样的政治体制是相关联的，当然这不是定律，如中国和日本及印度等奉行佛教的主权国家之间也不乏冲突或者对抗。又是同理，信仰伊斯兰教的崛起的新兴大国在夺取主导世界的霸权过程中很大可能比信基督教的崛起的新兴大国或比信仰佛教的崛起的新兴大国更容易获得信仰伊斯兰教的其他国家的支持和认可，或者说崛起的新兴大国们在夺取主导世界的霸权中所必需的"世界支持率"可能与他们信仰什么宗教或奉行什么样的政治体制相关联的。当然这不是定律，信仰伊斯兰教的主权国家之间也发生过不少冲突或者战争，如伊土战争、两伊战争及伊朗与沙特的明争暗斗等。这意味着对崛起的新兴大国们而言，信仰什么样的宗教或改信何宗教未必就能成功获得信仰该教的大多数国家的支持，所以信仰何教或改信何教绝对不能成为有利新兴大国提高"世界支持率"的关键因素或主要手段来对待，反而崛起的新兴大国们自身采取什么样的政治体制对那些没有国家实力争夺主导世界的霸权地位的其他主权国家而言更加重要，也就是说崛起的新兴大国自身所采取的政治体制可能比宗教信仰更加影响"世界支持率"的高低。

如果在世界的历史发展中资本主义国家与社会主义国家，民主国家与非民主国家及发展中国家与发达国家在政治或经济或军事上出现敌对或冲突，以致在世界范围内形成两个阵营，如北约组织与华约组织或欧美阵营与苏联阵营，那么崛起的新兴大国们是属于资本主义国家，还是社会主义国家，是属于真正的民主国家，还是非民主国家，是属于发达国家还是发展中国家，对那些没有足够的实力争夺主导世界的霸权地位的其他弱小的国家而言显然要比这些崛起的新兴大国信奉什么样的宗教更重要得多。对取得主导世界的霸权地位的崛起的新兴大国与世界上的其他主权国家而言，那么这种崛起的新兴大国自身采取什么样的政治体制将影响世界上的其他主权国家对这个崛起国的世界支持率就可能属于一种名副其实的"制度歧视"。也就是说，只有世界上的其他主权国家支持和服从某个崛起的新兴大国取代已经衰落的霸权大国主导世界看重的并非他们自身采取什么样的政治体制，而是更重要的实力、国格及才能，世界上的其他主权国家才没有"制度歧视"。但是，我认为世界上的其他主权国家对任何崛起的新兴大国自身所采取的是什么样的政治体制存在"制度歧视"或"制度偏好"，从而改变或影响这个崛起的新兴大国在夺取主导世界的霸权地位中所需的世界支持率的高低是正常的。因为世界上的其他主权国家有这种政治偏好或制度偏好也是正常，一般来说这些没有实力争夺主导世界的霸权地位的大多数主权国家偏好或倾向于支持与自身的政治体制或政治制度相同的崛起的新兴大国夺取主导世界的霸权地位也是很正常的，这或许是因为部分主权国家认为崛起的新兴大国自身所采取的是什么样的政治体制，在他成功夺取主导世界的霸权之后也同样会采取这种政治体制来决定国际权力和全球利益的再分配。另一部分主权国家之所以支持或认可某个崛起的新兴大国夺取主导世界的霸权地位可能纯粹是出于自身的政治偏好或制度偏好，因为这些主权国家与这个马上主导世界的霸权大国拥有相同的政治体制或政治信仰，或者说这可能是一种纯粹的政治偏好或制度偏好，尽管支持这个夺取主导世界的霸权地位的新兴大国自身所采取的政治体制或政治制度与这些支持他的主权国家的政治体制不同。还有一部分主权国家之所以明确支持或认可某个崛起的新兴大国夺取主导世界的霸权地位，那是因为这些主权国家不是这个崛起国的盟友，就是准盟友，或者是关系密切的合作伙伴。我认为无论哪个崛起的新兴大国最终取代已经衰落或严重衰弱的霸权大国主导世界的霸权地位，只要这个未来的霸权大国有实力和权力制定或改变国际交换机制、国际竞争规则、国际制度、国际权力的分配及全球利益的重新分配，那么对于将来取代已经衰落或严重衰弱的霸权大国主导世界的霸权地位的崛起的新兴大国是民主国家，还是非民主国家，是资本主义国家，还是社会主义国家，是发达国家，还是发展中国家对世界上的其他国家而言就不是无足轻重或无关紧要的了。只要以下情况有很大的可能发生：（1）只要非民主国家取得世界主导权会严重威胁民主国家在世界的利益分配和权力分配。反之，只要民主国家取得世界主导权会严重威胁非民主国家在世界的利益分配和权力分配。（2）只要社会主义国家取得世界主导权会严重威胁资本主义国家在世界的利益分配和权力分配，反之，只要资本主义国家取得世界主导权会严重威胁社会主义国家在世界的利益分配和权力分配。（3）只要发达国家取得世界主导权会严重威胁落后的发展中国家在世界的利益分配和权力分配，反之，只要落后的发展中国家取得世界主导权会严重威胁发达国家在世界的利益分配和权力分配。如果崛起的新兴大国对某些主权国家的民族存在种族歧视，那么被其歧视的民族或种族不可能支持这个崛起的新兴大国夺取主导世界的霸权地位，也就是说，崛起的新兴大国将对某些主权国家的民族或种族存在歧视的国家行为必然会降低他夺取主导世界的霸权的世界支持率。比如纳粹德国在夺取主导欧洲事务的霸权中的反犹太人和屠杀犹太人的灭绝人性行为就不可能获得世界上的全部犹太人和大多数主权国家的支持，又如日本帝国主义入侵中国，对中国平民展开惨无人道的屠杀行为就被世界华人所仇恨，所以从他入侵亚洲，企图夺取主导亚洲事务的霸权的卑鄙行为，就不可能获得亚洲大多数主权国家的支持或服从。这意味着无论是非正义的侵略战争，还是殖民战争，或是种族歧视，都会降低崛起的新兴大国图谋主导世界事务的霸权地位的世界支持率，甚至还可能遭到被侵略或殖民的国家的对抗。或许有人会认为：崛起的新兴大国在夺取主导世界事务或任何大洲的霸权地位时，是否能够获得世界上最大多数主权国家的支持和认可其实并不重要。我认为这对于任何奉行强权法则的新兴大国，如像纳粹德国、日本帝国主义及前苏联那样的具有侵略性威胁的新兴大国而言确实不重要，甚至可以直接忽略。但是，诸位是否想过，无论是古代，还是现代，任何崛起的新兴大国忽略或轻视是否能获得世界上最大多数主权国家的支持和认可的情况下，使用强权手段夺取主导世界事务或任何大洲的霸权地位之后所建立的帝国都不会长久不衰，无论是曾经不可一世的蒙古帝国、波斯帝国、亚历山大帝国，还是大汉王朝、阿拉伯帝国、俄罗斯帝国，或是大英帝国和现代极盛时的苏联。尽管他们的硬实力在征服世界或某大洲的过程中一直占据绝对性优势，但却也不足以征服全世界，夺得严格意义上的世界霸权，而无论是这些帝国失去国内民心，还是失去世界上大多数主权国家的支持和认可，或是在战争中失去最杰出的军事领导，对他们来说可能是致命的，这些不利的内部因素和外部因素可能导致政权割据和帝国分崩离析。另一严重影响"世界支持率"的是崛起的新兴大国与世界上的其他主权国家产生或存在的政治歧义，而引发政治歧义的根本原因在包括崛起的新兴大国与世界上的其他主权国家缺乏统一和权威的道德共识、世界共识、权利共识、义务共识及安全共识，导致发生分歧和利益冲突。而崛起的新兴大国和世界上的其他主权国家难以产生统一和权威的世界观、道德观、权利观及义务观等，这显然不利于崛起国主导世界事务。这意味着无论是崛起的新兴大国与敌对国家之间的政治歧义，还是已经严重衰弱的霸权大国的盟友或密切的合作伙伴与崛起的新兴大国之间的政治歧义，或者是崛起的新兴大国与国家实力相差无几或不相上下的守成强国之间的政治歧义都会影响崛起的新兴大国夺取主导世界事务的霸权地位所需要的"世界支持率"。

最后是，如果崛起国的敌对国家对自己取代霸权大国的态度和立场，已经严重衰弱的霸权大国的盟友或密切的合作伙伴关系的态度和立场，国家实力与崛起的新兴大国相差无几或不相上下的大国或强国的态度和立场，以及与崛起的新兴大国缺乏共识或共需的存在文化隔阂、制度歧视、种族歧视、政治歧义及文化习俗不相同的其他主权国家的态度和立场，会影响崛起的新兴大国取代已经衰落的霸权大国主导世界的领导权，而对两个以上的崛起的新兴大国而言，获得世界最大多数国家的支持和认可又是不可或缺的，那么能够获得世界上大多数主权国家的支持的新兴大国在霸权争夺战获胜的可能性就会比较大。当然，要想使这几种类型的主权国家支持崛起国取得主导世界的霸权地位，崛起的新兴大国向这些敌对或不友好的主权国家明确所采取的权力分配制度就是必要之举。否则将很难改变这些国家的态度和立场，让他们支持自己的霸权事业，除非他们认为支持崛起国取得主导世界的霸权对他们更有利可图。既然崛起国取代主导国后的权力分配制度会影响世界支持率，那么只有取代主导国的崛起国所采取的国际权力分配制度和全球利益的重新分配对他们而言更有利可图时，崛起国才可能改变这四种类型的主权国家的态度和立场，让他们支持或认可自己取得主导世界的霸权地位，但问题是崛起国不能后发显示和传递权力分配制度的信息，崛起国应该提前向世界各国表明：如果他当上主导世界事务的领导国，他将承诺采取何种权力分配制度，以杜绝各种猜疑引起的反抗情绪和世界动乱。崛起的新兴大国在霸权争夺战或在取代已经衰落的霸权大国的竞争中提高世界支持率是否重要？我认为这主要取决于世界发展的文明程度，在野蛮的封建社会，崛起的新兴大国与守成大国之间，或崛起的新兴大国之间夺取霸权主要靠的是硬实力，而不是世界民意或是软实力；也可以说，在野蛮的古代社会，在霸权争夺战中，是否能够获得世界上获得最大多数国家或邻邦的支持其实并不重要，重要的是自身是否拥有夺取地区或世界霸权的硬实力。这意味着在霸权争夺战中，能够获得世界上获得最大多数主权国家的支持和认可的重要性既取决于世界发展的文明程度，也取决于霸权稳定是否与能够获得世界上获得最大多数主权国家的支持和认可相关，如果在霸权争夺战中，没有或失去获得世界上最大多数国家的支持和认可将不利于主导世界的霸权大国的霸权稳定，那么无论是崛起的新兴大国，还是守成的霸权大国都不可能忽略或轻视世界公意的价值，在这种情况下，霸权稳定与世界支持是挂钩的。也就是说，世界发展的文明程度越低，那么在崛起的新兴大国之间或与守成的霸权大国的霸权争夺战中，能够获得世界上获得最大多数主权国家的支持和认可将是次要的，或者说不能成为影响霸权争夺战的成功和失败的重要因素，在这种情况下，国家实力的大小或强弱才是决定霸权争夺战的成功和失败的最重要因素，或者说依赖具有压倒性的国家实力成功取得主导世界的霸权地位比赢得世界支持更突出重要。反之，世界发展的文明程度越高，那么在崛起的新兴大国之间或与守成的霸权大国的霸权争夺战中，能够获得世界上获得最大多数主权国家的支持和认可将是主要的，或者足以成为影响霸权争夺战的成败的决定性因素，而国家实力的大小或强弱则是次要的。在这种情况下，世界支持和国家实力在霸权争夺战中对成功和失败的影响力可能足以相提并论，或者说依赖具有压倒性的国家实力在取得主导世界的霸权地位的竞争中将与赢得世界支持同等重要。在这种情况下，实现霸权稳定是既取决于保持在世界占优的硬实力，也取决于能否一直获得世界上大多数国家的支持，而不再单纯取决于国家实力的强弱了。那么是不是可以说，世界发展的文明程度越高，国家实力在崛起的新兴大国之间或与守成的霸权大国的霸权争夺战中的影响力和价值将会有所削弱或减少呢？我认为只要世界社会仍处于无政府状态，那么国家实力的强弱在任何霸权争夺战中将一直占据主导地位，只不过能否获得世界上大多数主权国家的支持和认可对霸权地位的合法性的影响可能才是决定性的。当然了，一旦世界社会进入有政府秩序的法治世界状态，那么世界合众国不可能或还允许任何霸权存在于这个法治世界。尽管国家实力的强弱比拼在任何霸权争夺战中将一直占据主导地位，但是随着世界发展的文明程度越高，世界支持率在霸权争夺战中对成功和失败的影响力和地位及价值将会大幅度提高，甚至世界支持率的总体价值还可以达到与国家实力相提并论的地位和影响力，这样霸权主义最终将走向历史的终结。

　　既然随着世界发展的文明程度越高，世界支持率在霸权争夺战中的对成功和失败的影响力和价值及价值将会大幅度提高，甚至可以达到与国家实力相提并论的地位，那么崛起的新兴大国提高世界支持率的必要条件又有哪些呢？我认为以下几种行为要素或行为条件有助于崛起的新兴大国在夺取霸权中提高世界支持率，从而提高夺取主导世界事务的霸权地位的成功率。一是硬实力；崛起的新兴大国具备压倒其他竞争对手或守成大国的国家实力才可能在霸权争夺战中取得最终的胜利，而硬实力既可用于威慑别有用心的国家，又可给其盟友或准盟友提供稳定的安全保障，还能用于保障自身的权利。试问，世界上又有哪些国家会愚蠢到愿意支持一个软弱无能的连自己的权利与安全也无法保障，更别提保护支持他的其他国家的安全与权利的弱小国家去争夺主导世界的霸权？毕竟即使世界发展的文明程度很高，在世界社会的无政府秩序状态，国家实力的大小或强弱也是决定霸权争夺战的成败的决定性力量。二是软实力；崛起的新兴大国除了需要具备在世界占优的具有压倒性的硬实力之外，还需要具备能够吸引世界各地人才汇聚于此和愿意为其效劳的软实力，而软实力就包括崛起的新兴大国在世界上比其他主权国家更享有特殊的制度优势、文化优势、教育优势及地理位置优势。三是巧实力；巧实力是软实力和硬实力的混合体，但硬实力和软实力在巧实力所占的比例具体是多少具有因时因地因势制宜性。另外，在实践活动中，巧实力还可以理解为介于硬实力和软实力之间的一种比较灵活的实力运用策略或合理规划。又或者说巧实力是软实力和硬实力在灵活的策略上实现巧妙结合或合理规划后的实质力量。而巧实力在外交政策方面的实践和应用就包括以下原则：现实与道义结合原则，制衡与威慑结合原则，以及软硬兼施的战略原则。然后再根据国际关系的层次和属性来决定对外政策的属性和特征，在面对非正义的侵略战争占据正义的道德制高点或道德主导权，根据比较优势理论来建立各取所需的国际交换机制及有助于实现国际均势或权力平衡的外交原则等。只要巧实力的比例配置和运用方式会影响世界公意的表达和政治倾向，那么道德不作为就是一个不利于崛起的新兴大国赢得世界上大多数国家支持的理想选项，毕竟世界各国都不希望一个不负责任、没有担当及缺乏正义感的新兴大国来主导世界事务，让他成为各国愿意服从的"世界领导"。四是权力分配制度。崛起的新兴大国要想改变世界上其他主权国家的敌对态度和立场，让他们转而支持自己取得主导世界的霸权地位就有必要事先向世界明确以后采取何种模式的权力分配制度，但问题是崛起国不能后发显示，否则世界上的其他国家不可能知道这个崛起国成功夺取主导世界的霸权后将采取哪种权力分配制度。当然了，如果最有可能取得主导世界的霸权地位的新兴大国采取的是独裁或专制的权力分配制度，那么这种具有高度集权性质的霸权主义倾向将不利于他获得更高的"世界支持率"。

也就是说，如果崛起的新兴大国取得主导世界的霸权之后采取的国际权力分配制度是中央集权的，具有专制或独裁的世界政治垄断性质的，那么他必须会失去世界上大多数国家的支持。反之，如果崛起的新兴大国取得主导世界的霸权之后采取的国际权力分配制度是民主平等的，那么他就能获得世界上大多数国家的支持认可。五是权力转移方式。无论是在国内还是在国际，文明程度越低或道德发展越落后，那么权力的转移和分配的方式就会越野蛮和霸道，就会有更多的强制性和征服性，也会有更多的杀戮和冲突发生。反之，文明程度越高或道德发展越进步，权力的转移和分配的方式就会越民主和平等，也会更讲究积极地遵守和捍卫自愿同意原则。由于权力的转移分式和分配制度越野蛮和霸道，就会有更多的强制性和征服性，所以一旦崛起国采取这种卑鄙和残酷的权力转移分式和分配制度来主导世界，那么他这种不尊重各国主权和领土完整的国际权力分配制度不可能在霸权争夺战中赢得世界上大多数国家的支持。这意味着权力的转移方式和分配制度应该从强迫向自愿、从征服向同意、从野蛮向文明过渡，只有这样才能在霸权争夺战中赢得世界上大多数国家的支持，只有取得世界上其他主权国家的服从靠的不是卑鄙无耻的强权手段或非正义的军事手段，而是对自愿同意原则的遵守和贯彻，才可能使主导世界事务的霸权地位稳固。六是权力制约方式。如果说国际权力的转移方式和分配制度能够决定世界支持率的高低，那么更加具体的国际权力的制约方式或体制显然能够防止因世界霸权的过度集中而产生的专制或独裁。也就是说，能够制衡霸权大国的国际权力分配制度和制约方式必然能够获得世界上大多数国家的支持和认可，从而提高崛起的新兴大国夺取主导世界的霸权地位的成功概率，而让任何崛起国取代已经衰落的霸权大国独享霸权或者让世界权力过度集中在任何霸权大国身上必然是不受世界上的大多数国家赞同的。这意味着最有可能在霸权争夺战中取得最终胜利的新兴大国采取三权分立比采取独裁或专制的中央集权来决定国际权力的分配制度更能赢得世界上大多数国家的支持和认可。但是，在现实世界，主导世界的霸权与权力分配的相互制约、民主政治及三权分立显然是对立或冲突的，如果崛起的新兴大国千方百计取代已经衰落的霸权大国，或者说崛起的新兴大国之间夺取已经衰落的霸权大国的主导世界事务的霸权地位，不是为了享受这独一无二的"世界霸权"，而是愿意与世界上的其他主权国家进行平等分享，那么这种平等分享"世界霸权"的权力转移方式，或者根据民主政治规则决定的国际权力分配就不再是一种夺取世界霸权的斗争过程，而且这个被某个崛起的新兴大国取得的"世界霸权"，但是又通过民主平等的政治规则来决定国际权力的平等分配和全球利益的协调分配的过程就是霸权的历史终结，而不是重启循环。如果任何崛起的新兴大国最终夺取主导世界的霸权之后都必须遵守通过民主平等的政治规则来决定国际权力的平等分配和全球利益的协调分配这一具有强制力和约束力及权威性的世界通则，那么世界上就不可能再有崛起的新兴大国不惜一切代价去夺取这个没有霸权之实的头衔，毕竟不这样做，他也能够国际权力的平等分配和全球利益的协调分配带来的各种好处。在这种情况下，关于"崛起的新兴大国取代已经衰落的霸权大国在霸权争夺战中是不断循环的，是一场永无休止的权力斗争"的结论将进入历史终结的尾端。也就是说，争夺任何霸权的权力斗争将因这种任何崛起的新兴大国最终夺取主导世界的霸权之后都必须遵守通过民主平等的政治规则来决定国际权力的平等分配和全球利益的协调分配这一具有强制力和约束力及权威性的世界通则而进入历史终结的新世界秩序中，而崛起的新兴大国之间或与已经衰落的霸权大国或守成大国，已进入通过民主平等的政治规则来决定国际权力的平等分配和全球利益的协调分配这一具有平等的强制力和约束力及权威性的法治世界状态。七是能力与经验。影响崛起的新兴大国在霸权争夺战中的世界支持率，当然除了必须具备在世界绝对占优或具有压倒性的国家实力之外，还必须具备解决和处理各种国际事务、全球问题、国际冲突及国际矛盾的政治才能和经验，如果只有世界绝对占优或具有压倒性的国家实力，而没有解决和处理各种国际事务、全球问题、国际冲突及国际矛盾所必需的政治才能和经验，成为世界霸主也是沐猴而冠，霸权地位迟早会被这方面更有能力和经验的崛起国夺去。试问，如果某个崛起的新兴大国成功取得主导世界事务的霸权地位之后却没有能力帮助世界上那些支持他夺取世界霸权的主权国家解决和处理他们所涉及的各种国际事务、全球问题、国际冲突及国际矛盾，那么这些国家还愿意支持他？八是无论是占据道德优势或道德制高点，还是国际上的道德不作为，或是处于道德劣势，在霸权争夺战中对能否获得世界上大多数国家的支持和认可都是至关重要的。无论是已经成功夺取主导世界事务的领导权的新霸权大国而言，还是对处于霸权争夺战的途中的崛起的新兴大国而言，或是对已经取得"世界霸权"但又想霸权永固的霸权大国而言，道德优势或道德因素对世界支持率的高低的影响通常是决定性的关键因素，发动侵略战争或殖民战争，以及随便侵犯其他国家的合法权益显然会使他在世界社会上失去世界上大多数国家的支持，也就是世界民心。

其实在国际政治领域还出现一种错觉或错误的分析，那就是有些学者认为：只要崛起国的国家实力超过了严重衰弱的主导国，就不假思索地直观认为崛起国必然可以成功取代主导国，就真正有能力和经验接手这个世界。首先国家实力的计算和比拼可能与事实存在很大的出入或误差，其次是崛起国的国家实力超过了严重衰弱的主导国是发生在这个霸权大国衰落时期的，而不是发生在这个霸权大国的巅峰期的，或者说是崛起的新兴大国的国家实力实际上并没有超过守成的霸权大国原初取得霸权所必需的国家实力。假如，守成的霸权大国原初取得霸权所必需的国家实力是 Aa3，在巅峰期的国家实力是 Aa5，那么在守成的霸权大国的国家实力严重衰落成 Aa1 时，崛起的新兴大国的国家实力即使达到了 Aa2，超过已经严重衰落的霸权大国，崛起的新兴大国的实际国力也没有达到这个已经严重衰落的霸权大国原初夺取所必需的国家实力 Aa3 的地步，更不用说超过这个曾经处于巅峰期的完全享有主导世界事务之实力的霸权大国。所以我们不能认为崛起的新兴大国的国家实力在主导世界的霸权大国的衰落期超过了他，就天真认为崛起国已经具备完全取代霸权大国和主导这个世界事务的国家实力。九是国格和心胸。崛起的新兴大国的国格和心胸显然会影响他在霸权争夺战中的世界支持率，如果他在霸权争夺战中需要赢得世界上大多数国家的支持和认可，就需要促使那些敌视或歧视他的国家的态度和立场发生改变，即使无法让那些与之敌对或歧视的国家的态度和立场发生支持他夺取主导世界的霸权的转变，起码也要弱化这些源自其他国家的歧视或敌对。来自世界上其他国家对崛起的新兴大国的歧视和敌意可能需要伟大的国格和包容的心胸而不是野蛮霸道的军事手段来消除，因为后者极易引发更强烈的反抗情绪或更恐怖的军事报复。所从无论是夺取主导世界事务的霸权地位所采取的手段，还是成功夺取霸权后对其他国家采取的对外政策都是极考验这个世界最强的新兴大国的国格和心胸，如崛起国是否心胸狭隘，对曾经歧视或敌视他的国家进行卑鄙的报复等。十是人道主义援助。作为世界上最强大的国家之一，崛起的新兴大国要想在霸权争夺战中取得最终的胜利，那么他们在其他国家面临困难时伸出援手，主动或积极地给予对方所必需的人道主义援助，处于道德制高点就可以提高他的世界支持率。也就是说，做一个有仁慈博爱的霸权大国与做一个自私的霸权大国的区别是，前者会赢得世界上大多数国家的支持和尊重，而后者则会失去世界上大多数国家的支持和尊重。当然了，人道主义援助并不是收买人心和拉选票的一种政治手段，而是对崛起的新兴大国而言，无论他是否成功夺取主导世界的霸权，他依旧能够自觉地不计得失地援助那些困难的急需帮助的弱小国家，只不过成功夺取主导世界的霸权之后，身上的责任更重大了，对弱小国家需要投入更多的关注和帮助，而不是为了拉拢他们。如果，只有弱小国家支持和帮助崛起的新兴大国夺取主导世界的霸权地位，这个崛起国才愿意在成功夺取主导世界的霸权之后，才愿意仅给支持和帮助过他的国家提供某些援助的话，那么这些援助绝对不是出于霸权大国的仁慈之心，而是属于一种霸权大国带有胁迫性的不平等的国际政治交换。

我认为在世界霸权争夺战中，不管是发生崛起的新兴大国之间，还是在崛起的新兴大国与守成霸权大国之间，或者在崛起国与已经衰落的主导国之间，对任何崛起的新兴大国而言，长期坐稳主导世界事务的霸权地位明显要比一开始取得主导世界事务的霸权地位所面临的国际挑战或困难更大，而要实现坐稳霸权之位就必须做到三点：（一）取得霸权地位的主导国的硬实力和软实力在激烈的国际竞争中必须始终保持占优状态，使现在和未来崛起的新兴国家的国家实力无法超越自身，或对其构成威胁，要做到这一点主导国就必须像美国那样成为世界人才汇聚的中心，只有这样才不会影响到巧实力的充分发挥。（二）取得主导世界事务的霸权地位的主导国与其那些国家实力比较强的主权国家在安全、权力、财富等重要领域或方面的替代性必须足够小或弱，使未来崛起的新兴大国和这些比较强大的主权国家无法在安全、权力、财富等重要领域或方面通过专业化的国际分工和国际交换来实现各取所需的世界机制中轻易取得主导权。也就是说，霸权大国务必使这些强国或大国对自身的依赖有增无减，起码保持不变的状态。（三）所谓不得民心者得天下，无论是崛起的新兴大国之间争夺主导世界的霸权地位，还是崛起的新兴大国与守成大国争夺主导世界的霸权地位，或是崛起的新兴大国与已经衰落的霸权大国之间争夺主导世界的霸权地位，谁能够赢得世界上大多数主权国家的支持和认可，那么他夺得主导世界事务的霸权地位的成功率就会比较大，所以能否长期占据道德优势对稳定主导世界的霸权地位至关重要。也就是说，谁能夺得主导世界事务的霸权之后，谁能长期获得世界上大多数国家的支持和认可，做好维护世界秩序的世界警察，并尽到维护世界和平和伸张世界正义的责任，注重现实与道义结合，长期占据道德优势，那么他的霸权地位就会比较稳固，除非他的国家实力已经严重衰落。最后需要补充的是关于权力转移的方式，权力的分配方式及权力是否受制约是如何影响崛起的新兴大国在霸权争夺战中在成功夺取主导世界事务的霸权之后实现霸权稳定所必需的世界支持率的分析。

A：影响权力转移的进程
方式：和平或战争
反对：战争、暴力、强制、威胁
策略：没有实力，但可以通过联合其他国家实现制衡或遏制目标，以此反对或阻止崛起国夺取主导世界的霸权
结果：世界支持率低

赞同：自愿、和平、民主、平等
策略：国家之间的权力转移或主权让予从霸权模式转向遵守自愿同意原则，而且世界权力的转移是通过民主与和平的外交手段而非通过军事征服来实现的
结果：世界支持率高

B：影响权力分配的进程
体制：民主或非民主
反对：非民主或不平等
策略：没有实力，但可通过联合其他国家实现制衡或遏制目标，如一起阻止霸权大国采取非民主或不平等的权利分配制度，或者共同拒绝服从其领导等
结果：世界支持率低

赞同：民主或平等
策略：所有主权国家共同通过民主和平等的政治体制来实现世界政治权力的平等分配，促进全球利益的协调分配
结果：世界支持率高

C：影响权力制约的进程
制度：三权分立或中央集权
反对：中央集权
策略：没有实力，但可通过联合其他国家实现衡衡或遏制目标，以防止霸权大国的世界权力过度集中而不受制约

结果：世界支持率低

赞同：三权分立

策略：霸权模式向民主政治转变，让行政权和立法权及司法权处于相互制约和彼此独立的平衡状态，让世界其他国家掌握立法权，主导国则掌握行政权

结果：世界支持率高

从时间上来看日不落帝国的欧洲霸权（16 世纪～19 世纪末）是在一战后被崛起的纳粹德国取代的，而二战时期的德国霸权是被一战后崛起的苏联和美国终结的，而苏联霸权则是在冷战结束后被二战后快速崛起的美国所终结的，在这里取得弱意义上的世界霸权最长时间的是英国，其次是美国（目前来讲），然后是苏联，最后是纳粹德国。但无论是纳粹德国的欧洲霸权，还是日本帝国主义的亚洲霸权在实力方面都是有洲际局限性的，他们离强意义上的世界霸权还甚远。苏联取得的弱意义上的世界霸权的时间先于美国，这很大程度上是二战前期的美国经济大萧条在时间上阻碍了美国先一步比苏联取得主导世界事务的话事权，而此时苏联正为第一个五年计划所取得的经济成果洋洋得意。尽管如此，在这段苏联最鼎盛的巅峰时期，也是苏联与美国"共享"世界霸权的，因为此时美国已完全享有与之并驾齐驱的国家实力，在实力比拼上，美国无法完全凌驾于苏联之上，苏联也无法完全凌驾于美国之上。美国最终取得主导世界事务的霸权地位是在与苏联的冷战中击败苏联后取得的。但无论是继英国霸权之后的德国霸权，还是继德国霸权之后的苏联霸权，或是继苏联霸权之后的美国霸权都不算严格意义上的世界霸权，因为他们并不具备压倒性或绝对性的征服世界所有国家所必需的硬实力，所以霸权在实力上有洲际局限性。

比较 19 世纪初的法国霸权，19 世纪中后期的英国霸权，20 世纪初中期的德国霸权，20 世纪初中期的日本霸权，20 世纪中期的苏联霸权，20 世纪后期至今的美国霸权，我们会发现：这些大国取得地区霸权或世界霸权的政略和战略都是不同的，而且动机与手段皆有很大差异。但多数都使用具有侵略性威胁的强制性权力和硬实力来达到目的，只有美国一直在避免使用代价高昂的硬实力。所以相比之下，德国霸权和日本霸权最具有侵略性威胁，法国霸权次之，再者是苏联霸权，法国霸权、德国霸权、日本霸权及苏联霸权取得地区性霸权地位的手段

都靠军事侵略和强权政治彰显，与之相反的美国霸权则最乏侵略性威胁，其次是企图殖民欧非亚大陆的发展中国家的英国霸权。也就是说，德国霸权和日本霸权的侵略性威胁大于法国霸权，法国霸权的侵略性威胁大于苏联霸权，苏联霸权的侵略性威胁又大于英国霸权，英国霸权的侵略性威胁又大于美国霸权。事实上没有哪个大国有实力征服世界上的全部国家，特别是不友好的敌对国家，取得世界霸权地位，哪怕是现在最强大的美国也不可能做到，所以不管是 19 世纪初的法国霸权，19 世纪中后期的英国霸权，20 世纪中后期的苏联霸权，20 世纪初中期的德国霸权，20 世纪初中期的日本霸权，还是 20 世纪末至今的权力范围和势力范围最大的美国霸权，在实力方面都是一种具有洲际局限性的地区霸权，而不是全世界范围内的至高无上的世界霸权。这种大国之间的"侵略性威胁"对重视国家安全的中美俄三边关系而言同样现实：从中国视角看待三边关系会得出美国对中国的侵略性威胁大于俄罗斯的结论（尽管从历史的角度来看俄罗斯的威胁大于美国），从俄罗斯视角看待三边关系会得出美国对俄罗斯的侵略性威胁大于中国的结论，从美国视角看待三边关系会得出俄罗斯的侵略性威胁大于中国的结论。由于目前中国的政略和战略没有霸权主义倾向或帝国主义动机，所以中国威胁论对美国而言并不成立，自然就没有遏制中国发展的正当理由，相反俄罗斯的"侵略性威胁"和对外扩张更值得美国政府的担忧和关注。只要在世界历史上根据发动侵略战争的次数和频率、吞并的土地、掠夺的资源、颠覆的政权等数据和历史经验来评估"侵略性威胁"的可置信程度是客观有效的，那么"俄罗斯威胁论"在亚欧大陆对其他国家，特别是对东欧邻国而言就更可信或更现实。尽管霸权主义国家的对外扩张往往具有对他国安全构成进攻性威胁，但每个主权国家对待至高无上的"世界霸权"可谓是又爱又恨，爱的是每个主权国家都希望取得世界霸权地位，享受霸权地位所带来的种种好处或特权，恨的是国家没有实力取得世界霸权，让霸权地位落到该国所厌恶或会对本国的主权和领土完整及安全构成安全威胁的敌对大国手中。比如民主家恐惧非民主国家取得地区霸权或世界霸权，社会主义国家恐惧资本主义国家取得地区霸权或世界霸权，资本主义国家恐惧社会主义国家取得地区霸权或世界霸权，民族主义国家恐惧超国家主义国家取得地区霸权或世界霸权，超国家主义国家恐惧民族主义国家取得地区霸权或世界霸权等等。"世界霸权地位"尽管很吸引人，但同样也是一个危险的"烫手山芋"，所以并不是每个主权国家都有能力或实力接取的，或者说根本没有任何大国有足够的实力或充分的能力取得至高无上的世界霸权，哪怕是最鼎盛时期的美国或苏联，也不可能享有征服全世界的压倒性实力。如果处理不好国家间的国际关系，为了追求国家权力和国家利益最大化而不惜与世界各国为敌，不择手段，那么就必然会招致群起而攻之的局面，希特勒、墨索里尼、斯大林曾一度想取得控制欧洲的霸权地位，日本也一度想取得控制亚洲的霸权地位，但结果都以失败告终。这意味着不管是通过军事侵略，还是通过政治强权和经济强权夺取地区霸权都会被对其他国家的主权和领土完整及安全构成威胁所组建的国际制衡联盟或世界反侵联盟击败，美国就是吸取了这一历史教训，才不敢妄想通过军事手段或政治强权来征服美洲各国，建立美洲霸权或西半球霸权。因为他明白：不管是取得地区霸权，还是世界霸权，都要具备足够充分的硬实力和软实力（主要是有足够吸引世界各地人才的制度优势、教育优势及文化优势）及赢得世界上大多数主权国家的支持和认可，而仅具备所需的硬实力是远远不够的，这根本无法维持和巩固其取得的霸权地位，通过硬实力征服其他国家来获取地区霸权或世界霸权所遭遇的抵抗自古以来都是最顽强的，代价也最大，而通过软实力来让其他国家服从和依附所取得的对世界领导地位的承认、支持及信任则会相反，因为后者获取地区霸权的方式不仅更文明，所遭遇的各种抵抗也会最小，代价也最小。而且长期穷兵黩武的对外扩张极损耗国力，强大的亚历山大帝国、波斯帝国、罗马帝国、汉帝国、蒙古帝国、日不落帝国等大多数跨洲性帝国由盛转衰就是例子，所以在自愿情况下得到其他国家的承认、支持、信任美国的世界领导地位就变得非常重要，这远比通过代价高昂的军事手段来胁迫其他国家服从美国的世界领导地位的代价要小很多，也更理想，这就是一种"软实力占优策略"。这正是苏联霸权与美式霸权的明显区别，苏联在政治、经济及军事上对所有成员采取的是高度集权和独裁的国际专制政体，美国则让很多盟友保留了高度的自治和独立及自由，而且不再试图通过军事力量来让他们服从，美国只是希望盟友在做出重大的国际决策或制订特殊的对外政策时能够先征求自己的意见，而具有霸权主义倾向的苏联则与美国相反，其中最重要的原因有三：一是苏联内部存在严重的人治问题和霸权政治。二是专制和独裁的极权主义将导致低效的中央计划经济体制。三是极权主义国家的人治原则重于或高于建立在民主政治基础上的法治原则。

那么当美国衰落时，中国和俄罗斯，谁更有可能取代美国，成为主导世界的领导者呢？首先，无论取代美国的是哪个崛起的新兴大国，美国都有理由视其为最大的威胁，把他当作遏制的对象，当然美国也会把国家实力比最大威胁国次之的其他崛起大国，如中国，视为潜在威胁，加以遏制。不过，我认为中国对美国霸权的潜在威胁显然被美国的某些政客和学者夸大，把中国当作苏联那样的遏制对象并不合理。约瑟夫·奈在一次演讲中谈道，崛起中的中国并不会威胁美国的地位，也不打算推翻现行的国际秩序。他这样说并不是没有理由，我认为中国不会威胁到美国霸权的主要原因和分析就可以证明约翰·米尔斯海默认为中国比俄罗斯对美国构成的威胁更大的观点并不成立，对美国构成最大威胁的是在历史上受"扩张文化"（一种强制性而非自愿或走民主程序的民族同化）影响的俄罗斯，并非受"和平文化"陶冶的现代化中国，即北约和欧盟必须时刻提防俄罗斯的对外扩张动向，俄罗斯的终极目的极大可能为了重建苏联。俄罗斯现在对中国嬉皮笑脸，如此尊敬，那是因为现在中国强大，一旦中国严重衰弱（当然我并不希望，但世界上根本没有永盛不衰的国家）俄罗斯对中国就会露出狼的本性，虎视东北，要知道俄罗斯对领土扩张的需求一直是没有界限的。而以下分析可以证明俄罗斯对美国的威胁远大于中国：一是不喜欢结盟的中国一直保持安分守己的以世界和平为主，走和平发展主义路线，主张和奉行通过和平的外交手段来解决国际纠纷和国际冲突的对外原则，这与具有霸权主义倾向的苏联和俄罗斯明显有所不同。二是通过结盟方式建构的苏联不能与虽同是社会主义国家现在却以主张和强调"不结盟，不称霸，不侵略"为对外导向政策的新中国同日而语和相提并论，中共也不是苏共，前苏联具有"赤化世界"向东欧西扩的霸权主义倾向，但现代化中国却始终坚持和平发展，互不侵犯、平等互惠的外交方针，而且中国一直受中庸之道的儒家文化陶冶。三是现代化中国并没有进行对外扩张的帝国主义野心，也没有对外进行军事扩张的企图和目标。四是因为中美关系正常化得到的收益可能高于彼此处于对抗状态所付出的代价，虽然两国之间的政治歧义和文化冲突及经济相互依存的减弱始终都是实现中美关系正常化的主要障碍，但中美需要合作的地方也不少，如国际贸易、核扩散、核威胁、全球恐怖主义、气候变化、知识技术进出口等等。五是美国敌视中国比中国敌视美国，对美国更加不利，一旦敌视加深，演变成对抗或冷战，那么美国让中国感到不安全的"敌对行动"，就会迫使中国和俄罗斯结成共同对抗美国的"铁杆盟友"，所以多一敌不如多一友，起码美国的对华政策应该争取或采取足以促使中国有充分理由在"美俄争霸"中保持中立和互不干涉的温和态度和国家立场。六是对美国而言，俄罗斯对美国的威胁远大于中国对美国的威胁，所以美国与中国的合作前景又大于美国与俄罗斯的合作前景，不与中国为敌或对抗才能使欧美体系更好地集中力量遏制俄罗斯向东欧西扩，若美国把中国也作为遏制目标，那么美国即使联合欧盟遏制中俄联盟，力量也会比较分散，实力也会大大削弱，且不论是否成功。七是中美双方能否正确认识和客观对待"中国威胁论"和美国阴谋论，对彼此都很重要，所以任何一方相信这些没有充分依据的阴谋论和威胁论只会加剧彼此的文化隔阂和政治分歧及利益冲突。八是中国与俄罗斯联盟的可能性很小，因为历史给中国的教训是：中强俄弱好过俄强中弱，被美国削弱的俄罗斯对中国当然有利无害，否则一旦中国衰弱必然被俄虎视眈眈。九是美国与中国的合作前景，要大于美国和俄罗斯的，因为俄罗斯会威胁美国的在欧洲的利益，但中国并不会，只要竞争规则相对公平，中美两国就能够实现互惠互利的战略竞争。十是其实中美双方有充分理由坚信：中美关系正常化不管是对整个亚太地区的和平发展，还是对全球稳定都可做出不小的和平贡献。

我认为现在中美竞争的战略架构主要有四个层次，一是理想的共赢模式，二是现实的战略竞争，三是恶劣的冷战思维，四是残酷的战争关系。显然理想的共赢模式只有在中美关系正常化和"中美蜜月期"才能存续下去，不幸的是自从 1979 年之后，中美关系就已经恶化成了由国际政治现实主义主导的国际战略竞争，而这种战略竞争对中美关系所产生的负面影响或是双方在合作领域的减少与竞争关系恶化。如果在战略竞争中双方无法管控分歧，那么误判就会使中美两国陷入"冷战思维"的陷阱之中，所以为了进一步避免中美两国从现实的战略竞争升级为一种更糟糕和恶劣的冷战思维，双方就必须以管控分歧与和平发展作为核心，不然双方就可能进入新冷战的恶性竞争状态。其中现实中的战略竞争都会产生一种对一方或双方都不利的负面影响或不良后果：合作减少和竞争恶化通常在两国或多国身上同时发生，在这种相互作用的因果关系上竞争恶化可作为合作减少的结果，也可视为合作减少的原因。如近期美国在耶伦访华之前倡导的"脱钩论"，在布林肯访华后，就转变成了"去风险化"。而"去风险化"的本意是指美国在核心技术方面与中国脱钩，但是在其他次要的经济领域或经济行业依旧与中国保持互惠互利的合作关系。最后，我认为中美两国开展的战略竞争这种既有合作又有竞争的大国博弈始终存在一种体现在权力冲突或利益冲突中的内在矛盾或安全隐患，而共识领域和共需领域的不断减少、缺乏稳定性或不具备多元化合作只会导致中美关系变得更加脆弱、敏感及紧张，除非双方所面对的公共危机、安全威胁及全球问题能够弥补此缺陷，从某个角度或重要领域加强彼此之间的合作。当然了，我们不能认为俄罗斯对美国的安全威胁最大，就认为俄罗斯是最有可能取代美国霸权的终结者，同样的道理，我们也不能认为中国的国家实力超过了俄罗斯，就认为中国对美国的霸权地位威胁最大。中国也有历史依据警惕俄罗斯对外扩张的野心，因为俄罗斯对中国的友善通常是发生在中国的强大时期的，一旦中国衰落（当然我并不希望，但从历史角度来看，世界上并没有永盛不衰的强大国家），俄罗斯对中国的安全和领土所构成的威胁就绝对不小于美国，这点在清朝衰弱时和新中国都有据可查。至于中国和俄罗斯，谁最有可能取代美国主导世界的领导地位，我认为这取决于三方综合实力的比拼和实力增长动态，以及能否在霸权争夺战中赢得世界上的大多数国家的支持和认可。当然，有一点需要说明的是，强大或崛起并不代表崛起的新兴大国必然有企图取代美国霸权的野心，正像某地区最强大的国家未必同时也是一个最具有侵略性威胁的国家。又如不断崛起的新中国，就是一个比较安分守己，反对霸权和帝国主义的新兴大国，我们不能认为随着中国的实力追赶美国就错以为中国将来有一天也会像美国一样热衷于争夺主导世界事务的领导权和话事权。

中国和美国的综合实力的概括性比较

中国		美国	
硬实力	结果	硬实力	结果
a.军事实力	C	a.军事实力	A
b.经济实力	B	b.经济实力	A
c.科技实力	C	c.科技实力	A
软实力	状况	软实力	状况
a.制度优势	B	a.制度优势	A
b.教育优势	C	b.教育优势	A
c.文化优势	B	c.文化优势	A
巧实力	情况	巧实力	情况
a.配置比例	B	a.配置比例	A

b.协调程度	B	b.协调程度	A
c.道德优势	B	c.道德优势	A
世界支持率	情况	世界支持率	情况
a.支持国家	B	a.支持国家	A
b.反对国家	B	b.反对国家	C
c.中立国家	C	c.中立国家	C
三类国家与霸权大国	结果	三类国家与霸权大国	结果
a.替代性	B	a.替代性	C
b.实力比	C	b.实力比	A
c.共需性	B	c.共需性	A

备注：A，B，C 分别表示优良、多少或强弱的等级或程度，其中A 表示优、多或强；B 表示一般、中等或次之；C 表示差、少或弱。

俄罗斯和美国的综合实力的概括性比较

俄罗斯		美国	
硬实力	结果	硬实力	结果
a.军事实力	B	a.军事实力	A
b.经济实力	B	b.经济实力	A
c.科技实力	B	c.科技实力	A
软实力	态势	软实力	态势
a.制度优势	B	a.制度优势	A
b.教育优势	B	b.教育优势	A
c.文化优势	B	c.文化优势	A
巧实力	情况	巧实力	情况
a.最佳比例	B	a.最佳比例	A
b.协调程度	B	b.协调程度	A
c.道德优势	C	c.道德优势	A
世界支持率	结果	世界支持率	结果
a.支持国家	C	a.支持国家	A
b.反对国家	B	b.反对国家	C
c.中立国家	C	c.中立国家	C

三类国家与霸权大国	实况	三类国家与霸权大国	实况
a.替代性	B	a.替代性	C
b.实力比	C	b.实力比	A
c.共需性	A	c.共需性	A

备注：A，B，C 分别表示优良、多少或强弱的等级或程度，其中 A 表示优、多或强；B 表示一般、中等或次之；C 表示差、少或弱。

俄罗斯和中国的综合实力的概括性比较

俄罗斯		中国	
硬实力	结果	硬实力	结果
a.军事实力	B	a.军事实力	C
b.经济实力	B	b.经济实力	B
c.科技实力	B	c.科技实力	C
软实力	情况	软实力	情况
a.制度优势	B	a.制度优势	B
b.教育优势	B	b.教育优势	C
c.文化优势	B	c.文化优势	B
巧实力	态势	巧实力	态势
a.配置比例	B	a.配置比例	B
b.协调程度	B	b.协调程度	B
c.道德优势	C	c.道德优势	B
世界支持率	结果	世界支持率	结果
a.支持国家	C	a.支持国家	B
b.反对国家	B	b.反对国家	C
c.中立国家	C	c.中立国家	C
三类国家与霸权大国	实况	三类国家与霸权大国	实况
a.替代性	B	a.替代性	B
b.实力比	C	b.实力比	B
c.共需性	B	c.共需性	B

备注：A，B，C 分别表示优良、多少或强弱的等级或程度，其中

A 表示优、多或强；B 表示一般、中等或次之；C 表示差、少或弱。

第十五章 全球气候变化：丧钟为谁鸣？

1. 工业发展中的社会治理成本与经济增长收益

　　规模化和程度上的气候恶化既与最私人的日常生活密切相关，也与人类的社会进步和经济发展高度相关，更会影响人类的可持续生存和发展，这点是毋庸置疑的。可以肯定的是在一个经济增长严重依赖工业规模发展的人类社会，众多数据表明自从英国的第一次工业革命开始，全球气候便随着各国的工业规则发展的加剧而日趋恶化，（记住这是一个复变增量）。在现代工业革命，气候恶化变得更加显而易见，表现出极具规模化和影响性及破坏力的发展趋势，而经济增长越是依赖工业规模发展的国家的工业活动往往越加频繁和倾向于破坏该国和周边邻国的生态环境平衡，特别是工业发展停留在能源利用效率低而暂时无法实现节能和环保转型的科学技术普遍落后的发展中国家。他们开发和利用资源的效率往往停留在很大的知识进步和科学技术局限上，（当然知识增长是科学技术进步的源泉，这也是我总是把知识和技术进步联系在一起的原因）而无法最大程度在生产方式上实现节能和环保。尽管并不是所有的工业行业都是建立在破坏人类赖以生存的生态环境平衡的基础上，但大部分的工业行业的生产方式都是建立为了谋取私人利益和国家利益而不惜破坏人类赖以生存的生态环境平衡的损众利己的基础上的。现在发生在大部分国家身上，普遍存在的气候恶化和生态环境失衡问题，以及给人类带来的巨大经济损失都是不证自明的，我想没有人会否认这一客观事实。如果是这样，那么工业最发达的国家又未必是全球气候恶化的元凶，因为工业发达的国家往往能够通过高端的知识和科学技术进步来达到高效或充分利用能源与资源的目的，反之工业发展落后的发展中国家往往因为缺乏所需的知识和科学技术进步而无法充分或高效利用该国的资源和能源，从而无法更高效地把环境污染降至最低点，所以他们的生产方式又因缺乏经济效率而倾向于浪费资源或能源和破坏生态环境。另外，我们不难发现工业发达的国家大多数是发达国家，而工业落后或处于工业缓慢发展的国家则大多数是发展中国家，而工业发达的国家的农业发展一般也不会落后，因为工业发达所带来的高效率的机械化生产同时可以提高农业生产效率，降低农业生产的经济成本。所以除了本重利薄和机械化技术落后及种植与种子改良技术落后始终是一国农业不兴或抑制农业发展的元凶，还包括国内不利的气候条件、地理环境、交通不便、制度劣势及农产品的价格水平。

只要经济增长严重依赖该国工业发展，那么一国的经济增长率就是随该国的工业发达程度或工业能力同等程度变化的，即经济增长率与工业发展力是挂钩的，工业发展会促进世界各国的经济增长。不过，由于大部分的工业行业往往是建立在私人和企业为了追求最大化的自我利益而不惜破坏生态环境平衡为抵偿代价的基础上的，而工业发展又伴随着不断加剧的气候恶化，那么工业规模发展就是一柄利弊兼具的"双刃剑"，它一方面既可以促进经济发展与增长，提高人类的物质生活水平，另一方面又无法避免引发影响规模和程度严重的气候恶化，无法阻止私人、企业、各国为追求最大化自我利益而不惜破坏人类赖以生存的影响深远的生态环境平衡著称。如果是这样，那么当某工业行业发展促使的经济增长与同时伴随负面的逆向作用，产生相互抵消，也就是利弊相等或弊大于利之时，则说明该这种工业行业发展带来的益处和弊端不是相等就是大于的，即工业发展会促使社会治理成本和经济增长收益几乎同等程度增长的同时反向滞后经济增长率和逆向削减经济增长所得的收益。而且当弊大于利或弊远大于利时，则说明因工业发展导致的温室气体排放造成的气候恶化和生态环境失衡产生社会治理成本将高于或远高于工业规模发展所促进的经济增长收益，才会产生社会行业的工业发展的弊将大于或远大于利的结果。反之，若工业规模发展产生的经济增长收益高于或远高于该工业发展导致的温室气体排放造成的气候恶化和生态环境失衡产生的社会治理成本，则说明该社会行业的工业发展的利将大于或远大于弊，那么该行业的工业发展在想好高效低本的环境治理结构的应对之策时就值得考虑。但当工业发展带来的经济增长收益与社会治理成本不可分离之时，那么在社会治理成本或气候恶化和生态环境失衡造成的经济损失大于经济增长收益的情况下，由工业发展促进的经济增长收益显然会因社会治理成本或经济损失的大幅度升高而下降；反之，在社会治理成本或气候恶化和生态环境失衡造成的经济损失远小于经济增长收益的情况下，由工业发展促进的经济增长收益显然会因社会治理成本或经济损失的大幅度下降而升高。我的结论是：不管是工业规模发展是弊大于利，还是利大于弊，或是弊等于利，工业发展造成的温室气体排放引发的气候恶化和生态环境失衡都是一种严重滞后全球经济增长和削减人类可持续生存寿命的不良后果。它最终证明世界治理成本的递增不仅会阻滞或抑制各国经济增长，还会导致经济增长收益大幅度发生递减，因为大部分国家的经济增长收益都要用于抵偿随着人类工业活动加剧产生的温室气体排放造成的气候恶化和生态环境失衡而产生的世界治理成本。

当然世界治理成本在各国的分摊或各国承担的社会治理成本未必均等之时，除非工业发展产生的温室气体排放导致的气候恶化和生态失衡带来的社会治理成本或经济损失规模是同等程度变化的，否则气候恶化在各国带来的经济损失与各国应对和解决气候恶化所花费的社会治理成本就是高低不平，存在地域差异和工业发展差异的，（即有些国家是"重灾区"，有些国家是轻灾区）而有些国家的社会治理成本必然高于或低于其他国家的，因为有些国家面临的气候恶化可能比较轻微和影响规模较小。这就对世界各国共同参与治理全球性气候恶化不利，因为受各国得失差异的影响，"合作前景"自然也就另当别论。我所谓的"合作前景"是指：当合作所得大于各国单干或合作成本远低于单干成本时，合作前景的期望效用就会提高，于是各国倾向于携手合作，共同参与治理全球性气候恶化，当合作所得小于各国单干所得或合作成本高于单干成本时，合作前景的期望效用就会降低，于是各国政府倾向于独自治理国内影响规模较小的局部性气候恶化和生态环境失衡。而我所谓的最优经济增长是指：某工业行业的发展不会产生任何应当从国民生产总值或国内生产总值中扣除其引发的气候恶化和生态环境失衡产生的负面的逆向作用所带来的经济损失和治理成本。也就是说，最优经济增长纯粹是一种负面支出近乎为零或社会治理成本低至可以忽略不计的净经济福利指标。次优经济增长则指：某工业行业的发展会产生一定的需要从国民生产总值或国内生产总值中扣除其引发气候恶化和生态环境失衡产生的负面的逆向作用所带来的经济损失或社会治理成本。也就是说，次优经济增长是一种会因气候恶化和生态环境失衡而产生负面支出或社会治理成本需要扣除的非净经济福利指标。总而言之，在满足工业发展会推动经济增长或经济增长严重依赖工业发展与大量携带温室气体排放的工业规模发展会导致气候恶化和生态环境失衡的前提条件下，根据现代经济学的成本—收益分析，当代表工业生产总值的 GIP 曲线上扬，代表经济增长收益的 REG 曲线则会随代表因工业规模发展导致的气候恶化和生态环境失衡产生的社会治理成本或经济损失总额的 SGC 曲线的上扬而下移，反之当代表工业生产总值的 GIP 曲线上扬，代表经济增长收益的 REG 曲线则因代表工业规模发展导致的气候恶化和生态环境失衡产生的社会治理成本或经济损失的 SGC 曲线的下移而上扬。

　　1972 年，诺德豪斯和诺贝尔经济学奖获得者托宾提出净经济福利指标。他们主张应该把都市中的污染等经济行为所产生的社会成本从 GDP 中扣除；同时，加上一直被忽略的家政活动、社会义务等经济活动。按此计算，美国从 1940 年到 1968 年，每年净经济福利所得，几乎只有 GDP 的一半。1968 年以后，二者差距越来越大，每年净经济福利所得不及 GDP 的一半。如果是这样，那么即使是工业再发达的国家的社会治理成本也可能是非常高昂的，如上述美国从 1940 年到 1968 年的经济增长收益，社会治理成本就占了 GDP 的一半。不过，对于将发展核心转向节能和环保的大部分工业发达的欧洲国家而言，它们的社会治理成本往往比很多大型的发展中国家或工业发展水平中下的国家要低很多，这就意味着工业发达的国家又未必都是社会治理成本花费最高的国家。如果工业发达的国家在社会生活中无视节能和环保的价值与环境污染给人类造成的深远且恶劣的影响，只讲究私人利益的最大化和物质欲的扩张，任由气候变化和生态环境恶化，即使他们拥有优越的知识和科学技术进步，社会治理成本也同样会居高不下。但可以肯定的是以农业生产为主，工业生展为辅的许多南亚国家或美洲国家及大部分非洲国家应对或解决气候恶化和生态环境失衡产生的社会治理成本往往要比纯粹以工业生产为主的工业国家或以工业生产为主农业发展为辅的工业国家要低。

2. 一个弱意义上的"三难选择"

　　工业发展确实是促进经济规模增长的必要条件，但经济增长并不是工业发展的唯一结果。因为大部分携带温室气体排放的工业发展促使的经济增长收益都不是一种净经济福利指标，它还要从中扣除一定的或大部分因气候恶化和生态环境失衡造成的经济损失或应对和解决气候恶化和生态环境失衡所产生的社会治理成本。也就是说，大部分的工业发展都具有两面性，一方面它可以促进经济增长，提高国民收入和社会生活水平，这时国民幸福指数会上升，但另一方面这种经济增长或经济增长收益却又是以牺牲大气环境质量和生态环境失衡作为抵偿代价换取的，这时国民幸福指数又会下降。也可以间接地说，以工业发展为主促使的经济增长具有两面性，一方面是经济增长可以提高各国收入和物质生活水平及国民幸福指数，另一方面经济增长要付出巨大而又深远的影响规模的气候恶化和全球生态环境失衡为代价，这时地球居民幸福指数又会下降。那么这就说明同时兼具利弊的工业发展对人类可持续的生存目标和经济增长而言是存在内在的利益冲突或生存矛盾的。主要由工业发展促使的全球经济增长就会导致人类一方面既要面临气候恶化和地球生态失衡阻滞全球经济增长，致使地球居民幸福指数随气候恶化和生态环境失衡产生的世界治理成本或经济损失的递增而总体上趋于下降，尽管有些国家的国民幸福指数出现局部或短期上升，社会治理成本或生态环境失衡产生的经济损失低于或远低于其他气候恶化和生态环境失衡严重的国家的国民幸福指数，一方面又出现人类生活确实受益于工业发展推动的经济增长，使地球居民享受大幅度提高国民收入和物质生活水平的好处，这时地球居民幸福指数会随经济增长收益递增而有所提高，但提高的幅度完全取决于两者在幸福指数上的差额。

但是当工业发展的弊大于或远大于利，当以下情况无法系统改善之前：①能源的开发和利用仍无法普遍实现低碳转型或无碳生活之前。②经济增长严重依赖工业发展，而大部分的工业行业的规模发展或过度扩张又客观存在严重破坏地球生态环境平衡的事实。③人类的物质欲望和逐利野心有增无减，及全球人口总体上持续增长。④气候恶化和地球生态失衡的危机意识或世界观无法统一或协调各国的合作前景，因为各国所受损失有大有小。那么在经济增长严重依赖工业发展，工业发展又会破坏地球生态平衡的假设成立的情况下，广义上由"工业规模发展、地球生态平衡及全球经济增长递增"三者构成的"不可能三角关系"或"不可能三角定理"就会成立，而且我们也只能满足其中两个目标，而不得不放弃或牺牲其中一个。即："要想同时满足工业规模发展和地球生态平衡就要放弃短期的全球经济增长，并率先实现世界工业结构的节能—环保转型；要想同时满足工业规模发展和短期的全球经济增长就要牺牲地球生态环境平衡，要想同时满足地球生态环境平衡和长远的全球经济增长就要放弃规模的工业发展或适度控制工业发展规模"。当然，这是一种满足上述情况或条件的弱意义上的"三难选择"或"三元悖论"。在第一种情况下，工业发展与生态环境平衡并不是绝对或严格对立的，只要工业规模发展在能源开发和利用方面能够实现节能和环保及防控环境污染的经济转型，再采用私人成本等于社会成本的"庇古税"严加约束，那么工业规模发展也可以与地球生态平衡兼容或并存，但这意味着人类要放弃全球经济增长递增，因为工业发展会促使经济增长，但纯粹以经济增长为最高目的的工业发展的"过度规模"就未必无损地球生态环境平衡了。在第二种情况下，既然纯粹以经济增长为最高目标的工业发展会刺激其"过度规模"，而缺乏庇古税严格约束的工业发展的规模扩张又往往会破坏地球的生态环境平衡，那么此时全球经济增长递增与地球的生态环境平衡就是无法同时达到的两个目标。在第三种情况下，要想使全球经济增长递增与地球的生态环境平衡兼容，就要把地球的生态环境平衡作为人类可持续生存和发展的最高政治目标，这意味着当全球经济增长递增是一种符合人类长远利益的可持续生存和发展目标时，就要适度控制工业发展的规模和质量，不能放任其自由发展，因为工业发展的规模扩张所导致的气候恶化和生态环境失衡到头来始终会阻滞全球经济增长的递增。

相对狭义的"不可能三角关系"或"不可能三角定理"则由"工业发展、碳氧平衡及经济增长"三者构成，这也是我们只能同时满足两个目标，而不得不放弃其中一个目标的一种弱意义上的"三难选择"或"三元悖论"，它与上述比较广义的不可能三角关系或不可能三角定理是呈现相互作用与影响的依存关系的。工业发展一方面会促使经济增长，同时又会破坏生态平衡的假设不变，那么由三者构成的弱意义的目标只能满足其二的三难选择即："要同时满足工业发展和经济增长就要放弃或牺牲碳氧平衡，要想同时满足工业发展和碳氧平衡，就要放弃或牺牲经济增长，要想同时满足经济增长与碳氧平衡，就要控制工业适度发展，阻止工业发展过度规模，并实现世界经济产业向节能、环保及防控环境污染为主的结构转型"。无论如何，这两个不可能三角最终都会影响地球居民幸福指数的高低，工业发展会促使经济增长，提高国民收入和消费水平，这时地球居民幸福指数会升高，同时放任自流的工业规模发展又会破坏地球生态平衡，引发需要从经济增长收益中扣除的世界治理成本或规模的经济损失，这时由气候恶化和生态环境失衡导致的世界治理成本或经济损失规模的升高又会总体上造成地球居民幸福指数下降，特别是当这些世界治理成本或经济损失远高于全球经济增长收益时更会如此。

其实问题的关键不是是否选择工业发展，而是在于人类的工业发展如何避免影响恶劣且深远与危害人类可持续生存目标的气候恶化和地球生态环境失衡，以及减轻全球经济增长对工业发展的规模扩张的路径依赖。是人类工业发展向地球生态环境平衡妥协或让步，而不是人类可持续生存与发展向工业发展让步。不过有一点可以先行确定的，那就是由过度规模的工业发展引发的全球性气候恶化和地球生态环境失衡具有难以逆转的危害深远、影响恶劣、受害广泛、解决困难的显著特征，而工业规模发展促使的各国经济增长则往往具有期限短暂、受惠有限、局部规模、代价高昂及利益短视的显著特征。这个不可能三角定理在考虑全球人口持续增长的条件下可拓展为：在全球人口持续增长的情况下，从长远利益的角度来看，根据目前的情况，人类无法同时实现或达到经济可持续增长、资源无限供给及生态环境平衡这三个目标，人类最多只能同时实现两个目标，要想同时实现经济增长和弱意义上的资源无限供给就要牺牲生态环境平衡，要想同时实现生态环境平衡和弱意义上的资源无限供给就要放弃经济持续增长，要想同时实现生态环境平衡和经济持续增长，就要控制资源的供给来实现稳定配置，牺牲资源的无限供给。

3. 气候变化中的全球经济增长

当经济增长严重依赖工业发展时，那么全球经济增长就可以视为各国交互作用的工业规模发展与国际贸易上的国际分工合作的产物或结果。但是工业发展对人类而言可是一把利弊兼具的双刃剑，一方面工业发展可以推动经济增长，提高国民收入和消费水平及物质生活水平，这时地球居民幸福指数会上升，一方面工业发展引发的气候恶化和生态环境失衡又会产生一定的代价高昂的世界治理成本和规模的经济损失，从而阻滞全球经济增长和削减经济增长收益，这时需要从经济增长收益中扣除所需的世界治理成本或规模的经济损失，又会致使地球居民幸福指数下降。也就是说，当工业发展推动经济增长时，对一国而言，国民幸福指数会上升，但该国的经济增长率和经济增长收益同时又会因要承担工业规模发展引发的气候恶化和生态环境失衡产生的社会治理成本或高昂经济损失而遭受阻滞和削减，这时国民幸福指数又会下降，特别是当工业规模发展引发气候恶化和生态失衡造成的社会治理成本或经济损失远高于经济增长收益，需要从 GDP 和 GNP 中扣除之时，情况更是如此，这意味着这种工业行业的规模发展是弊大于利或弊远大于利的，而扣除后各国净经济福利也将少得可怜。

　　只要气候恶化和生态失衡是一种客观存在的全球性灾难，那么它就是一种实在的威胁或业已发生的危害，那么治理全球气候恶化和地球生态失衡就不能拖延，就不能用钝刀子割肉，也不能玩治标不治本的政治游戏，更不能无视人类可持续生存的寿命在不断减损的事实。当工业规模发展促使的全球经济增长一方面引发的气候恶化和地球生态失衡会阻滞全球经济增长率和削减大部分的经济增长收益，致使地球居民幸福指数随气候恶化和生态环境失衡产生的世界治理成本或经济损失的上升而总体趋于下降之时，内存利益冲突的工业规模发展就会出现自绊手脚和自毁前程的现象。因为工业规模发展推动的全球经济增长所取得的经济增长收益并不是一种净经济福利，由此工业规模发展引发的气候恶化和地球生态失衡产生的世界治理成本或经济损失是需要从经济增长收益中扣除的，或者它会从反面上阻滞全球经济增长率作为抵偿代价，这就变为世界治理成本削减了由工业规模发展促使的全球经济增长收益，或者说由气候恶化和地球生态失衡产生的经济损失将抑制、阻滞、拖累全球经济增长。一方面人类又确定受益于工业规模发展促使的全球经济增长，并享受大幅度提高地球居民的收入和物质生活水平的好处，这时地球居民幸福指数按道理来说会随全球经济增长而上升，但事实是我们忽略了工业发展推动的经济增长存在客观的负面支出或负面效果，它并不是一种净经济福利。所以工业规模发展促使的经济增长收益递增只是暂时的，当工业规模发展引发的气候恶化和地球生态失衡产生的世界治理成本或经济损失在未来贴现在我们的现实生活中时，我们就会发现这些期限短暂、利益短视、受惠有限、局部规模、代价高昂的经济增长收益将不足以或无法补偿工业规模发展引发具有难以逆转的危害深远、影响恶劣、受害广泛、解决困难的气候恶化和地球生态失衡，特别是人类可持续生存和发展的寿命将大幅度被削减。这就变为具有负面效果的工业规模发展推动的经济增长的目的原本是为了延长人类可持续生存和发展的寿命，最终却被证明是有违初衷和会产生自相矛盾的逆效作用的。

4. 地球大气的碳氧平衡：世界经济产业结构的顺向转型与逆向转型

　　许多研究数据表明，自从英国的第一次工业革命开始，温室气体在地球大气的浓度不断随着各国工业的规模发展而升高，这种危害的冲击也不断变得极具规模化、破坏性及影响力。可以说，一开始人们

334

只知道工业发展推动经济增长带来的种种好处，大部分人并不知道工业发展所隐藏的潜在威胁是以气候恶化和生态环境失衡作为促进经济增长的抵偿代价换取的，直至气候恶化和生态环境失衡的悲剧如实发生，并带来了巨大的经济损失和高昂的社会治理成本，人们才开始觉悟和反思：牺牲人类可持续生存和发展换取时间短暂、福利有限、局部规模、受惠有限及代价高昂的经济增长是否值得？我依旧认为，即使现在，在利益和野心面前，世界上 99%的企业和国家及个人面对气候恶化和地球生态失衡依旧没有悔改之心，正如伏尔泰所说的"雪崩发生时，没有一片雪花觉得自己有责任。"特别是资产阶级更加不可能放弃追权逐利的野心，毕竟工业发展促使的经济增长确定提高了人类的物质生活水平。不过，人类的人性自工业革命发生以来明显已经被人们极度关注的经济利益和物质欲望所败坏或歪曲的不堪入目，在日趋严重的拜金主义的发展之路上丧失了卢梭所说的纯真和质朴。

而我的工作是研究如何通过经济学的方法实现地球生态系统的碳氧平衡？要想通过经济学的方法实现地球生态系统的碳氧平衡，就要从中找出地球生态系统中碳氧失衡的病因，而病因自然是工业发展产生的大量排放的温室气体，才导致地球大气的碳浓度不断升高，从而打破稳定的碳氧平衡。当然"碳氧平衡"并不是指地球大气中碳的浓度要和氧的浓度一样高，而是碳浓度的值不能超出某个会导致气候恶化和地球生态失衡的极限，或者碳浓度的值要低至不能够影响气候变化和生态环境平衡，即地球大气的碳浓度要远低于氧含量，而不是地球大气有多少氧含量就要有多少浓度的碳含量。数据表明在工业革命未发生之前，地球大气的碳氧平衡是比较稳定的，但自从第一次工业革命发生之后至现今的工业发展，地球大气的碳浓度便不断攀升，并高得惊人，原初地球生态系统中比较稳定的碳氧平衡也早已被现代人类社会迅速规模发展起来的工业革命打破。而世界经济产业结构的顺向转型是指："自第一次工业革命开始，以农业生产为主，工业发展为辅的世界经济产业结构向以工业生产为主，农业发展为辅的利用工业发展来推动农业高效生产的世界经济战略转型，结果是世界各国的工业规模发展推动经济增长的同时也引发地球生态环境和碳氧循环日趋失衡，从而导致世界治理成本或经济损失的规模递增。"世界经济产业结构的逆向转型则指："自现今开始，以工业生产为主，农业发展为辅的世界经济产业结构向以农业生产为主，工业发展为辅的利用适度的工业发展推动农业高效生产的世界经济战略转型，或者是以工业生产为主的国家逐渐向农业生产过渡或转型，以平衡长期以来地球业已严重失衡的碳氧循环和生态环境，结果是世界各国适度的工业规模发展推动全球经济增长的同时也可以起到平衡地球的生态环境和碳氧循环，延长人类可持续生存与发展的寿命，还可以最大程度上降低世界治理成本或经济损失总额。"也就是说，现今的世界经济产业结构需要采取逆向转型的经济策略或方法来平衡日趋严重的地球生态环境失衡和地球大气中的碳氧失衡现象。从经济学的角度来看，人类现今能否实现地球大气的碳氧平衡的关键在于世界经济产业结构能否成功实现逆向转型。当然，在一个讲究国际分工的世界经济产业结构体系中，那以农业生产为主，或以农业生产为主，工业适度发展为辅的国家是无需采取逆向转型。因为他们的经济发展模式对地球生态环境，特别是对碳氧平衡的危害是最小的，所以逆向转型在国际分工中主要是针对以工业生产为主，或以工业生产为主，农业生产为辅的工业规模发展的工业国家，而非农业国家的。不过，为了实现地球生态系统的碳氧平衡，对那些受气候条件和地理条件限制而无法大规模进行农业生产的内陆国家或工业国家，农业发达的强国就应当进行一系列的经济援助，以帮助农业弱国振兴农业发展，以减小气候变化的不利影响。当这些国家采取逆向转型的世界政策时，必然会大幅度削减该国的经济增长和国民收入及生活水平，这时工业发展遭受严格控制的工业国家作为不适宜大规模进行农业生产的农业弱国就需要从农业强国得到相应的经济援助以抵偿这些国家放弃工业规模发展所遭受的经济损失，如提供其所缺乏的知识和技术援助、农业生产经验、农业进出口的关税优惠、低利贷款、价格优待、资金援助、种子援助、种子的技术改良、种植经验及灌溉技术等等，直至他们有能力在农业发展上成为另一个以色列为止。

5. 地球生态系统的耗散结构：逆向转型与碳氧平衡

我们可以把地球生态系统视为一个开放系统来研究，着重阐明地球生态系统是如何在世界经济产业结构的顺向转型中从有序走向无序的不可逆的经济发展过程，以及研究世界经济产业结构中的顺向转型是否是一种可逆的经济发展过程。地球生态系统的耗散结构指出：一个严重背离碳氧平衡态的开放系统在世界经济产业结构的顺向转型属于可逆的情况下，当外界条件变化达到一定阈值时，可以通过内部高效的节能——环保的经济转型来优化能源利用方式与能量转换方式，以实现世界经济产业结构的逆向转型，使地球生态系统从原来的无序状态通过有效干预而转变成结构和功能上的有序状态，从而形成稳定有序的新结构。这种通过世界经济产业的逆向转型的方式在非平衡态下重塑地球生态平衡的新的有序的世界经济结构和世界经济秩序就是一种关于碳氧平衡的耗散结构。当然，如果世界经济产业结构中发生的顺向转型是一种不可逆转的经济发展过程，那么人类的命运注定是一场因人类无法遏制的工业规模发展而自发走向气候恶化和地球生态环境失衡的世界悲剧。反之，如果世界经济产业结构中发生的顺向转型属于一种可逆性的经济发展过程，那么人类命运就可以挽以危局，从人类可持续生存的寿命削减的发展困境中得救赎，这完全取决于人类现今能否实现地球大气的碳氧平衡的关键在于世界经济产业结构能否成功实现逆向转型。这意味着现今世界经济产业结构中的逆向转型应该成为一种需要获得世界上大多数国家支持的世界经济不动点才能够实现和维系人类的可持续生存和发展。

如果逆向转型随意可逆，致使世界经济产业结构再次转向以工业生产为主或以工业生产为主，以农业发展为辅的顺向转型，那么人类可持续生存和发展注定成为一场梦幻泡影，日趋严重且大规模的气候恶化和地球生态环境失衡也将成为葬送人类可持续生存和发展的坟场。尽管工业规模发展对推动经济增长而言会形成一种有序的经济结构，但对地球生态环境而言却会产生一种混乱有害的生态环境结构，因为日趋规模的工业发展将严重破坏地球的生态环境和碳氧平衡，所以我们可能把农业生产为主与以农业生产为主，工业适度发展为辅的世界经济产业结构的世界一体化逆向转型理解或描述为一种各国旨在促进碳氧平衡和维护地球生态系统平衡的耗散结构。也就是说，地球生态系统作为一个内外能量发生交换或转换和依赖内生组织的开放系统，从经济学的视角来看，地球生态系统的宇称守恒就是世界经济产业结构中发生的一种稳定有序性的逆向转型的经济发展模式。即当经济增长严重依赖工业发展时，两者就会形成一种相互影响与依存的强相互作用，那么地球生态系统在这种强相互作用中，就会因世界经济产业结构中发生的稳定有序性的顺向转型而变得混乱无序，反之若经济增长对工业规模发展的依赖越小，两者就会形成一种相互影响小的弱相互作用，那么地球生态系统在这种弱作用中，就会因世界经济产业结构中发生稳定有序性的逆向转型而变得更加平衡有序。总而言之，当经济增长严重依赖工业发展或工业发展成为推动经济增长的必要条件之时，那么在满足经济增长并非作为一种净经济福利而是以牺牲气候恶化和生态环境失衡作为抵偿代价换取的前提条件，在世界经济产业结构发生稳定性的顺向转型中，地球生态系统的碳氧平衡或宇称守恒是不可能成立的，或者说当世界经济产业结构在朝着不可逆的方向和目的发展的顺向转型是无法帮助人类自身建立一个促进碳氧平衡的经济耗散结构的。尽管工业规模发展确定可以推动经济增长，提高国民收入和消费水平及物质生活水平，但它所推动的经济增长并不是一种百利无害的净经济福利，而是以牺牲优良气候和地球生态环境平衡作为抵偿代价换取的，所以它必然会不断削减人类可持续生存和发展的寿命。农业发展尽管推动经济增长缓慢，但它对地球生态环境却是最无害或危害最小的，最有利于延长人类可持续生存和发展寿命的一种经济发展模式。

6. 一个关于资源、人口、气候及增长的经济模型

如果地球的人口不断膨胀，那么人类相互竞逐的"生产竞赛"和"消费竞赛"就不会停止，工业发展反而会愈演愈烈，随着全球人口增长率的升高而越发规模化。若人类那些重要的资源储备量只能满足一定人口数量的有效需求，那么我们将身处资源储存——有限供给模型中，人口增长率越高，消费就会随之扩张并刺激大量的投资和生产，科学技术的进步便会促进人类工业的规模发展。结果是推动经济增长的同时又相继引发气候恶化和生态环境失衡，这些储存和供给有限的重要资源也会随规模扩张的生产竞赛和消费竞赛而消耗得越快，每个人取得的分量自然就会越少。即在一个资源储存——有限供给模型中，人口增长率的不断升高，将导致生产竞赛和消费竞赛规模扩张，然后科学技术进步刺激大规模的投资和生产，接着便是企业规模扩张推动经济增长，提高国民收入和消费水平及物质生活水平，这时国民幸福指数会上升，直到携带温室气体排放的工业规模发展导致的气候恶化和生态环境失衡产生的社会治理成本或经济损失贴现于我们的现实生活，只能满足有限供给和一定人口数量的重要资源因为生产竞赛和消费竞赛的规模扩张而消耗得越快，每个人取得的分量逐渐减少为止，这时经济增长率和经济增长收益又会随社会治理成本或经济损失的攀升和资源储存量的大幅度消减而发生递减，国民幸福指数也会因为得不偿失的高昂代价和资源危机及气候恶化而急剧下降。我们需要解决的问题是如何在一个"重要资源"只能满足一定人口数量和有限供给

的资源储存——有限供给模型中实现人类可持续生存和发展呢？显然人口增长率的不断升高对该模型是极为不利的，因为人口膨胀会引发规模扩张的生产竞赛和消费竞赛，从而加速重要资源的消耗，不是使每个人取得的份额越少，就是这些重要资源的社会分配份额极其不公。尽管生产竞赛和消费竞赛的规模扩张会刺激大量的社会投资，从而引发工业行业的规模发展，并推动全球经济增长。但若工业规模发展促使的经济增长不是一种净经济福利，而是伴随着气候恶化和生态环境失衡所产生的需要人们分担和支付的社会治理成本或经济损失的话，那么工业规模发展促使的经济增长就不是最优的，而是次优的。以下因素或事实可以说明这个问题：①只能满足一定人口数量和有限供给的重要资源的储存是有限的，②全球人口增长率的不断升高，③科学技术的进步会刺激生产竞赛和消费竞赛的规模扩张，从而增加投资，④经济增长率会被工业规模发展导致的气候恶化和生态环境失衡所产生的社会治理成本或经济损失抑制，⑤经济增长收益会被工业规模发展导致的气候恶化和生态环境失衡产生的社会治理成本或经济损失的升高而削减。

7. 能源利用与生产技术革新

《斯特恩报告》为地球描绘了一幅前景暗淡的画面："报告估算，如果我们不采取行动，现在以后的很长时间，气候变化产生的总成本和风险将相当于至少每年5%的全球GDP报失。如果考虑到更大范围的风险和冲击，这一估计的损害将上升至 20%，甚至更高……我们现在以及未来几十年的行为将导致这种风险的发生……在规模上，它与那些大型战争以及20世纪上半叶的经济大萧条相似。"上述的总成本和风险即指随大量携带温室气体排放的工业行业的规模发展导致的全球性气候恶化和地球生态环境失衡产生的世界治理成本或经济损失额度，它预测只要气候恶化和地球生态环境失衡越规模和严重，得不到有效控制，那么世界治理成本或经济损失规模将随着大量携带温室气体排放的工业行业的规模发展而不断升高。此时根据现代经济学的成本—收益分析，不断升高的世界治理成本或经济损失程度，不是阻滞全球的经济增长，就会大幅度地削减全球经济增长收益，无论哪种结果都会导致地球居民幸福指数在未来急剧下降。尽管工业规模发展可以起到推动经济增长的作用，从而提高各国的收入和消费水平及物质生活水平，但它并不是一种净经济福利，所以它不能视为最优经济增长实践。如果是这样，那么把工业发展套入严格的成本收益分析，就是当世界治理成本或经济损害总额高于或大于全球经济增长的净经济福利时，那么工业发展就是弊大于利或成本高于收益的。因为全球性气候恶化和地球生态环境失衡产生的世界治理成本或经济损失规模往往具有后期追加的"滞后效应"。更因为这些期限短暂、受惠有限、局部规模及代价高昂的经济增长收益将不足以或无法补偿工业规模发展引发的具有难以逆转的危害深远、影响恶劣、受害广泛及解决困难的气候恶化和地球生态失衡，特别是人类可持续生存寿命的削减。这意味着当工业发展的弊大于利时，过度规模的工业发展将加速削减人类可持续生存和发展的寿命，而人类的自私和贪欲及对物质生活的无限追求正是不断加快自身毁灭步伐的根本原因。

由于各国受自身有限的知识和技术进步的限制，那些高端的知识和技术及政治经验又无法实现全球共享和完全自由流动，所以知识和技术依赖进口的发展中国家是无力促使该国的工业行业和工业发展大规模实现能源利用的节能－环保转型的，甚至部分工业发达的知识和技术出口国也无法做到这点，也因为若采取严格控制温室气体排放的政治措施，以阻止气候恶化，对世界的经济发展和人类的可持续生存和发展是无限有利的，但它同时（起码暂时）也会阻碍或抑制一国的经济增长，从而对该国的经济发展不利，更因为当我们把世界工业生产和发展的节能－环保转型理解为世界经济产业结构的逆向转型的话，那么意味着携带温室气体排放的工业行业将全部严禁生产和发展，如燃油汽车业、火力发电业、污染环境的化工行业、空调冰箱行业、各种排放温室气体的电器和机器行业、塑胶行业等等，各国的工业生产和发展规模也将受到联合国的管制和监督，一旦出现任何违反《世界生态环境平衡与气候变化保护法》的国家或企业将被依法制裁，并需要付出得不偿失的代价，且这些法律法规对任何进行工业生产的所有国家将永久有效。世界工业生产的节能－环保转型的经典实例有：火力发电转型为风力发电、水力发电及太阳能发电，如将燃油汽车或机器转型为纯电力汽车和电力机器，如把难处理和分解的塑料行业转型为易腐蚀的植物纤维制造的盛物容器和编织袋及麻绳等等。我认为问题的关键在于如何补偿世界经济产业结构中真正实施逆向转型的基本以工业生产为主的国家或以工业生产为主，农业发展为辅的工业国家？使工业国家花费最小的国家代价实现世界一体化的逆向转型？前者所遭受的经济损失明显要比可以进行农业生产和发展的工业国家要大很多，前者受气候条件和地理环境的限制或影响甚至还可能无法转型成大规模的农业生产和农业发展。高效的能源利用在于生产技术的革新，而生产技术革新的目的不应该仅出于利润最大化考虑，革新的目的考虑更多的应该是污染几乎不存在的世界工业结构体系的节能－环保转型。

当然了，象征污染最轻化的世界工业结构体系的节能－环保转型与世界经济产业结构体系中的逆向转型其实都是促进地球大气的碳氧平衡的两种意义和目的相同的经济发展模式。不过，阻碍世界经济产业结构体系实现逆向转型的关键仍是世界各国所面临的经济利益问题和政治权力问题，特别是国家之间的经济利益冲突和政治权力冲突，把这些复杂的政治问题和经济问题解决了，世界经济产业结构体系的逆向转型才可能实施，并迎来实现人类可持续生存和发展的第一道曙光。我认为主要是以下问题的有效解决：一是转型行业，它指以携带大量温室气体排放的工业行业为主，以危害人体身心健康为次的食品行业要在拒绝自主转型的情况下实施强制转型。二是转型方式，是私人自主转型，还是政府强制性地干预转型？三是转型程序，它指工业上以分行、分业、分类、分期、分段、分次为步骤的自主调适和共行组织兼容的转型模式。四是转型管制，当某企业或某工业国家拒绝自主调适的逆向转型时，取而代之的将是强制性的政府干预或国际管治。五是补偿方案，补偿方式主要有国家补偿和国际补偿，后者主要是农业强国们通过力所能及的方式补偿工业国家实施逆向转型时所需的各种促进农业规模生产的经济援助，如：知识和生产技术援助、农业生产经验共享、关税优惠、无利贷款、价格优待、种子援助、种子的技术改良、灌溉技术、耕种技术、肥药研发技术、技术型人才交流、畜牧技术等等。六是制裁措施，主要分两种，一种是制裁违反《世界生态环境和气候变化保护法》的协约国或以工业发展为主的国家，另一种是拒绝签署世界经济产业结构实施逆向转型的工业国家，对前者而言，要想真正强制和约束每个协约国遵守协约的经济行为，就必然要使违约变得不划算，即把合约或协约设计的使"违约成本大于违约所得"，且还要附有由全体协约国共同执行或共同委托指定的由第三方根据制度来执行一种"便捷的惩罚和制裁方式"。

而针对协约国的违约惩罚，我认为应当分为两部分：一是共同交付一笔针对任何协约国中途退群，但没有违反相关协约内容和条款的协约国的中途退群惩罚，这笔协约规定交付给全体协约国或委托第三方保管和执行惩罚的抵押金可叫"事后赔偿金";二是同时针对任何协约国违反协约规定的内容和条款而要事前共同交付给由全体协约国保管或全体协约国委托第三方保管和执行惩罚及代扣的一笔"犯罪保押金",也可叫"预押赔偿金"。只要任何协约国违反了协约的相关内部和条款,即可直接根据惩罚条款从中扣除相应的"预扣赔偿金"或"犯罪抵押金",或者强制没收一切违约所得。当然了,这笔由全体协约国共同按协约规定同时交付的"事前补偿押金"应该等于或高于最高惩罚条款金额,而且惩罚实施后,违反协约的违约协约国应该及时补全这笔"预押赔偿金"或"犯罪抵押金",以权全后续威慑,这样才能继续约束协约国的军事扩张活动和气体排放。协约到期后,没有违约的任何协约国皆可如数取回这笔抵押金。如果后者,就要世界各国对这个无视人类可持续生存和发展的工业国家采取强有力的"国际联合制裁",而强制世界各国的工业产业结构实施逆向转型的目的完全是为了延长人类可持续生存和发展的寿命,在这个世界上绝对没有比实现这个神圣的目标更有价值的事物了,任何东西在这个神圣使命面前都是无足轻重,不值一提的,因为人类文明若因遭遇不可遏制的工业规模发展导致的全球性气候恶化和地球生态环境失衡而覆灭了,那么无论人类以前的经济发展和经济增长多么辉煌,也会如同一个徒劳无益的梦幻泡影破灭于无边无际的宇宙之中。由于放弃带动经济增长的工业规模发展意味着将牺牲低经济增长和降低生活水平作为代价,从而会削弱一国的经济实力,经济实力的下降又会削减一定的军事实力,军事实力的下降又不利于维护和保障国家安全与实施某种"进攻性的生存战略",所以在国际公共安全困境未完全解除时便可得出一个国家不会为了维护地球的生态环境平衡和世界的永久和平轻易或无私到放弃工业规模发展来成全世界公利的结论。

8. 新能源催动的经济结构转型

我们可以把污染最轻化的世界工业结构的节能—环保转型称之为"新能源催动的经济结构转型"或"经济的绿色发展"。它主要是针对世界各国大量携带温室气体排放破坏地球大气的碳氧平衡的工业行业,特别是油气行业,以及破坏生态环境平衡的化工行业和塑胶行业及橡胶行业等。当然了,碳氧失衡只是地球生态环境失衡的其中一种表现,也是四大污染中的一种,我所说的象征或代表地球生态环境失衡的四大污染是指:大气污染、土壤污染、海洋污染及淡水污染。这些污染都会导致生物多样性发生骤减。由于不管是世界工业结构的节能—环保转型，还是世界经济产业结构的逆向转型，都可能会产生一定的"交叉性失业"或"摩擦性失业"所以出于经济损失最小化的考虑，把失业率降到最低是必要的。这主要取决于我们能否设计一个同时满足经济损失最小化和污染最轻化的"转型程序"，"补偿方案"及"制裁措施"等制度安排来解决上述难题。另外，事有缓急之分，世界经济产业结构的逆向转型与世界工业结构的节能—环保转型并不等于或意味着一下子不加分行别类地完全放弃工业发展，那些无污染或污染轻至不会破坏碳氧平衡和生态环境的工业行业可以保留，否则必然会制造大量的失业，从而导致经济迅速变得萧条。新能源催动的经济结构转型是指工业发展在能源的开发和利用方面向无污染或污染最轻化的节能—环保转型。就拿世界工业结构的节能—环保转型和世界经济产业结构的逆向转型而言，它都意味着建立或设计一种高效的讲究分行、分业、分类、分期、分段、分污染等级、分污染规模、分污染危害性完成的转型程序、通过补偿措施及制裁措施来降低交叉性失业和经济损失。因为在世界一体化的逆向转型和节能—环保转型的过程中必然会在全球制造大量的失业，这时就需要在工业向农业转型的规模发展中创造大量的就业岗位来弥补失业，降低失业给社会安定带来的负面影响，使世界各国的失业率和就业率的差额尽量保持最小化。

9. 各国碳税结构的提高有助于温室气体的减排？

如果世界经济产业结构的以工业生产为主，农业发展为辅和农业生产转向工业规模发展的顺向转型是导致地球大气碳氧失衡的必然规律，那么世界经济产业结构的以农业生产为主，工业适当发展为辅和工业生产转向农业规模发展的逆向转型就是促进地球大气的碳氧平衡的必然规律。可见，只要这种导致地球大气的碳氧失衡和破坏地球生态环境平衡的世界经济产业结构的顺向转型是一种可逆的经济发展模式，那么这种因果关系的实证就是一种由携带温室气体排放的工业规模发展、全球经济增长及地球生态环境平衡这三个目标无法同时兼具，并证明我们只能满足其中两个目标的"不可能三角"，而这个经济增长严重依赖工业发展的不可能三角最终将产生全球经济增长和地球生态环境平衡这种"鱼和熊掌"无法同时兼得的经济增长困境。当然，只要世界经济产业结构的顺向转型是可逆性的经济发展模式，那么在经济增长减轻对工业发展产生的严重依赖的情况下，这个只能满足其中两个目标的不可能三角定理就是可逆的，或者是一种弱意义上描述工业发展、经济增长及生态平衡之间产生冲突的悖论。

既然世界经济产业结构的顺向转型是导致地球大气碳氧失衡的关键所在，那么根据污染规模、污染程度及污染危害按几何级数征收高昂的碳税和排放税就是必要的，也可限制过度规模的工业发展，那些导致碳氧失衡的大量携带温室气体排放的工业行业不是因碳税和排放成本的大幅度升高而出现企业规模和生产规模紧缩，就是导致企业的收益规模遭受减损，特别是石油和天然气行业、汽车行业、空调业、塑胶业等等。如果碳税结构和碳税及排放成本无法高昂到足以约束会破坏地球生态环境平衡的工业行业的企业行为，那么即使政府采取的这种无关痛痒和失之皮毛的"平税威胁"或"平税威慑"不仅是一篇毫无意义的治标不治本的表面文章，也不会真正起到控制过度规模的工业发展和污染最重化的工业行业继续进行扩张的社会作用。也因为即使各国政府出于人类可持续生存和发展考虑，那么各国政府又如何保证所提高的排污税和碳税不会致使企业通过提高商品价格和降低工资报酬而变相转移到工人们和消费者身上。更因为如果各国受自私自利之心驱使，为了追求本国的经济增长而不顾人类可持续生存和发展的寿命消减，而放松维护和巩固地球生态环境平衡的"整治手段"，各国政府就必然不会下死力气把碳税和排放税提高到足以约束工业规模发展的地步，因为它同时会抑制或阻碍国内的经济增长，减少各国的内需，这样做对它们来说显然等于搬起石头砸自己的脚，这不符合大部分精致的利己主义国家为追求国内经济增长而不惜破坏地球生态环境平衡作为抵偿代价的野心。

只要国际或世界上各国为了追求经济增长而不惜破坏地球生态环境平衡作为抵偿代价的"搭便车行为"不受到任何具有强制力和约束力的正义惩罚，那么这种"搭便车行为"便会肆无忌惮和畅行无阻，最后的结果是地球生态环境失衡加剧，不断提高的世界治理成本或不断增加的经济损失将遏制全球的经济增长或反面上大幅削减生态环境破坏最严重的"重灾国"的经济增长收益。另外，我所说的碳税结构具有以下三个相互作用与影响的要点：一是它不仅是指国内的碳税价格，还指国际上的碳税价格；二是碳税结构的碳税价格是根据工业行业和相关企业制造的污染规模、污染程度及污染危害以几何级数的方式调节的；三是碳税结构是根据讲究分行、分业、分类、分期、分序、分段的转型程序。我认为要想碳税结构和排放税具有约束力，就应该使它们具有"期限约束"和针对使用量的"需求约束"，如石油和天然气，那么各国政府就应当严格采取具有期限约束和需求约束的"碳税累积制"与"排污累积税"，才能真正起到约束企业行为的社会作用，控制过度规模的企业发展，并以循序渐进的方式通过世界经济产业结构的逆向转型来促进地球的生态平衡。我所谓的"碳税累积制"是指：在固定或指定的期限 t 内，碳税价格 P 将随生产量 S 和需求量 Q 的增加而升高，不管是生产量，还是需求量的增加在税期结构不变的情况下都会导致 P 以几何级数升高。在这里，t 是可调控的碳税期限结构，P 是随 S 和 Q 的供需关系而变化。另外一种"碳税累积制"不是以 S 和 Q 作为碳税基准的，而是以期限结构或使用时间为碳税基准的，即在政府指定（也可能是具有供需弹性）的主要针对需求量 Q 固定不变的情况下，Q 的使用时间越长，碳税价格越低，反之 Q 的使用时间越短，则证明消耗量越多，碳税价格自然越高。当然了，这种后发制人的以使用时间长短（即期限结构）作为碳税基准显然劣于前者。排污累积税则：分别以"排污量"和"排污期限"作为纳税基准，但以排污时间长短作为纳税基准的税务标准显然不如以排污量作为纳税基准的税务标准精确和令人信服，而排污累积税是指在排污量越多，那么企业的排污成本或排污税将越高。不过，不是成比例追加，而是以几何级数的方式征收。对于碳税累积制而言，我们可以举个例子，如果使用第一吨汽油的碳税基准是 500 美元，那么使用第二吨汽油的碳税价格就是 500×1.5，使用第三吨汽油的碳税价格则是 500×2 等如此类推，排污累积税也是以如此方式征收的。再者是工业发展的碳税价格应当远高于农业发展所需的机械化生产的碳税价格，农业生产成本则应该给予各种经济优惠和经济援助，这样才能起到"抑工兴农"的作用。各国碳税结构的提高是否有助于温室气体的减排和促进碳氧平衡的核心问题在于：一是各国的碳税价格是否高到足以彻底压制各国那些排放和制造温室气体的工业行业的规模发展和经济扩张，迫使其自主转型？二是如何确保每个国家都严格执行或遵循这些高的碳税结构，使其全部用于世界经济产业结构的逆向转型中进行规模的农业发展所需的经济援助？三是各国都愿意放弃短期的国内经济增长成全延远人类可持续生存和发展的寿命吗？四是如何高效惩罚和制裁为了追求受惠有限的国内经济增长，而不惜破坏影响深远的地球生态环境平衡作为抵偿代价的，使污染物殃及周边邻国的"搭便车行为"？五是各国政府如何拟制一套高效的转型程序、补偿方案及制裁措施来应对和解决世界经济产业结构的逆向转型与节能－环保转型呢？六是如果工业规模发展在推动全球经济增长的同时又在参与破坏地球的生态环境平衡，那么对于这种利弊兼具的经济增长而言，人类并非倾向于自我克制，而是在物质欲望和经济利益不断进行扩张，这意味着人类那些恶劣或病态的本能、习性、欲望及对利益的追求在全球气候变化中将战胜人类脆弱的理性和道德，此时，你若问我世界末日的丧钟为谁鸣？我会告诉你正是自取灭亡的人类。

10. 气候恶化中"搭便车行为"的国际治理结构

当经济增长严重依赖规模的工业发展，工业规模发展所推动的经济增长同时又是以破坏地球的生态环境平衡作为抵偿代价换取的情况下，各国为了不断追求最大限度的国内经济增长，而不惜破坏全人类赖以生存的地球的生态环境平衡的国家行为和企业行为及个人行为就属于一种客观的损众利己的"搭便车行为"。由于各国的企业行为的治理行为属于国家政治的范畴，所以在气候变化方面，只有跨国企业的经济行为和国家行为及政府行为才应当纳入国际治理结构的行列。我认为针对这种"搭便车行为"国际治理结构主要是根据世界经济产业结构的逆向转型或世界工业结构的节能－环保转型所制订的"转型程序"拟制的"补偿方案"和"制裁措施"。如果没有一套合理和公平的补偿方案与一套正义的国际制裁措施支撑着转型程序的运行，那么再公正合理的转型程序也会因为缺乏"恩威并施"的国际制衡之力而失去用武之地。而要想在气候变化方面有效制约跨国公司的企业行为、政府行为及国家行为，那么制裁措施就必须得到各国政府统一授权，而制裁方式也将分为两种，一种是制裁违反《世界生态环境和气候变化保护法》的协约国，另一种是拒绝签署世界经济产业结构实现逆向转型的工业国，对前者而言，要想真正强制和约束每个协约国遵守协约的经济行为，就必然要使违约变得不划算，即把合约或协约设计的使"违约成本大于违约所得"，且还要附有由全体协约国共同执行或共同委托指定的由第三方执行的"便捷的惩罚和制裁方式"，它主要是：罚款和没收一切违约所得。而针对协约国的违约惩罚，我认为应当分为两部分：一是共同交付一笔针对任何协约国中途退群，但没有违反相关协约内容和条款的协约国的中途退群惩罚，这笔协约规定交付给全体协约国或委托第三方保管和执行惩罚的抵押金可叫"事后赔偿金"；二是同时针对任何协约国违反协约规定的内容和条款而要事前共同交

346

付给由全体协约国保管或全体协约国委托第三方保管和执行惩罚及代扣的一笔"犯罪保押金",也可叫"预押赔偿金"。只要任何协约国违反了协约的任何内容和条款,即可直接根据惩罚条款从中扣除相应的"预扣赔偿金"或"犯罪抵押金",或者强制没收一切违约所得。当然了,这笔由全体协约国共同按协约规定同时交付的"事前补偿押金"应该等于或高于最高惩罚条款金额才能约束各国政府在气候变化方面的搭便车行为,而且惩罚实施后,违反协约的违约协约国应该及时补全这笔"预押赔偿金"或"犯罪抵押金",以权全后续威慑,这样才能继续制约协约国的温室气体和排污行为。协约到期后,没违约的任何协约国皆在退出后如数取回这笔抵押金。

尽管如此,我们在气候变化的国际治理结构的框架中,依旧会面临以下几个会破坏或阻碍人类实现可持续生存和发展的根本问题:一是人的人性是不完全完满,人的智识或认知条件是不完全完备的,这意味着价值观和道德观对世界各国而言难以实现广义统一;二是自私自利不仅是人的本性,该公理对一个为了追求国内经济增长,各国允许携带温室气体的工业行业规模发展,而不惜破坏地球的生态环境平衡的每个搭便车国家同样适用不误;三是当经济增长严重依赖规模的工业发展,而工业规模发展一方面推动全球经济增长的同时又在参与破坏地球生态环境平衡之时,只能满足两个目标,而不得牺牲其中一个目标的不可三角定理就会成立或形成;四是在一个不讲团结、不讲合作、不讲共赢的利益不一致的明争暗斗或各怀私心的各国政府是永远不可能建立一个目标一致的世界命运共同体的;五是若每个国家的内部结构纯粹是根据国家标准建构的,而不是遵循"世界大同"和"世界一家"的世界标准行事或建构的,把延长人类可持续生存和发展作为世界各国的最高社会发展目标,那么各行其是的以自我利益为标准的国家行为就会像"离心力"一样分化或瓦解世界命运共同体,反之若每个国家的内部结构和国家制度是根据世界标准而非自私自利的国家标准建构的,那么世界标准就会像"向心力"一样团结或巩固世界命运共同体;六是世界社会的无政府秩序状态将因为缺乏强制力、约束力、权威性及统一性而无法根据转型程序制定出相应的补偿方案和制裁措施来有效地约束世界各国跨国公司的企业行为、政府行为及国家行为,这就造成在气候变化方面的"搭便车行为"将因为国际或世界上缺乏强有力的管制、约束、惩罚、制裁而变得更加横行无忌,甚至还可能会因为大多数国家都这样做,而在国际上变得"合法化"

越发普遍化，并错误地认为这种恶劣的经济行为完全属于受互不干涉内政保护的前提条件下的"国家自治权"或"民族自决权"的政治范畴。

11. 长远的全球经济增长与地球生态环境平衡

此节主要是解释和补充第一节。其实并不是全球经济增长必然与地球生态环境平衡相冲突，而是世界各国大量携带温室气体或具有污染地球生态环境的工业行业的规模发展产生的世界治理成本或经济损失规模最终会阻滞全球经济增长，或者出现大幅度地削减全球经济增长收益的情况，而且最致命的是气候变化和地球生态环境失衡严重影响着人类的可持续生存与发展，这才是重点。即这种经济冲突的本质是工业规模发展与地球生态环境平衡的因果关系，工业规模发展一方面推动经济增长，另一方面又因为其自身破坏地球的生态环境平衡，特别是碳氧平衡产生的世界治理成本或经济损失规模而反向阻滞经济增长，或者出现经济增长收益被大幅度削减的情况。这就是为什么世界的工业规模发展、全球经济增长及地球生态环境平衡将构成最多只能满足其中两个目标，而不得不牺牲其中一个目标的"可逆性的"或"弱意义上的"不可能三角定理的重要原因。因为只要工业规模发展促进或推动经济增长仅是一种必要条件，而非充分条件，那么这个不管三角定理是强意义上的，还是弱意义上的，或者是可逆性的，还是不可逆性的就完全取决于全球经济增长对工业规模发展的依赖程度，以及工业规模发展对地球生态环境的破坏程度和破坏规模。但规模的工业发展又并非完全与地球的生态环境平衡完全对立的，因为许多节能和环保或对生态环境平衡的破坏非常轻微的工业行业对长远的经济增长和维系地球生态环境平衡所做出的贡献仍旧是不可忽视的，否则这个不可能三角定理也难以成立，即并不是所有的工业行业的规模发展都是对人类实现可持续生存和发展不利的。这个弱意义的悖论之所以成立的关键在于许多污染生态环境或破坏生态平衡的工业行业的规模发展会产生高昂的世界治理成本或经济损失，也有部分节能和环保或破坏生态环境平衡非常轻微的工业行业的规模发展在促进或推动长远的经济增长。也就是说，在假设各国的经济增长严重依赖工业规模发展，大部分的工业行业的规模发展又具有污染地球和破坏生态环境平衡与大气碳氧平衡的前提条件下，该不可能三角定理说明：要想同时满足工业规模发展和全球经济增长，就要牺牲地球的生态环境平衡作为代价；要想同时满足可持续的全球经济增长和地球生态环境平衡，就要严格控制或放弃那些污染生态环境的工业行业的规模发展；要想同时满足工业规模发展和地球生态环境平衡，就要放弃短期的全球经济增长，并先实现世界工业结构的节能－环保转型。不过放弃短期的全球经济增长必然意味着各国政府一律要适度减少工业行业的规模发展。

另外，有一点是可以确定的，那就是维护地球的生态环境平衡不仅可以促进长远的全球经济增长，还可以延长人类可持续生存和发展的寿命，而要同时满足长远的全球经济增长和地球生态环境平衡，就要牺牲工业规模发展或者严格管控任何破坏地球生态环境平衡的工业行业的规模发展，并实现世界工业结构的节能－环保转型或世界经济产业结构的逆向转型。最后需要解释清楚的是关于同时满足工业规模发展和地球生态环境平衡，要牺牲短期的全球经济增长作为代价的不可能三角定理，我想说明的是这里的工业规模发展主要是指那些对地球的生态环境的污染非常轻微的能够实现世界工业结构的节能－环保转型的工业行业的规模发展，即绿色工业的规模发展，绝非指会污染地球或破坏地球的生态环境平衡的工业行业的规模发展。因为"工业规模发展"的意指比较抽象，它可具体划分为会破坏地球生态环境平衡的工业行业的规模发展与不会破坏地球生态环境的工业行业的规模发展。按道理来说，工业规模发展与地球生态环境平衡是冲突或对立的，为什么它们可以同时满足？我只能说在这种情况下，这里的工业发展并非指那些会破坏大气和地球生态环境平衡的工业行业的规模发展，而是指那些对地球生态环境平衡的影响很小的工业行业。

12. 杰文斯困局的可行性解释

杰文斯困局，意为杰文斯效应带来的发展困境。杰文斯效应，也称杰文斯悖论。他认为："技术进步可以提高自然资源的利用效率，但结果是增加而不是减少这种资源的需求，因为效率的提高会导致生产规模扩大。这就带来了一种技术进步、经济发展和环境保护之间的矛盾和悖论。"这个困局源于环境问题，为了解决环境污染，有人提出通过技术改进增进资源利用效率，这样单位资源的消耗将生产更多产品，这样反过来生产一定量商品将降低能耗，实现单位物品的节能和减排。当然，还可能做到降低单位资源的废物排放和吸收利用率，这样也可以起到缓解的作用。但在现实中这样真的会奏效吗？我认为问题恐怕没那么简单，知识和技术进步导致的生产规模扩张是由需求规模扩张促使的，没有需求，生产的商品或提供的服务就没有可供人利用的使用价值和交换价值，而生产过剩危机，一部分是由需求过剩导致的，一部分是人们为利润生产的那种追权逐利的野心和技术进步促使的，一部分则由国民的资本过度积累和过度储存所致。一旦资源在开发和使用过程中超过符合长远利益的资源供需均衡的常规速度，那么生产过剩和资源被糟蹋浪费几乎无可避免。而知识和技术进步作为一种"加速度"显然更有力地刺激人类在资源方面的欲望扩张和需求反弹，可以说，满足人的有效需求容易，但满足人们追权逐利的野心和欲望却无上艰难。知识和技术进步虽然提高了资源需求质量，但也加快了资源消耗速度，同时也破坏了地球的生态环境平衡，给人类留下了恶性循环和影响深远的环境治理难题。而利用市场机制调节私人成本与社会成本的科斯定理无论如何高明或优越，它都只对优化私人的资源配置和降低私人的生产成本有利，但对优化公共资源的配置和降低社会成本不利。也就是说，科斯方法是以破坏整个人类社会的可持续生存和发展作为满足私人或企业的自我利益最大化为抵偿代价的，所以从长远利益来看，科斯条件不可能在道德上赢得辩护。

可以这么说，科斯方法在经济实践中的私人成本或企业内部管理协调成本的优化是以提高正外部的社会成本或社会治理成本为抵偿代价换取的，而庇古手段在经济实践中显然是为了从长远增进整个社会的经济福利的角度出发的，所以更有利于优化公共资源的配置。尽管从反面上它是一种以提高私人生产成本来降低社会治理成本的经济税收方法，但这种税收在道德上却是正当的和合理的，能够促进人类可持续生存和发展的。而以提高社会治理成本的方法来降低私人生产成本的科斯手段显然不太道德。总之，如果科斯手段是以提高社会成本的方法来降低私人成本实现的，那么庇古的观点："当经济当事人的私人成本与社会成本不相一致，从而私人的最优导致社会的非最优。那么，纠正外部性的方案是政府通过征税或者补贴来矫正经济当事人的私人成本"就是正确无疑的。但是说在科斯条件下，庇古税本身将造成资源配置失调，显然是不正确的，因为它抑制了企业那些在生产过程和人们在消费过程中会破坏生态环境平衡的资源消耗速度，一定程度上避免了不必要的资源被糟蹋浪费掉以及企业本该承担的私人成本转移给社会承担，也在某种程度上防止了这种损众利己的社会机会主义行为的病态现象发生：即私人或企业在生产和交易过程中通过提高社会成本来降低私人成本的搭便车行为。接下来是公司和企业把生产成本转移给整个社会承担的社会治理成本的计算问题。社会治理成本的计算问题显然涉及庇古税的承担方式和缴税方式，以及政府如何控制企业或私人转移庇古税给无辜者？如何规避企业或私人通过贿赂地方政府的官员来偷漏庇古税？如果社会治理成本的计算偏离客观危害，那么私人成本与社会成本的差额就会越大，此时私人或企业在生产过程中就会倾向于把大部分本该由私人或企业承担的生产成本转让给外部社会负担，搭私占或挪用公共资源的便车来满足自我利益最大化。

另外，如果征收的庇古税从长远来看低于或少于所需的社会治理成本，那么它就不会有效抑止私人或企业私占或挪用公共资源来满足自我利益的损众利己的搭便车行为，毕竟他们在生产过程中是倾向于通过提高社会成本来降低私人成本的，所以庇古税不仅要足以弥补私人成本和社会成本之间的差额，还要通过立法来满足具有强制力和约束力的法治目标和各种补偿性制度。也就是说："当私人成本等于或接近社会成本时，无论此时将财产权赋予谁，市场均衡的最终结果都是有效率的，实现资源配置的帕累托最优，这时私人的最优将导致社会的最优"。即只有私人成本与社会成本保持一致时，完全竞争才可能是无损害的或平等互惠的，才可以成为满足整个社会的资源配置的帕累托最优的前提条件。若私人成本与社会成本不一致，那么在完全竞争条件下，必然无法阻止私人或企业私占或挪用公共资源来满足自我利益的损众利己的搭便车行为。也只有使私人成本与社会成本相一致时，庇古税才能起到抑制非理性繁荣和创造性破坏的纠正作用，但它却不足以成为企业规模扩张的界限。因为只要生产利润足够高，企业规模扩张的界限受生产成本或交易成本的约束就会越小。加上，私人或企业的部分生产成本可能会转移给社会和工人负担，部分交易成本则可能转移给他人承担。当私人成本与社会成本不一致时，个人回报也会与社会收益不协调或不一致，个人回报不与社会成本挂钩，私人成本不与社会收益挂钩，显然就容易造成市场失灵，因为个人回报的增加可能是以减损社会收益作为代价换取的，此时私人的生产效率的提高可能是通过提高外部的社会成本的结果。所以我们会发现两者的区别是："庇古手段"有利于从经济制度上普遍提高各国社会的正义目标，而"科斯手段"则有利于从经济制度上普遍提高私人和企业的效率目标，把私人成本转移给社会承担。

亚当·斯密说："在竞争中，个人的野心或私人的利益往往可以促进公共福利。"是他假设：基于各取所需的自由生产和劳动分工及自由交换将使所有人获益。其实对于前者而言，他明显错了，我的论证非常简单，即：当私人成本与社会成本无法保持相一致，那么私人利益最大化就不会导致公共利益最大化。因为当私人成本与社会成本不相一致时，私人的生产成本和交易成本皆可以轻易转移给他人或社会承担，此时私人的生产成本和交易成本必然比当私人成本与社会成本保持相一致时的平均成本或边际成本要低。当私人成本和社会成本不相一致时，我们也休想指望自私自利的个人和企业在环境治理方面与使用公共资源时会自觉承担应有的社会责任。也就是说，不管对于雇佣合同，还是商业合同，个人和企业均会因追求最大化的自我利益的趋利避害心理而倾向于逃避而非自觉承担该有的社会责任。尽管科斯方法可以降低市场机制中的生产－交易成本，但该方法却是建立在提高社会成本的基础上的，庇古手段尽管会提高市场机制的生产－交易成本，但该方法却是建立在普遍降低社会成本的基础上的。这意味着，在私人成本与社会成本保持相一致，庇古税在各行各业普遍有效的情况下，私人的生产成本和交易成本将高于私人成本与社会成本无法保持相一致时，于是技术进步和经济发展及环境保护得以保持平衡。在私人成本与社会成本无法保持相一致，庇古税有限有效的情况下，私人的生产成本和交易成本将低于私人成本与社会成本保持相一致，于是技术进步和经济发展会破坏生态环境平衡。也就是说，当私人成本与社会成本不相一致时，私人和企业不管是环境治理方面，还是在使用公共资源方面都倾向于逃避社会责任而非自觉承担相应的企业责任，后者与政府一样容易出现糟蹋或浪费公共资源的情况，这就是公地悲剧。

我认为破解"杰文斯困局"的关键在于：由政府干预构成的针对某些破坏生态环境平衡或侵占公共资源的社会行业在立法上建立"事前约束条件"（即公司或企业向政府登记一笔"预押环境税"）和"事后惩罚条件"（即政府依照法规征收与污染排放量相应的庇古税）。由于"预押环境税"属于私人财产所有，所以政府在公司或企业的无罪过状态不得私吞或占用，即使某公司或企业出现破坏生态环境平衡或侵占公共资源的损众利己的搭便车行为，也应该按法律规定的惩罚从政府登记造册预押所得税中扣除相应的庇古税，若企业或公司由始自始都不存在破坏生态环境平衡或侵害公共资源的损众利己的搭便车行为，政府应该如数退还或企业在结业后可自主取回这笔"预押环境税"。

设立这种税的好处是它既可以防止私人、企业或资本家通过贿赂政府官员来达到偷漏庇古税的目的，也可以防止私人或企业不缴庇古税或把庇古税转让给不相关的无辜者和社会。若某公司或企业因破坏生态环境平衡或损占公共资源的搭便车行为受到法律惩罚，即从登记的预押环境税扣除与污染排放量相应的庇古税后，政府也应该有权力强制某些在生产过程中会产生污染环境或排放污染物的行业和企业补全一定额度的预押环境税，以权后续威慑，另外这笔在政府登记的预押环境税也应该足够具有约束企业行为的力量，即能够惩罚某公司或某企业的最严重的排污行为或损占公共资源的损众利己的搭便车行为。最后是关于庇古税的问题，我认为它应该分为三种：第一种是根据污染级别、排污量及污染时间制订的"排污累增税"，这种税会随污染级别的升高、排污量的增加及污染时间的延长而累增。第二种是与污染环境相关的根据污染级别、产污数量及流通时间来制定"商品污染税"，这种税会随污染级别的升高、排污量的增加及流通时间的延长而累增。第三种是对私人或企业私占、挪用、损害公共资源或公共商品，使公共资源或公共商品无法自由流动和公平使用的经济强权行为征收"公租税"及向有需要的私人拍卖明确使用规则的"公租许可证"和依据协约征收相应的"公租金"，这种公租金是根据公共资源或公共商品的使用价值、使用时间、使用规则及公共意愿共同决定的，人们可以在多数人同意的情况下把公共使用的资源、商品、服务按明文规定的租约转租给私人或企业使用，或租给出价最高者，所取得的"公共租金"由该集体按人或按户均分，毕竟闲置或少人使用的公共资源也是一种浪费，要是能够合理利用，不留下由社会承担的环境治理难题将是理想的。但为了避免企业因"大而不罚"或"法不责众"而对逃避或偷漏庇古税置之不理的话，就需要对司法和执法及税收进行交叉监督。

最后是关于在私人成本与社会成本无法保持相一致时，"邻近影响"是如何影响人们的生活的。弗里德曼提出的"邻近影响"很重要，他是这样定义或概括"邻近影响"的，即："一个人的行动迫使其他人为之支付相当大的代价，而又无法使前者赔偿后者的情况，或者一个人的行动对其他人产生相当大的好处，而又无法使后者赔偿前者的情况。"为什么"邻近影响"始终得不到有效解决，我认为主要原因有：一是，制造邻近影响的企业或私人容易与官僚阶级或地方政府相互勾结，使前者做出贿赂后者，歪曲社会正义的恶行，结果是地方政府包庇制造邻近影响的企业或私人，从而因为政府害怕造成失业而出现对企业

"大而不罚"的情况。二是，每个受邻近影响的受害者都希望其他受害者出面干涉，而自己却坐收渔人之利，结果是与众人有关之事无人关心，受制造邻近影响损害的众人没人牵头出来解决和处理此事，并提出抗议和索取应得的合理赔偿。三是，邻近影响所产生的收益对制造者（不管是企业或私人）是确定的，也可能是不确定的，但邻近影响所产生的实际损害或不利影响对受害者而言却是不明确的或难以估价的，这就使得制造邻近影响的产生的收益与同时产生的损害难以实现合理补偿，从而存在讨价还价的补偿争议。四是关于邻近影响的赔偿额度或补偿标准的争议，邻近影响产生的负面影响是按照制造邻近影响产生的实际收益来补偿，还是按照邻近影响产生的实际损害来赔偿？五是，邻近影响的制造者和受害者在讨价还价的过程中需要付出一定的私人成本，而在取得合理赔偿后，受害者们又是否能够合理补偿解决和处理该事件的其他受害者。六是，邻近影响在立法和司法上皆缺乏相关的惩治条例，致使私人或企业制造的邻近影响由他人或社会买单。我们以建筑业为例，如建筑承包商和房产商在建筑楼房的施工期间中所产生的噪声会严重影响生活在周围的居民的睡眠规律和作息规律，就是一种典型的邻近影响，房产商或建筑承包商并没有为这种对周围居民产生不利影响的临近影响买单，合理补偿深受其害的周围居民。而要想房产商或建筑承包商为其制造的对当地周围居民产生不利影响的邻近影响买单，合理补偿后者，就必须满足一种私人利益与公众利益相互兼容的社会机制设计：（1）在立法上建立司法保护，使受邻近影响的负面影响的受害者的合法权益能够得到法律保障及得到应有的合理补偿。（2）建筑承包商或房产商的法定代表人与受害者们派遣或选举一个或多个代表进行对就"邻近影响"所产生的实际损害的赔偿事宜进行协商。（3）就建筑业和房产业而言，它对周围居民所产生的临近影响应该先由建筑承包商的法定代表人与房产商的法定代表人明确或协商哪方承担制造邻近影响的法律责任，以便将来合理赔偿受害者，即双方应该议定谁为制造邻近影响买单。由于房产商将邻近影响的法律责任交由建筑承包商更能使他们倾向于更好控制或消除邻近影响的不利影响扩散。反之，如果将邻近影响的法律责任交由房产商自身承担而与建筑承包商无关，那么在施工期间，建筑工将不会主动或积极避免邻近影响的不利影响是否会进一步扩散，他们为了施工方便和建筑效率也不会主动或积极去控制邻近影响所产生的不利影响或危害，结果是邻近影响所产生的实际损害大于前者的。（4）由于受不对称信息的影响，受害者们不可能比制造建筑承包商或房地产商对其所制造的邻近影响所产生的实际收益，反之，建筑承包商或房地产商也不可能比受害者们更了解邻近影响所产生的实际损害，这就变为根据邻近影响所产生的实际损害来制订补偿标准或赔偿额度对受害者们更有利，根据邻近影响所产生的实际收益来制订补偿标准或赔偿额度对建筑承包商和房产商更有利。一旦邻近影响所产生的实际损害会降低建筑承包商的实际收入或生产利润，且这种法律责任不可推卸，那么损失厌恶心理就会激励建筑承包商去主动消除或控制施工噪音，那么补偿标准或赔偿赔度就应该根据建筑承包商所制造的邻近影响对周围居民所产生的实际损害而定，这样做既可迫使建筑承包商自主把邻近影响的危害降至最低，也可使受害者们得到更合理的补偿。

（5）如果补偿额度和补偿标准存在争议，双方代表长时间无法达成协议的情况下，就应该由上一级的司法部门依法仲裁"赔偿争议"。

www.ingramcontent.com/pod-product-compliance
Lightning Source LLC
Chambersburg PA
CBHW020334270326
41926CB00007B/174